bóhlauWien

Leon Askin

Der Mann
mit den 99 Gesichtern

Autobiographie

In der
deutschsprachigen Bearbeitung
von Hertha Hanus

bŏhlau Wien Köln Weimar

Titel der englischen Originalausgabe:
Quietude and Quest
© Ariadne Press 1989, Riverside, Kalifornien

Gedruckt mit Unterstützung durch das
Bundesministerium für Wissenschaft und Verkehr und das
Bundeskanzleramt,
Kunstsektion

Die Deutsche Bibliothek – CIP-Einheitsaufnahme
Askin, Leon: Der Mann mit den 99 Gesichtern : Autobiographie /
Leon Askin / Hertha Hanus. In deutschsprachiger Bearb. von Hertha Hanus. –
Wien ; Köln ; Weimar : Böhlau, 1998
ISBN 3-205- 98885-X

Gedruckt auf umweltfreundlichem, chlor- und säurefreiem Papier

Druck: Manz, Wien

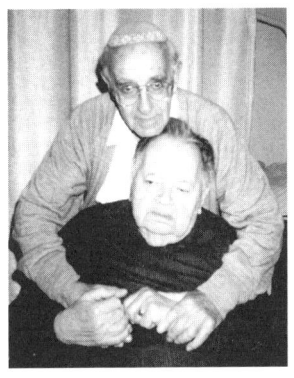

Gewidmet dem Andenken
an meinen am 14. September 1997
auf offener Straße erschlagenen Bruder
Dodi Aschkenasy

Mein aufrichtiger Dank
für das Gelingen dieses Buches gehört zuerst
und vor allem Frau Dr. Hertha Hanus
und meinem Freund
Dr. Herbert Timmermann

Abb. 1: Leon Askin als Othello, Hamburg, 1957

Inhalt

1

„Die Nachwelt flicht dem Mimen keine Kränze"

Diese warnenden Worte meines Vaters habe ich noch heute im Ohr. Sie waren die Reaktion auf meinen Wunsch, Schauspieler zu werden. Erst viele Jahre später habe ich die tiefe Bedeutung dieses Satzes verstanden. Die Nachwelt hat für tote Schauspielerinnen und Schauspieler wenig übrig. Sie werden schnell vergessen und durch neue Idole ersetzt.

Ich bin davon überzeugt, daß Schauspieler so wie andere Künstler auch ihre Ideale und Ideen an künftige Generationen weitergeben sollen. Auf den Schauspielberuf mag dies noch mehr zutreffen, denn Schauspielerinnen und Schauspieler „leben" nicht nur ein Leben. Sie durchleben aufgrund ihrer Rollen die unterschiedlichsten Situationen und menschlichen Verhaltensweisen. Sie durchleben Gefühle von unermeßlicher Intensität.

In der Rolle leben sie an fremden Orten, sie durcheilen die Vergangenheit, Gegenwart und Zukunft; Schauspieler stehen als Könige und Bettler, Herren und Diener, Krieger und Priester, Büroangestellte und Arbeiter, Bauern und Geschäftsleute auf der Bühne. Sie stellen Zuhälter, Diebe, Gauner und Mörder, aber auch Väter, Söhne und Liebhaber dar.

Dasselbe gilt für Schauspielerinnen. Einmal treten sie als stolze Königinnen auf, dann wiederum als spießbürgerliche Hausfrauen, Gesellschaftsdamen, Nonnen oder Huren.

Schauspielerinnen und Schauspieler sterben auf der Bühne viele Tode, doch wenn der Vorhang fällt, kehren sie ins Leben zurück und eilen munter in ihre Garderobe.

Beim Interpretieren eines Charakters spielt die Kunst der Improvisation eine große Rolle. Für Schauspieler ist das Improvisieren ein sehr instinktiver und kreativer Teil der Arbeit. Über ihre Rollen lernen sie ein breites Sprektrum menschlicher Verhaltensweisen kennen. Diese „im Spielen" gemachten Erfahrungen ermöglichen einen bewußteren Zugang zu sich selbst. Ich bezeichne diese Chance als den eigentlichen Zauber des Spiels.

Meine Tätigkeit als Schauspieler und Regisseur war ein lebenslanger Lernprozeß. Ich lernte mit Regisseuren und für Regisseure zu arbeiten; als Regisseur brauchte ich ungeheures Feingefühl, um jene Atmosphäre herzustellen, in der harmonisches Arbeiten möglich war. Harmonie zwischen dem Regisseur und seinen Darstellern kann aber nur über Vertrauen erreicht werden. Der Vergleich mit einer Ehe ist da sicherlich angebracht; denn auch diese zerbricht, wenn das gegenseitige Vertrauen nicht mehr vorhanden ist.

Der Umgang mit Vorgesetzten wie auch mit Untergebenen war eine weitere wichtige Erfahrung in dem komplexen Feld menschlicher Beziehungen. Die Rolle des Protagonisten und Antagonisten wurde mir auf diese Weise nicht nur im Drama, sondern auch im Leben klar.

Auf der Ebene des Theaters konfrontierte mich die Frage nach dem Helden und Antihelden erstmals bewußt mit der Wirklichkeit des Regieführens und Spielens. Seitdem analysiere ich sämtliche dramatische Werke – Tragödien, Komödien und sogar Schwänke – unter dem Aspekt dieses Spannungsverhältnisses.

Im Lexikon wird der Protagonist als Hauptdarsteller, als erster Schauspieler in einem Drama, einem Schauspiel oder einer Komödie bezeichnet; er gilt aber auch als Hauptfigur in einer Novelle oder einem Roman und im übertragenen Sinne als Vorkämpfer für geistige Ideen und Strömungen.

Der Antagonist verkörpert demnach nicht nur das genaue Gegenteil, sondern ist die entgegenwirkende, negative Kraft – das zerstörende Element.

Im Theaterleben sind Protagonisten und Antagonisten nicht nur auf die darzustellenden Rollen beschränkt, sondern sie umfassen im weitesten Sinne jene Kräfte, die Herkömmliches vom Kopf auf die Füße stellen wollen.

All die bahnbrechenden Pioniere des Theaters – Avantgardisten, Regisseure, Bühnenbildner, Produzenten –, die „Neuland" beschritten, verhielten sich gegenüber dem Bestehenden und Traditionellen fast ausnahmslos antagonistisch.

Max Reinhardt, der größte Zauberer, der Regisseur klassischer Theatersücke auf Freiluftbühnen und in Zirkusarenen, brachte auch die Ensemblekunst auf den Bühnen des deutschen Sprachraums zu ihrer größten Entfaltung. Auch er mußte, bevor er zum führenden Protagonisten des „sensuellen Theaters" avancierte, als Antagonist gegenüber dem veralteten deklamatorischen Pathos des neunzehnten Jahrhunderts auftreten.

Louise Dumont, eine ehemalige Burgschauspielerin und Kollegin von Max Reinhardt, war dessen genaues Gegenteil. Sie repräsentierte das „geistige Theater", ohne dabei die Ensemblekunst zu vernachlässigen. In ihren Aufführungen legte sie Wert auf strenge Disziplin; nicht grundlos nannte man sie „Neuberin" des zwanzigsten Jahrhunderts.

Auch sie begegnete dem falschen deklamatorischen Pathos, das die Theateraufführungen im neunzehnten Jahrhundert bestimmte, auf antagonistische Weise. Als Repräsentantin des „geistigen Theaters" wurde sie aber auch zur Antagonistin von Reinhardts „sensuellem Theater".

Erwin Piscator, mein wahrer Mentor auf der Bühne, war der vollkommenste Antagonist des „geistigen" wie auch des „sensuellen" Theaters. Daraus entwickelte er sein „episches Theater" oder „Theater des epischen Realismus".

Diese drei großen Theaterpersönlichkeiten des zwanzigsten Jahrhunderts – Reinhardt, Dumont und Piscator –, die ihre Theaterarbeit zeitlebens gegeneinander abgegrenzt haben, lassen sich aber nicht nur über das Trennende definieren. Vielmehr war es doch so, daß sie sich gegenseitig ergänzten. Piscators „politisches Theater" stand dem „geistigen Theater" von Louise Dumont weit näher als Reinhardts „sensuellem Theater".

In den letzten Jahrzehnten legten neue Persönlichkeiten die künst-

11

lerischen Maßstäbe der Bühnenwelt fest; einige waren sogar noch Schüler „der großen Drei".

Bei Giorgio Strehler und Franco Zefferelli ist der Einfluß von Max Reinhardt unleugbar; Peter Brooks „modernes Theater" und Jerzy Grotowskys „armes Theater" folgen wiederum Erwin Piscators Bühnenideen.

Als Talent des letzten Jahrzehnts wäre noch Madame Mnouchkine zu erwähnen, die – trotz ihrer dynamischen Einfachheit auf der Bühne – stilmäßig als Protagonistin von Reinhardt, Dumont und Piscator gelten könnte.

In der dramatischen Literatur gibt es zwei Werke – „Faust" und „Othello" –, die aufgrund ihrer Hauptfiguren besser als alle anderen geeignet sind, die Rolle des Protagonisten und Antagonisten verständlich zu machen.

1947 inszenierte ich in New York Goethes „Faust". Der große Albert Bassermann spielte den Mephisto und Uta Hagen, der berühmte Broadway-Star in „Who's afraid of Virginia Woolf", das Gretchen. Durch das Ausscheiden von Herbert Berghof, der für die Rolle des Faust vorgesehen war, kam ich in die prekäre Situation, in meiner eigenen Inszenierung auch noch den Faust darstellen zu müssen.

Jeder Schauspieler, der den Faust oder Mephisto spielt, wird unausweichlich in Widersprüche geraten – entweder mit sich selbst, mit dem Regisseur oder dem Publikum.

Wo liegt der Schlüssel zur Charakterisierung der beiden Figuren? Wer ist wer? Ist Faust Protagonist oder Antagonist, ist Mephisto Antagonist oder Protagonist?

Auf den ersten Blick und ohne viel nachzudenken, würde ich in der Rolle des Faust den Protagonisten sehen und in Mephisto seinen Gegenspieler.

Je länger und intensiver der Schauspieler diese beiden Rollen studiert und verinnerlicht, desto größer wird die Herausforderung, desto schwerer fällt ihm dann aber auch die eindeutige Zuordnung.

John Milton zeichnet in seinem Epos „Das verlorene Paradies" den

Satan als Protagonisten, obgleich er per se die antagonistische Kraft repräsentiert.

„Die tragische Geschichte vom Leben und Tod des Doktor Faustus" von Christopher Marlowe behandelt den Wissensdurst und das Machtstreben des Renaissancemenschen. Sein Faust ist negativ angelegt – er ist zügellos im Ergreifen des Lebens, machiavellistisch im Umgang mit der Macht und unbekümmert hinsichtlich der Verantwortung für sein Handeln.

1994 gab es eine interessante Bearbeitung des „Faust"-Stoffes am Wiener Volkstheater. Die Handlung wurde in unser Computer-Zeitalter verlegt. Anstelle von einer „Faust"-Rolle gab es in manchen Szenen noch zwei weitere, die aber im Hintergrund blieben. Der Faust dieser Aufführung war kein humanistischer Denker mehr, sondern ein konsumorientierter Spezialist.

Die Aufklärung und der damit verbundene Versuch, das diesseitige Leben in seinen Zusammenhängen zu erfassen, ließ Fausts Streben, aber auch sein Irren als etwas im Grunde Gutes und Menschliches erscheinen. Dem Faust unserer Zeit sind solche Neigungen fremd. Wir können heute mehr wissen, aber durchschnittlich wissen wir weniger über unsere Verhältnisse Bescheid als unsere Vorfahren.

Faust konnte und wollte sich mit der Begrenztheit des menschlichen Lebens nicht abfinden. Nachdem er – trotz vieler Studien – auf seine Fragen nach den letzten Gründen des menschlichen Seins keine befriedigende Antwort gefunden hatte, verschrieb er sich zuerst der Magie und danach dem Teufel. In unserer Welt, die so modern und aufgeklärt ist, spielen Teufelsvorstellungen keine große Rolle; doch die Gefahr, daß viele Menschen auf der Suche nach dem Sinn des Lebens falschen Propheten zulaufen, ist heute nicht geringer geworden.

Die Rolle von Faust ist nicht so vorteilhaft angelegt. Seinem Wesen und Charakter nach ist er nicht nur ein langweiliger, sondern auch ein sehr ichbezogener Mensch. Viele Schauspieler wollen daher lieber Mephisto als Faust darstellen. Sie finden, daß die Rolle von Faust eine undankbare Rolle ist, die immer vom Teufel überspielt wird. Ich teile diese Ansicht nicht.

Mephisto ist ein unterhaltsamer Genießer. Er hat etwas Leichtes und Spielerisches an sich. Brooks Atkinson, maßgebender Theaterkritiker der „New York Times" in den vierziger Jahren, charakterisierte Mephisto in der Darstellung von Bassermann als einen wunderbaren Begleiter für eine Abendgesellschaft.

Faust hingegen ist ein fanatischer und oft auch verbitterter Kämpfer, ein Kämpfer gegen alles Mittelmäßige und Schlechte. Ein besonderer Ausdruck seiner Überheblichkeit ist der Versuch, das Böse mit dem Bösen zu bekämpfen – der Pakt mit dem Teufel.

Dieses Zusammenwirken von Kraft und Gegenkraft – personifiziert durch Faust und Mephisto – trägt das Drama und bestimmt auch Fausts Persönlichkeit als die eines guten Menschen „in seinem dunklen Drange".

Es ist für jeden Regisseur eine große Herausforderung, die Rolle des Protagonisten und Antagonisten in einem Drama deutlich herauszuarbeiten.

Ich habe verschiedene Bearbeitungen des „Faust"-Stoffes – auf der Theater- und Opernbühne – gesehen und bin der Überzeugung, daß Goethe jene Kraft und Gegenkraft, die das Verhältnis des Protagonisten zum Antagonisten bestimmt, am wirkungsvollsten zum Ausdruck gebracht hat.

Als Goethe seinen „Faust" schrieb, kannte er noch nicht die Gebräuche des modernen Theaters, vor allem nicht des amerikanischen Theaters, wo eine Theateraufführung nicht länger als zwei Stunden und vierzig Minuten dauern darf.

Goethe hatte eher Spielgewohnheiten im Sinn, wie sie heute im deutschsprachigen Raum gang und gäbe sind, wo eine Vorstellung vier bis sechs Stunden dauern kann.

Brooks Atkinson spielte in der „New York Times" auf die Länge meiner „Faust"-Inszenierung an und schrieb: Es dauerte über eineinhalb Stunden, bis – „boy meets girl" – der junge Mann sein Mädchen umarmte.

Atkinson entschärfte später seine prononcierte Kritik, indem er meinte, ich dürfe seinen Sarkasmus nicht ernst nehmen. Das zum großen Teil deutschsprachige Publikum reagierte auf diese Äußerung sehr ungehalten, denn für viele war Goethes „Faust" so heilig wie die Bibel.

Brooks Atkinson sparte mir gegenüber aber auch nicht mit Lob. Er ging dabei so weit, mich mit Albert Bassermann zu vergleichen. Bei Bassermanns und meinem Auftritt würde man vergessen, im Theater zu sein. Als Faust sei ich meinem Gegenspieler Mephisto ein wahrhaftiger Protagonist gewesen.

Die Bühnenzeitschrift „Variety", die nicht davor zurückschreckte, einen Star zu kritisieren, schrieb, Askins Faust sei weitaus glaubhafter als Bassermanns Teufel gewesen.

„Variety" holte noch weiter aus und meinte, für alle, die sich nicht automatisch vor Berühmtheiten verbeugen, habe der Abend Askin und nicht dem ruhmgewohnten Bassermann gehört.

Ich war über meinen unerwarteten Erfolg überrascht und zu Tränen gerührt. Piscator kam nach der Premiere in meine Garderobe und sagte: „Seit Matkowsky habe ich keinen besseren alten Faust gesehen." Matkowsky war lange vor meiner Zeit ein legendärer „Faust"-Darsteller auf deutschen Bühnen gewesen.

Julius Babs Kritik lautete ähnlich. Am allermeisten freute mich aber die Meinung von Alfred Polgar: „Es war das erste Mal, daß ich Faust wirklich verstand. Ich habe in meinem Leben so viele „Faust"-Produktionen gesehen und nie verstanden, warum der Schauspieler, der den Faust spielte, diese Monologe immer deklamieren mußte. Ich hörte zwar die Worte, überhörte aber ihren Sinn. In Ihrer Produktion hatte das Wort und dessen Bedeutung Gewicht."

1957 hat mir Ida Ehre, die bekannte Direktorin der Hamburger Kammerspiele, die Rolle des Othello angeboten. Volle zehn Monate bereitete ich mich darauf vor. Ich studierte sämtliche Interpretationen dieser Rolle, wie sie von verschiedenen großen Darstellern verstanden und auf die Bühne gebracht wurde, um letztendlich zu meiner eigenen Interpretation und Charakterisierung zu kommen. Ich analysierte Othello als Menschen, als Mann und als Liebhaber. Von großer Bedeutung waren für mich die Regieanweisungen bedeutender Regisseure – Stanislawskis Regiekonzept ließ ich mir Zeile für Zeile durch den Kopf gehen.

Je vertrauter ich mit der Rolle des Othello wurde, desto eindringlicher beschäftigte ich mich mit dem Stück, mit den beiden widersprüchlichen Charakteren – Othello und Jago. Wer ist wer und steht wofür? Othello verkörpert – über weite Teile des Stückes – den Protagonisten und Jago den Antagonisten. Als ich aber im letzten Akt meine dunklen Hände um den alabasterfarbenen schmalen Hals meiner Desdemona legte und sie erwürgte, begannen die scheinbar klaren Linien ineinanderzulaufen. War nicht Desdemona in diesem Augenblick die tragische Protagonistin und ich der haßerfüllte Antagonist, der aus wilder Eifersucht das Leben dieser schönen Frau auslöschte.

Nach Ansicht der Fachleute sei Othello kein Schwarzer, sondern ein Mohr gewesen, der über Mauretanien geherrscht habe.

Paul Robeson, ein ehemals berühmter Othello, spielte grandios einen stattlichen schwarzen König. Mimi, meine erste Frau, die eine Südstaatlerin aus Virginia war, sagte nach dem gemeinsamen Besuch der Othello-Vorstellung kühl und ruhig zu mir: „Großartig ist Robeson, aber er ist kein Mohr, sondern a Cornfield-Nigger!"

Es gab Meinungsunterschiede bei der Rollenbesetzung von Othello. – Die eine Gruppe erachtete es als reine Sensationslust, Othello mit einem Schwarzen zu besetzen; die andere hätte es als Beleidigung der schwarzen Rasse empfunden, wenn Othello nicht von einem Schwarzen dargestellt worden wäre.

Ich konnte beiden Positionen nichts abgewinnen. Für mich waren das keine grundsätzlichen Überlegungen, sondern Entscheidungen, die aufgrund des Talents und der Technik eines Schauspielers getroffen werden sollten.

Othello – als Stück und als Rolle – soll nicht von Rassendiskussionen überschattet werden.

Es ist aber eine unleugbare Tatsache, daß mit der Hautfarbe nicht nur das Aussehen eines Menschen verbunden ist, sondern auch seine Lebensperspektive. Diese Erfahrung bedingt Polarität.

Für Shakespeare war die Rassenfrage kein Problem, denn seine

Truppe bestand nur aus weißen Schauspielern. Othello ist eine tragische Liebesgeschichte und keine Rassengeschichte.

Im Menschenbild der damaligen Zeit galt die Bezeichnung „Mensch" vorbehaltlos nur für Weiße. Othello konnte aufgrund seiner großen militärischen Erfolge, die er für Venedig errungen hatte, zwar mit venezianischen Patriziern verkehren, doch die Schranke der Hautfarbe blieb weiterhin bestehen. Desdemonas heimlich eingegange Ehe mit Othello ist nicht nur für ihren Vater Brabantio ein Affront.

> „… Und jeglicher von meinen Amtsgenossen,
> Muß fühlen meine Kränkung wie sein eigen:
> Denn läßt man solche Untat straflos schalten,
> Wird Heid' und Sklav' bei uns als Herrscher walten."

Othello ist ein stolzer und würdevoller Mensch, der, solange er nicht irritiert wird, Gelassenheit und Ruhe ausstrahlt. Aber wehe, wenn diese Ruhe erschüttert wird, wenn er herausgerissen wird – wehe ihm und wehe den anderen!

Als ich die Rolle zu studieren begann, beschäftigte mich die Frage, wann und wodurch Othello aus seiner Gelassenheit herausgerissen wurde? Ich suchte auch bei mir nach den Schmerzgrenzen. Wo wäre ich an Othellos Stelle irritiert, mißtrauisch oder verletzt gewesen? Hätten mich Jagos erste Andeutungen schon aus der Bahn geworfen? Othello ist von Desdemonas Liebe überzeugt und kann sich nicht vorstellen, daß sie für einen anderen Mann ähnliche Gefühle empfinden würde.

Jagos Anspielungen zeigen, vielleicht weil sie so ungeheuerlich sind, bei Othello vorerst keine Wirkung. Erst nachdem Jago die Bühne verlassen hat, kommen Zweifel auf. Für kurze Zeit gelingt es Othello aber noch einmal, sich von seinen negativen Gedanken zu befreien.

Doch Jago läßt nicht locker und stichelt weiter, bis er Othello um seine Seelenruhe bringt. Von diesem Zeitpunkt an nimmt das Unheil seinen Lauf. Das Leben und die Liebe, die verratene – wie er meint, werden ihm zur Qual. Der Mensch und der Mann fallen und verfallen zusehends.

In Verdis Oper „Othello", der das Drama zugrunde liegt, werden die Seelen- und Geistesqualen des Antihelden durch das Crescendo der Musik noch überzeugender vermittelt.

Sowohl im Drama als auch in der Oper stiftet der Bösewicht Jago zwischen Cassio und Rodrigo einen Streit an, wodurch Othello gezwungen wird, das Hochzeitsbett zu verlassen. Othello ist nicht mehr Herr seiner selbst. Er verliert in den Augen der anderen und er verliert sich selbst. Der Böse und das Böse triumphieren über den tragischen Protagonisten Othello.

Für einen Augenblick – als er Jago weinend umarmt und ausruft: „Ein Jammer, Jago, welch ein Jammer, Jago…" – scheint es Othello klar zu sein, daß er sich auf einen Abgrund hinbewegt.

Der Monolog, der auf sein Vorhaben, Desdemona zu töten, einstimmen soll, kann aber auch als verzweifelter Versuch eines Menschen gesehen werden, in höchster Not nicht schuldig zu werden. Doch der Giftstachel saß zu tief. Die Ehre – die Mannesehre – war durch die vermeintliche Schuld Desdemonas preisgegeben, und Othello, der „nichts tat aus Haß, für Ehre alles", tötete sie. Desdemona – wie auch jeder anderen Frau – war das vollständige Menschsein versagt. Sie konnte nur eines Menschen Weib sein und in dieser Rolle agieren. Othello wiederum wurde das volle Menschsein aufgrund seiner Herkunft und Hautfarbe verweigert.

Ihr Zusammenfinden war deshalb so selbstverständlich, weil beide – aus unterschiedlichen Gründen – nicht als vollwertige Geschöpfe galten. Die daraus resultierende Fremdbestimmung lastete auf beiden. Othello wußte zuinnerst, daß er nur aufgrund seiner militärischen Leistungen toleriert wurde. Für die Venezianer blieb er ansonsten ein exotischer Außenseiter. Daher glaubte er, sich noch stärker der Anerkennung und des Wohlwollens der Weißen versichern zu müssen. Das machte ihn leichtgläubig, wahllos und verletzbar.

Als er anfing mit seinem Schicksal zu hadern, als er sich fragte, wie und warum ihm all das passieren konnte, gab er zur Antwort:

„Vielleicht wohl, weil ich schwarz bin
Und mir des leichten Umgangs Gabe fehlt"…

Weil er eben meinte, Desdemona habe ihm gegenüber wegen seiner Hautfarbe so gehandelt, mußte er sie töten. Nicht nur seine Männer-ehre war verletzt, sondern auch seine Herkunft. Durch ihr vermeint-liches Verhalten hat sie Othellos tiefste Wunde aufgerissen – das Wis-sen, daß seinesgleichen die Gejagten waren und noch lange sein würden. Diese schmerzvolle Ohnmacht versuchte er ein einziges Mal zu durchbrechen, als aus dem Gejagten ein Jäger wurde, der sich an einem anderen schwachen Geschöpf rächte. Ein grausiges Abbild der Gesellschaft.

„Leon Askin, ein großartiger Othello", schrieb Willy Haas, der be-kannte Kritiker, Schriftsteller und Herausgeber der „Literarischen Welt". „Wir haben diese Rolle vielleicht technisch ausgearbeiteter, niemals aber elementarer, niemals direkter gesehen. Das Drama Othello lebt und stirbt mit Othello", rezensierte Willy Haas. „Alle an-deren Rollen, selbst Jago und Desdemona werden in dieser Auf-führung Nebenrollen."

2

Die Welt, in der ich lebte

Eine unüberblickbare Menschenmenge wartete am 12. November 1918 vor dem Parlament auf die Ausrufung der Republik Deutschösterreich. Ich war zum damaligen Zeitpunkt elf Jahre alt und verfolgte mit meinem Vater dieses große historische Ereignis, das die siebenhundertjährige Herrschaft der Habsburger beendete. Stundenlang warteten wir, eingezwängt zwischen schwitzenden Arbeitern, Marktfrauen und zurückgekehrten Frontsoldaten, die in ihren verlausten und verschlissenen Uniformen ein trauriges Bild boten; den kaiserlichen Doppeladler hatten sie bereits von ihren Kappen heruntergerissen.

Endlich war der große Augenblick gekommen, und die neue rotweißrote Fahne sollte gehißt werden, als es plötzlich zu einem Tumult kam. Ich konnte nicht ausmachen, worum es ging; doch dann sah ich, wie auf dem Mast statt der rotweißroten Fahne nur mehr zwei rote Stoffteile hingen. Kurz aufeinanderfolgendes Krachen war zu hören – „es wird geschossen", sagte ein Mann, der neben uns stand.

„Maschinengewehrfeuer", bemerkte wissend ein Soldat.

„'s kommt aus dem Volksgarten", erwiderte jemand.

Und dann kam ein Schrei, den ich nie vergessen werde: „Es staubt!" Von der Parlamentsrampe aus wurde das Maschinengewehrfeuer erwidert. Menschen, die kurz vorher noch dicht zusammengedrängt standen, versuchten, aus dem Gemenge herauszukommen und sich in Sicherheit zu bringen. – Aber wohin, in welche Richtung?

„Zum Burgtheater", hörte ich jemanden rufen. Von der Masse mitgerissen, kamen wir zum Burgtheater, das seine großen Portale geöffnet hatte, um die vor dem Maschinengewehrfeuer flüchtenden Menschen einzulassen.

20

Dieser Eintritt, der unter Lebensangst erfolgte, war mein erster Kontakt mit dem Burgtheater, dem noch viele, wenn auch nicht mehr so abenteuerliche, folgen sollten.

Ich bin ein geborener Wiener und noch dazu am höchsten jüdischen Feiertag, Jom Kippur, geboren. In Wien sagte man: „Am langen Tag", weil dieser hohe jüdische Feiertag, auch Versöhnungstag genannt, ein Fasttag ist. Das Fasten ist ein langes Fasten – von 18 Uhr bis 19 Uhr 30 des folgenden Tages.

Beinahe bis zu meinem elften Lebensjahr lebte ich mit meinen Eltern im selben Zimmer. Das war ein annähernd quadratischer Raum mit niedrigem Plafond, wo sich unser familiäres Leben abspielte. Zwei große schwere Betten, die zusammengerückt worden waren, bildeten das Ehebett meiner Eltern. An jeder Bettseite befand sich ein Nachtkästchen, auch ein großer doppeltüriger Schrank für Kleider und Wäschestücke war vorhanden. Am Fußende der Ehebetten gab es einen großen rechteckigen ausziehbaren Tisch für zwölf Personen, um den herum sechs Stühle standen. An der gegenüberliegenden Wand war ein riesiger Bücherschrank aus Walnußholz mit dicken Türen. Daneben befanden sich ein Schreibtisch und ein Sofa. Außerdem waren noch ein Trumeau, eine Art Waschtisch mit hohem Spiegel, ein großer grüner Kachelofen, ein kleinerer offener Bücherschrank und ein Kinderschreibtisch vorhanden. Mein Bett stand zwischen der „Bibliothek" und dem Trumeau. Tageslicht kam durch ein großes niedriges Doppelfenster. Die anschließende Küche war ein nicht allzu großer, langgestreckter Raum, wo eine Kredenz, Abwasch und ein Herd, der mit Holz und Kohle zu betreiben war, standen. Eine Tür führte in ein längliches Kabinett für unser Dienstmädchen.

Wir kamen aus dem Mittelstand und waren nicht sehr begütert, doch mein Vater legte großen Wert auf einen bürgerlichen Lebensstil. Da beide Elternteile berufstätig waren, hatten wir das besagte Dienstmädchen und noch ein Kinderfräulein, das mich vom zweiten bis zum sechsten Lebensjahr täglich von acht bis dreizehn Uhr betreute.

In unserer Wohnung gab es weder fließendes Wasser noch ein

Badezimmer. Wasser holten wir wie alle Parteien des Stockwerkes vom Gang, von der sogenannten „Bassena".

Im letzten Kriegssommer des Jahres 1918 zogen wir in eine größere Wohnung um, die in der Sechsschimmelgasse im neunten Bezirk lag. Der Grund dafür war die größer werdende Familie, meine Mutter erwartete ihr zweites Kind. In der neuen Wohnung gab es schon Gasbeleuchtung. Im Gegensatz zu früher, wo wir Petroleum- oder Spirituslampen verwendeten, war das ein erheblicher Fortschritt.

Mein Vater war ein überzeugter Sozialist und nahm mich mit, wenn er an Demonstrationen teilnahm. Ich erinnere mich noch an Kundgebungen vor dem Wiener Rathaus und an das brutale Vorgehen der Dragoner, die mit gezogenen Säbeln auf Demonstranten losgegangen sind. Unvergeßlich blieb mir auch das Begräbnis von Franz Schuhmeier. Dieser beliebte sozialdemokratische Arbeiterführer wurde am 11. Februar 1913 von Paul Kunschak, dem Bruder des christlichsozialen Arbeiterführers Leopold Kunschak, erschossen.

Noch zweimal in meinem Leben sah ich eine derartige Menschenansammlung, die in stummer Trauer von einem Toten Abschied nahm – das eine Mal beim Begräbnis des Wiener Oberrabbiners Dr. Ben Zwi Perez Chajes und das andere Mal bei den Trauerfeierlichkeiten für den ermordeten amerikanischen Präsidenten John F. Kennedy.

Sämtliche Straßenlaternen Wiens waren schwarz verhüllt, als Dr. Chajes, der auch österreichischer Delegierter beim Völkerbund war, begraben wurde. Die Ehrerweisungen für Chajes seitens der Wiener waren um so bemerkenswerter, da der Antisemitismus in dieser Stadt seit Schönerer und Lueger eine starke soziale und politische Plattform hatte.

An jedem ersten Mai marschierte ich natürlich mit meinen Eltern bei der Mai-Kundgebung mit. Wir trugen, wie es sich dabei gehörte, rote Nelken im Knopfloch. Mein Vater war mit zwei bekannten sozialdemokratischen Politikern – Dr. Otto Bauer und Dr. Julius Deutsch – befreundet. Die Interessen meiner Mutter lagen eher im künstlerischen Bereich. Immer wieder hörte ich sie von Selma Halban-Kurz erzählen, die eine berühmte Koloratursängerin an der Wiener Oper war. Dieses Spannungsfeld von Politik und Kunst bestimmte unser häusliches Leben. Mein Vater empörte sich noch Jahre danach, daß man Gustav Mahler wegen seines Judentums 1907 als Direktor der Wiener Hofoper hinausgeekelt hatte.

Viele Jahre später erzählte mir Alma Mahler-Werfel, die berühmte Witwe und Muse von nicht minder berühmten Männern wie Mahler, Gropius, Werfel und Kokoschka, daß Mahler aufgrund seiner jüdischen Herkunft auch an der New Yorker Metropolitan Opera Schwierigkeiten hatte.

Einen Großteil der Freizeit verbrachten meine Eltern mit Theater- und Konzertbesuchen. Auch das Kaffeehaus hatte einen festen Platz in ihrem Leben. Meine Mutter war Sekretärin in einem Büro in der Werdertorgasse, das gegenüberliegende Café City wurde das Stammkaffeehaus meiner Eltern. Zu jener Zeit deckte das Kaffeehaus mehrere Lebensbereiche ab. Für manche war es das zweite Zuhause, andere wiederum arbeiteten dort besser als in ihrem Büro oder Kontor. Bei einer Melange konnte man stundenlang sitzen und sämtliche in- und ausländische Zeitungen lesen. In Wien gab es mehr Kaffeehäuser als Greißler. Das Café gehörte wie die Kirche zum Stadtbild, nur daß es besser besucht war. Der Oberkellner eines guten Kaffeehauses war für alle Besucher ein sehr wichtiger Mann, denn er war äußerst großzügig beim Verteilen von Titeln.

Selbstverständlich war das Wiener Kaffeehaus auch der Ort, wo man geheime Rendezvous haben konnte. Mit einem guten Trinkgeld machte man sich die Kellner zu Verbündeten, und sie waren die Diskretion in Person.

Das Wiener Kaffeehaus wäre nicht so berühmt, wenn es nicht auch Geschichten von der Geschichte oder von geschichtemachenden Persönlichkeiten gegeben hätte. Trotzki hatte im Café Zentral Schach gespielt, Hofmannsthal, Schnitzler, Bahr und Altenberg waren Gesprächspartner im Café Herrenhof gewesen.

Das alte oder echte Wiener Kaffeehaus gibt es nicht mehr. Es gibt moderne Ableger davon, die aber nicht mehr diese Atmosphäre ausstrahlen. Als Kind langweilte ich mich im Kaffeehaus, heute vermisse ich es.

Meine Kindheit lief nach einer gewissen Routine ab. Das Kinderfräulein kam um acht, und wir spazierten täglich, außer wenn es regnete, in den Türkenschanzpark. Unser Weg führte über einen Friedhof in die Hasenauerstraße und weiter in den alten Teil des Parks – zum „kleinen-großen" Spielplatz, denn es gab auch einen „großengroßen" Spielplatz. Dort traf das Fräulein oft einen alten Oberst. Nachdem ich vom Spielen und Herumtollen hungrig und müde geworden war, machten wir uns auf den Heimweg. Dieser führte uns entweder durch den Sanatorium-Park oder durch das Cottage-Viertel, wo viele Schauspieler und Schauspielerinnen wohnten. Die „Thimig-Familie" – Hugo, Helene, Hermann und Hans – lebte in einer Villa in der Gymnasiumstraße. Damals verschwendete ich aber noch keinen Gedanken daran, daß ich dort im Jahre 1927 von Hans Thimig Privatunterricht bekommen sollte.

Es gab auch Tage, wo wir etwas anderes machten, da ging das Fräulein mit mir in den Wurstelprater oder in den Tiergarten nach Schönbrunn. Für mich hat der Wiener Prater noch immer etwas Reizvolles und Magisches, auch wenn es den Prater meiner Kindheit heute nicht mehr gibt. Der damalige Prater hatte mehrere „Bezirke": Es gab den Wurstelprater mit seinen Ringelspielen, Schießbuden und Grottenbahnen. Die fünf Kilometer lange Hauptallee bildete einen anderen, nicht minder faszinierenden Teil des Praters – dort hatten sich drei berühmte Kaffeehäuser befunden, wo Franz Lehár mit seiner Kapelle musizierte. Beeindruckt war ich auch vom Konstantin-Hügel, der an einem Teich lag, auf dem damals kleine Boote schaukelten. Auch Enten tummelten sich in seinem Wasser. Dann gab es noch den „wilden" Prater – der bestand aus Wäldern und Wiesen, wo in meiner Kindheit Hirsche und Rehe frei herumgelaufen sind. Dieser Teil zog sich bis in die Lobau. Dort gab es noch viel mehr Wild, denn es war ja kaiserlicher Jagdgrund. Gegen Ende des Zweiten Weltkrieges wurde aus dem Prater ein blutgetränktes Schlachtfeld, auf dem sich sowjetische Soldaten und Nazitruppen erbitterte Kämpfe geliefert hatten.

Der Prater war eine Quelle der Inspiration für künstlerisch schaffende Menschen – für Dichter und Komponisten. Wunderschöne Evergreens – wie „Im Prater blühen wieder die Bäume ..." – verewigen diesen herrlichen Teil von Wien. Die blühenden Kastanienbäume in der Prater Hauptallee sind wirklich einzigartig in der Welt.

Als ich im Sommer 1955 mit meiner Familie in Wien war, zog es mich unwillkürlich in die Pratergegend. Die Nordbahnbrücke oder das, was davon übrig war, bot einen gespenstischen Anblick. An Stelle der Brücke hing mahnend eine einzelne Eisenbahnschiene in der Luft. Plötzlich hatte ich wieder den Krieg und die ungeheuren Zerstörungen an Menschen und Material vor Augen. Inmitten von Ruinen und Wiederaufbau stand – einem Wunder gleich – das Riesenrad – als symbolhaftes Bindeglied zwischen Vergangenheit, Gegenwart und Zukunft. Zehn Jahre waren vergangen, in welchen Täter, Mitläufer und Opfer in die Normalität des Friedens zurückzufinden versuchten.

In den zwanziger Jahren hatte Werner Heymann für den Film „Der Kongreß tanzt" den Text und die Musik zu einem bekannten Wiener Lied geschrieben:

> „Das gibt's nur einmal,
> Das kommt nicht wieder,
> Das ist zu schön, um wahr zu sein …"

Diese Worte könnte man auch als Epitaph für den untergegangenen alten Prater verwenden.

Ein Erholungsgebiet ganz besonderer Art war für uns der Wienerwald; der nähere – Kahlenberg, Hermannskogel – wie auch der entferntere – Anninger, Eisernes Tor. „De Weana san a Bergvolk", hat ma g'sagt.

Die Straßenbahnen waren sonntags voll mit Männern und Buben in Lederhosen und Frauen und Mädchen in Dirndlkleidern.

In meiner Familie waren Ausflüge ein fester Bestandteil unserer Aktivitäten am Wochenende – bei jedem Wetter gingen wir hinaus in die Natur. Meine Frau und meine Stieftochter wunderten sich darüber, daß ich ihnen bei unseren Fahrten durch den Wienerwald jeden Fleck benennen konnte.

Den Prater von früher und auch das echte Wiener Kaffeehaus gibt es nicht mehr, aber der Wienerwald, der existiert noch und wird hoffentlich weiter bestehen. Den Wienerwald gesehen zu haben, das ist nicht genug, man muß – wie ich – im Wienerwald aufgewachsen sein.

3

Das Ende einer Ära

In den Jahren vor dem Ersten Weltkrieg waren die Namenstage von Peter und Paul am 28. und 29. Juni Feiertage. Viele Menschen nutzten diese Zeit am Ende des Schuljahres für längere Ausflüge. Auch meine Familie begab sich über Nacht auf einen Ausflug in die Sulz. Das war ein kleines schöngelegenes Dorf in der Nähe Wiens. Da in Gasthöfen und Pensionen keine Zimmer mehr frei waren, mußten wir uns auf einem Bauernhof einquartieren.

Am 29. Juni schlenderten wir gemütlich zum Hauptplatz, um in einem Gasthof zu frühstücken. Anstelle der feiertäglichen Ausgelassenheit fanden wir ziemlich aufgeregt wirkende Menschen vor, die in kleinen Gruppen zusammenstanden und flüsterten. Im Fenster der Tabaktrafik sah mein Vater die „Kronenzeitung", die auf der Titelseite immer sensationelle Berichte mit Illustrationen über verschiedene Unglücksfälle, Mordgeschichten und Vorfälle aus dem Hurenmilieu – Wahres und Unwahres – brachte. An diesem Morgen stand aber in großen Lettern: „Erzherzog Ferdinand und Gattin ermordet in Sarajevo".

Die dazugehörige Zeichnung zeigte den tödlich getroffenen Thronfolger, zusammengesunken in der offenen Staatskarosse, und die Erzherzogin, wie sie, ebenfalls schwer verletzt, nach rückwärts auf den Sitz fiel. Der Todesschütze wurde auch dargestellt – schnurrbärtig und düster dreinblickend.

Unvermittelt sagte mein Vater mit heiserer Stimme: „Das bedeutet Krieg!"

Der Thronfolger – tot – was wird aus der Monarchie werden? Dieser Gedanke ging durch die Köpfe der einfachen und braven Untertanen auf dem Hauptplatz in der Sulz.

Wir kehrten ins Bauernhaus zurück, packten unsere Habseligkeiten zusammen und marschierten zur Endstation der Straßenbahn nach Mauer, um nach Hause zu fahren.

Anfang August 1914 begann der von meinem Vater prophezeite Krieg, der in den Ersten Weltkrieg mündete. Ein dünnes Buch von Emil Ludwig mit dem Titel „Juli 1914" beschreibt in prägnanter Form die Juliereignisse und die Herbeiführung des Krieges. Ich habe meinen Vater, der an und für sich ein ruhiger und besonnener Mensch war, noch nie so aufgebracht und empört gesehen wie in jenen Tagen nach dem Attentat, wo die Bevölkerung geistig und gefühlsmäßig auf den Krieg eingestimmt wurde. Gesteigert wurde seine Empörung nur noch durch die Nachricht über die Ermordung von Jean Jaures Ende Juli 1914. Jaures war einer von jenen Sozialisten, die auf nationaler wie internationaler Ebene für die Erhaltung des Friedens eingetreten sind.

Der Krieg beziehungsweise die Gedanken daran bewirkten ein Zusammenrücken der Menschen. Auch mein Vater versuchte, die eher losen Kontakte zu seinen Brüdern und deren Familien zu festigen: zu Onkel Emanuel, zu meinen Cousins Robert, Arthur, Fritz, Emmerich und zur Cousine Liesl; zu Onkel Moritz, Tante Elsa und deren Tochter Edith, mit der ich auch später sehr verbunden blieb. Emmerich, der jüngste von Onkel Emanuels Söhnen, ist oft bei uns zu Hause gewesen und hat an unseren Ausflügen in den Wienerwald teilgenommen. Onkel Moritz erhielt sofort nach Kriegsbeginn die Einberufung an die russische Front, und Tante Elsas Bruder, Oscar, ist im September 1914 in Serbien an Typhus gestorben.

Meine Mutter, von mir immer Mama gerufen, lehrte mich das Zigarettenrollen für die Soldaten an der Front; und Papa, dem es nicht gefiel, daß wir militaristisch und den Krieg verherrlichend erzogen wurden, nahm mich aus der öffentlichen Schule und schrieb mich in die „Freie Schule" ein. Dort ging es ziemlich liberal zu – Mädchen und Buben wurden gemeinsam unterrrichtet, und die Lehrer vermittelten uns Wissen ohne irgendwelche Indoktrinierung. Ich absolvierte an dieser Anstalt die zweite und dritte Klasse. Unsere wirtschaftliche Situation verschlechterte sich zusehends, und meine Eltern konnten es sich nicht mehr leisten, mich in diese Privatschule zu schicken. Die vierte Klasse besuchte ich daher wieder in meiner früheren Volksschule in der Canisiusgasse. Nachdem ich zwei Schuljahre hindurch relativ freien Unterricht genossen hatte, war die Umstellung für mich um so schwerer.

Die Lehrer an öffentlichen Schulen forderten die Schüler eindringlich auf, ihre Eltern zum Kauf von Kriegsanleihen zu bewegen. Dieses „patriotische Verhalten" hatte in vielen Fällen auch Auswirkungen auf Schul- und Zeugnisnoten. Eine andere Form der Erpressung lief unter der Parole „Gold gab ich für Eisen". Auch wir trennten uns „nicht sehr freiwillig" von der alten wertvollen Kupferteekanne. Viele Eheleute gaben ihre Eheringe ab, meinen Eltern ging das aber zu weit. Alle diese mehr oder weniger wertvollen Gegenstände wurden eingeschmolzen, denn das Land brauchte Munition.

Ich – mit meinen neun Jahren – hatte genug vom Krieg und wandte mich Herzensangelegenheiten zu, indem ich mich in meine schöne junge Lehrerin Fräulein Dürrmeier verliebte.

Am 21. November 1916 starb im Alter von sechsundachtzig Jahren der „gute" alte Kaiser Franz Joseph I. Seine Regentschaft dauerte achtundsechzig Jahre. Sie begann 1848, als Europa von Revolutionen – versuchten, verhinderten oder nicht vollendeten – erschüttert wurde. Über ihn und seine lange Herrschaft gibt es unterschiedliche Meinungen. Tradiert wurde das Bild vom guten alten Patriarchen, der zum Wohle der großen Völkerfamilie oft hätte hart durchgreifen müssen. Der „gute" Kaiser, der der erste Soldat sein wollte und wahrscheinlich nichts so intensiv gelernt hatte wie das Kriegshandwerk, brauchte dank seiner begnadeten Geburt nie etwas von der Erbärmlichkeit des Krieges am eigenen Leib zu erfahren. Am Ende seines Lebens war er nur mehr ein alter, uneinsichtiger, aber auch einsamer Mensch.

Das um Franz Joseph trauernde Wien verwandelte sich durch das spanische Trauerzeremoniell der Habsburger in eine mittelalterliche Stadt. Die Häuser hatten schwarze Beflaggung, und in der Nacht brannten entlang der Ringstraße Fackeln. Es bot sich ein gespenstisches Bild der Vergänglichkeit, nicht nur der des eben verschiedenen Monarchen, sondern auch der eigenen.

Der Leichenzug rekrutierte sich aus allen Regimentern der Monarchie und der verbündeten Mächte. Es war eine farbenprächtige Parade, die letzte große Demonstration imperialer Macht – ihr Schwanengesang: österreichische Dragoner, slowakische Kanoniere, ungarische Husaren, preußische Gardisten –, es dauerte Stunden, bis sie alle an den „Fenstern" vorbeimarschiert waren. Diese Bezeichnung ist insofern passend, da aus ihnen Menschen herausschauten, die viel Geld bezahlt hatten, um so einen Fensterplatz zu bekommen.

Der Tod und die Zeremonie um den Toten haben für die Österreicher eine starke Faszination.

Für eine „schöne Leich" waren alle gesellschaftlichen Kreise empfänglich – als Kulminationspunkt für ein nichtgelebtes Leben? Denn das irdische Dasein der meisten Menschen war zu dieser Zeit unauffällig und selbstverleugnend.

Für mich hatte das Kaiserbegräbnis noch eine andere Bedeutung. Als Volksschüler wurde ich vom magistratischen Bezirksamt des neunten Bezirkes ausersehen, eine achtzehnstrophige Lobeshymne auf den toten Kaiser öffentlich vorzutragen. Das war mein erster Auftritt als Schauspieler. Wenn ich heute darüber nachdenke, erinnere ich mich auch an Papa, der mir bei der Vorbereitung meines „Auftritts" geholfen hat. Sein sehnlichster Wunsch ist es ja gewesen, Schauspieler zu werden.

4

Zirkus, Schule und Synagoge

Noch bevor ich stehen oder gehen konnte, nahmen mich meine Eltern in den Zirkus mit. Auf der gegenüberliegenden Seite unseres
Wohnhauses – Ecke Ayrenhofgasse/Lustkandlgasse – hatte sich damals ein großer unbebauter Platz befunden, auf dem die berühmte-
sten Zirkusse ihre riesigen Zelte aufstellten. Durch die örtliche Nähe
lernte ich aber bald die Kehrseite des von mir so verherrlichten Zir-
kuslebens kennen. Ich sah die harte, gefährliche Arbeit der Zirkus-
leute, wenn der Glanz der Abendvorstellung erloschen war. Ich sah
sie ohne ihre glitzernden Kostüme, wie sie stundenlang ihre Num-
mern einstudierten und übten, wie sie die anfallenden Arbeiten –
Tierkäfige reinigen, Tiere füttern und pflegen – zu erledigen hatten.
Nur zur Vorstellungszeit verwandelten sie sich wieder in jene strah-
lenden und furchtlosen Geschöpfe, die dem begeisterten Publikum
mit scheinbar spielerischer Leichtigkeit ihre Kunststücke darbrachten.
Ein Zirkus – der Zirkus Kludsky – ist mir noch in ganz besonderer
Erinnerung. Immer wenn er in der Stadt gastierte, hatten die Straßen-
reiniger „Feiertag". Was normalerweise Teil ihrer Arbeit war, einem
riesigen Wasserfaß zu folgen und mittels Schlauch die Straßen und
Gehsteige zu bespritzen, das machten mit großer Freude die Elefan-
ten des Zirkus Kludsky. Sie waren zutraulich und dadurch so beliebt,
daß man ihnen, ohne Angst haben zu müssen, vieles durchgehen
ließ. So holten sie sich vom Greißler vis-à-vis mit ihrem Rüssel Brot
aus dem Geschäft heraus.

Der Zirkus war für mich eine faszinierende Welt, die mein ganzes
Sein in Anspruch nahm. Mit unseren Stühlen baute ich im Wohnzimmer eine Manege nach und fühlte mich als Herr dieser imaginären Welt: Ich gab mich als mutiger Tierbändiger, der die Raub-

31

tiere mit „Holla Hopp" zu großartigen Kunststücken anfeuerte und sich am Ende überglücklich vor „seinem Publikum" verbeugte.

Viele Jahre später stieß ich auf eine berühmte Rede von Max Reinhardt, die er an der Columbia-Universität in New York gehalten hatte. Darin ging es – wie konnte es anders sein – um Schauspielkunst. Er meinte, die Natürlichkeit eines Schauspielers sei dann gegeben, wenn er sich beim Spielen so ungezwungen und frei wie ein Kind verhalten könne. Das Kind zensiert seine Phantasiewelt nicht. Kinder lernen durch Imitieren, durch Nachspielen der Erwachsenen und entwickeln dabei eine ungeheure Vorstellungskraft.

Obwohl ich ein ziemlich großes Vorstellungsvermögen hatte, ging es nie so weit, daß ich mich als Schauspieler oder General gesehen habe. Viele Jahre später wurde ich aber Schauspieler und sogar ein erfolgreicher durch die Darstellung von General Burkhalter in der Fernsehserie „Hogan's Heroes". Dem Publikum gefiel die Natürlichkeit, mit der ich diesen General der Wehrmacht spielte, als ob ich in so einem Milieu aufgewachsen wäre. Das genaue Gegenteil ist der Fall gewesen. Militärischen Drill habe ich in meiner Kindheit nur als „Zaungast" bei Begräbnisfeierlichkeiten für hohe Militärs erlebt. Fasziniert beobachtete ich, wie die Offiziere würdevoll aus der Votivkirche herausschritten, wie sie eine Formation bildeten, salutierten und dem toten Kameraden die letzte Ehre erwiesen. So oft ich konnte, nahm ich an solchen Ereignissen, die meinen Kinderalltag erheblich „bereicherten", teil. Auch Fronleichnamsprozessionen waren für „militärische Studien" ausgezeichnet geeignet. Dabei habe ich sogar einmal den „guten" alten Kaiser gesehen. Die Fronleichnamsprozessionen um den Wiener Stephansplatz waren in der Monarchie ein großes Ereignis gewesen. Die Hocharistokratie aus allen Teilen des Reiches hat daran teilgenommen, und die Armee zeigte sich von ihrer prächtigsten Seite. Stolze, gutaussehende Männer repräsentierten in ihren eleganten Ausgehuniformen. „Der Zauber der Montur" tat seine Wirkung, und der militärische Beruf erfreute sich großer Beliebtheit.

Viel später, ich war schon am Dumont-Schauspielhaus, habe ich verstanden, wie stark ich von meiner Kindheit im kaiserlichen Wien geprägt worden bin. Bei der Generalprobe zu Schillers „Wallenstein" gefiel ich mir sehr gut in meiner funkelnagelneuen schwarz-weißen

Kürassieruniform. Ich brauchte mich deswegen nicht zu schämen, denn meinen Kollegen ist es nicht anders ergangen.

Von der Dominanz des Militärischen in der Gesellschaft bis hin zur Kriegseuphorie 1914 bedurfte es nur mehr kleiner Schritte. Der Krieg als eine Option der Politik war in den Köpfen vieler Menschen. Unsere Lehrer sprachen immerzu von den glorreichen Siegen der österreichisch-ungarischen Armee und ihrer Verbündeten. Wir mußten Flugzettel verteilen, auf denen geschrieben stand: „Gott strafe England und vernichte Italien!"

Der Krieg aber, der nach Vorstellungen des deutschen Kaisers schon Weihnachten 1914 hätte beendet sein sollen, ging weiter und forderte viele Opfer. Die Mittelmächte – Österreich-Ungarn, Deutschland, Bulgarien und die Türkei – mußten immer mehr Männer unter Waffen nehmen. Selbst ältere Jahrgänge und solche, die anfangs aus gesundheitlichen Gründen nicht eingezogen worden waren, standen auf den Rekrutierungslisten. Mein Vater, der einen offenen doppelten Leistenbruch hatte und dazu noch tuberkulös war, wurde im Winter 1916 ebenfalls eingezogen und erhielt eine militärische Grundausbildung. Ein Kaffeehaus im Prater, wo vor dem Krieg Lehár seine Operettenmusik dirigiert hatte, wurde zu einem Exerzierplatz umgewandelt.

Mein kränklicher Vater hatte beim Exerzieren einen leichten Lungenblutsturz erlitten und wurde mit der Bemerkung des Feldwebels „Ihna koenn ma net brauchen!" glückerlicherweise nach Hause geschickt. Er blieb aber nur kurze Zeit bei uns und kam bald darauf in ein Sanatorium nach Savanyucket/Sauerbrunn, wo im Laufe des Krieges auch wichtige Kriegsgefangene untergebracht waren.

Sonntags besuchten wir Papa im Sanatorium. Damals im Februar 1917 bedeutete das – mit Umsteigen in Wiener Neustadt – eine Reisedauer von fünf Stunden. Beim Mittagessen, das Patienten, Besucher und Kriegsgefangene gemeinsam eingenommen haben, stellte mir Vater die ganze Gruppe vor. Sie bestand aus zwei russischen Bolschewiken, einem italienischen Anarchisten, einem französischen Sozialisten, einem alten englischen Oberst und einigen Wienern, die dort als Rekonvaleszenten waren. Am interessantesten fand ich den englischen Oberst, weil er Deutsch gesprochen hatte wie die Clowns im Zirkus.

Die Rückfahrt nach Wien war noch länger und unangenehmer. Es gab strenge Gepäckskontrollen, die Rucksäcke wurden nach Lebensmitteln durchsucht, die aufgrund der Kriegswirtschaft rationiert waren. Unser überfüllter Waggon hatte nach Rauch, Schweiß, Schnaps und Pisse gestunken. Jene, die keinen Platz mehr im Inneren ergattern konnten, standen auf den Trittbrettern oder fuhren auf dem Eisenbahndach mit. Diese Art der Beförderung bezahlten aber viele, wenn sie nicht auf die Tunnels geachtet hatten, mit dem Leben.

Papa kehrte sehr verändert nach Hause zurück. Er hatte, wer hätte sich das je gedacht, seine Begeisterung für die sozialdemokratische Parteipolitik verloren. Als ich an einem Nachmittag von der Schule nach Hause kam, sah ich meinen Vater, wie er in der Bibliothek herumkramte und intensiv nach etwas suchte. Der gesuchte Gegenstand war ein altes Gebetbuch von seinem Vater. Mir wird der Augenblick, als er seinen Hut aufsetzte, sich gegen Osten richtete und „Mincha", das Nachmittagsgebet der frommen Juden, zu beten begann, immer in Erinnerung bleiben. Ich war an die zehn Jahre alt, als ich an diesem Nachmittag meinen Vater zum ersten Mal beten hörte. Mein Vater, der mir die Seitenstetten-Synagoge nur von ihrer kunsthistorischen Bedeutung erklärt hat, wurde plötzlich ein strenggläubiger orthodoxer Jude!

Bis zu diesem Zeitpunkt war ich mir meiner jüdischen Wurzeln weder bewußt, noch konnte ich ahnen, daß damit ein so furchtbares Schicksal verbunden sein würde.

Bald begann auch für mich ein neues Leben. Ich wurde Chorknabe im Seitenstettentempel und erfreute mich an den alten Sulzer-Melodien – „Lecho Daudi Likras Kalle".

Es war mein zweites Auftreten in der Öffentlichkeit, denn der Synagogenchor sang beim Gottesdienst und bei Hochzeiten. Geld bekamen wir für das Singen nicht, dafür aber amerikanische Lebensmittel – Corned beef, Konserven, Milch, Zucker, Mehl. Das waren alles begehrte Dinge, denn in Wien herrschte Hungersnot.

Meine Verehrung für den Oberkantor war mit ein Grund für die große Begeisterung, mit der ich Chorknabe gewesen war. Als Elfjähriger vergötterte ich den Oberkantor so, wie das Kinder von heute mit Filmstars machen.

Jüdischsein war für mich, seit Vater orthodox geworden war, eine Lebensform. Diese unbeschwerte Einstellung wurde aber durch ein Erlebnis, das ich 1920 in der zweiten Klasse des Realgymnasiums XVII in Hernals hatte, schwer erschüttert. Meine Klasse war eine „gemischte" Klasse gewesen. Sie bestand aus Israeliten, so wurden die jüdischen Kinder genannt, Protestanten und Katholiken. Einmal, als Rabbiner Reich aus Krankheitsgründen den jüdischen Religionsunterricht nicht halten konnte, nahmen wir am katholischen Religionsunterricht teil. Pfarrer Schneider, der katholische Religionslehrer, nützte diese Gelegenheit, um den jüdischen Kindern seine Einstellung zu vermitteln. Vollkommen arglos, als ob er nichts Böses im Sinn hätte, stellte er die Frage, ob jemand von der Klasse wisse, welches das stinkendste Öl sei? Keines der Kinder wußte die Antwort darauf, und Pfarrer Schneider gab sie selbst, indem er triumphierend sagte: „ISRAÖL!"

Die nichtjüdischen Kinder lachten laut und schallend. Dieses Wortspiel – Israöl/Israel – und das darauffolgende Gelächter, das ich noch heute hören kann, grub sich in meiner Seele ein. Es zerbrach für mich nicht nur die Klassengemeinschaft, sondern es wurde mir zum ersten Mal bewußt, daß ich wegen meines Glaubens angreifbar und verletzbar bin. Ich befand mich – anfangs unbewußt, mit zunehmendem Alter aber immer bewußter – in einem Konflikt, der in der Frage kulminierte: Wie in diesem antisemitischen Umfeld leben und sich selbst gerecht werden?

Wenn ich heute auf diese demütigenden Vorfälle zurückblicke, dann bekommen sie eine Bedeutung, die ich damals in ihrer vollen Tragweite noch nicht erkennen konnte. Ab einem Zeitpunkt hatte ich gelernt, mit den Spielarten des Antisemitismus zu leben. Es war doch, trotz allem, mein Land. Ich kannte kein anderes, ich bin hier aufgewachsen und liebte die herrlichen Berge und Wälder. Es gab immer noch genug Möglickeiten, dem Rassismus auszuweichen. Der Glaube an Refugien in einer feindlicher werdenden Umgebung war aber eine gefährliche Illusion. Wir hatten sie, weil uns die Phantasie für die Ereignisse fehlte, die auf uns zukommen sollten. Der Massenmord an den Juden war das Ende eines langen Prozesses. Unsere Ausgrenzung erfolgte über verschiedene Stufen – die erste, sehr subtile war das Sich-lächerlich-Machen über unsere Kultur und Religion.

1922 erschien in Wiener Buchhandlungen ein Buch, das Aufsehen erregte. Es stammte von Hugo Bettauer und hieß „Die Stadt ohne Juden. Ein Roman von Übermorgen". Darin werden in satirischer Weise die negativen Auswirkungen beschrieben, die das Verschwinden der Juden für Österreich und die Österreicher hat. Es war ein sehr prophetisches Buch, das durch die Wirklichkeit noch übertroffen wurde. Vor dem Anschluß lebten in Österreich an die zweihunderttausend Juden, heute gibt es vielleicht neuntausend Juden im Land.

Bettauer schrieb noch „Das entfesselte Wien" und „Die freudlose Gasse". Dieser letztgenannte Roman wurde von G. W. Pabst verfilmt, Greta Garbo hatte darin ihre erste größere Filmrolle. Als Herausgeber einer erotischen Zeitschrift hatte Bettauer sämtliche Antisemiten gegen sich aufgebracht. 1925 wurde er von dem Nationalsozialisten Otto Rothstock erschossen.

Der Täter erklärte bei Gericht, er sehe sich in der Tradition jener, die gegen jüdische Schriftsteller und Gelehrte gekämpft hätten, weil sie Gestalten des Bösen seien. Mit seiner Tat habe er ein Zeichen für die Welt und für das deutsche Volk setzen wollen, damit der Kampf aus Selbstschutz „brutal und rücksichtslos" weitergeführt werde.[*]

Die Geschworenen übernahmen im großen und ganzen die Eigendarstellung des Mörders und plädierten auf Freispruch.

Ein anderer literarischer Exponent war Karl Kraus, der zwischen Sprachgebrauch und Moral einen unabdingbaren Zusammenhang sah. Unerschrocken bezog er Position gegen den Ersten Weltkrieg und erstellte auf der Grundlage von Zeitungsberichten sein Hauptwerk „Die letzten Tage der Menschheit". Darin rechnete er scharf mit den kriegstreibenden Parteien und Politikern ab – auch mit den Sozialdemokraten. Diese hatten sich – entgegen ihrer pronocierten

---

[*] Dusek/Pelinka/Weinzierl: Zeitgeschichte im Aufriß. Österreich seit 1918. Wien 1988. S. 117.

Friedenshaltung vor Ausbruch des Krieges – 1914 sehr „patriotisch"
verhalten und dabei ihren Klassenstandpunkt preisgegeben.

Karl Kraus war gehaßt und bewundert. Er war nicht nur ein unbequemer Zeitgenosse, er belebte seine Zeit auch. Heute, fast sechzig Jahre nach seinem Tod, erregt sein Name nicht mehr die Gemüter. Den Menschen unserer Zeit fehlt das politische Bewußtsein für Texte dieser Art.

Fast zu jeder Zeit gab es in Wien Menschen, die mit den Mitteln der Kunst die Abgründe des „goldenen Wiener Herzens" aufzudecken versuchten. Einer von ihnen war Eric von Stroheim, der später in den USA durch die überzeugende und subtile Darstellung von österreichischen und deutschen Offizieren sehr berühmt geworden ist. Beispiele seiner ausgezeichneten schauspielerischen Leistung sind die Filme „La grande Illusion" und Billy Wilders Meisterwerk „Sunset Boulevard".

1938 schrieb ich in Paris das Drehbuch zu dem Film „Rappel immediat", in dem Stroheim die Hauptrolle gespielt hat. Weniger bekannt ist, daß Eric von Stroheim das Drehbuch zu dem von ihm selbst inszenierten Film „Hochzeitsmarsch" geschrieben hatte. Darin zeigte er die starke Neigung zur Grausamkeit auf, die er als ehemaliger Oberleutnant der kaiserlichen Armee an jungen Offizieren immer wieder bemerkt hatte. Es ist ein stark antimonarchistischer und antimilitaristischer Film, großartig eingebettet in eine heuchlerisch-süße Operettenkitsch-Atmosphäre.

Arthur Schnitzler thematisierte in seinen Werken ebenfalls die überholten lebensverachtenden Konventionen einer untergehenden Gesellschaft. Schnitzlers „Reigen" hatte in Wien einen Theaterskandal ausgelöst und wurde daraufhin verboten. Max Ophüls Verfilmung „La Ronde" machte das Stück weltbekannt.

Im Ständestaat wurde Schnitzler ab 1935 auf staatlichen Bühnen nicht mehr aufgeführt. Führenden Funktionären der Vaterländischen Front war die jüdische Herkunft des Autors ein Dorn im Auge.*

---

* Franz Kadrnoska (Hrsg.): Aufbruch und Untergang. Österreichische Kultur zwischen 1918 und 1938. Wien – München – Zürich 1981. S. 501–503 f.

In den frühen sechziger Jahren, als Österreich nach dem politischen und wirtschaftlichen Wiederaufbau vor Selbstzufriedenheit strotzte, rief „Der Herr Karl" von Helmut Qualtinger und Carl Merz einen Entrüstungssturm hervor. Qualtinger, der den gewissenlosen und opportunistischen Wiener Kleinbürger auch selbst darstellte, erinnerte die Österreicher daran, daß es ihnen gelungen war, sich am eigenen Zopf aus dem Dreck zu ziehen. Als „realpolitische" Menschen paßten sie ihre politische Gesinnung den Erfordernissen der Zeit an. Herr Karl ist natürlich nie ein verbissener Nazi gewesen. Er war halt dabei und profitierte davon. Auch nach dem Zweiten Weltkrieg half ihm seine Lebenseinstellung, sich schnell auf die Besatzungsmächte einzustellen. Da galt es, sich zuerst mit den russischen „Befreiern" zu arrangieren. Als dann die Amerikaner kamen, machte sich die Anpassung auch in materieller Hinsicht bezahlt.

5

Meine Entdeckung des Theaters

Als Kind war ich am meisten von Mozarts „Zauberflöte" beeindruckt
– aber nicht so sehr von der herrlichen Musik als von dem schwarzen
Sklaven, der, während er das Bett von Pamina vorbereitete, die
Zunge herausstreckte und mit den Augen zwinkerte. Wie sehr ich
diese Szene verinnerlichte, sollte ich erst viel später merken. Mein erster Auftritt als Schauspieler an den Düsseldorfer Städtischen Bühnen
war in der Rolle des schwarzen Sklaven in der „Zauberflöte". Es war
eine kleine Sprechrolle, die mich in meine Kinderzeit zurückbrachte
– für kurze Augenblicke sah ich wieder den zungeherausstreckenden,
zwinkernden schwarzen Sklaven von damals. Ich konnte nicht um-
hin, die mich so beeindruckende Darstellungsweise zu imitieren. Es
war zu verlockend.

Endlich hielt mich mein Vater für „reif" genug und nahm mich zu
einer Vorstellung ins Burgtheater mit. Für ihn, den passionierten
Theaterbesucher, war meine Begeisterung für das Theater eine große
Freude. Ausgerüstet mit einem Zeiss-Feldstecher begaben wir uns auf
unsere Galerieplätze, um einer Aufführung von Shakespeares „Julius
Cäsar" beizuwohnen. Noch heute ist mir das naturalistische Bühnenbild in Erinnerung. Besonders jenes von der Ermordung Cäsars im
Senat – ein großer mit Säulen dekorierter Saal, in dem halbkreisför-
mig goldenfarbige Sessel standen.

Im Jahre 1964 inszenierte ich zum vierhundertsten Geburtstag von
William Shakespeare „Julius Cäsar" in Los Angeles. Es war eine spar-
same Inszenierung mit einfachsten Mitteln. Eine fast leere Bühne
wurde als Plattform hergerichtet, und ein riesengroßes Rutenbündel,
das im alten Rom als Symbol der Strafgewalt über die Bürger galt,
bildete den Hintergrund.

Der Brutus in der Burgtheateraufführung war nicht – wie bei Shakespeare – der edle idealistische Mensch, der vor der schwersten Entscheidung seines Lebens stand – nämlich Cäsar, den er über alles liebte und verehrte, aus Gründen der Staatsräson zu töten. An der Burg wurde er von einem grauhaarigen ernsten Helden gespielt, von dem alten, aber gutaussehenden Georg Reimers. Meine Mutter schwärmte von dem „schönen" Georg, ich sah in ihm eher einen ältlichen Salonherrn als einen römischen Patrioten und Verschwörer.

Nach meinem ersten Burgtheaterbesuch wurde ich ein ausgesprochener Verehrer von Alfred Gerasch. Dieser war ein schöner junger Mann, der aber einen großen Nachteil hatte. Wenn die Bühnensprache eine große Leidenschaftlichkeit verlangte, begann er viel zu spucken. Manche Leute sagen zwar, gute Sprecher seien notgedrungen auch gute Spucker. Doch ich halte das für einen Unsinn.

Wenn ich mit meiner heutigen Theatererfahrung an diese betont naturalistische Aufführung denke, so fällt mir ein, daß an dem Ganzen eigentlich nichts natürlich, nicht einmal realistisch war, ausgenommen Cäsars Geist; der aber sollte gerade unnatürlich sein.

Trotz allem war es für mich aber ein bleibendes Ereignis – es war meine erste Begegnung mit Shakespeare und Cäsar.

Gerade bei „Julius Cäsar" war die Zuordnung Protagonist/Antagonist nicht so eindeutig zu treffen. Bis zum dritten Akt sind Brutus, Cassius und Casca die Antagonisten, und Cäsar, der einem Mordanschlag zum Opfer fällt, ist der tragische Protagonist.

Der eigentliche Held ist aber nicht Cäsar, sondern Brutus, der, auf Leichenbergen stehend, sich in sein Schwert stürzt, nachdem er gesehen hat, daß alles verloren ist.

Shakespeare-Experten vertreten die Ansicht, daß bei manchen seiner Stücke die dramatische Struktur unvollendet wirke. Besonders deutlich lasse sich das bei „Julius Cäsar" ausmachen, wo die zwei letzten Akte – mit Ausnahme des Cassius-Brutus-Dialogs – dramatisch schwach bearbeitet seien. Ich teile ihre Ansicht bezüglich „Julius Cäsar" nicht und stehe damit ziemlich allein da.

40

Nach eingehendem Studium von Inhalt und Form des Stückes betrachte ich die ersten drei Akte als Vorspiel, das zum Hauptgeschehen im vierten und fünften Akt überleitet. Unter diesem Gesichtspunkt inszenierte ich meinen „Julius Cäsar" und erntete von der Presse großteils positive Kritik: Meine Interpretationsweise sei „faszinierend" und „kontroversiell" zugleich. Einige Stimmen gab es, die meinten, so müsse man überhaupt Shakespeare und vor allem „Julius Cäsar" inszenieren. Lion Feuchtwanger beglückwünschte mich zu meinem Schritt, der von der traditionellen Sichtweise früherer Shakespeare-Bearbeitungen wegführe.

Peter Stein hat meine Bühnenbearbeitung sicherlich nicht gekannt, als er in Salzburg daranging, diese Tragödie zu inszenieren, und trotzdem kamen er und auch noch andere Regisseure zur Erkenntnis, daß „Julius Cäsar" mehr an umsetzenswerten Handlungsabläufen aufzuweisen habe als „Römer! Mitbürger! Freunde!" oder „Brutus, auch du?"

Mein nächstes Burgtheatererlebnis war der Besuch der Vorstellung „Die Verschwörung des Fiesko zu Genua" von Friedrich Schiller. In diesem fünfeinhalb Stunden dauernden Stück spielte die bildschöne Else Wohlgemuth die Leonore – im letzten Akt in einer gewagten Hosenrolle –, und Alfred Gerasch, der Spucker in pathetischen Szenen, stellte den Fiesko dar.

Ein anderes Mal erlebte ich die schöne großgewachsene Wohlgemuth in Schillers „Maria Stuart". Nach „Don Carlos" ist das meiner Meinung nach eines von Schillers besten Historienstücken. Mit Sicherheit ist es aber eine ihrer besten Rollen gewesen. Ihre warme, einprägsame Stimme trug viel dazu bei, daß die Rolle der Maria Stuart in dieser Aufführung die beeindruckendere und überzeugendere war; obgleich die Rolle der Königin Elisabeth von der großen Hedwig Bleibtreu verkörpert wurde.

In seinem ersten Frauendrama stellt Schiller einander zwei unbeugsame Herrscherinnen gegenüber. Zu Beginn sehen wir die bereits verurteilte Maria Stuart, die darauf wartet, ob Elisabeth das Todesurteil unterschreiben wird? Maria wird darin beschuldigt, Kontakte zu den Verschwörern gehabt zu haben, die Elisabeth hätten ermorden sollen. Maria Stuart weist aber jede Schuld oder Mitschuld an dem gescheiterten Attentat zurück.

Die Gegnerschaft der beiden Frauen ist nicht nur politischer, sondern auch menschlicher Natur.

Maria erscheint trotz der Anschuldigungen, die gegen sie erhoben werden, als offene Persönlichkeit. Ihre Weiblichkeit und Leidenschaftlichkeit setzen sie akzentuiert gegenüber Elisabeth ab.

Die englische Königin ist sich ihrer Macht bewußt und tritt unnahbar, stolz und herzlos auf. Als Tochter von Heinrich VIII. und Anne Boleyn mußte sie erleben, wie schnell das Lebensrecht von Frauen – auch von Frauen des Königs – verwirkt war. Nach nur kurzer Ehe ließ Heinrich VIII. ihre Mutter hinrichten. Auch in den herrschenden Dynastien beruhte die Macht der Männer auf der Ohnmacht der Frauen. Das hatte Elisabeth von klein auf erfahren und als Lektion gelernt. Ihre Anpassung, die um den Preis der Selbstverleugnung als Frau erfolgt ist, wurde durch die Erlangung der königlichen Macht sublimiert und idealisiert. Die Ereignisse um Maria Stuart wühlen Elisabeth auf und lassen ihre traurige Kindheit und Einsamkeit wach werden. Die Wut, die die Erinnerung auslöst, schreit nach Rache, die sie voll gegen die Schottenkönigin richtet.

Auf analytischer Ebene läßt sich keine eindeutige und endgültige Einteilung hinsichtlich Protagonist/Antagonist treffen. Vom Standpunkt der Herrschenden ist Elisabeth Protagonistin – garantiert sie doch deren Interessen – und Maria die antagonistische Kraft, die durch ihr Verhalten die Machtverhältnisse in Frage stellt. Was war aber so abschreckend an ihrem Verhalten? Waren die Männer darüber beunruhigt, daß sich eine Frau gegen ihr Los zur Wehr setzen kann, daß sie – wie die Männer – Liebschaften haben kann? Vom emanzipatorischen Ansatz betrachtet, ist Marias Verhalten protagonistisch, weil es die heuchlerische Moral offenlegt; Elisabeth würde sich demnach antagonistisch verhalten.

Schillers Weltbild war geprägt von der Vorstellung der natürlichen Gleichheit aller Menschen und der Hoffnung auf eine emanzipatorische Entwicklung der Gesellschaft. Daher sah er keine Veranlassung, Maria und die feudale Welt, aus der sie kam und für die sie stand, zu verherrlichen. Im Sinne bürgerlicher Emanzipationsbestrebungen wären sowohl Maria als auch Elisabeth als antagonistische Charaktere zu bezeichnen.

Als ich damals „Maria Stuart" im Burgtheater sah, beschäftigten mich solche Überlegungen aber noch lange nicht. Ich bewunderte die Schönheit von Else Wohlgemuth und verliebte mich in sie. Ich hatte nie das Glück, sie persönlich kennenzulernen, auch dann nicht, als ich schon ein Kollege von ihr war. Ein Foto mit ihrem Autogramm, auf das ich sehr stolz war, hatte sie mir geschickt. Bei meiner Flucht aus Österreich 1938 ist das – wie vieles andere auch – aber verlorengegangen.

Else Wohlgemuth, verheiratete Gräfin Thun, war Jüdin und überlebte die Nazizeit als „U-Boot" in Wien. Nach 1945 wurde sie von der österreichischen Regierung geehrt und mit Auszeichnungen überhäuft. Doch sie war eine gebrochene Frau und zog sich nach kurzer Zeit von der Bühne zurück.

Berühmt war sie für ihre Schönheit, nicht für ihr Temperament. Ihr Mangel an Temperament brachte einmal den erstklassigen Charakterschauspieler und Regisseur Albert Heine zur Weißglut. Heine, der auch eine Zeitlang Burgtheaterdirektor gewesen war, soll zur Wohlgemuth bei einer Probe folgendes gesagt haben: „Gräfin, wenn Sie von sich aus nicht mehr Temperament für diese Rolle mitbringen, dann bin ich gezwungen, eine Rakete unter Ihrem adeligen Arsch zu zünden."

Die aristokratische Zurückhaltung war es aber gerade, die ihre Darstellung der Maria Stuart so unvergeßlich machte.

Ich hatte auch das Glück, einmal unter Albert Heines Regie spielen zu dürfen – und zwar 1937 in „Der seltsame Dr. Clitterhouse". Ernst Deutsch spielte in diesem Spionagestück die Hauptrolle. Es war einer jener Zufälle im Theaterleben, daß ich diese Rolle bekam. Als ich zu Albert Heine ins Büro kam, sagte mir dieser, daß die von mir gewünschte Rolle des Gangsters Green bereits einem anderen Schauspieler versprochen sei. Ich gab aber nicht so leicht auf und erzählte ihm, daß ich einige Jahre bei Louise Dumont gespielt habe, worauf er ohne Zögern antwortete: „Hier ist die Rolle!"

43

Schauspieler bei Louise Dumont gewesen zu sein, war eine einmalige Visitkarte, die einem viele Bühnen öffnete.

Im Sommer 1918, ich war fast elf Jahre, informierte mich mein Vater über die Schwangerschaft meiner Mutter und stellte mir in Aussicht, im Herbst einen Bruder oder eine Schwester an meiner Seite zu haben. Ich war vollkommen überrascht, da ich bis dahin keine großen Veränderungen im Verhalten und Aussehen meiner Mutter bemerkt hatte. Doch wie die meisten Kinder meiner Zeit war ich, was die Sexualerziehung betraf, nicht sehr aufgeklärt. Der einzige anzügliche Satz, den mir meine Schulkollegen beigebracht hatten – voluptas puerorum inter pedes puellarum –, trug auch nicht dazu bei, meine diesbezügliche Unwissenheit zu verringern. Das soll aber nicht heißen, daß ich nicht schon als Achtjähriger gewisse „sexuelle Erfahrungen" gemacht habe. Unser Dienstmädchen Fanny hatte die fast tägliche Gewohnheit, sich am Nachmittag splitternackt aufs Sofa zu legen. Ich wurde von ihr „eingeladen", mich neben sie zu legen. Was da zwischen uns passiert oder nicht passiert ist, weiß ich beim besten Willen nicht mehr. Sehr wohl ist mir aber ihr großer runder Hintern in Erinnerung, mit dem ich aber wahrscheinlich noch nichts anfangen konnte. „Ecce Homo" ist ein berühmtes Bild von George Grosz, das auf sehr laszive Weise ein weibliches Hinterteil zeigt – genauso hat auch Fannys Arsch ausgesehen.

Im Sommer zogen wir in eine geräumigere Dreizimmerwohnung in die Sechsschimmelgasse 16. Mama gab ihre Tätigkeit als Sekretärin auf, um „nur mehr" Mutter und Hausfrau zu sein.

Da ich laut Geburtsurkunde um 10 Uhr 10 an „Jom Kippur" – am höchsten jüdischen Feiertag – geboren wude, schien die Geburt meines Bruders an „Rosh Hashanah" – dem jüdischen Neujahr – nur eine logische Konsequenz zu sein. Wir sind also zwei „heilige" Kinder, zumindest an für Juden zwei heiligen Tagen geboren. Mein Bruder Itzhak Theodor Aschkenasy wird bis heute Dodi genannt. Ein Mann namens Dodi war der Mädchenschwarm meiner Mutter gewesen, bevor sie meinen Vater kennenlernte. Vielleicht hat meine Mutter diese Episode deswegen so romantisiert, weil sie von der Aura des Unerfüllbaren umgeben war. Dodi Schmidt war Sohn und Erbe des bekannten Schokoladefabrikanten Victor Schmidt & Söhne, und meine Mutter war seine Angestellte.

Der Krieg, der in seinem vierten Jahr war, ging Anfang November 1918 zu Ende. Mein Vater, den ich seit meiner frühesten Kindheit als radikalen Sozialisten kannte, war von der sozialdemokratischen Partei enttäuscht, weil er meinte, daß sie manche der sozialistischen Ideale, für die er mit Herz und Seele gekämpft hatte, bereits verraten hätte.

Im Frühjahr 1919, als mich mein Vater von der Schule abholte, was er von Zeit zu Zeit tat, kam ein Mann mit kleinem Spitzbart und dicken Augengläsern auf meinen Vater zu und sagte kurz und bündig: „Genosse Aschenasy, wir brauchen Sie!" Der Mann, der das zu meinem Vater in der Kalvarienberggasse gesagt hatte, war Dr. Karl Renner.

„Wir brauchen Leute mit Ihrem Rednertalent und Ihrem Wissen über Wirtschaftsgeschichte und Geschichte der Gewerkschaftsbewegung", fuhr der Staatskanzler erklärend fort. Um die Ernsthaftigkeit seines Angebotes zu unterstreichen, stellte er meinem Vater einen Posten in der Regierung und einen Sitz im Parlament nach den nächsten Wahlen in Aussicht. Aus gesundheitlichen Gründen hatte Papa dieses Angebot, durch das er sich sehr geehrt fühlte, aber abgelehnt. Er hatte einen Lungenspitzenkatarrh, der nicht mehr auszuheilen war. Der wirkliche Grund für die Ablehnung lag meiner Meinung nach aber darin, daß er zu diesem Zeitpunkt schon ein streng orthodoxer Jude gewesen war. Streng orthodoxes jüdisches Leben und Politik ließen sich nicht miteinander verbinden.

Seine Hinwendung zur Orthodoxie hinderte ihn aber nicht an der Beibehaltung seiner liberalen Weltanschauung. Weder mir noch anderen hat er das orthodoxe jüdische Leben aufzudrängen versucht. Ich durfte an Samstagen weiterhin mit der Straßenbahn fahren. Als die Nahrungsmittel immer knapper wurden, hatte mein Vater nichts dagegen, daß ich zusammen mit den anderen Schulkindern von einer Hilfsorganisation mit nicht koscherem Essen versorgt wurde. Auf die katastrophale Ernährungssituation reagierten im Dezember 1918 karitative Organisationen aus den USA, indem sie vor allem in Wien, aber auch in anderen österreichischen Städten Ausspeisungen für hungernde und unterernährte Kinder organisierten.

Zum Hunger kam im Winter 1918/19 auch noch die Kälte dazu. Viele Wohnungen konnten aufgrund des akuten Kohlenmangels nicht oder nur ungenügend geheizt werden. Die elektrische Straßenbeleuchtung wurde um 20 Uhr abgeschaltet – die Stadt war stockfinster. Theater, Oper und Konzerte begannen ihre Aufführungen schon am Nachmittag. Für mich mit meinen elf Jahren war das eine günstige Spielzeit, die es mir gestattete, manchmal am kulturellen Leben meines Vaters teilzunehmen. Ich sah in der Hofoper das Ballett „Die roten Schuhe" und „Rotkäppchen" mit Kurt von Lessen als Wolf. Unter dem Gelächter der Kinder nahm dieser sein Taschentuch aus dem Wolfspelz heraus, wischte sich den Schweiß ab und seufzte dabei, „heiß ist's". 1936 stand ich dann mit ihm selbst auf der Bühne des Theaters an der Wien in „Madame sans Gene". Lessen war ein hervorragender Charakterdarsteller. Nach dem Zweiten Weltkrieg erfuhr ich, daß seine Anpassungsfähigkeit auch außerhalb des Theaters sehr groß war – er war ein großer Nazi geworden.

Meine Kindheit und Jugendjahre waren geprägt von den politischen Änderungen des Übergangs von der Monarchie zur Republik, von der Hinwendung des Vaters zum orthodoxen Judentum, von ersten Erfahrungen mit Antisemitismus und immer wieder vom Theater.

Ich besuchte auf Stehplatz „Macbeth" in der Burg und war von der Balkonszene im dritten Akt so gefesselt, daß ich nicht einmal das Auftauchen meines Vaters bemerkte. Erst als er neben mir stand und mir zuflüsterte: „Du hast dein Butterbrot zu Hause vergessen", wurde ich seiner gewahr. Er warf einen flüchtigen Blick auf die Bühne, meinte danach eher bestimmt als fragend „Devrient?" und verschwand wieder.

Mein Vater hatte kleine Eigenheiten, aber nichts Kleinliches an sich. Er liebte Theater und Kabarett, vielleicht habe ich mein Talent und meine Liebe für Theater, Kleinkunst und Kabarett von ihm mitbekommen? Im Sommer 1931 hatte ich Urlaub vom Theater in Düsseldorf und war in Wien. Zu diesem Zeitpunkt gastierte im Akademietheater ein neues deutsches Kabarett – „Die vier Scharfrichter" unter Helmuth Käutner. Da ich das Gefühl hatte, daß mein Vater diese Vorstellung gern sehen würde, besorgte ich am nächsten Tag Karten. Wieder zu Hause, bemerkte ich die kaum unterdrückte Erregung meiner Mutter, die vorwurfsvoll meinte, wie ich Papa zumuten könne, an den „zehn Tagen" ins Kabarett zu gehen. Unser Kabarettbesuch fiel in die zehntägige Trauerperiode, die die Juden an die Zerstörung des Tempels in Jerusalem erinnern soll. Orthodoxe Juden rasieren sich in dieser Zeit nicht, sie essen kein Fleisch, tragen zerrissene Kleidung und besuchen keine Unterhaltungsveranstaltungen. Das hatte ich vergessen und wollte daraufhin die Karten zurückgeben. Mein Vater reagierte aber großartig. Als ob es die selbstverständlichste Sache der Welt wäre, meinte er, die Gelegenheit, mit mir gemeinsam etwas zu unternehmen, sei für unsere Beziehung weitaus wichtiger, als zu „Mincha" in den Gottesdienst zu gehen. Wir gingen – mit gutem Gewissen – in die Vorstellung und tranken danach auch noch ein Bier im Wirtshaus. Er war ein großzügiger Mensch und streng nur gegen sich selbst.

Vaters Wandlung vom Atheisten zum orthodoxen Juden wurde von seinen nicht sehr religiösen Brüdern ziemlich belächelt. Vorher war er für sie ein „Roter" und kein wirklicher Jude, und nachher bezeichneten sie ihn als „Schwarzen". Beide waren aber selber sogenannte „Rosh-Hashana- und Yom-Kippur-Juden", also Juden, die nur an den beiden höchsten jüdischen Feiertagen den Gottesdienst besuchten.

Unvergeßlich bleiben mir auch die Hamsterfahrten, die ich in den ersten Nachkriegsjahren jeden Sonntag mit meinen Eltern nach Stammersdorf unternommen hatte. Es war eine richtige Völkerwanderung, die sich da sonntäglich hinausbegab, um bei Bauern mitgebrachte Tauschobjekte gegen Lebensmittel einzuhandeln. „Hamstern" war zwar verboten, doch wenn man gewisse Schleichwege kannte, war es möglich, der Gendarmerie zu entkommen. Diese Ausflüge sicherten großteils unser Überleben, und wegen ihres verbotenen Charakters nahm ich besonders gern daran teil. Als ich viele Jahre später wieder nach Stammersdorf kam, schrieben wir das Jahr 1968. Mit meiner Frau saß ich in der Abenddämmerung bei einem Heurigen, und obwohl äußerlich nichts mehr auf die Not der zwanziger Jahre hinwies, erstand sie ganz klar in meiner Erinnerung.

6

König Lear und die Pfadfinder

Die schlechte wirtschaftliche Situation in den Anfangsjahren der Ersten Republik und das Hungerdasein eines Großteils der Bevölkerung unterminierten den Glauben an die Lebensfähigkeit des Landes. Kleinstädte, ja sogar kleine Alpendörfer druckten eigene wertlose Geldnoten mit schönen Abbildungen darauf. Die Schulen hatten kein Heizmaterial und waren oft wochenlang geschlossen. Schulpflichtige Kinder und Jugendliche trieben sich auf der Straße herum. Auch ich lungerte, wenn es keine Schule gab, draußen herum.

Unterhaltung wurde auf vielfältige Weise angeboten. Dauertänzer und Telepathen warben um die Gunst des Publikums. Hungerkünstler und Nacktänzerinnen versuchten, mit ihren Darbietungen die Apathie der Zuschauer zu durchbrechen. Für die meisten dieser Unterhaltungskünstler waren das wahrscheinlich jene seltenen Momente, wo sie sich lebendig fühlten.

Eine besondere Attraktion bildeten die Kraftmenschen. Einer von ihnen war der militante Zionist Breitbart, der bei seinem Auftritt im Ronacher immer eine blauweiße Fahne mit dem Davidstern auf die Bühne gebracht hatte.

Ich hatte das Vergnügen, ihn einmal auf der Bühne zu sehen. Die Wiener Zeitung „Der Tag" schrieb einen Wettbewerb aus. Die beste Arbeit zum Thema „Analyse eines klassischen Dramas" sollte mit einer Freikarte zu Breitbarts Vorstellung belohnt werden. Ich nahm an dem Wettbewerb teil und gewann ihn. Ich hatte dafür das Drama „König Lear" gewählt. Dieses Stück hält mich bis heute gefangen. Als Krönung meines künstlerischen Lebens würde ich noch gerne den König Lear spielen. Die tragische Figur des eigensinnigen und selbstherrlichen Königs, der – von der Macht verblendet – seine Töchter und wahren Freunde nicht erkennen kann, hat auch heute noch eine starke Aussagekraft.

Im „Lear" ist der Fall oder Verfall der Welt die Rahmenhandlung. Mit der Teilung des Reiches und der Abdankung des Königs beginnt das Drama, mit der Ausrufung eines neuen Königs endet es. Dazwischen findet ein furchtbarer Bürgerkrieg statt, der alle ausrottet – Verfolger und Verfolgte, Folterer und Gefolterte, Gute und Böse. Die Welt ist aus den Fugen geraten, Sinn und Ordnung können nach den Schrecken nur schwer gefunden werden. Auch die Überlebenden sind schwer gezeichnet und nur mehr Schatten ihrer selbst.

Jan Kott ist einer der bedeutendsten Shakespeare-Kenner unserer Zeit. Er vertritt in seinen Kommentaren eine interessante Sichtweise bezüglich der Funktion des Narren im Theater.[*]

In Zeiten großer Umbrüche und Unsicherheiten, wo etablierte Werte verfallen und die Berufung auf Gott die auferlegten Ängste und Qualen weder rechtfertigt noch notwendig erscheinen läßt, wird der Narr zur zentralen Figur im Theater.

Der Narr im Lear hat nicht einmal einen Namen. Die Philosophie des Narren basiert auf der Überzeugung, daß jeder ein Narr ist. Der größte Narr ist demnach der, der nicht weiß, daß er ein Narr ist – das ist der König selbst.

Der Narr bleibt bei seinem gedemütigten König und behält seine Gelassenheit. Denn er weiß, daß die schwerwiegendste Verrücktheit die ist, die Welt als rationale Schöpfung zu betrachten.

Das Wahnsinnigwerden des Königs ist eine Annäherung an die Position des Narren. Die Philosophie des Narren basiert auf der Einsicht, daß es keine allgemein und ewig gültigen Werte und Ansichten gibt.

Der Narr erscheint auf der Bühne, als sich Lears Niedergang abzuzeichnen beginnt. Sein endgültiger Abgang vollzieht sich am Ende des dritten Aktes. Er wird nicht mehr gebraucht, denn Lear hat die Schule der Narrenphilosophie absolviert.

---

[*] Jan Kott: Shakespeare. Our Contemporary. London 1994. S. 100–133.

Bei Gloster, der wie Lear echte Liebe und Zuneigung von falschen Beteuerungen nicht unterscheiden kann, wiederholt sich das, was man gemeinhin Schicksal nennt. Gloster, der die Brutalisierung zwischenmenschlicher Beziehungen und die Skrupellosigkeit in der Wahl der Mittel zur Erreichung von Zielen verbittert konstatiert, ist wie Lear nicht fähig zur Selbstreflexion. Gloster kann die Menschen nicht sehen, nicht erkennen, solange er im Besitze seiner Sehkraft ist. Er erkennt nicht die gefährliche Saat, die in seinem unehelichen Sohn Edmund zu reifen beginnt. Edmunds Streben ist danach gerichtet, den Makel seiner außerehelichen Herkunft mit allen Mitteln auszugleichen: „Wenn nicht Geburt, schafft List mir Land und Leute;/ Und was mir nützt, das ist mir gute Beute."

Unter diesem Motto versucht er Edgar, Glosters ehelichen Sohn, zu vernichten, indem er ihm Mordabsichten gegenüber dem Vater unterstellt.

Gloster, der verraten, entrechtet und auch noch seines Augenlichts beraubt wird, irrt in der Wildnis herum und stößt auf seinen Sohn, der sich ihm aber nicht zu erkennen gibt. Er täuscht vor, verrückt zu sein, im gesellschaftlichen Abseits zu stehen, um seinen Vater durch seine Nähe schützen zu können. Der alte Gloster, der zwischen Phasen von Lebensmüdigkeit und Depression immer wieder mit bemerkenswerter Klarheit auf groteske Züge im menschlichen Beziehungsgeflecht hinweist, meint lapidar: „Ein Fluch der Zeit, daß Tolle Blinde führen!"

Durch Edgars Gegenwart wird Gloster immer wieder ermahnt, an seinem Los nicht zu zerbrechen, denn: „… Dulden muß der Mensch Sein Scheiden aus der Welt wie seine Ankunft. Reif sein ist alles."

Worin besteht aber das Reifsein? Besteht es im Dulden, im Erdulden seines Schicksals – also hauptsächlich in Passivität? Diese Haltung lehnt der sich benachteiligt fühlende Edmund ab. Edmund weiß, daß das Leben mit Taten, mit guten oder schlechten, auszufüllen ist. Er für seinen Teil hat die Wahl getroffen. Als er tödlich verletzt über sein Leben resümiert, ist es ein langes Aufzählen seiner Schlechtigkeiten.

Edmund, der seine Verbitterung gegenüber Vater und Halbbruder nicht ausleben konnte, empfindet nur noch Haß: „Dieses Herkommen, diese Ehrfurcht vor dem Alter verbittert uns die Welt für unsere besten Jahre; entzieht uns unser Vermögen, bis unsere Hinfälligkeit es nicht mehr genießen kann. Ich fange an, eine alberne, törichte Sklaverei in diesem Druck bejahrter Tyrannei zu finden, die da herrscht, nicht weil sie Macht hat, sondern weil man sie duldet ..."

Wir alle müssen uns mit der Tatsache der Begrenztheit des menschlichen Lebens auseinandersetzen – das Altwerden ist sicherlich der schwierigste Prozeß in unserem Lebenskreis. Alte Menschen werden gesellschaftlich und leider oft auch familiär an den Rand gedrängt.

Eltern müssen aber auch lernen, ihre Kinder loszulassen. Lear will das nicht wahrhaben und versucht, sie mit wahrhaft königlichen Geschenken an sich zu binden. Kraft seiner Königswürde konnte er sich durch Schenkungen oder Belehnungen die Gefolgschaft und Loyalität des Adels sichern. Scheinbar ist er auch als Vater immer königlicher Herr geblieben. Die Sicherung der immerwährenden Liebe seiner Töchter betrachtet er als Verteilungsproblem und glaubt auf diese Weise „Zum Grab entbürdet wanken" zu können.

„Geteilt in drei" ist die magische Zauberformel, die kombiniert mit der Frage „Welche von euch liebt uns nun wohl am meisten?" die Verlassenheitsängste des alten Königs mildern soll.

Was er für logisch und korrekt hält, führt noch während der Schenkungsformalitäten zu kränkenden Überraschungen für den König. Die beiden älteren Töchter – Goneril und Regan – überschlagen sich in ihren grenzenlosen Liebesbezeugungen und erhalten je ein Drittel des Reiches. Als der Liebling des Königs, Cordelia, an die Reihe kommt, ist sie schockiert über die überschwängliche Leichtigkeit, mit der die Schwestern ihre Gefühle bekunden. Für Cordelia ist es ein unwürdiges Schauspiel, dem sie sich entzieht, aber nicht aus mangelnder Liebe ihrem Vater gegenüber, sondern aus Respekt vor der Aufrichtigkeit von Gefühlen.

„Wozu den Schwestern Männer, wenn sie sagen, Sie lieben Euch nur?" läßt sie als Überlegung einfließen. „Würd' ich je vermählt,/ So folgt' dem Mann, der meinen Schwur empfing,/ Halb meine Treu',/ halb meine Lieb' und Pflicht./ Gewiß, nie werd' ich frein wie meine Schwestern,/ Den Vater nur allein zu lieben."

Lear, der so eine Antwort nicht erwartet hat, sagt sich von seiner jüngsten Tochter los und verstößt sie.

In den letzten Jahrzehnten stand König Lear wieder vermehrt auf den Spielplänen der großen Bühnen. Besonders gut ist mir die ausgezeichnete Inszenierung von Peter Brook mit Paul Scofield als Lear in Erinnerung. Scofields Darstellungsweise wurde sehr gelobt. Ich fand sie eher schwerfällig. Brooks Filmversion – ebenfalls mit Scofield als Lear – bekam hingegen keine gute Kritik. Vereinzelt gab es aber Stimmen, die diese Art der Inszenierung als wuchtig und aufregend empfanden. Der Regisseur ließ seinen steinernen Tyrannen in der natürlichen Umgebung von Stonehenge agieren, was den Eindruck von massiver Gediegenheit noch verstärkte.

Ich hatte das Glück, in der Rolle des Lear die größten Charakterdarsteller des Theaters bewundern zu können. So sah ich noch den alten Rudolf Schildkraut. Er war eine fast biblische Erscheinung, der in bedeutenden Shakespeare-Rollen – Shylock, Lear und Caliban – brillierte.

Eugen Klöpfer bewunderte ich als Lear in der Inszenierung von Max Reinhardt in der Josefstadt und Werner Krauß unter der Regie von Leopold Lindtberg im Burgtheater. Krauß war meiner Meinung nach ein idealer Lear.

Sir John Gilgud spielte den Lear in seiner eigenen Inszenierung. Seine Bearbeitung war außergewöhnlich und spektakulär, denn sie spielte in einem imaginären fernöstlichen Königreich. Lear war ein despotischer Herrscher, der am Ende des Stückes nach durchlebter Katharsis in der chinesischen Philosophie seinen Lebenssinn gefunden hatte. Sein Äußeres war das eines konfuzianischen Gelehrten. Spitzfindigkeit und Eloquenz zeichneten diese Aufführung aus.

Erwin Piscator konzipierte Lear als Diktator par excellence, der glaubte, auch die Liebesbezeugungen seiner Töchter diktieren zu können. So ein Lear war nicht zu bemitleiden, sondern nur zu hassen.

Was sich bei Piscators und meinen theoretischen Überlegungen so gut ausnahm, wurde in der Praxis ein Fiasko. Nachdem Piscator lange erfolglos einen geeigneten Schauspieler für die Rolle gesucht hatte, entschied er sich für Sam Jaffe. Dieser war zwar ein großartiger Charakterdarsteller, aber er war kein Lear. Jaffe spielte Lear nicht als tyrannischen König und Vater, sondern als bemitleidenswerten alten jiddischen „Tatte", der sich über die Undankbarkeit seiner Töchter beklagte.

1972 inszenierte Giorgio Strehler „König Lear" in einer Zirkusmanege in Mailand. Es war mir nicht möglich gewesen, diese Aufführung zu sehen, doch ich verschlang alles, was darüber geschrieben worden war.

In Strehlers Inszenierung wurde die Rolle der Cordelia und die des Narren von ein und derselben Schauspielerin gespielt. Das ist eine überzeugende Idee, denn der Narr und Cordelia stehen nie zur gleichen Zeit auf der Bühne. Im Stück selbst ist diese Möglichkeit angedeutet. Als Lear am Ende mit der toten Cordelia in seinen Armen auf der Bühne erscheint, spricht er – kurz vor seinem eigenen tödlichen Zusammenbruch – den Satz: „Und tot, mein armes Närrchen!" Zwischen dem Narren und Cordelia gibt es eine wichtige Gemeinsamkeit – die der Aufrichtigkeit. Beide sagen dem König auf ihre Weise die Wahrheit. Durch Cordelias Ehrlichkeit wird Lears Allmachtsgefühl beeinträchtigt. Vor seinem Gefolge weist sie ihn darauf hin, daß jeder Mensch im Umgang mit anderen Grenzen respektieren muß. Die Aufrichtigkeit des Narren wiederum sollte dem König die Augen öffnen. Beinahe analytisch zeigt er auf, wie Lear durch sein Zutun in diese Situation gekommen ist. Nur über die Wahrheit ist Lears Selbstfindung möglich.

Strehlers Lear-Inszenierung hat unverkennbare Bezüge zu Brechts epischem Theater wie zu Piscators „Theater des epischen Realismus" und Becketts „Theatrum Mundi".

Der Regisseur läßt das Stück in einem Zirkuszelt stattfinden. Ein quadratisch gehaltenes Segeltuch dient als Vorhang zur Welt der Narren, in der wir uns nach Shakespeare seit unserer Geburt befinden.

Strehlers Bearbeitung sieht keinen einheitlichen Stil vor, womit er auch kostüm- und ausstattungsmäßig auf die Zeitlosigkeit des Stücks hinweist. Schauspieler erscheinen auf der Bühne in mittelalterlicher Rüstung oder in Sackleinen, andere wiederum sind ganz modern gekleidet. Manche Schauspielerinnen tragen Röcke, die bis zu den Hüften geschlitzt sind, andere wiederum präsentieren sich halb nackt in hohen Lederstiefeln. Der Narr trägt einen Halbzylinder und hat eine auffallend rote Stubsnase.

Shakespeares Theater – The Globe Theatre – in Stratford on Avon war eine Freilichtbühne. Shakespeare als Regisseur hatte es verstanden, den Lichteffekt der Dämmerung für seine Inszenierungen zu nutzen; Strehler versuchte mittels moderner Beleuchtungstechnik die gleiche Wirkung zu erzielen. Lear in der Bearbeitung von Strehler ist kein Königsdrama, sondern eine dramatische Schilderung des Verfalls der Menschheit, weil die Menschlichkeit verlorengegangen ist. Strehler ist ein Zauberkünstler der Bühne und ein Meister im Marionettenspiel. Diese Talente kommen im Lear voll zur Geltung. Man spürt seine führende Hand, in der die Fäden der Puppen zusammenlaufen. Protagonisten und Antagonisten verstricken sich in ihren Schicksalen und steuern unaufhaltsam auf ihr Verderben zu.

Die Rolle des Lear erfordert vom Darsteller großes technisches Können, körperliche Kraft und ein reiches Spektrum an Gefühlen. Es muß jede menschliche Regung klar und eindeutig herauskommen. Mein großartiger Kollege und Freund Fritz Valk sagte einmal, was es mit der Darstellung von Lear an sich hat: „Wenn man ein Pfeifen hören will, genügt es nicht, die Lippen zu spitzen, es muß auch gepfiffen werden."

Die Reduktion des einst mächtigen, arroganten und uneinsichtigen Königs auf ein leidgebündeltes Wesen passiert nicht auf einmal, sondern erfolgt in Schichten; eine nach der anderen wird abgelöst, bis nur mehr der Kern übrigbleibt, der zur Frage überleitet: Was macht einen Menschen aus? Was ist seine Bestimmung? Versucht nicht jeder Leidende seinem Schmerz einen Sinn zu geben? Kein anderer

Schauspieler hat meiner Meinung nach diesen Reduktionsprozeß überzeugender dargestellt als Sir John Gielgud.

Bei einer Probe zu Lear mit Paul Scofield, die eigentlich nur ein mündliches Durchsprechen der Rolle war, fragte Peter Brook die Anwesenden: „Nehmt ihr die angespannte Stille wahr, in der wir versuchen, jede Nuance des Gesprochenen zu spüren?" Dieses gespannte Schweigen, das darauf ausgerichtet war, jede Regung des Schauspielers wahrzunehmen, das wollte Brooks bei seiner Lear-Inszenierung erreichen. Vor mehr als einem halben Jahrhundert verlangte Max Reinhardt ein ähnliches Herangehen an Shakespeare. Seine Ideen sind auch heute noch nicht Allgemeingut, denn viele Schauspieler glauben immer noch, daß sie Shakespeare am wirkungsvollsten durch Deklamieren und Rezitieren vermitteln würden.

Ich war zwölf Jahre alt, als ich meinen Artikel über Lear verfaßte, und wußte noch nichts über Protagonismus und Antagonismus und all den theoretischen Abhandlungen zum Theater. Die Beschäftigung mit Lear aufgrund dieses Zeitungsartikels erweckte in mir aber eine Leidenschaft für die Bühne, die nie mehr aufhörte und maßgebend war, daß ich mich für den Schauspielberuf entschieden habe.

Einen Großteil meiner Freizeit verbrachte ich mit Theaterbesuchen im „Komödienhaus". Das „Komödienhaus", das früher „Kolosseum" hieß, wurde in den zwanziger Jahren von Arthur Rundt übernommen. Es blieb nicht nur bei der Namensänderung, denn Rundt war ein sehr fortschrittlicher, in künstlerischen Dingen bewanderter Mensch und führte an seinem Theater politische und sozialkritische Stücke auf. Sein Repertoire bestand ausnahmslos aus Stücken, die die renommierten Bühnen nicht spielten. Darunter waren „Die Maschinenstürmer" von Ernst Toller, „Die Matrosen von Cattaro" von Friedrich Wolf und „Zyankali", ebenfalls von demselben Autor.

Das herkömmliche Theaterpublikum war für Aufführungen mit solchen Inhalten nicht zu haben, und andere soziale Schichten kämpften ums wirtschaftliche Überleben. Direktor Rundt löste das Problem im Einklang mit seinem sozialen Bewußtsein und gab viele Freikarten aus.

Auch ich kam in den Genuß dieser Freikarten und sah viele dieser Stücke, die man sonst nicht zu sehen bekam.

Ein Schulkollege von mir, dem ich meine Theaterbegeisterung vermitteln wollte, was mir aber nicht gelungen ist, brachte mich dafür zur Pfadfinder-Bewegung. Anfangs zeigte ich mich – vielleicht aus Trotz, weil er für das Theater kein Interesse aufgebracht hatte – nicht sehr interessiert. Als ich aber erfuhr, daß die Jugendgruppe der Pfadfinder auf Sommerlager nach Fischau wollte, war es mit meiner reservierten Einstellung vorbei. In diesem kleinen Badeort an der Aspangbahn verbrachte ich mit meinen Eltern die Sommer meiner ersten Kindheitsjahre. Papa erlaubte mir die Teilnahme an dem Jugendlager, obwohl dort nicht koscher gekocht wurde. Ich wurde ein begeisterter Pfadfinder und blieb als „Pfadfinder erster Klasse" und als „Kameradschaftsführer" bis 1923 in der Bewegung. Dann gewann die Liebe zum Theater endgültig die Oberhand.

Ein Vorfall trübte die sonst wunderschönen Tage in Bad Fischau. Eines Tages kam ein unbedeutender Provinzschauschieler zu uns ins Lager und wollte auf unserer improvisierten Bühne den „Jedermann" spielen. Die Rolle des genußsüchtigen Jedermann behielt er sich selbst vor, für die anderen Rollen suchte er „Darsteller" aus unseren Reihen und ließ sich vorsprechen. Bei meinem Versuch hatte er an allem etwas auszusetzen, was er auf eine ziemlich rüde Art tat. Heute höre ich noch seine Worte: „Du bist wohl das Letzte, du hast nicht nur kein Talent für die Schauspielerei, du bist auch absolut unfähig, ein einziges Wort laut zu sprechen!"

Ich war damals noch nicht einmal dreizehn und ungeheuerlich nervös. Der problematische Künstler scheint es aber auch nicht sehr weit gebracht zu haben, denn ich habe von ihm nie mehr etwas gehört.

Im nächsten Sommer ging es mit den Pfadfindern zum Mondsee. Ein leerstehendes Haus diente uns dort als Unterkunft. Einmal ruderten wir mit einem Boot zum gegenüberliegenden Ufer des Sees, um in Schörfling Brot für unsere Gruppe zu besorgen. Auf dem Rückweg wurden wir von einem heftigen Gewitter überrascht und hatten große Mühe, bei dem starken Sturm zu unserem Ufer zurückzukommen. Die Angst muß mir damals ziemlich stark in den Gliedern gesessen sein. Denn noch nach so langer Zeit habe ich unser verzweifeltes Ankämfen gegen Sturm und Regen in guter Erinnerung.

Eine ebenfalls nicht sehr angenehme Situation erlebte ich mit den Pfadfindern am Königssee bei Berchtesgaden. Damals im Jahre 1920 war das ein kleines und wenig bekanntes Alpendorf, das erst später durch Hitlers Berghof fragwürde Berühmtheit erlangen sollte.

Als wir am 9. August dorthin kamen, war das letzte Schiff, das uns zu unserem Quartier bringen sollte, bereits abgefahren. Wir mußten uns auf einen langen Fußmarsch gefaßt machen, um zu jener Stelle zu gelangen, wo es möglich war, den See mit Booten zu überqueren und mit unserer „Vorhut", die schon auf der anderen Seeseite war, durch Morsezeichen Kontakt herzustellen. Spät nach Mitternacht hatten wir vollkommen übermüdet und verzweifelt die Anlegestelle St. Bartholomeo erreicht.

Im Jahre 1904 haben sich meine Eltern dort kennengelernt. Mein Vater, der eigentlich eine Verabredung mit Käthe, der Schwester meiner Mutter, hatte, bestieg wahrscheinlich vor Aufregung das falsche Boot und traf dort Käthes Schwester Malvine. Sie verliebten sich ineinander und wurden meine Eltern.

Die Jugendgruppe 31 wählte als Sommerlager immer die schönsten Plätze. 1921 ging es nach Krimml zu den Krimmler Wasserfällen. Sie bestehen aus drei Fällen. Zum höchsten gelangt man nur über einen steilen und mühsamen Serpentinenweg. Weil wir doch Pfadfinder waren, trugen wir von der Bahnstation Krimml bis zu unserer Schutzhütte riesige Rucksäcke mit Lebensmittelvorräten, Geschirr und Campingutensilien auf unseren Rücken.

Auf der Bahnfahrt passierte ein Mißgeschick, an das wir während unseres zweimonatigen Aufenthalts immer wieder erinnert wurden. Eine Petroleumlampe kippte um, und das Petroleum ergoß sich über unsere Mehlsäcke. Brot und Mehlspeisen schmeckten daraufhin penetrant nach Petroleum.

Nach dem Motto „Allzeit bereit!" mußten wir einmal sogar Klosettabflußrohre erneuern.

Unser Hauptvergnügen waren aber die Steinböcke, die oft stundenlang, ohne sich zu rühren, ihre Geweihe ineinander verkeilt hatten und in kampfbereiter Position verharrten. Die Nächte verbrachten sie in unserem Speisesaal, und am Morgen hatten wir erhebliche Mühe, sie ins Freie zu bringen.

Das Wasser aus der Krimmler Ache war nicht zu trinken. Wir mußten daher nach Quellen graben und das Wasser mittels Baumrinden auffangen.

Krimml war für mich zu dieser Zeit das Paradies. Gegen Herbst zu gab es dort die herrlichsten Heidelbeeren, die man ohne Anstrengung im Sitzen pflücken konnte.

1955 besuchte ich mit meiner Familie Krimml. Mein Kindheitsparadies war nicht mehr zu erkennen. Bis zum untersten Wasserfall standen Autobusse und brachten massenweise Touristen in diese Abgeschiedenheit. Zu unserer ehemaligen Unterkunft konnte man aber wie ehemals nur über den mühsamen Serpentinenweg gelangen. Dieser Platz hatte sich, von der Elektrizität abgesehen, nicht sehr verändert.

Wir kamen auch mit dem Besitzer ins Gespräch, und nachdem ich ihm von meinem früheren Aufenthalt in seinem Hotel erzählt hatte, wollte er uns gar nicht mehr gehen lassen. Er bestand darauf, uns ins Dorf hinunterzufahren. Die Fahrgelegenheit war ein Motorrad, an das er einen Handwagen angehängt hatte, in welchem wir eng zusammengekauert hockten. Er hatte eine ziemliche Geschwindigkeit drauf, und es gab Momente, wo wir über dem Abgrund hingen. Es war eine Fahrt, die uns einige angstvolle Augenblicke beschert hatte, doch wir kamen unversehrt und mit großer Erleichterung unten an.

1923 war mein letzter Sommer bei den Pfadfindern. Wir machten einen mehrtätigen Ausflug über den Reschenpaß, Bozen, Meran, Trient zum Gardasee. Es war ziemlich schwierig, in Reschen eine Schlafmöglichkeit zu finden. Alle verfügbaren Betten waren von den Soldaten belegt, die dort zur Grenzsicherung und Aufrechterhaltung von Ruhe und Ordnung stationiert waren. Als Pfadfinder waren wir es aber gewohnt, überall zu schlafen. Es irritierte uns daher nicht sonderlich, als wir in Rovereto im Umfeld eines entschärften Minenlagers nächtigen mußten.

Mit diesen Erlebnissen verabschiedete ich mich 1925 von den Pfadfindern und auch langsam von meiner Jugendzeit. Es war für mich ein bedeutendes Jahr, denn ich wollte zum Theater.

Zuerst mußte aber ans Geldverdienen gedacht werden. Ich nahm zuerst eine Arbeit in einer Textilgroßhandelsfirma an und wechselte dann in das Büro einer Asbest- und Gummifabrik über, wo sie einen Buchhalter gesucht hatten.

Für kurze Zeit beschäftigte ich mich neben meiner Arbeit intensiv mit dem jüdischen Glauben. Zweimal am Tag besuchte ich die Synagoge, und die restliche Freizeit verbrachte ich mit dem Talmudstudium.

Meine Stelle war in der Nähe unserer Wohnung, und mein Chef war ein gläubiger Mensch. Dadurch war ich nicht gezwungen, am Sabbat zu arbeiten. Es wäre alles zu schön gewesen, doch die Ernüchterung folgte bald. Dieser gottesfürchtige Unternehmer, der noch dazu der Vater eines guten Freundes von mir war, versuchte, aus meinem religiösen Eifer Vorteile zu ziehen, indem er mich täglich länger und auch noch am Sonntag arbeiten ließ. Meine Arbeitszeit dauerte von Montag bis Freitag von acht bis 20 Uhr, am Sonntag mußte ich von acht bis 14 und manchmal auch bis 15 Uhr arbeiten.

Wien hatte zu dieser Zeit strenge Arbeitsgesetze, über deren Einhaltung die Gewerkschaft wachte. Die Ladenschlußzeiten für Einzel- und Großhandel waren mit 18 Uhr festgesetzt. Der Sonntag galt allgemein als arbeitsfreier Tag. Mein Chef hatte aber nicht vor, diese Gesetze einzuhalten und änderte nichts an meiner Arbeitssituation. Um keine Probleme zu bekommen, versperrte er das Geschäft von innen und ließ die Rollbalken herunter. Auf diese Weise drang kein Licht nach außen, und nichts wies auf eine Übertretung des Arbeitszeitgesetzes hin, was eine strenge Bestrafung zur Folge gehabt hätte.

Immer wenn ich dagegen aufbegehrt hatte, hielt er mir meinen arbeitsfreien Sabbat vor. Ich war jung und wollte das Leben genießen, doch das war unter diesen Umständen nicht möglich. Langsam hatte ich von meinem sehr „gläubigen" Chef und seinem Argument vom arbeitsfreien Samstag, den ich einarbeiten mußte, genug. Wir gerieten verbal aneinander, ich verließ die Firma und drohte ihm mit einer Gerichtsklage. Es kam aber nicht dazu, der sehr „fromme" Mann zahlte mir eine Abfindung in Form von vier Monatsgehältern. Denn er wollte nicht, daß seine illegalen Praktiken bekannt wurden.

Mein religiöser Eifer wurde langsam schwächer, und ich kam immer später zum Gottesdienst in die Synagoge. Mein Zuspätkommen hatte solche Ausmaße erreicht, daß ich gerade noch fünf oder zehn Minuten vor Ende des Gottesdienstes eintraf, um sagen zu können, daß ich daran teilgenommen hätte. Meinem Vater gefiel das natürlich gar nicht. Eines Abends nach dem Sabbat-Gottesdienst sagte er zu mir: „Komm nicht mehr in die ‚Schul'*, wenn du es nur als lästige Verpflichtung empfindest oder wenn du glaubst, mir damit einen Gefallen tun zu müssen! Komm erst wieder, wenn es dir dein Herz sagt und du zu Gott beten möchtest! Vergiß das nie, auch wenn ich nicht mehr da bin!" Ich habe es nicht vergessen. Mein Vater gab mir damals im Bethaus „Adass Jeshurun" in der Alser Straße diese Worte auf meinen weiteren Lebensweg mit. Sie bewahrten mich vor Scheinheiligkeit und Atheismus.

Nun war ich also arbeitslos und frei, um mich meiner ersten Liebe – dem Theater – zu widmen. So oft ich konnte, ging ich auf Stehplatz ins Burgtheater, Volkstheater und auch in die Josefstadt.
Theater- und Opernbesuche auf Stehplatz waren zu dieser Zeit etwas abenteuerlich und nicht immer gewaltfrei. Eine gut organisierte Gruppe oder Clique von jungen theaterbesessenen Menschen gelangte zu den besten Plätze. In der Wahl der Mittel waren sie ziemlich skrupellos. Einige von ihnen hatten sich schon am frühen Nachmittag angestellt, um für die anderen Freunde, die kurz vor Vorstellungsbeginn kamen, die besten Plätze zu reservieren. Die nicht „organisierten" Besucher zogen bei diesen Stellungskämpfen den kür-

---

* Ein kleines orthodoxes Bethaus wird „Schul" genannt.

zeren, denn sie wurden von der Clique so behindert, daß sie nicht zum Eingang gelangen konnten. Man stand buchstäblich vor der Wahl, sich dieser Raufbande anzuschließen oder einen schlechten Platz im Stehparterre in Kauf zu nehmen. Nachdem mir das klargeworden war, schloß ich mich der Clique an.

Anläßlich der Neueinstudierung von Goethes „Faust" kam es zu einer großen Schlägerei. Hans Rhodenberg, der die Hexe in dieser Aufführung spielte, sah uns beim Raufen zu und fragte: „Ja, ist denn der Faust zwei blaue Augen wert?"

Meine damalige Antwort war ja, und sie gilt auch noch heute. Wir – all die jungen Menschen, die sich für Aufführungen stundenlang anstellten – sind es gewesen, die das Theater am Leben erhalten haben. Unsere Begeisterung war etwas Belebendes und Stimulierendes; dem Theater von heute würde so etwas ebenfalls guttun.

Die Clique war immer bei besonderen Bühnenereignissen zur Stelle. Die Galapremiere von Franz Molnárs „Die rote Mühle" mit Ida Roland-Coudenhove-Calergi war etwas Besonderes für Theaterliebhaber. Das Stehparterre war bereits überfüllt, es gab ein ziemliches Gedränge, jeder behinderte jeden. In dieser Situation erschien ein Polizeioffizier in eleganter grüner Uniform und wollte mit drohender Stimme Ordnung schaffen. Er stellte uns in Aussicht, das Stehparterre räumen zu lassen, wenn nicht augenblicklich Ruhe eintreten würde. Wir quittierten seine Ankündigung nur mit einem Riesengelächter, worauf er puterrot aus unserem Blickfeld verschwand. Auch die Macht der Polizei hatte manchmal Grenzen.

An einem anderen Theaterabend hatten wir wiederum ein Erlebnis mit der Polizei. Es war anläßlich der Premiere von Rostands Stück „L'Aiglon", das das Leben des Herzogs von Reichstadt, Napoleons einzigem Sohn, zum Thema hatte. Ida Roland-Coudenhove-Calergi spielte in einer Hosenrolle den Herzog von Reichstadt. Sie hatte darin die berühmte Sarah Bernhardt in Paris als Vorgängerin.

Man befürchtete, daß es aufgrund einiger Passagen im Text zu Unruhen im Publikum kommen würde, denn der Autor artikulierte in seinem Drama eine Mitschuld des Wiener Hofes am frühen Tod dieses unglücklichen Menschen. Wie selten bei einem Theaterstück gingen die Ansichten auseinander. Es gab Monarchisten, die dadurch die Ehre des Kaiserhauses angegriffen sahen, und Gegner, die der Meinung waren, daß die Skrupellosigkeit dieser Kreise auch vor dem eigenen Blute nicht haltmachen würde.

Nicht nur Anhänger und Gegner des Stückes füllten das Theater; es gab viele Polizisten in Uniform und in Zivil, die aus Gründen der Ordnung dem Stück beiwohnen mußten.

Als wir ins Stehparterre kamen, fanden wir die vier besten Plätze bereits von Polizisten in Zivil eingenommen. Da die erste Reihe Stehparterre nur elf Plätze hatte, von denen vier nicht mehr verfügbar waren, machten wir einen ziemlichen Radau. Im Stehparterre wurde es so gehandhabt, daß die Eintrittskarte vom Billeteur nach der Kontrolle zurückbehalten wurde. Wollte man in der Pause hinausgehen, gab der Billeteur dem Besucher einen Coupon, mit dem er wieder zurückkommen konnte. Die „obergescheiten" Polizisten wußten von dieser Vorgangsweise nichts. Wir verlangten von ihnen, daß sie uns ihre Karten zeigten. Das taten sie auch, worauf wir ein Riesengeschrei anstimmten. Die Platzanweiser eilten durch den Lärm herbei, um die Situation zu klären. In diesem allgemeinen Durcheinander verdrängten wir die vier Polizisten von ihren Plätzen und nahmen sie ein.

Ich bin meinen Kameraden von der Clique zu großem Dank verpflichtet. Ohne ihr Organisationstalent wäre es mir nicht möglich gewesen, so viele großartige Theater- und Opernaufführungen zu besuchen. Albert Bassermann, meinen großen Kollegen der späteren Jahre, sah ich in seinen schönsten und wichtigsten Rollen als Philipp in „Don Carlos", als Egmont, als Hjalmar Ekdal in „Wildente" und auch als Oswald in „Gespenster".

Ich sah Alexander Moissi in fast allen seinen Rollen – unter anderem als Fedja in „Der lebende Leichnam", als Dubedat in Shaws „Arzt am Scheideweg", als Narr in „Was ihr wollt", als Hamlet sowohl im historischen als auch im modernen Kostüm. Die morphiumsüchtige Maria Orska bewunderte ich in ihren berühmten Strindberg-Darstellungen, Tilla Durieux als Lulu und Elisabeth Bergner als heilige Johanna.

In der Oper hörte ich Schaljapin als Mephisto in Gounods „Faust". Dieser Abend blieb mir in besonderer Erinnerung. Schaljapin, der mit dem Tempo des Dirigenten nicht einverstanden war, stieg auf den Souffleurkasten und übernahm auch das Dirigieren. Das Opernpublikum reagierte darauf ziemlich reserviert. Nach der Rondo-Arie gab es für den großen Schaljapin keinen Applaus, sondern nur Schweigen.

1924 nahm auch das Theater in der Josefstadt unter der Leitung von Max Reinhardt seinen künstlerischen Betrieb auf. Die Vorstellungen, die man dort unter der Regie von Reinhardt und anderen großen Regisseuren zu sehen bekam, machten Theatergeschichte.

7

Krisenjahre

Wirtschaftskrise, Inflation und Arbeitslosigkeit trugen zur Verarmung eines Großteils der Bevölkerung bei. Auch ich kam in diesen Teufelskreis. Nachdem ich meine Stellung als Buchhalter und Steuerfachmann aufgegeben hatte, begann die schwierige Zeit der Arbeitssuche. Ich war aber nicht erfolgreich dabei und quälte mich mit Selbstvorwürfen. Je länger ich ohne Beschäftigung war, desto stärker begann ich an mir und meinen Fähigkeiten zu zweifeln. Es war ein Gefühl der Nutzlosigkeit, das meine Lebenskraft und Lebensfreude lähmte. Meine Gedanken kreisten immer um dieses Problem. Der Begriff „Zeit" oder „Freizeit" verliert für einen Arbeitslosen seinen Sinn. Er hat zuviel davon. Die Arbeitslosigkeit hat Auswirkungen auf den Menschen in seiner Ganzheit, sie demoralisiert, je länger sie andauert. Die immer wieder einsetzende Diskussion über Arbeitslose als Sozialschmarotzer halte ich für zynisch, denn keine Arbeit zu bekommen ist für die meisten der Betroffenen ein schwer zu verkraftendes Problem.

Ich war arbeitslos gemeldet und ging wöchentlich zu dem heute nicht mehr existierenden Nordwestbahnhof, der in ein Amt für Arbeitslose umgestaltet worden war. Dort mußte man sich um das Arbeitslosengeld anstellen. Doch das ging nicht ohne bürokratischen Aufwand. Anstellen und Warten waren die Haupttätigkeiten von Beschäftigungslosen. Zuerst stellte man sich um die Formulare an. Nach dem Ausfüllen wartete man in einer Reihe, um die Formulare abzugeben. Wenn es keine Beanstandung gab, erhielt man nach neuerlichem Warten den dringend notwendigen Geldbetrag.

In einem kleinen heruntergekommenen Café in der Nähe des Arbeitsamtes konnte man sich die Wartezeit verkürzen. Es gab dort die unterschiedlichsten Menschen, und jeder hatte seine Methode, um sich über Wasser zu halten und mit der Deklassierung fertig zu werden. Unter den Arbeitslosen waren alle sozialen Schichten zu finden: Ehemalige Soldaten in abgetragenen Uniformen; Junglehrer, die keine Anstellung fanden; Handwerker, ungelernte Arbeiter; Studenten, die aus Geldmangel ihr Studium abbrechen mußten; Dienstmädchen und Sekretärinnen aller Altersgruppen. Frauen in mittleren Jahren, die möglicherweise schon lange auf Arbeitssuche waren, prostituierten sich für ein paar Schillinge im dunklen Gang vor der Männertoilette.

Es war eine schwere Zeit, eine unmoralische Zeit in einer Stadt ohne Zukunft. Jeder schimpfte auf jeden, aber alle waren sich darin einig, daß die Juden schuld an dieser Misere hätten. „Wer ist schuld? Der Jud!" wurde ein geflügelter Ausdruck auf der Suche nach einem Sündenbock.

In der bürgerlichen Mittelklasse kursierte dieser Ausspruch in abgewandelter Form. „Wer ist schuld? Der Jud und der Radfahrer!" Warum der Radfahrer? Warum der Jud?

Diese verzweifelte Situation, die viele in eine Aussichts- und Sinnlosigkeit führte, war ein guter Nährboden, auf dem sich Vorurteile jeder Art kultivieren ließen. Der gesellschaftlichen Unzufriedenheit und Enttäuschung mußte ein Ventil geschaffen werden. Das Vorurteil wurde so Teil des Systems und für dieses notwendig. In einem Land, wo der Antisemitismus eine sehr lange Tradition hatte, wo er religiöse, politische und sozioökonomische Wurzeln hatte, war es klar, welche Stoßrichtung die Vorurteile haben würden. Lange vor Hitler wurden in Österreich jene Gedanken gepflegt, auf denen dann der nationalsozialistische Rassenwahn aufbauen konnte.

In dieser Depressionsphase traf ich die erste maßgebende Entscheidung in meinem bisherigen Leben. Für mich gab es damals nur ein Ziel: Ich wollte Schauspieler werden. Ich begann daher mit dem Studium von Monologen aus den verschiedensten Dramen. An „Radcliffe", ein unbekanntes Fragment von Heinrich Heine, wagte ich mich heran und auch an Nickelmanns Monolog aus „Die versunkene Glocke" von Gerhart Hauptmann. Großartig angelegte Monologe boten der Rote Itzig aus „Der Graf von Charolais" von Richard Beer-Hoffmann und Marc Antons Grabrede aus Shakespeares „Julius Cäsar": „Begraben will ich Cäsar, nicht ihn preisen …"

Die jungen Frauen und Männer, die den Schauspielberuf ergreifen wollten, setzten alles daran, um in die Akademie für darstellende Kunst aufgenommen zu werden. Dieser Weg war mir versperrt. Auch wenn ich ein Stipendium bekommen und keine Studiengebühren hätte bezahlen müssen, stellte sich mir immer noch das Problem des Geldverdienens. Beruf und Studium ließen sich für mich damals nicht vereinbaren.

Eines Tages sah ich zufällig den Schauspieler Hermann Rhomberg, den ich in vielen Rollen bewundert hatte. Er war gerade dabei, ein in der Nähe unserer Wohnung gelegenes Patrizierhaus zu betreten. Nach einer Weile ging ich zum Portier dieses Hauses und fragte, ob Herr Rhomberg dort wohne. Auf sein Kopfnicken folgte sofort die genauere Angabe: „Im zweiten Stock." Ich nahm meinen Mut zusammen und begab mich hinauf. Dem Dienstmädchen, das mir öffnete, teilte ich meine verwegene Bitte, Herrn Rhomberg vorsprechen zu dürfen, mit.

Nach einigen Minuten kam das Mädchen mit der Antwort zurück: „Ja, aber nicht heute. Nächste Woche am Montag nachmittag um halb drei."

Am 25. Jänner 1925, an jenem Tag also, an dem ich vorsprechen sollte, begann ich schon am Vormittag mit dem Aussuchen meiner Kleidung für diesen Anlaß. Um die Mittagszeit war ich bereits elegant angezogen, worüber mein Vater sehr verwundert war. Ich erklärte ihm aber gelassen, ich würde am Abend ins Volkstheater gehen, um Bassermann im „Raub der Sabinerinnen" zu sehen. Die Verwunderung meines Vaters wurde noch größer. Die Gedanken hinter seiner gefalteten Stirn schienen in der unausgesprochenen Frage zu kulminieren, warum ich mich für die Abendvorstellung auf Stehplatz schon um die Mittagszeit elegant anziehen müsse? Da ich keine Anstalten machte, auf seine Verwunderung einzugehen, begann er diese Angelegenheit zu ignorieren.

Zur ausgemachten Zeit läutete ich an der Tür von Herrn Rhomberg. Das Dienstmädchen führte mich in ein sehr geschmackvoll eingerichtetes Wohnzimmmer, wo mich der Künstler äußerst freundlich begrüßte. Noch während der Begrüßung machte er mich auf die Ausnahmesituation aufmerksam. Da er kein Lehrer sei, lasse er sich nur selten vorsprechen.

Er war offensichtlich sehr beeindruckt von der Auswahl meiner Monologe; denn von der Existenz des „Radcliffe"-Fragments hatte er selbst keine Ahnung gehabt. Rhomberg händigte mir ein Empfehlungsschreiben an Professor Seidelmann, den Leiter der staatlichen Akademie für darstellende Kunst, aus. Obgleich mir klar war, daß ich nie an der Akademie studieren konnte, tanzte ich vor Glück auf der Straße. Mir wurde von Rhomberg bestätigt, daß ich Talent hätte. Daß ich an diesem Abend Albert Bassermann in der Rolle des Schmierendirektors Striese besonders genossen habe, das verstand sich von selbst.

Als ich zu Hause ankam, war es beinahe dreiundzwanzig Uhr, denn ich ging besonders langsam in dieser kalten, sternenklaren Winternacht, um mir noch recht lange die Freude dieses Tages zu vergegenwärtigen.

Beim Hinaufgehen zu unserer Wohnung bemerkte ich etwas überrascht, daß die Petroleumlampe auf der Stiege stand. Beunruhigt betrat ich die unversperrte Wohnung und verstand, was los war, nachdem ich aus dem Schlafzimmer das Röcheln meines Vaters vernommen hatte. Im Bett liegend, fand ich meinen Vater vor, aus seinem Mund kam Blut. Er hatte wieder einmal einen schweren Lungenblutsturz erlitten.

Mama, die kurz darauf von der Apotheke zurückkam, wiederholte mir, daß unser Hausarzt, der schon da gewesen war, Papa sechs bis acht Monate absolute Ruhe verordnet hätte. Um ehrlich zu sein, habe ich in diesen Momenten nicht nur an Papa gedacht, sondern auch an die Folgen, die die geänderte Situation für mich haben würde. Mein Traum, an der Akademie zu studieren und Schauspieler zu werden, war vorderhand ausgeträumt, denn ich mußte für die Familie aufkommen und an Vaters Stelle die Kundschaften besuchen.

Meinen Eltern erzählte ich zum damaligen Zeitpunkt nichts von meinem erfolgreichen Besuch bei Herrn Rhomberg. Als mein Vater sich langsam erholte und die Angst um ihn etwas nachließ, kamen meine unterdrückten Wünsche – zum Theater zu gehen – wieder an die Oberfläche. Ich konnte an nichts anderes mehr denken.

Wochen später erzählte ich meinem Vater doch von meinem „Auftritt" bei Rhomberg. Papa, von dem ich die Liebe zum Theater hatte, war zwar beeindruckt davon, daß der bekannte Schauspieler mich für talentiert hielt; im selben Atemzug meinte er aber, daß ich meinen kaufmännischen Beruf aus Gründen des Geldverdienens nie aufgeben dürfe. Ansonsten behielt er seine Gedanken für sich und beeinflußte mich in keiner Weise. Es war aber mein guter Vater, der mich auf eine Volkshochschule hinwies, die Schauspielunterricht im Programm hatte. Es war das Apolloneum am Fleischmarkt mit Hans Thimig als Lehrer. Unterdessen war ich auch Mitglied eines Sprechchors geworden, den Hans Kirchner leitete. Daß ich Talent hatte, befand auch Kirchner, der mich kostenlos in Sprech- und Atemtechnik unterrichtete.

Mein Leben bekam wieder Konturen. Am Dienstag und Donnerstag hatte ich abends Schauspielunterricht bei Hans Thimig. Am Samstag vormittag standen Sprech- und Atemtechnik auf dem Stundenplan, und am Sonntag am Abend gab es Sprechchor. Die Zeit dazwischen verbrachte ich mit dem Verkaufen von Sperrholz. Mit einem Mal war das Leben wieder ausgefüllt und sinnvoll.

Hans Thimig war der jüngste in der Schauspielerfamilie Thimig. Vater Hugo Thimig, der Patriarch, kam aus Sachsen und nannte mich statt Aschkenasy „Askenasius". Hermann Thimig war Mitglied des Reinhardt-Theaters. Helene Thimig war die Gattin von Max Reinhardt, und Hanna Thimig war einige Jahre mit Hermann Thimig verheiratet gewesen. Alle Thimigs hatten Vornamen, die mit „H" begannen – Hugo, Helene, Hermann, Hans und Hanna.

Die meisten Schüler des Apolloneums nahmen den Schauspielunterricht nicht sehr ernst. Es war für sie vielmehr ein Zeitvertreib wie Bridge oder Tennis und nicht ein Studium, das auf einen Beruf vorbereitete. Von dieser Gruppe hob sich eine junge Frau namen Lene Sperk sehr angenehm ab. Sie betrieb das Studium mit gebührendem Ernst, und Hans Thimig glaubte, in ihr ein großes Talent zu sehen. Er machte aber nie irgendwelche Bemerkungen über mein Können.

Lene und ich begleiteten den Lehrer oft nach dem Unterricht von der Volkshochschule am Fleischmarkt zum Burgtheater, wo er spielte. Wir hingen im wahrsten Sinne des Wortes an seinen Lippen, wenn er Anekdoten von der Burg erzählte. Ziemlich bald war er von meiner Ernsthaftigkeit, Schauspieler zu werden, überzeugt und machte das Angebot, mir in seiner Villa in der Gymnasiumstraße Privatstunden zu geben.

Als ich viele Jahre später den Marquis de Sade im Akademietheater in einer Aufführung des Burgtheaters spielte, da erwies mir mein ehemaliger Lehrer die große Ehre und besuchte mich nach der Vorstellung in meiner Garderobe. Er bewunderte die Klarheit meiner Aussprache und meinte: „So schöne Sprecher wie Sie haben wir jetzt am Burgtheater nicht mehr." Auf dieses Lob bin ich noch immer sehr stolz, denn ich spielte ja in den USA ausschließlich in englischer Sprache.

Ich erkundigte mich bei ihm auch nach Lene Sperk, doch er wußte nichts von ihr. Lächelnd fügte er hinzu, daß in unserem Beruf neben dem Können auch die Ausdauer nicht fehlen dürfe. Er fragte, ob ich noch in Erinnerung hätte, was Paul Kalbeck mir einmal gesagt und auch geschrieben hatte? Kalbeck – Lehrer in unserer Neuen Schule und großartiger Regisseur bei Reinhardt – meinte, um ein guter Schauspieler zu werden, brauche man ein Prozent Talent und 99 Prozent Fleiß und Ausdauer. Ich hätte laut Thimig aber mehr als ein Prozent Talent gehabt. Es mag stimmen oder auch nicht. Mich zog es jedenfalls unausweichlich zur Schauspielerei. Dieser Beruf sollte mein Leben sein und ist es bis heute geblieben.

8

Ich bin Schauspieler

Zwischen dem Wunsch, Schauspieler zu werden, und seiner erfolgreichen Umsetzung sind viele Hürden zu nehmen. Jeder angehende Schauspieler sollte sich ernsthaft fragen, was ihn dazu treibt, diesen Beruf erlernen zu wollen? Vielen, die davon überzeugt sind, die erforderlichen Voraussetzungen – wie Talent, Fleiß, inneren Antrieb – mitzubringen, fehlt letztlich die notwendige Überzeugungskraft, um im Schauspielberuf erfolgreich zu sein.

Junge Menschen, die sich mit dem Gedanken tragen, Schauspieler zu werden, stellen mir die Frage, was sie tun müßten, um in diesem Metier gut und erfolgreich zu werden. Patentrezepte habe ich keine, sondern nur die Gegenfrage: Warum wollen Sie Schauspieler werden?

Antworten wie „um berühmt zu werden, um viel Geld zu verdienen, um das Leben eines Stars führen zu können" sind klischeehaft und disqualifizierend für diesen Beruf. Die, die so antworten, haben nicht verstanden, was Spielen heißt. Das Um und Auf für die glaubwürdige Darstellung eines Charakters ist, sich in die Rolle so hineinzuleben, als wäre sie das Alter ego des Schauspielers.

Als Paul Kalbeck mir 1927 die harten Regeln der Schauspielkunst – ein Prozent Talent, neunundneunzig Prozent Ausdauer und Durchsetzungsvermögen – eröffnete, war ich mir über die Motive meiner Berufswahl auch noch nicht ganz im klaren. Es sollte ein langer Prozeß werden, in welchem immer wieder die Erfahrungen der praktischen Arbeit hineinspielten. Oftmals las ich Stanislawski oder vergegenwärtigte mir, was Reinhardt seinen Seminaristen vermitteln wollte. Meine Gespräche mit großen Theaterpersönlichkeiten wie Louis Jouvet oder Jean Louis Barrault kamen mir wie Offenbarungen vor. Ich beobachtete Kazan und Clurman, wenn sie Regie führten.

Sehr viel konnte ich von Clurman und seiner Frau Stella Adler, die eine ausgezeichnete Schauspiellehrerin war, lernen.

Ich lernte atmen, sprechen, gehen, laufen; lieben, lachen, weinen und sterben. Dazwischen gab es aber noch unzählige andere Tätigkeiten, die sich ein Schauspieler aneignen mußte. Kalbeck hatte schon recht mit seiner prozentuellen Aufschlüsselung von neunundneunzig Prozent Fleiß und Schweiß, das fehlende Prozent gibt einem dann am Premierenabend der Requisiteur.

An Abenden, an denen Hans Thimig nicht am Apolloneum unterrichten konnte, ließ er sich von seinem Freund Dr. Franz Horch vertreten. Horch war Dramaturg am Theater in der Josefstadt, aber leider nicht so charmant und leutselig wie Thimig; er wirkte streng und etwas professorenhaft. Doch ich lernte viel von ihm. Als Horch wieder einmal Thimigs Vertretung hatte, versuchte ich den Narren aus „König Lear" darzustellen. Nach meiner Darstellung sagte Horch zu mir: „Das ist das erste Mal, daß ich von Ihnen eine persönliche Note zu sehen und hören bekam. Bisher haben Sie immer nur andere Schauspieler nachgeahmt."
Er fügte noch hinzu, daß es nicht darauf ankomme, Schauspieler, selbst die größten, gut oder schlecht zu imitieren. Das würde nie einen wahren Schauspieler aus mir machen. Diese Bemerkung ging tief und blieb mir bis heute in Erinnerung.
Ein anderer Lehrer, der in Vertretung für Thimig kam, war Ivan Smith. Er kam aus Moskau, war Absolvent der Stanislawski-Schule und führte bei Reinhardt Regie. Obwohl er ein guter Regisseur war, war es nicht immer leicht, seinen Anweisungen zu folgen. Er konnte uns sein Wissen nur schwer vermitteln. Ich lernte die Schauspielerei bei Paul Kalbeck und Hans Thimig; ihre Sprache verstand ich. Sie lehrten mich, den Beziehungszusammenhang von Rolle und Stück zu verstehen und auf diese Weise einen lebendigen dreidimensionalen Charakter herauszuarbeiten.

Am Beginn meiner künstlerischen Laufbahn verdiente ich mir etwas Geld bei Rezitationsabenden und Wohltätigkeitsveranstaltungen, wo ich berühmte Künstler – wie Moissi, Bassermann und andere – imitierte.

Leichtsinnigerweise erzählte ich Ivan Smith einmal von meinen Rezitationsabenden, worauf er ziemlich ungehalten anwortete, daß man Rezitation in der Stanislawski-Schule erst im vierten oder fünften Studienjahr lerne.

Viele Jahre später, ich unterrichtete damals schon am Dramatic Workshop, wohnte ein früherer Lehrer der Stanislawski-Schule meinem Unterricht bei. Ben Ari, so hat er geheißen, kam hernach zu mir und sagte: „Du lehrst ja spielen!" Lächelnd erwiderte ich ihm, daß das meine Aufgabe wäre. Ben Ari verneinte dies und meinte, ich sollte das Gefühl für das Gedächtnis, aber nicht Schauspielkunst lehren.

Zur selben Zeit kam eine Schauspielstudentin zu mir und bat mich um Rat. Ihr Lehrer an der Hochschule für dramatische Kunst verlangte von ihr die Darstellung eines Eierschaumschlägers unter der Dusche. Zuerst dachte ich an einen Witz, doch es war keiner. Ihr Lehrer – ein Stanislawski-Jünger – hatte es ernst gemeint.

Ich konnte ihr dabei nicht behilflich sein und könnte es auch heute nicht. Das Improvisieren von Objekten ist nur dann beim Rollenstudium hilfreich, wenn es sich dabei um etwas Lebendes handelt. Eine vom Wind hin und her gerissene Palme ist ebenso sinnvoll darstellbar wie ein wütend herumstapfender Bär. Fragwürdig ist meiner Meinung nach der Lerneffekt beim Darstellen toter Gegenstände.

Stanislawski betonte immer wieder, daß die Arbeitsmethoden, mit denen er 1898 begonnen hatte, schon vielmals abgewandelt worden seien, daß sie keinen strikten Regeln unterlägen und Neuem gegenüber aufgeschlossen seien.

Für mich persönlich ist die Methode mit einem empfindlichen ärztlichen Instrument zu vergleichen. In den Händen eines großen Chirurgen ist das Instrument ein heilbringendes Hilfsmittel, in den Händen eines Quacksalbers kann es für den Patienten todbringend sein.

Was Stanislawski unter Methode verstand, ist etwas anderes als das, was unter Verwendung seines Namens später gelehrt wurde.

Stanislawski stellte immer wieder eine Beziehung zwischen Schauspielern und großen Musikern her, die täglich viele Stunden mit Üben und Proben verbringen müßten. Schauspieler sollten ähnlich hart arbeiten, indem sie einerseits ihre Sprech-, Atem-, Turn- und Tanzübungen absolvierten, und anderseits darauf achteten, ihr Gefühl und Denkvermögen lebendig und agil zu erhalten. Er entwickelte ein Lehrsystem, in welchem die geringste Lebensäußerung beachtet und einstudiert wurde. Stanislawski ist es aber nicht darum gegangen, Psychogramme der verschiedenen Charaktere herauszuarbeiten. Rhadomysliensky, einer der letzten Leiter der Stanislawski-Schule, erklärte die damals aktuelle Umsetzung der Ideen des großen Theatermannes: Die innere wie äußere Herausbildung eines Charakters basiere nicht auf der vom Autor vorgegebenen Situation, sondern auf der Interaktion der Schauspieler untereinander. Stanislawski wäre, so glaube ich, mit dieser Interpretationsweise nicht einverstanden gewesen. Er hätte sich wahrscheinlich mit der Aussage eines englischen Regisseurs eher identifiziert. Dieser antwortete einem Schauspieler auf die Frage, was die Begründung für eine bestimmte Linie der Dialogführung sein könnte, folgendermaßen: „Ihre Motivierung sollte darin liegen, daß der Dramatiker diese Szene so geschrieben hat und sie auch so gespielt haben möchte!"

Stanislawski hielt sich bei seinen Bearbeitungen sehr stark an die Intention des Autors; innerhalb dieses Rahmens ging er daran, seine Charaktere wirklichkeitsgetreu herauszubringen.

Am 15. Mai 1926 stand ich das erste Mal mit professionellen Schauspielern des „Theaters der Jugend" auf der Bühne. Spielort waren die „Panspiele" in der Riemergasse, die später dem „Rondell", einem bekannten Pornokino, weichen mußten. Dieses junge Ensemble hatte regelmäßig avantgardistische Stücke auf dem Spielplan. Das, welches wir spielten hieß „Schrei aus der Straße". Der Autor – Rolf Lauckner – versah sein expressionistisches Werk mit einem starken sozialpolitischen Bezug. Ich spielte in dem Stück, das die Ära des „Absurden Theaters" eingeleitet hatte, einen Polizisten.

Einige Wochen später stand ich auf derselben Bühne in Lion Feuchtwangers „Der holländische Kaufmann" – es war eine bedeutende Rolle für mich. Jahre später lernte ich in Hollywood Feuchtwanger persönlich kennen. Für uns beide war es eine ziemliche Überraschung, als herauskam, daß er dieses Stück nie auf einer Bühne gesehen und auch nicht gewußt hatte, daß es 1926 vom „Theater der Jugend" gespielt worden war.

Im „Theater der Jugend" traf ich auf zwei Menschen – Manfred Inger und Susanne Engelhart, mit denen ich zeit ihres Lebens eng verbunden war. Manfred Inger, ein Schüler Oskar Strnads, war ein sehr feiner Schauspieler und Bühnenbildner, der später auch am Burgtheater aufgetreten ist. In meiner New Yorker „Faust"-Inszenierung spielte er den Wagner. Susanne Engelhart war die Tochter von Professor Josef Engelhart, dem Mitbegründer der Wiener Sezession. Sie war mit mir zusammen fünf Jahre bei Louise Dumont in Düsseldorf. Als Jenny in der „Dreigroschenoper" war sie großartig. 1936 spielte sie mit mir in der Kleinkunstbühne „ABC". Aus unserer anfänglichen Freundschaft hatte sich später eine Liebesbeziehung entwickelt und nach deren Ende eine sehr tiefe Freundschaft.

Meine Frau Lies war einmal bei Susanne zum Mittagessen eingeladen gewesen. Doch es kam nicht dazu. Denn Susanne, die Lies ihre Wohnung zeigte, führte sie auch ins Schlafzimmer, wo ein Sarg stand, der ihr und ihrem Mann als Bett diente. Das reichte meiner Frau, und sie hatte es sehr eilig, von dort wegzukommen.

Susanne starb bei einem Theaterunfall. Ein Kollege hatte ihr im Stück eine Ohrfeige zu geben. Drei Tage später starb sie an einer Gehirnembolie. Beim Begräbnis auf dem Hietzinger Friedhof nahm mich ihre Schwester beiseite und sagte: „Leon, du kanntest Susanne weit besser als irgend jemand in unserer Familie. Bitte, vergiß sie nicht!"

Den Sommer des Jahres 1927 genoß ich wie selten einen zuvor. Ich hatte eine gute Arbeit und war noch dazu in der glücklichen Lage, von Hans Thimig als Privatschüler unterrichtet zu werden. Diese Kombination von Beruf und Berufung gab mir Sicherheit und emotionale Stärke. Ich hatte ein intensives Glücksgefühl, das ich in meinen geliebten Bergen ausleben wollte. Mit einem Freund fuhr ich auf vierzehn Tage ins Salzkammergut nach Unterach an den Attersee. Die wunderschöne Landschaft des Salzkammergutes war und ist bis heute eine meiner Lieblingsgegenden geblieben. Das Ende unseres zweiwöchigen Urlaubs krönten wir mit einer Besteigung des Dachsteins. Unser Marsch von Hallstatt zur Simonyhütte dauerte siebeneinhalb Stunden. Nachdem wir über den Gosaugletscher nach Gosau gekommen waren, suchten wir nach dem Autobus, der uns nach Hallstatt zurückbringen sollte. An diesem 16. Juli 1927 fuhren aber keine öffentlichen Verkehrsmittel.

Als Reaktion auf die Ereignisse des 15. Juli* wurde von der sozialdemokratischen Parteiführung ein eintägiger Generalstreik ausgerufen, der mit einem unbefristeten Verkehrsstreik gekoppelt war. Wir saßen im Salzkammergut fest und hatten kein Quartier für die Nacht gefunden. Nicht einmal in Bad Ischl, das wir – nach einem Zimmer Ausschau haltend – gründlich durchstreiften. Auf unserer „Herbergsuche" kamen wir auch zur Villa von Katharina Schratt, wo eine Tafel angebracht worden war, die auf ihre intime Beziehung zu Kaiser Franz Joseph hingewiesen hatte: „Hier schlief Katharina Schratt mit Kaiser Franz Joseph"!

Das Leben in Österreich hatte aber für viele nichts mehr von operettenhafter Süße und Leichtigkeit.

---

* Dusek/Pelinka/Weinzierl, S. 192 ff.
Der 15. Juli 1927 hatte eine Vorgeschichte und eine Signalwirkung auf das politische Kräfteverhältnis in Österreich bis zur Zerschlagung der Demokratie durch den Austrofaschismus. Die weltanschaulichen und politischen Gegensätze zwischen dem bürgerlichen Lager und der Arbeiterbewegung kulminierten in den frühen zwanziger Jahren in bewaffneten Auseinandersetzungen ihrer paramilitärischen Organisationen. Bei diesen Zusammenstößen hatten die Arbeiter immer wieder Tote zu beklagen. Die Gerichte verurteilten die Täter, wenn überhaupt, zu äußerst milden Strafen. Am 14. Juli 1927 sprach das Gericht neuerlich drei Mitglieder einer Frontkämpfervereinigung frei, die am 30. Jänner 1927 bei Auseinandersetzungen mit Schutzbündlern im burgenländischen Schattendorf einen Invaliden und ein Kind erschossen hatten. Unmut und Verbitterung in der Arbeiterschaft konnte die Parteiführung diesmal nicht durch revolutionäre Phrasen auffangen. Ohne auf Parteianweisungen zu warten, kam es zu spontanen Arbeitsniederlegungen. Die Arbeiter marschierten Richtung Justizpalast und setzten diesen in Brand. Zu einem Zeitpunkt, als die Demonstranten den Beschwichtigungsversuchen der sozialdemokratischen Führer Gehör schenkten, schoß die Polizei in die Menge. Die Strafaktionen dauerten bis in die Nacht hinein an. Der Blutzoll seitens der Demonstranten war hoch: 89 Tote und 1057 Verwundete; die Polizei hatte vier Tote zu verzeichnen.

9

Die entscheidenden zwanzig Schilling

Nachdem ich von meinem Urlaub im Salzkammergut zurückgekommen war, teilte mir Hans Thimig mit, daß er mich aus Zeitgründen nicht mehr weiter privat unterrichten könne. Gemeinsam mit dem Regisseur Paul Kalbeck gründete Thimig eine private Schauspielschule, an der zehn bis zwölf begabte Studenten von prominenten Mitgliedern des Reinhardt-Ensembles unterrichtet werden sollten. Hans Thimig, der von meiner prekären finanziellen Situation wußte, wollte mir ein Stipendium beschaffen, das die Kosten der Schule abdecken sollte. Ein Hindernis in Form einer Einschreibgebühr von zwanzig Schilling blieb aber trotzdem bestehen. Für mich war dieser Betrag damals ein kleines Vermögen, das ich mir auch nicht von meiner Familie leihen konnte, weil sie es nicht hatte. Ich war ratlos und verzweifelt. Noch nie sah ich mein Ziel – Schauspieler zu werden – so nah und unerreichbar zugleich. Nie würde ich meinen Traum verwirklichen können.

Einige Tage vor der Eröffnung der Schule lud mich Hans Thimig ein, der Generalprobe von „Frau Warrens Gewerbe" im Theater in der Josefstadt beizuwohnen. An diesem Tag Ende September 1927 stand ich schon um vier auf und nicht wie gewöhnlich erst um fünf, um meinen beruflichen Verpflichtungen zeitgerecht nachzukommen. Um zehn Uhr war ich fertig und beeilte mich zum Umziehen nach Hause. Wir wohnten damals im Halbstock über dem vierten Stock. Als ich die Stiegen zur Wohnung, immer eine Stufe überspringend, hinaufeilte, sah ich zwischen Mezzanin und dem ersten Stock buntes Papier liegen. Als ich näher hinschaute, erwiesen sich die Papierstücke als Geldscheine in Form einer Zehnschillingnote und zwei Fünfschillingnoten. Im Freudentaumel griff ich nach dem Geld und rannte nach oben, entledigte mich meiner Arbeitskleidung und zog mich für das Theater an. Innerhalb kurzer Zeit hatte ich meine Toilette beendet und rannte, das Geld dabei habend, hinunter zur nächsten Straßenbahn. Nachdem ich einen Platz auf der vorderen Plattform ergattert und mich etwas beruhigt hatte, rief ich mir das Wunder, wie ich den Geldfund nannte, wieder in Erinnerung. Mein Glücksgefühl war groß, und kleinlaut meldeten sich ganz allgemeine Bedürfnisse wie der dringend notwendige Kauf von ein Paar Handschuhen für den kommenden Winter. Wenn ich mir nur das Nötigste leisten würde, so kalkulierte ich weiter, könnte ich sogar für die Haushaltskasse der Eltern noch etwas beisteuern. Plötzlich, wie durch eine Eingebung, wurde mir klar, worüber ich unerwartet verfügen konnte. Es waren zwanzig Schilling, jene zwanzig Schillig, die mir letztendlich den Besuch der Schauspielschule und vielleicht meine spätere Karriere ermöglichen würden. Das Schicksal hat es gut mit mir gemeint. Ziemlich feierlich war mir zumute, daß ich sogar auf dem Weg zur Generalprobe den Monolog aus Schillers „Jungfrau von Orleans" – „Er sandte mir den Helm, er kommt von ihm ..." – rezitierte.

Im Theater angekommen, nahm ich den mir angewiesenen Platz im Parkett ein. Vor mir saß eine äußerst attraktive junge Frau, die aber sehr eigenartig angezogen war. Ihre Baskenmütze hatte sie tief ins Gesicht gezogen, und weil das nicht auffällig genug war, trug sie auch noch Hosen. Sie war ein Blickfang, ihre kühle Selbstsicherheit faszinierte mich. So fragte ich den Billeteur, wer diese Schönheit sei. Er gab mir prompt und bereitwillig Auskunft. Sie spiele in den Kammerspielen, in einem neuen Stück mit dem verheißungsvollen Titel „Broadway", im Chor sei sie das fünfte Mädchen von links und heiße Marlene Dietrich. Im nächsten Monat würde sie in der Josefstadt in Sternheims „Die Schule von Uznach" spielen.

Tags darauf bezahlte ich meine Aufnahmegebühr und wurde der erste Schüler in der „Neuen Schule für dramatischen Unterricht, angeschlossen an die Schauspieler im Theater in der Josefstadt unter der Führung von Max Reinhardt". Ein Jahr später übernahm Professor Max Reinhardt diese „Neue Schule", die von nun an „Reinhardt-Seminar" heißen sollte. Die Räumlichkeiten befanden sich in einem ehemaligen Lagerhaus. Frau Kalbeck, die Gattin unseres Leiters Paul Kalbeck, bemalte die Wände mit wunderschönen Commedia dell' arte-Figuren. Wir waren elf Schüler und wurden von sehr bekannten Schauspielern unterrichtet. Zum Lehrkörper gehörten neben Paul Kalbeck und Hans Thimig der Berliner Bühnenstar Maria Bard, Alfred Neugebauer, Valerie Kratina, eine Fecht- und Tanzmeisterin vom Institut Hellerau in Dresden, und Manzi Tolnai-Feldhammer, die Sprech- und Atemtechnik unterrichtete. Wir hatten großes Glück, daß unsere Lehrer nicht nur ausgezeichnete Schauspieler, sondern auch hervorragende Pädagogen waren, die äußerst engagiert und einfühlsam mit uns arbeiteten. Man spürte, daß es ihnen ein Anliegen war und Freude machte, uns ihr Können und ihre Erfahrung zu vermitteln. Die Kombination – großartiger Schauspieler und Lehrer in einer Person – ist selten anzutreffen.

Im Jänner 1928 kam Walter Bruno Iltz, der Generalintendant der Düsseldorfer Städtischen Bühnen, nach Wien und ließ sich vorsprechen. Ich wurde engagiert und erhielt einen Jahresvertrag bei einer Gage, die doppelt so hoch war wie die Mindestgage. In der Zeit, wo ich Schauspielunterricht genommen hatte – im Apolloneum, als Privatschüler von Thimig oder in der „Neuen Schule" –, nahm die Familie mich nicht ernst. Sie amüsierten sich zum Beispiel darüber, daß ich stundenlang auf dem Boden lag und Atem- und Sprechübungen machte. Als ich dann aber mit meinem Jahresvertrag der Städtischen Bühnen Düsseldorf nach Hause kam, klang Papas Reaktion darauf beinahe wie ein Vorwurf: „Du hast heute noch nicht deine Sprechübungen gemacht!" Das war Papa. Aus seinem Gesicht konnte ich aber den Stolz und die Freude ablesen, die er darüber empfand, daß ich es geschafft hatte, Schauspieler zu werden. Sein Traum ist durch mich in Erfüllung gegangen.

10

Die Neue Schule in der Tendlergasse

Mein Vertrag für Düsseldorf bewirkte keine unmittelbare Änderung meiner Lebenssituation. Die äußeren Lebensumstände blieben von meinem Erfolg gänzlich unberührt, denn ich mußte weiterhin meine Vertreter- und Verkaufstätigkeit ausüben. In meinem Inneren hatte ich aber erhebliche Kämpfe auszutragen, denn das Engagement in meiner Tasche änderte die Einstellung gegenüber meinem bisherigen Leben. Ein immer stärkeres Gefühl der Unzufriedenheit machte sich bei mir bemerkbar. Ich bestürmte meine Lehrer, mir kleine Auftritte – und seien es nur Komparsenrollen – zu verschaffen. Hans Thimig sicherte mir dann auch eine Statistenrolle in „Kabale und Liebe" zu, wo ich einen einzigen Satz – „Die Pferde sind gesattelt!" – zu sagen hatte. Es war die Neueinstudierung der Reinhardtschen Version dieses Stückes. Der gefeierte Alexander Moissi spielte die kleine, aber unvergeßliche Rolle des Kammerdieners. In dieser Rolle sah ich Reinhardt später selbst auf der Bühne. Darin erlebte ich ihn das einzige Mal als Schauspieler.

Bei der Generalprobe im Reinhardt-Theater stand ich als Diener verschüchtert in der Eingangstür zum Salon, wo der Präsident die folgenschwere Auseinandersetzung mit seinem Sohn Ferdinand hatte. Plötzlich fühlte ich die kalten stählernen Augen des Meisters auf mich gerichtet. Ich wurde nervös und bekam schwitzende Handflächen und schlottrige Knie. Er kam mir bedrohlich vor, wie er so auf mich zuging, und beinahe stockte mir der Atem. Reinhardt fixierte mich oder vielmehr meinen Dreispitz, der seiner Meinung nach nicht richtig auf meinem Kopf saß. Mit einer schnellen Handbewegung rückte er ihn etwas nach links. „Merken Sie sich das fürs Leben", sagte er schon im Weggehen und setzte seine Probe fort. Das war für mich der erste und letzte persönliche Kontakt, den ich mit diesem genialen Menschen hatte.

In der „Neuen Schule" gab es dank Paul Kalbeck und seiner Frau immer wieder Ereignisse, die die Routine unterbrachen. Wir hatten eine Aufführung im Reinhardt-Theater vor echten Kritikern und ein Faschingsfest im alten Lagerhaus, das Frau Kalbeck arrangiert hatte. Auf unseren Parties erschienen immer wieder bekannte Bühnenstars. Nicht nur Theaterleute hatten Interesse an uns und an dem Experiment der Neuen Schule; auch andere Kunstschaffende fühlten sich angesprochen. Egon Friedell, der Autor der „Kulturgeschichte der Neuzeit", setzte große Erwartungen in unsere Arbeit, die das Theater revolutionieren würde. Friedell galt als einer der geistreichsten Männer im Wien der zwanziger und dreißiger Jahre. Nachdem die Nazis in Österreich einmarschiert waren, beging er Selbstmord, indem er sich aus dem Fenster seiner im vierten Stock gelegenen Wohnung stürzte. In den ersten Wochen nach dem Einmarsch stieg die Zahl jener, die durch Freitod aus dem Leben schieden, stark an. Viele, die gegenüber dem „tausendjährigen" Anspruch der Nazis nur ihr eigenes kleines Leben hatten, resignierten und nahmen sich das Leben.

In einem der Stücke im Reinhardt-Theater spielte ein Schweizer namens Rehmann die Hauptrolle. An einem Abend kam er, der mich ja nur als Statist auf der Bühne kannte, in der Pause zu mir und fragte mich aus heiterem Himmel: „Wollen Sie Schauspieler werden, junger Mann?" Diese Frage wäre meinerseits natürlich sofort zu bejahen gewesen, doch ich zögerte etwas mit der Antwort. Rehmann sprach aber unbeirrt weiter und meinte, daß ich Talent hätte. Außerdem hätte ich die seltene Gabe des Zuhörens.

Eine unabdingbare Voraussetzung im Schauspielberuf ist die Fähigkeit, seinem Gegenüber auf der Bühne zuzuhören und dieses Zuhören dem Publikum glaubhaft vermitteln zu können. Interesse und Konzentrationsvermögen macht sich dadurch auch beim Publikum bemerkbar. Der Zuschauer wird durch die Echtheit des Dialogs gebannt und emotional einbezogen, indem er sich mit dem einen oder anderen Charakter identifiziert. Viele Schauspieler glauben aber, sie müßten ihren Körper beim Sprechen fast zur Gänze dem Publikum zuwenden. Auf diese Art gewinnen sie nicht die Aufmerksamkeit des Publikums.

In der vorhin erwähnten Aufführung von „Kabale und Liebe" spielte Hans Peppler die Rolle des Präsidenten. Einmal kam er zu mir, dem blutjungen Anfänger, und fragte, ob ich mir etwas dazuverdienen wolle. Im Zirkus Zentral würden sie einen Inspizienten für eine Schubert-Revue suchen. Natürlich wollte ich im Zirkus arbeiten.

Die Hauptrolle bei diesem Vorhaben spielte Mizzi Freihardt, eine ältere, schon etwas verblühte Operettensängerin, die einst ein Star gewesen war und in dieser Revue noch immer als solcher galt. Wann immer ich mit ihr ins Gespräch kam, vergrößerte sich mein Wortschatz an nicht salonfähigen Ausdrücken. Die Freizügigkeit dieser Frau, die sich nicht nur auf ihre Wortwahl beschränkte, faszinierte mich damals sehr.

In meiner Zirkuszeit freundete ich mich mit fünf Clowns, einem Esel, mehreren Pferden und vier Tigern an. Es war das zweite Mal in meinem Leben, daß ich beide Seiten dieser Welt kennenlernte. Den Zauber der Manege am Abend und die ernüchternde Realität des darauffolgenden Morgens mit Dreck, Gestank und harter Arbeit für alle.

Auf einmal stand der „D-Day" – meine Abreise nach Düsseldorf – vor der Tür. Mein Vater händigte mir ein kleines Heftchen mit Talmudsprüchen aus. Er hatte sie für mich gesammelt und sorfgältig in das Heft eingetragen. Auf das Titelblatt schrieb er „Sprüche der Väter für Mußestunden". Mama schrieb mir den Mizpah-Segensspruch hinein: „Möge Gott Dich auf all Deinen Wegen und bei all Deinen Bestrebungen behüten und beschützen, solange Du lebst! – Deine Mutter."

11

Eine völlig neue Welt

Bis zu dem Zeitpunkt, wo ich am Wiener Westbahnhof um 23 Uhr den Fernzug nach Düsseldorf bestieg, hatten sich meine Reisen auf eher kleine Entfernungen beschränkt, die ich mit den Eltern oder später mit den Pfadfindern unternommen hatte. Meine Ferienerlebnisse vom Anninger im Wienerwald bis Riva und Rovereto am Gardasee ließen mich zur damaligen Zeit als Weltreisenden erscheinen.

Je näher der Zeitpunkt der Abreise rückte, desto aufgeregter wurde ich, denn bald schon würde ich ganz auf mich allein gestellt sein. Meine Eltern begleiteten mich zum Zug und auch noch ein Mädchen namens Lotte, das ich erst einige Tage früher kennengelernt hatte. Der Übermut und die Spontanität der Jugend ließen unsere Verliebtheit als Liebe erklären. Sie wollte mir als Beweis für die Echtheit ihrer Gefühle zweimal wöchentlich schreiben. Doch die Entfernung brachte scheinbar die notwendige Ernüchterung und auch das Ende dieser Romanze. Mutter war aber an meinem Abschiedsabend durch Lottes Anwesenheit sehr verletzt. Möglicherweise war es eine natürliche Abwehrreaktion, und sie befürchtete, mich nicht nur an eine fremde Stadt, sondern – was endgültiger gewesen wäre – an eine Frau zu verlieren.

Die Zeit des Abschieds war also gekommen. Papa schüttelte mir die Hand, und Mama küßte mich. Lotte, die die Ressentiments meiner Mutter ihr gegenüber wohl verstanden hatte, getraute sich nicht, mir einen richtigen Abschiedskuß zu geben. Dieses Abschiednehmen wühlte mich ziemlich auf, und irgendwie war ich froh, daß sich der Zug endlich in Bewegung setzte. Es sollten danach noch viele und endgültigere Abschiede von mir lieben Menschen folgen, doch dieses erste Weggehen stellte für mich eine Zäsur dar. Es war der Beginn meiner Unabhängigkeit und Freiheit mit allen positiven und negativen Konsequenzen.

Im Abteil dritter Klasse nahm ich Platz und schien in meiner Aufmachung – kurzen Lederhosen, schweren Schuhen, Rucksack und Wanderstock – ziemliches Aufsehen zu erregen. Dem mir gegenüber sitzenden Fahrgast teilte ich mich mit und erzählte ihm, ungefragt, den Grund meiner Reise und deren Ziel. Mein Gesprächspartner – Dr. Pöll – war ein Mann mit schon leicht ergrauten Schläfen. Auch er, so stellte sich heraus, war Künstler und unterwegs zu seinem ersten Engagement als lyrischer Bariton an den Städtischen Bühnen in Düsseldorf. Jahre später sollte er eine großartige Karriere machen und an allen berühmten Opernhäusern der Welt singen. Pöll schien – aufgrund meiner Kleidung – vom Wahrheitsgehalt meiner Erzählungen nicht überzeugt gewesen zu sein, denn beim Aussteigen in Düsseldorf verabschiedete er sich ziemlich reserviert mit der Bemerkung: „Nun, wir werden uns ja wahrscheinlich im Theater einmal sehen."

Im Hotel Alba, wo ich ein Zimmer mietete, belustigte meine Aufmachung den Portier in der Rezeption. Als ich aber am späteren Abend in meinem neuen blauen Anzug in der Hotelhalle erschien, begegnete er mir mit nötigem Respekt. – Kleider machen eben Leute, aber noch lange keine Menschen!

Ich machte mich zu Fuß auf den Weg, um die Stadt, die doch für längere Zeit mein künstlerisches Zuhause werden sollte, zu erkunden und langsam kennenzulernen. Die Gewohntheit, sich eine Stadt im Spazierengehen zu erschließen, behielt ich ein Leben lang bei. Auf diese Weise habe ich relativ gute Eindrücke und Ortskenntnisse von Paris, London, Tokio, Rio de Janeiro, Budapest, Rom, Atlanta, San Francisco und anderen Großstädten bekommen.

Mein Spaziergang führte mich zuallererst zur „KÖ", zur Königsallee, die als eine der elegantesten Straßen der Welt galt. Damals, bei meiner ersten Bekanntschaft mit der „KÖ", fühlte ich mich selbst wie ein König. Dieses Gefühl war aber nicht von langer Dauer. Fünfeinhalb Jahre später, am 15. April 1933, wurde der Schauspieler Leo Aschkenasy auf derselben „KÖ" von Nazis verhaftet und in eine SA-Kaserne verschleppt. Bleiben wir aber noch bei den angenehmen Erinnerungen an diese Stadt. Am ersten Abend zog es mich natürlich gleich zum Theater, wo der Bühnenportier mich mit einer tiefen Verbeugung als neues Bühnenmitglied begrüßte und mir den Wochenspielplan und eine Liste mit möblierten Mietzimmern überreichte.

Obwohl ich ständig unterwegs war und immer neue Eindrücke zu verarbeiten hatte, befiel mich von Zeit zu Zeit ein Gefühl von Traurigkeit und Einsamkeit – das Elternhaus, das mich früher oft beengt hatte, fehlte mir.

Mein erster Auftritt sollte in einer Opernrolle – in der „Zauberflöte" sein. Schon als Siebenjähriger machte ich mit dieser Oper Bekanntschaft. Damals hatte mich der Sklave, der Paminas Bett zurechtgemacht hatte, sehr fasziniert, weil er dabei immer mit den Augen gezwinkert und die Zunge herausgestreckt hatte. Genau diese Rolle hatte ich zu spielen, und ich spielte sie so, wie sie mir all die Jahre über im Gedächtnis geblieben ist.

Meine erste wirkliche Theaterrolle aber war Legendre in „Dantons Tod" von Georg Büchner. Nach der ersten Probe war ich vollkommen zerstört und niedergeschlagen. Denn ich sah, daß einige ältere Kollegen ihre Rollen schon charaktermäßig erfaßt hatten. Ich brauchte mindestens vierzehn Tage, um mich mit der betreffenden Rolle vertraut zu machen. Hatte mich anfangs ihre Schnelligkeit beim beim Verstehen der Rolle entmutigt, so war ich nicht minder erstaunt, daß diese erfahrenen Schauspieler auch nach einer gewissen Probezeit ihre Rollen so unverändert wie am Beginn spielten. Es gab bei ihnen keine Veränderung, keinen Fortschritt – auch die Premiere lief als eingeübte Routine ab.

Diese ersten Wochen waren für mich lehrreich, viel Fremdes kam auf mich zu, ständig war ich darauf bedacht, nichts falsch zu machen, doch das war unmöglich. Immer wieder kam ich in Situationen, wo ich umlernen mußte. Einmal kam ich mit einem Hut auf die Bühne, den mir ein Bühnenarbeiter mit einem schnellen Griff und der Bemerkung, die Bühne sei eine Kirche, etwas unsanft abnahm. Ebenso war es verpönt, bei den Proben zu essen oder zu trinken. Das sollte Unglück bringen. In den USA hat man diesbezüglich keine Vorgaben. Bühnenarbeiter tragen Hüte und entweihen dadurch die Bühne nicht, Filmstudios oder Theaterbühnen sind übersät von Kaffee- und Teebechern.

Wir hatten in Arthur Pohls Inszenierung von „Dantons Tod" ausgezeichnete Schauspieler: Walter Richter, Karlheinz Schroth, Alice Treff und viele andere. Ich war damals ein blutjunger Anfänger und realisierte noch nicht die Bedeutung, die Protagonisten beziehungsweise Antagonisten für den dramatischen Verlauf eines Theaterstückes haben. Intuitiv fehlte mir etwas bei dieser spektakulären Aufführung, es sollte mehr sein als eine Geschichtsstunde mit den Mitteln des Theaters. Heute könnte ich mich um diese Fragestellung nicht mehr herumschwindeln, obwohl es vom historischen Standpunkt fragwürdig ist, den maßgebenden Führern der Französischen Revolution eindeutig protagonistische oder antagonistische Verhaltensweisen zuzuschreiben. Welcher von den beiden – Danton oder Robespierre – verkörpert den Antagonisten, welcher den Protagonisten? Wenn man die historischen Fakten außer acht läßt und die Einschätzung aufgrund von Büchners Drama vornimmt, dann ist eindeutig Danton der Protagonist, und Robespierre und St. Just verhalten sich antagonistisch. Bei Büchner finden wir einen feinfühligen, mitleidenden Danton vor, der die Oberflächlichkeit menschlicher Beziehungen erkennt und darunter leidet, dem aber dieses Nichtwissen der Menschen voneinander bei seinen sexuellen Abenteuern auch von Vorteil ist.

Danton antwortet seiner Frau Julie auf ihre Frage, ob er an sie glaube:

„Was weiß ich! Wir wissen wenig voneinander. Wir sind Dickhäuter, wir strecken die Hände nacheinander aus, aber es ist vergebliche Mühe, wir reiben nur das grobe Leder aneinander ab – wir sind sehr einsam."

Julie begibt sich nicht auf diese Ebene der Diskussion und meint, daß er sie kenne.

Für ihn ist Kennen bestenfalls ein Erkennen aufgrund von Verhalten und Äußerlichkeiten.

Doch wirklich „… Einander kennen? Wir müßten uns die Schädeldecken aufbrechen und die Gedanken einander aus den Hirnfasern zerren."

Danton liebt seine Julie „wie das Grab", das für ihn Ruhe und Frieden bedeutet. Der Tod hat für den Genußmenschen Danton nichts Schreckliches. Er ist das einzig Neue und Unbekannte.

Arnold Zweig gibt Büchners Drama eine lebensphilosophische Interpretation. Er sieht in der auf Leben und Tod ausgerichteten Auseinandersetzung zwischen Danton und Robespierre den ewigen Widerspruch zwischen Leben und Geist. Robespierre und St. Just als Exponenten des Geistes gerieten somit unabänderlich in Widerspruch zu dem von Danton und seinen Anhängern verkörperten Prinzip des Lebens. Dieser Antagonismus bestehe darin, daß „das Leben anti-individuell sei" und durch die Gemeinschaft vorwärtskomme, während Geist und Kreativität nur in Einzelmenschen verkörpert seien.*

Eine Existenz zu führen, wo man Lebenserwartungen auf geistiger Ebene sublimieren muß, verkümmert den Menschen. Auch Robespierre, den Büchner ansonsten als kaltblütigen Verstandesmenschen hinstellt, kommt mit diesem freudlosen, asketischen Dasein nicht zurecht. Der Verzicht auf menschliche Nähe bedeutet Einsamkeit – „es ist alles wüst und leer – ich bin allein", schreit es aus Robespierre heraus.

Paul Landau vergleicht den Danton des Dramas mit dem historischen und kommt zum Schluß, daß der dramatisierte Danton im großen und ganzen seinem politischem Vorbild entspreche, daß aber Büchner auf den Helden eigene Züge projiziert habe. Der echte Danton sei kein grüblerischer und tiefsinniger Mensch gewesen, der sich und seine Umgebung einer Daueranalyse ausgesetzt habe.

Danton hat ausschweifend gelebt „und ist immer wieder in jene dumpfe Trägheit der Seele zurückversunken, in der ein unverbesser-

---

* Der widerständige Klassiker. Einleitungen zu Büchner vom Nachmärz zur Weimarer Republik. Büchner-Studien. Veröffentlichungen der Forschungsstelle Georg Büchner – Literatur und Geschichte des Vormärz – am Institut für Neuere deutsche Literatur der Philipps-Universität Marburg und der Büchner-Gesellschaft. Hrsg.: Burghard Dedner, Alfons Glück, Thomas Michael Mayer. Bd. 5. Frankfurt/Main. S. 90.

licher Leichtsinn, eine sorglose Gleichgültigkeit die stolze Schwungkraft seines Wesens völlig lähmte". In Zeiten, wo er sich von seiner Lethargie befreien konnte, habe er starke Faszination auf Menschen ausgeübt und in solchen Momenten auch Macht über sie gehabt. Er war ein Skeptiker und Atheist und obendrein mit einer gehörigen Portion Zynismus ausgestattet. Er war kein Denkender, sondern ein Mitfühlender „mit den Leiden und Bedürfnissen der Proletarier".*

Büchner betrachtet die Welt als große Bühne, auf der das Szenario des menschlichen Lebens abläuft. Sein Interesse gilt dabei nicht so sehr den Helden, sondern der Epoche, die einen neuen Menschen erziehen wollte. Somit, könnte man sagen, sei die Revolution die eigentliche Heldenfigur; Danton und die anderen die ausführenden Organe des revolutionären historischen Prozesses. Der Stimmung der Masse Ausdruck zu verleihen, das war Büchner immer wieder ein Anliegen gewesen. Im „Danton" weist ein Mann aus dem Volk auf die unversöhnlichen gesellschaftlichen Widersprüche hin: „Ihr habt Koller im Leib, und sie haben Magendrücken; ihr habt Löcher in den Jacken, und sie haben warme Röcke; ihr habt Schwielen in den Fäusten, und sie haben Samthände. Ergo, ihr arbeitet, und sie tun nichts; ergo, ihr habt's erworben, und sie haben's gestohlen; ergo wenn ihr von eurem gestohlnen Eigentum ein paar Heller wiederhaben wollt, müßt ihr huren und betteln; ergo, sie sind Spitzbuben, und man muß sie totschlagen!"
Bei Danton wie bei Büchner kommen gegenüber der Masse ambivalente Gefühle zum Vorschein. „… das Volk ist wie ein Kind, es muß alles zerbrechen, um zu sehen, was darin steckt." Der Wankelmut des Volkes und seine Unfähigkeit zu differenzieren macht ihnen angst.
Trotz der gewaltsamen revolutionären Umwälzungen hat sich das Leben der Masse nicht sehr verändert, es ist nicht leichter geworden, es hat sie nicht satter gemacht: „Über all den Löchern, die wir in andrer Leute Körper machen, ist noch kein einziges in unsern Hosen zugegangen."

---

*   Ebenda, S. 288.

Die Ernüchterung über die Auswirkungen der Revolution läßt die Gefahr erkennen, daß die Hungernden und Frierenden den Führern ihre Loyalität aufkündigen, weil sie sich aufgrund ihrer Lebensführung vom Volk entfernt haben. Lacroix, ein Getreuer Dantons, nimmt auf die Mißstände Bezug, die die Ziele der Revolution diskreditierten. „Und außerdem, Danton, sind wir lasterhaft, wie Robespierre sagt, das heißt wir genießen; und das Volk ist tugendhaft, das heißt es genießt nicht, weil ihm die Arbeit die Genußorgane stumpf macht, es besäuft sich nicht, weil es kein Geld hat, und es geht nicht ins Bordell, weil es nach Käs' und Hering aus dem Hals stinkt und die Mädel davor einen Ekel haben."

Die Masse ist tugendhaft, weil ihr die Mittel und Möglichkeiten für einen anderen Lebenswandel fehlen. Welche Motive hat aber Robespierre für sein Asketendasein. Aufschlußreich ist der Dialog der beiden Hauptfiguren – Danton und Robespierre, die menschlich sehr verschieden sind, sprechen auch in politischen Angelegenheiten eine andere Sprache. Danton argumentiert, daß es für weiteres Töten keinen Grund mehr gebe. Robespierre rechtfertigt sein gewaltsames Vorgehen damit, daß die soziale Revolution noch nicht abgeschlossen sei und warnt: „Wer eine Revolution zur Hälfte vollendet, gräbt sich selbst ein Grab."

Der Kampf um die Macht ist noch nicht entschieden: „Die gute Gesellschaft ist noch nicht tot, die gesunde Volkskraft muß sich an die Stelle dieser nach allen Richtungen abgekitzelten Klasse setzen. Das Laster muß bestraft werden, die Tugend muß durch den Schrecken herrschen."

Büchner hat die Rolle von Robespierre negativ angelegt, sie entspricht nicht der historischen Person. Im Hintergrund der politischen Ereignisse – der äußeren und inneren Bedrohung des Landes sowie der Flügelkämpfe zwischen Radikalen und Gemäßigten – plaziert Büchner seinen Helden und Antihelden. Dem Helden oder Protagonisten Danton gehört dabei Büchners uneingeschränkte Zuneigung. Der Gegensatz, auf dem das Drama aufgebaut ist, kulminiert im ersten Akt in den Dialogen von Robespierre und Danton. Daraus geht klar hervor, daß Danton sterben muß. Diese beiden Männer unterscheiden sich nicht nur durch unterschiedliche Herrschaftspraktiken;

Danton nimmt Robespierre seine Tugendhaftigkeit nicht unwidersprochen ab. Er meint, daß sein überzogenes, für viele Menschen lebensbedrohendes Tugendgehabe etwas Unnatürliches und Ungesundes ist, daß Robespierre damit die Schatten seiner Seele überdeckt.

Danton: „Ich verstehe das Wort Strafe nicht. – Mit deiner Tugend, Robespierre! Du hast kein Geld genommen, du hast keine Schulden gemacht, du hast bei keinem Weibe geschlafen, du hast immer einen anständigen Rock getragen und dich nie betrunken. Robespierre, du bist empörend rechtschaffen. Ich würde mich schämen, dreißig Jahre lang mit der nämlichen Moralphysiognomie zwischen Himmel und Erde herumzulaufen, bloß um des elenden Vergnügens willen, andre schlechter zu finden als mich. – Ist denn nichts in dir, was dir nicht manchmal ganz leise, heimlich sagte: du lügst, du lügst!?"

Robespierre beruft sich dabei auf sein reines Gewissen, doch Danton läßt das Gewissen nur als persönliche Entscheidungsinstanz gelten, die niemand das Recht gibt: „Aus der Guillotine einen Waschzuber für die unreine Wäsche anderer Leute und aus ihren abgeschlagenen Köpfen Fleckkugeln für ihre schmutzigen Kleider zu machen, weil du immer einen sauber gebürsteten Rock trägst? Ja, du kannst dich wehren, wenn sie dir drauf spucken oder Löcher hineinreißen; aber was geht es dich an, solang sie dich in Ruhe lassen? Wenn sie sich nicht genieren, so herumzugehn, hast du deswegen das Recht, sie ins Grabloch zu sperren? Bist du der Polizeisoldat des Himmels? Und kannst du es nicht ebensogut mit ansehn als dein lieber Herrgott, so halte dir dein Schnupftuch vor die Augen."

Danton, der Büchners Lebenshaltung zum Ausdruck bringt, meint, daß alle Menschen das Ziel der Glückseligkeit vor Augen haben.

„Es gibt nur Epikureer", und zwar grobe und feine, Christus war der feinste; das ist der einzige Unterschied, den ich zwischen den Menschen herausbringen kann. Jeder handelt seiner Natur gemäß, das heißt er tut, was ihm wohltut."

Dantons Fall ist nur mehr eine Frage des günstigen Zeitpunkts. Sein Abgang soll nicht als ein Akt der Rivalität, sondern als Maßnahme zum Schutz der Republik verstanden werden.

Robespierre geht zu verbalen Angriffen auf seine Gegner über, er braucht keine Namen zu nennen, er wird auch so verstanden, wenn er doziert: „Das Laster ist das Kainszeichen des Aristokratismus. In einer Republik ist es nicht nur ein moralisches, sondern auch ein politisches Verbrechen; der Lasterhafte ist der politische Feind der Freiheit, er ist ihr um so gefährlicher, je größer die Dienste sind, die er ihr scheinbar erwiesen ... Ihr werdet mich leicht verstehen, wenn ihr an Leute denkt, welche sonst in Dachstuben lebten und jetzt in Karossen fahren und mit ehemaligen Marquisen und Baronessen Unzucht treiben ..."

Jeder weiß, gegen wen diese Anschuldigungen gerichtet sind, denn Dantons Lebenswandel ist bekannt. Sein Feldzug gegen das Laster ist eine Kampfansage an die Aristokratie, die damit identifiziert wird, und an Danton und seine Anhänger. Danton ist durch seinen Lebenswandel ein Aristokrat geworden. Seine Eliminierung wäre Ausdruck eines selbstbewußten Bürgertums, das sich in einem Akt der Selbstreinigung von fragwürdigen Elementen zu trennen vermag.

Das Unbehagen gegenüber der Französischen Revolution, das, wie Arnold Zweig meint, auf einem „Mangel an Voraussetzungen im deutschen Geiste"* beruhe, verstellt den Blick auf die Tatsache, daß die revolutionäre Zerschlagung des feudalen Staates gerade jene Lebensbedingungen geschaffen hat, die heute in weiten Teilen der Welt Allgemeingut sind.

Auch in der Literatur nimmt die Französische Revolution keinen besonderen Stellenwert ein, obwohl es unzählige Zeugnisse gibt, daß maßgebende Denker und Dichter ihre Grundgedanken bejahten. „Thomas Paine" von Hanns Johst ist ein Stück, das die Einflüsse der Französischen Revolution auf den amerikanischen Unabhängigkeitskampf zum Thema hat. Paine war ein glühender Verfechter der Revolution.

Romain Rolland schrieb seine Theaterstücke über die Französische Revolution fast hundert Jahre nach Büchner: „Der 14. Juli",

---

* Der widerständige Klassiker. S. 394.

90

„Danton" und „Die Wölfe". – Der Autor zeichnet darin Robespierre als den eigentlichen Helden und Revolutionär.

Auch Orson Welles faszinierte „Dantons Tod". Seine Inszenierung wurde aber ein Mißerfolg. Er kannte nur das Drama, Büchners Gedankenwelt ist ihm fremd geblieben.

Deutsche Künstler, die vor Hitler nach Frankreich geflohen waren, veranstalteten in Paris zum 150. Jahrestag der Französischen Revolution eine Gedenkveranstaltung. Dabei hielt Heinrich Mann eine mitreißende Rede. Mein Beitrag war die Inszenierung einer Szene mit Robespierre aus Romain Rollands „Danton". Heinrich Mann machte mir hernach den Vorwurf, daß unter meiner Regie die politische Verwandtschaft zwischen Robespierre und Stalin nicht klar genug zum Ausdruck gebracht worden sei.

In einer weiteren Inszenierung von Arthur Pohl spielte ich Lancaster in dem Stück „Leben Eduards des Zweiten von England" von Bertolt Brecht und Lion Feuchtwanger nach Christopher Marlowe. – Ein faszinierendes Stück und eine großartige Bearbeitung durch Brecht. Durch diese Rolle erahnte ich zum ersten Mal die Größe des Dramatikers Brecht. Am 21. März 1926 wohnte ich im Theater in der Josefstadt der ersten und gleichzeitig einzigen Aufführung von Brechts „Baal" bei. Wien und Österreich haben sich gegenüber Brecht und seinen Werken nicht sehr korrekt verhalten. Im Gefolge des Kalten Krieges gab es lange Jahre einen „Brecht-Boykott".

Charles Laughton bemerkte mir gegenüber, daß Brecht für ihn der größte Dramatiker des 20. Jahrhunderts sei. Ich kann dieser Aussage nur zustimmen. Brechts Schriften zum Theater beeinflußten bedeutende Dramatiker und Schriftsteller im zwanzigsten Jahrhundert wie O'Neill, Odets, Miller, Williams, Camus, Toller, Horvath, Anouilh, Sartre. Für mich ist Brecht auch ein besonders großartiger Dichter – die Brillanz des Gesagten und die Art und Weise, wie er seine Gedanken in Worte kleidet, finden ihresgleichen nicht.

In Düsseldorf faszinierte mich zu dieser Zeit nicht nur Brechts Version von „Eduard II.". Es gab da noch meine Kollegin Marianne Oswald, die in dem erwähnten Stück die Königin spielte. Neben der Schauspielerei war sie auch eine äußerst begabte Diseuse, die „Existentialist Blues" auf internationalen Kabarettbühnen sang. Als ich 1933 nach Paris ging, traf ich sie als Gefährtin von Jean Cocteau wieder. Durch Marianne habe ich diesen außergewöhnlichen Künstler ebenfalls kennengelernt.

Hugo von Hofmannthal schrieb einen Prolog in Form eines Einakters zu Brechts „Baal", darin ließ er die Darsteller – Egon Friedell, Oscar Homolka, Hermann Thimig und Gustav Waldau – über die Bedeutung des Stückes diskutieren und auch darüber, was ihrer Meinung nach Brecht damit sagen wollte.

Egon Friedells Worte zeichneten ein düsteres Bild der Zeit: „Die unheilvollen Ereignisse, die über Europa in den letzten zwölf Jahren hereingebrochen waren, geben auf unbeholfene Weise eine Vorstellung von der Lebensmüdigkeit des europäischen Menschen, von seinem Zugehen auf das Grab, das er sich selbst geschaufelt hat. Unsere Zeit ist ohne Erlösung … sie wünscht befreit zu werden, befreit vom einzelnen … das Individuum hat zu existieren aufgehört." – „Es ist eine Arabeske, die hinter uns liegt", fügte Hermann Thimig hinzu.

Oscar Homolka griff in den Disput ein und meinte: „Der neue Mensch denkt horizontal, im Querschnitt der Gegenwart. Sie, Herr Thimig, denken vertikal!"

Friedell stimmte zu: „Ja, diesen Eindruck habe ich auch, das ist ein Virus, das in der Wiener Luft liegt."

Die von Brecht provokatorisch angelegte Verherrlichung der „Ich-Sucht" erregte einen Theaterskandal.

Nur ein einziges Mal bin ich mit Brecht persönlich zusammengetroffen. Es war 1946, anläßlich einer Einladung von Kadidja Wedekind, der Tochter von Frank Wedekind. Brecht war an der Bearbeitung von Wedekinds „Lulu" interessiert. Beide – sowohl Brecht als auch Kadidja – brauchten Geld. Von diesen zwingenden Gründen abgesehen, waren sie ansonsten sehr verschieden. Brecht vertrat die Ansicht, daß „Lulu" auch ein politisches Stück sei, worauf Kadidja beinahe einen hysterischen Anfall bekam. Was so vielversprechend begonnen hatte, endete in einem fürchterlichen Streit, der bis in die Nacht hinein dauerte. Der einzige Mensch, der von diesem Zusammentreffen profitierte, war ich. Ich hätte wahrscheinlich sonst nicht so leicht die Gelegenheit gehabt, diesen großen Mann zu beobachten und ihm zuzuhören. Natürlich lernte ich noch weit mehr über Brecht von meinem Mentor und Freund Erwin Piscator, der ja auch Brechts Mentor war.

Gegen Ende meiner ersten Saison in Düsseldorf spielte ich jeden Vormittag auf einer Freilichtbühne in einem Kindermärchen einen Jungen namens Peter. Die Düsseldorfer Schulkinder riefen mir auf der Straße „Peter, Peter!" nach. Sie schlugen ein Rad, um mir eine Freude zu machen. Die Stadt hat ja auch ein entsprechendes Denkmal – den „Düsseldorfer Radschläger".

Viele Jahre später hatte ich ein ähnlich angenehmes Erlebnis. Als ich mit der Fernsehserie „Hogans Heroes" sehr berühmt wurde, riefen mir die Schulkinder von Beverly Hills ebenfalls nach, aber nicht „Peter", sondern „Klink, Klink!" Das war der Name eines Obersts, der mir als General Burkhalter aufgrund seines dummen Verhaltens immer wieder Ärger bereitete. Auch meine oftmalige Ankündigung, ihn an die russische Front zu versetzen, hatte bei Klink keinen erzieherischen Effekt.

Autofahrer, die durch Beverly Hills fuhren und sahen, wie die Kinder ihre Hände zum Hitler-Gruß hoben, konnten vor Schrecken und Staunen nicht weiterfahren und verursachten ein Verkehrschaos.

Kurz vor dem Ende der Saison teilte mir die Intendanz mit, daß die Städtischen Bühnen im kommenden Jahr nur mehr Opern aufführen würden. Mein Vertrag wurde vom Dumont-Schauspielhaus übernommen. Das Louise Dumont-Schauspielhaus war zu dieser Zeit eine der ersten Bühnen in Deutschland, es wurde auch das Ibsen-Theater Deutschlands genannt. Louise Dumont, die Protagonistin des geistigen Theaters, und ihr Mann, Generalintendant Gustav Lindemann, leiteten dieses große Theater. Ich hatte besonderes Glück, an dieses Theater zu kommen. Meine Verehrung und Bewunderung für diese Frau und Künstlerin, von der ich unendlich viel gelernt habe, hält bis heute an.

12

Louise Dumont

Louise Dumont, die Gründerin und langjährige Leiterin des berühmten Düsseldorfer Schauspielhauses, ist weder im deutschsprachigen Raum noch außerhalb sehr bekannt. Einer ihrer Schüler – Gustav Gründgens – ist aber weltbekannt geworden. Er hat immer wieder auf seine künstlerischen Wurzeln am Dumont-Schauspielhaus hingewiesen. Als Ausdruck der besonderen Wertschätzung für die verstorbene Prinzipalin übernahm Gründgens bei seiner Berliner „Faust" II-Inszenierung 1932 das Regiekonzept des Schauspielhauses, das von Louise Dumont und Gustav Lindemann erarbeitet worden war.

In den Vereinigten Staaten ist Louise Dumont auch ziemlich unbekannt; obwohl Eva le Gallienne ihr berühmtes „Off-Broadway Civic Theatre" im Stil von Louise Dumont geleitet hat und Rosamund Gilder, die Herausgeberin und Chefredakteurin des monatlich erscheinenden Theatermagazins „Theatre Arts" mit ihrem Buch „Enter the Actress" den Versuch unternommen hat, die angloamerikanischen Theaterinteressenten auf Louise Dumont aufmerksam zu machen.

Louise Dumont war schwer zu beschreiben und noch schwerer zu kennen. Sie war weder arrogant noch distanziert, sondern einfach unnahbar. Ihre strengen Gesichtszüge wurden von kurzem, metallgrauem Haar eingerahmt. Mit ihren tiefliegenden schwarzen Augen durchdrang sie ihre Umgebung. Louise, wie wir sie vertraut nannten, war nicht besonders groß, doch sie machte den Eindruck, als ob sie eine antike Königin gewesen wäre. Ihre Stimme, die sie mit großer Modulationsfähigkeit wirkungsvoll einsetzte, hätte man als Baß-Bariton bezeichnen können.

Im Dumont-Schauspielhaus mußten alle Theatermitglieder bei jeder Produktion mitwirken. Wenn es keine Sprechrolle gab, spielten Schauspielerinnen und Schauspieler auch Statistenrollen. Es wurde uns klargemacht, daß es ein Privileg sei, diesem Ensemble anzugehören.

Louise Dumont konnte gegenüber Schauspielern und Regisseuren von demonstrativer Herzlichkeit sein, aber nur gegenüber jenen, die in ihrer Gunst standen oder gerade ihre Lieblinge waren. Wehe dem aber, der es sich mit ihr aus irgendwelchen Gründen verscherzt hatte. Louise war in ihrem Urteil nicht objektiv. Ein Darsteller, der nicht zu ihren Günstlingen gehörte, hätte eine schauspielerische Glanzleistung aufbieten können, und sie hätte das ignoriert. Gehörte man aber zu ihren Favoriten, dann konnte man sich auch erlauben, schlecht zu sein, und es änderte nichts an der bevorzugten Stellung, die man bei Louise hatte.

Mir ist noch gut die Premiere von „Faust"-I im Dezember 1931 in Erinnerung. Louise Dumont kam in der Pause mit ihrem Hausarzt hinter die Bühne. Ihr Begleiter hatte der Vorstellung wie auch den Künstlern großes Lob gespendet. Etwas zögernd setzte er fort und meinte: „Nur, das Gretchen, das hatte kein Temperament." Unser Gretchen spielte Hannah Hoessrich, die erst kürzlich vom Burgtheater gekommen war und irgendwie farblos wirkte. Wir mochten sie nicht besonders, aber Louise war sehr von ihr eingenommen und erwiderte mit funkelnden Augen auf die kühne Kritik ihres Hausarztes: „Mein lieber Doktor, wenn das Gretchen Temperament gehabt hätte, dann wäre sie nicht mit Faust, sondern mit dem Teufel ins Bett gegangen." Wir alle brachen in Gelächter aus, und der Hausarzt verneigte sich vor der großen geistreichen Dame.

Louise Dumont war geborene Kölnerin und im katholischen Rheinland aufgewachsen. Sehr jung wurde sie als schauspielerisches Talent endeckt und nach Wien ans „Kaiserlich-Königliche Hoftheater" engagiert, das sie aber aufgrund der vorherrschenden Intrigen bald wieder verlassen hat. Bei Otto Brahm, dem Protagonisten des naturalistischen Theaters, fand sie am Deutschen Theater ein künstlerisches Zuhause. Dort traf sie auch mit Max Reinhardt zusammen. Es war allgemein bekannt, daß Brahm den Wunsch hatte, daß nach seinem Abgang Louise Dumont und Max Reinhardt die Führung des Deutschen Theaters übernehmen sollten. Beide konnten sich aber nicht darauf einigen, nach welchen künstlerischen Prinzipien dieses Theater geleitet werden sollte. Sollte Reinhardts „sensuelles Theater" oder Louise Dumonts „geistiges Theater" die Linie bestimmen? Die Auffassungsunterschiede waren so gewaltig, daß die einzige Übereinstimmung darin bestand, getrennte Wege zu gehen. Sie hatten keine freundschaftlichen Gefühle füreinander. Louise war gegenüber Reinhardt sehr nachtragend, und dieser wiederum ignorierte das Dumontsche Schauspielhaus, das er höchstens als gutes Provinztheater gelten ließ. Max Reinhardt blieb in Berlin und übernahm 1905 die Leitung des Deutschen Theaters. In demselben Jahr wurde auch Louise Theaterleiterin. Mit ihrem Mann, Generalintendant Gustav Lindemann, eröffnete sie das Düsseldorfer Schauspielhaus in der Kasernenstraße.

Louise Dumont betrachtete das Theater als einen Tempel der Ethik und Moral mit ihr als Hohepriesterin. Sie forderte ein Theater, wie es ihrer Persönlichkeit und ihren Vorstellungen entsprach. Louise glaubte an die Mysterien des Universums und der Natur. Sie verehrte Goethe fast wie einen Halbgott, aber ihre Vostellungen vom Theater waren mehr von Schiller als von Goethe inspiriert, besonders von Schillers Abhandlung „Die Schaubühne als moralische Anstalt".

Die Inszenierungen des Schauspielhauses hatten aber nie den Beigeschmack von Heuchelei oder Prüderie. Ich erinnere mich an den zweiten Teil der Generalprobe von „Heinrich IV". Es war in der Pause, als ich Louise nach Sturm, dem Bühnenbildner, rufen hörte. Sie deutete auf die Bühne, die in eine Taverne umgestaltet worden war. Die ziemlich karge Ausstattung zeigte das offene Bett, in dem Lottchen Lakenreisser mit Falstaff geschlafen hatte. „Wieso sind die Pölster und Bettlaken so rein? Sie sollten doch Spuren von Spermen aufweisen!" sagte Louise ganz ruhig und selbstverständlich.

Ich war damals schon Louises Regieassistent und erinnere mich auch an eine gegenteilige Reaktion von ihr. Es war die Generalprobe von Bruno Franks „Hufnägel", und wir spielten gerade jene Szene, in der die weibliche Hauptrolle vergewaltigt werden sollte. Der Schauspieler begann zum Mißfallen von Louise, sein Vorhaben anzudeuten, indem er seine Jacke ausgezogen und die Hosenträger aufgeknöpft hatte, ehe er hinter die Bühne ging. Ich hörte sie zu ihrem Mann sagen: „Glaubst du, Gustav, ist es notwendig, daß er sich dabei den Rock auszieht?" Ich konnte mich vor Lachen kaum noch halten und verkroch mich zwischen den Sitzreihen im Parkett. Wenn sie mein Lachen bemerkt hätte, hätte ich einen schweren Stand bei ihr gehabt.

Gustav Lindemann inszenierte dreißig Jahre hindurch die meisten Aufführungen des Dumont-Schauspielhauses, doch unabhängig davon, wer auch immer die Inszenierungen machte, trug das Stück unverkennbar Louises Handschrift. Sie drückte allen Produktionen ihren geistigen Standpunkt wie eine Stampiglie auf. Ich kann mich nur an zwei Produktionen – „Torquato Tasso" und „Iphigenie auf Tauris" – erinnern, die Louise von der ersten Leseprobe bis zur Premiere allein inszeniert hatte.

Wenn diese Seiten hauptsächlich von meiner Verehrung für Louise Dumont handeln, ist das keine Geringschätzung des Menschen und Künstlers Lindemann. Gustav Lindemann war zehn Jahre jünger als Louise und widmete ihr sein Leben auf äußerst zurückhaltende und sich zurücknehmende Weise. Er war unnahbar wie Louise, immer in Gedanken versunken und beschäftigt. Um nichts in der Welt wollte er gestört werden. Lindemann war klein und schmächtig, hatte ein blasses Gesicht und eine hohe, etwas näselnde Stimme. Sein Haar wurde auch im hohen Alter nie ganz weiß. Von Natur aus war er zäh, was sicherlich dazu beitrug, daß er ein Alter von beinahe neunzig Jahren erreichte und seine Frau um fast dreißig Jahre überlebte. Auf Menschen, die ihn nicht kannten, machte er einen eher schüchternen Eindruck, doch er war das Gegenteil davon. Er hatte viel Mut und Charakter.

Als mir bei Saisonende die Städtischen Bühnen mitteilten, daß mein Vertrag vom Dumont-Schauspielhaus übernommen wurde, hätte ich eigentlich jubeln müssen, in so ein berühmtes Theater zu kommen. Doch ich tat es nicht. Einige Monate früher hatte ich am Dumont-Theater vorgesprochen, aber weder Louise noch Gustav zeigten Interesse an mir. Während des Gespräches, das beide mit mir führten, erzählte ich von Wien und meinem Studium am Reinhardt-Theater. Eisige Stille war die Reaktion. Woher konnte ich auch von Louises Aversionen gegen Reinhardt und Wien wissen. Nachdem ich zwei klassische Monologe vorgetragen hatte, meinte Louise, daß mein Herangehen an die Monologe zu naturalistisch sei und, was noch schwerer wog, mein Wiener Akzent an ihrem Theater untragbar sei. „Unser Theater ist ein Tempel des ‚gehalleten‘ Wortes. Ihr österreichisch-wienerischer Akzent paßt nicht zu unserer Theatersprache.“ Damit war ich entlassen.

Als ich einige Monate später wieder das Büro des Generalintendanten Lindemann betrat, stellte ich die mir wichtige Frage: „Sie haben mich schon einmal abgelehnt; was könnte ich an Ihrem Theater also spielen?“

Lindemann lächelte umgänglich und antwortete: „Es wird sich schon irgendwie ergeben. Springen Sie nur mit beiden Füßen ins Wasser!“

„Und ertrinken Sie!“ erwiderte ich ihm, ohne nachzudenken. Kaum hatte ich die Worte ausgesprochen, wurde mir ihre mögliche Tragweite bewußt. Doch Lindemann trug mir meine impertinente Schlagfertigkeit nicht nach und sagte immer noch lächelnd: „Nein, Sie werden nicht untergehen. Davon bin ich überzeugt.“

Er hatte mit seiner Einschätzung recht behalten. Die Jahre, die ich sowohl als Schauspieler als auch als Regieassistent am Düsseldorfer Schauspielhaus zugebracht hatte, waren die aufregendsten meines Schauspielerlebens. Ich profitierte unermeßlich viel von dieser Zeit. Ich wurde nicht nur Mitglied des Theaters, sondern auch der Familie. Als ich 1958 Gustav Lindemann in seinem Haus in Sonnenholz in Bayern besuchte, sprach er sehr ernst mit mir und meinte, daß ich als einziger von der Gruppe in der Lage gewesen wäre, das geistige Erbe von Louise Dumont weiterzuführen. Ihm und Louise waren meine Hingabe und Treue, die ich ihnen und ihrem festlichen Haus gegenüber empfunden hatte, bekannt. Es war tatsächlich ein festliches Haus. Das Buch, das über das Theater in Düsseldorf erschienen ist, trägt auch den Titel „Das festliche Haus“.

Mit einundzwanzig Jahren spielte ich meine erste Rolle am Schauspielhaus; es war ein pantomimischer Auftritt in Molières „Der Arzt wider Willen". Meine Partnerin war Luise Rainer – eine Schülerin der Schule, die an das Schauspielhaus angeschlossen war. Jahre später bekam sie zweimal den Oscar verliehen.

Meine zweite Rolle war Celimènens alter Diener in Molières "Misanthrop". Obwohl das keine große und bedeutende Rolle war, muß ich sie mit sehr viel Würde und Charakter gespielt haben, denn sämtliche Kritiker in den Düsseldorfer Zeitungen lobten meine Darstellungsweise. Gustav und Louise waren überschwenglich in ihrem Lob über mein Debüt im „festlichen Haus". Ich hatte meine erste große Hürde erfolgreich genommen.

Als nächstes spielte ich in Theodor Dreisers „Ton in des Töpfers Hand" den Bruder eines Psychopathen und Kindesmörders. Das Stück löste starke Betroffenheit in der Bevölkerung aus, weil gerade damals ein Kindermörder die Stadt in Angst und Schrecken versetzt hatte. Am Nachmittag des Premierentages wurde wieder ein neunjähriges Mädchen ermordet aufgefunden. Auch für mich als Schauspieler war das meine unheimlichste Erfahrung. Trotz der Spannung, die nicht nur in der Stadt, sondern auch bei uns am Theater zu spüren gewesen war, wollte die Polizei, daß die Premiere und auch noch weitere Vorstellungen stattfanden. Sie hatte die vage Hoffnung, daß das Stück den Mörder anlocken würde. In jeder Reihe nahmen daher auch einige Polizisten in Zivil Platz, doch ihre Erwartungen erfüllten sich nicht. Das Theaterstück wurde dann auf Anweisung der Polizei vom Spielplan abgesetzt. Fritz Langs klassischer Film „M" mit Peter Lorre in der Hauptrolle basiert auf dieser unheimlichen Geschichte.

Das Dumont-Schauspielhaus war die erste Bühne in Deutschland, die die Theatersensation „Die Dreigroschenoper" nach der Uraufführung – am 31. August 1928 in Berlin – in ihr Repertoire aufgenommen hatte.

Ehe aber dieses Werk von Bert Brecht und der Musik von Kurt Weill zu jenem Theaterereignis wurde, das es bis heute geblieben ist, hatte ein Gerücht in Berlin die Runde gemacht. Bei einem Treffen zwischen Brecht, Weill und dem Produzenten soll Brecht plötzlich Bedenken gehabt haben, das Stück aufzuführen. Er meinte, es würde ein Mißerfolg werden, und wollte es überhaupt nicht mehr zur Aufführung bringen. Der Produzent, Herr Aufrecht, trat Brechts Pessimismus entgegen und ließ es spielen. Alles Weitere ist Theatergeschichte.

Ich hatte in dem besagten Stück keine Rolle und mußte Statisterie machen. Eines Tages war eine Kostümprobe angesetzt. Schauspieler und Statisten zeigten sich vor Louise und Gustav in ihren Kostümen – zuerst kamen die Darsteller der Hauptrollen an die Reihe, dann folgten die Nebendarsteller und zum Schluß die Statisten. Der Termin war für 10 Uhr festgesetzt. Wie in jedem Theater war es Pflicht, eine halbe Stunde vorher anwesend zu sein. Ich hatte mich einige Minuten verspätet, was mir in diesem Fall aber nicht so schwerwiegend erschienen war, weil ich wußte, daß ich lange nicht an die Reihe kommen würde.

Am nächsten Tag bekam ich wegen meiner Verspätung eine Geldstrafe von fünf Mark aufgebrummt. Ich war rasend vor Zorn; nicht so sehr wegen des Geldes, obwohl das für diese Zeit auch kein so kleiner Betrag war, sondern wegen des gutfunktionierenden „Spitzelwesens". Die Übeltäterin, die alles beobachtet und jede Regelwidrigkeit unerbittlich weitergegeben hatte, war die Portiersfrau beim Bühneneingang. Louise Dumont führte ihr Haus mit starker Hand und vielen Augen. Ich wollte diesen „Verrat" nicht widerspruchslos hinnehmen und beschwerte mich in der Direktion, worauf mir zwar die Geldstrafe erlassen wurde, doch ich fiel durch mein Aufbegehren bei Louise und Gustav in Ungnade. Das war natürlich auch nicht das, was ich unbedingt erreichen wollte. Es kochte weiter in mir, und ich ließ mir anläßlich der Generalprobe zur „Dreigroschenoper" etwas Tollkühnes einfallen. Anstatt mir den Fetzen überzuziehen, wie es meine Bettlerrolle vorgesehen hatte, band ich mir ein Bein hoch, nahm zwei Krücken und humpelte durch die Gegend. Außerdem trug ich über dem rechten Auge eine Augenbinde, und der gelbe Rotz rann von meiner Nase. Mein freies Auge schminkte ich so, daß es eitrig aussah, und die Haare waren verdreckt.

Louise und ihr Mann, die mich seit dem erwähnten Vorfall faktisch ignoriert hatten, waren von meiner Aufmachung so angetan, daß

Louise sogar die Generalprobe unterbrechen ließ und mich vor dem gesamten Ensemble lobte, indem sie meinte, ich hätte das Denken, das dem Stück zugrunde liegt, verstanden. So müßten alle Ausgestoßenen der „Dreigroschenoper" aussehen. Ich war also wieder in ihrer Gunst.

Im vierten Akt bei der Bettlerszene mit Filch unterbrachen Louise und Gustav pötzlich die Generalprobe: „Herr Leitner", so war der Name des Darstellers, „wieso sind Ihre Füße so rein, wo Sie doch den ganzen Tag im Regen und Dreck durch London gelaufen sind?"

Er machte einen großen Fehler, als er sagte: „Heute ist doch erst die Generalprobe, morgen bei der Premiere werde ich sie rollengerecht hergerichtet haben."

Leitners Antwort wäre an jedem Theater beanstandet worden, bei Dumont-Lindemann war sie disqualifizierend. Lindemann ließ nach einigen Sekunden Schweigen weitermachen. Nach dem Ende gingen alle in ihre Garderoben, um sich abzuschminken und nach Hause zu gehen. Auch ich humpelte mit meinem Holzbein langsam der Ausgangstür zu, als ich Lindemann „Askenasy!" rufen hörte. Er winkte mich zu sich und fragte, ob es mir wohl möglich wäre, die Rolle des Filch zu studieren.

Da ich das, ohne viel nachzudenken, bejahte, bat er mich, um 20 Uhr in sein Büro zu kommen und die Rolle einmal vorzulesen. Das ereignete sich am Freitag, und am nächsten Tag war die Premiere der „Dreigroschenoper" angesetzt.

Ich war ziemlich aufgeregt und versuchte, noch in meiner Garderobe die Rolle zu lernen. Zur gewünschten Zeit war ich im Büro des Generalintendanten, der mich mit den Worten empfing: „Ich habe mir das noch einmal überlegt. Die Rolle des Filch ist nichts für Sie."
Das war natürlich nicht sehr ermutigend für mich. Ich fragte, ob ich unter diesen Voraussetzungen wenigstens noch vorlesen dürfe? Er antwortete: „Sie müssen sogar!" Nachdem ich die Rolle des Filch vorgelesen hatte, sagte Gustav Lindemann zu mir: „Morgen um 10 Uhr findet mit Frau Hummel und Herrn Rainer die Probe statt, und am Abend spielen Sie die Premiere!" So wurde ich der Filch in der „Dreigroschenoper". Bei der Dumont spielte ich diese Rolle mehr als hundertmal. Schlagartig hatte sich für mich alles zum Guten gewendet.

Louise schenkte mir wieder ihre Aufmerksamkeit, und auch zu Gustav Lindemann hatte ich von diesem Zeitpunkt an eine bessere Beziehung.

Niemand hatte dem armen Leitner mitgeteilt, daß er die Rolle abgeben mußte. Als er in seine Garderobe kam, fand er einfach das Kostüm nicht mehr vor. Die Theatersaison war für ihn gelaufen, denn er bekam außer Statistenrollen nichts mehr.

Der Erfolg der „Dreigroschenoper" war in Düsseldorf ebenso groß wie bei der Welturaufführung in Berlin.

Der Düsseldorfer Stadtanzeiger schrieb: „Im Schauspielhaus nahm man sich des Stückes, das die Register der heutigen Bühne vereint zu ziehen weiß, eifrigst an; entschied sich jedoch weder für die eisige Schärfe, die Brecht meint, noch für den bunten Jahrmarkt, der ursprünglich einmal gemeint war, vielmehr versuchte Lindemann zwischen diesen Möglichkeiten zu vermitteln, um das Ganze bühnenmäßig reicher schattieren zu können. Der äußere Erfolg war ungewöhnlich."…*

Die Düsseldorfer Nachrichten rezensierten den Premierenabend der „Dreigroschenoper" im Schauspielhaus als „einen großen Abend", den Lindemann und sein Ensemble geliefert haben.

„Die Inszenierung durch Gustav Lindemann, im Verein mit dem Bühnenbildner Traugott Müller und dem musikalischen Leiter Hanns W. David, hat bemerkenswert den Gesamtton dieser Mischrevue getroffen. Wichtig vor allem, daß von Bild zu Bild eine steigende Lockerung der Szenen erreicht wurde, daß man aus den Typen spielte und das unwesentliche Auscharakterisieren vermied. Jene eigenartig atmosphärische Mischung von Komödiantentum und Realität, von Bänkelsängerei und tragischer Tatsache wurde erstaunlich spritzig herausgekitzelt. An diese Wirkung haben Traugott Müllers Bühnenbilder in ihrem räumlichen Arrangement, ebenso wie der Kommentar der Lichtbilder in den Zwischenakten, die das rein Spielmäßige ebenso wie die präzise Schlagerwirkung des Orchesters ergänzten, lebhaften Anteil."**

---

* Düsseldorfer Stadtanzeiger. o. Datum.
** Düsseldorfer Nachrichten. 28. September 1929.

Vom Broadway ausgenommen, wo das Stück nach nur acht Aufführungen abgesetzt worden war, lief es überall erfolgreich. Viele
Jahre später wurde es in die Produktion diverser New Yorker Kellertheater aufgenommen und gelangte mit Lotte Lenya als Jenny zu
ungeahntem Erfolg.

Brecht und Dumont fanden sich auf geistiger Ebene. Beide erachteten das Streben der Menschen nach einem guten Leben als Mensch-
heitsziel; divergierende Ansichten hatten sie aber hinsichtlich des
Weges zu diesem Ziel. In der „Dreigroschenoper" stilisiert Brecht die
Gesellschaftskritik zu seinem Hauptanliegen. Mit den Möglichkeiten
des Theaters wollte er „die nackte bürgerlich-kapitalistische Räu-
berexistenz" als ein gesellschaftliches Problem im Deutschland von
1928 zur Sprache zu bringen.[*]
   In der Natur läßt sich für das menschliche Verhalten kein entsprechendes Gegenstück finden. Auch wenn man ein so gefährliches Tier
wie den Haifisch mit den Machenschaften des bürgerlichen Menschen vergleicht, ist die Gefahr, die von jenem ausgeht, eher gering
und kalkulierbar, denn er trägt seine tödliche Waffe offen und für jedermann sichtbar.

> „Und der Haifisch, der hat Zähne
> Und die trägt er im Gesicht
> Und Macheath, der hat ein Messer
> Doch das Messer sieht man nicht.
>
> Ach, es sind des Haifischs Flossen
> Rot, wenn dieser Blut vergießt!
> Mackie Messer trägt 'nen Handschuh
> Drauf man keine Untat liest."

Die spätbürgerlich-kapitalistische Gesellschaft, so zeigt uns Brecht, ist
verglichen mit den Haifischen viel gefährlicher, die menschliche Ver-

---

[*] Werner Hecht: Sieben Studien über Brecht. Frankfurt/Main 1972. S. 88; S. 73–107:
     Die „Dreigroschenoper" und ihr Urbild.

worfenheit verbirgt sich hinter der Maske der Biedermänner, die respektable Mitglieder der Gesellschaft sind. Die Ordnung und die Wertvorstellungen, die sie den Produktionsverhältnissen übergestülpt haben, bestimmen die menschlichen Verhaltensweisen. In diesem Sinne wollte Brecht demaskieren und die Hintergründe aufzeigen. Für ihn als politisch denkenden Menschen des 20. Jahrhunderts ist der bürgerlich-kapitalistische Staat ein Instrument, mit dessen Hilfe die Herrschaftspraktiken des Kapitals legalisiert und geschützt werden.

Der Mensch kann unter solchen – kapitalistischen – Voraussetzungen nicht gut sein, sich nicht auf sein Menschsein beziehen, weil es unter diesen Räuberexistenzen gefährlich und naiv wäre.

„Denn wovon lebt der Mensch? Indem er stündlich
Den Menschen peinigt, auszieht, anfällt, abwürgt und frißt.
Nur dadurch lebt der Mensch, daß er so gründlich
Vergessen kann, daß er ein Mensch doch ist."

Louise Dumonts geistiges Theater ist dem epischen Theater von Brecht und Piscator erheblich nähergestanden als dem sensuellen Theater von Max Reinhardt. Obwohl sie mit dem Theater als gesellschaftsverändernde Institution im Sinne von Brecht und Piscator nichts anfangen konnte, war sie mit ihnen einer Meinung, daß Theater mehr als Unterhaltung sein sollte.

Nach Louise Dumonts Vorstellungen fungiere die Bühne als Arena des Geistes großer Dramatiker, wo den Zuschauern endgültige Aussagen dargeboten würden. Für Louise war das Wort am wichtigsten. Jene, die das Dumont-Theater und dessen Stil nicht kennen, mögen Deklamationen erwarten oder befürchten, doch das absolute Gegenteil ist der Fall gewesen. Louise Dumont wollte das dramatische Wort eines Autors in geistiger und inhaltlicher Reinheit auf die Bühne bringen. Diese Unterordnung unter das Wort stellte an die Schauspieler spezifische Anforderungen. Schauspieler und Schauspielerinnen, die bei der „Dumont" spielten, waren echt und natürlich. Sie hatten nichts Gekünsteltes in ihrer Sprache, nichts Unnatürliches in ihrem Gesichtsausdruck.

Brecht und Piscator erachteten die Funktion des Theaters als eine gesellschaftspolitische, als Mittel der politischen Bewußtseinsbildung und damit als Voraussetzung für mögliche soziale Veränderungen in Richtung Pazifismus und Sozialismus. Die Bühne war für sie die am besten geeignete Plattform, die gesellschaftlichen Machtverhältnisse darzustellen, indem menschliche Eigenschaften und Verhaltensweisen ihren individuellen Charakter verlieren und in Bezug zur sozialen Herkunft gebracht werden. Wenn sich das Publikum im Dargestellten nicht nur erkennen kann, sondern auf spielerische Weise vorgeführt bekommt, daß Zustände und Menschen Veränderungen unterworfen werden können, dann besteht in Zukunft Hoffnung auf ein selbstbestimmtes Leben.

Louise Dumont vertrat die Antithese zum Brechtschen Theaterkonzept. Ein gutes Drama entwickle sich nicht aus Archetypen oder Abstraktionen. Menschen aus Fleisch und Blut – ihre hohen und niedrigen Gefühle – machten das Wesen eines dramatischen Stückes aus. Ihre Theaterarbeit lief darauf hinaus, das geistig Relevante eines Stückes hervorzubringen.

Daß Brecht in seinen Stücken immer wieder Motive, Personen und auch Handlungsabläufe verwendet hat, die von anderen Autoren stammen, wird ihm hierzulande oft zum Vorwurf gemacht. Manche Kritiker gehen sogar so weit, ihm jegliche Kreativität abzusprechen. Brechts künstlerischem Ansehen können solche Äußerungen nicht schaden, sie legen aber die geistige Verfaßtheit jener offen, deren postulierte Wissenschaftlichkeit immer noch jene Kulturkampfstimmung erkennen läßt, die in der Zeit des Kalten Krieges den Brecht-Boykott logisch erscheinen ließ.

Bei der Gegenüberstellung der „Dreigroschenoper" mit „The Beggar's Opera" von John Gay sind die Abweichungen von der Quelle eine wertvolle Hilfe, um Brechts Intentionen zu verstehen.

Die bürgerlich-kapitalistische Klasse befand sich zu Gays Zeiten im Aufstieg; zweihundert Jahre später hatte diese Gesellschaftsordnung ihren Höhepunkt überschritten. Die zwei Hauptfiguren – Peachum und Macheath – weisen bei Gay und Brecht unterschiedliche Ansätze auf, da sie verschiedenen bürgerlichen Herrschaftsphasen entstammen.

John Gay hat seinen Macheath als edlen Ganoven angelegt, der von seinem sozialen Umfeld wegen seiner Selbstlosigkeit und seines Edelmuts geachtet wird. Man könnte für ihn und sein Handeln Sympathie empfinden; auch wenn man mit der Wahl der Mittel nicht einverstanden ist, müßte man doch zugestehen, daß zu dieser Zeit Diebstahl für die Besitzlosen die einzige Möglichkeit war, die Verteilungsprobleme ein wenig zu ihren Gunsten zu beeinflussen.

Bei Brecht ist Mackie Messer ein etablierter Bürger, der sein Unternehmen nach kapitalistischen Kriterien führt. Die Arbeitsleistung und Effektivität seiner Bettler ist auf Listen vermerkt. Dem Trend der Zeit folgend, wollte er ins Bankfach überwechseln. Die Liquidation der Firma „Bettlers Freund" sollte nach Mackies Vorstellungen äußerst rational ablaufen, indem die Liste der Angestellten bei der Polizei abgeliefert wird. „In höchstens vier Wochen ist dieser ganze Abschaum der Menschheit in den Kerkern von Old Bailey verschwunden." Der Gebrauch des Menschen wird auf diese Weise anschaulich gemacht und auch die enge Verbindung von Wirtschaft und Politik, die in den Beziehungen zwischen Mackie und dem obersten Polizeichef von London aufgezeigt wird. Am Ende des Stückes weist Mackie Messer auf die verheerenden Folgen der Akkumulation des Kapitals hin, dem die Kleinkapitalisten zum Opfer fallen. „Sie sehen den untergehenden Vertreter eines untergehenden Standes. Wir kleinen bürgerlichen Handwerker, die wir mit dem biederen Brecheisen an den Nickelkassen der kleinen Ladenbesitzer arbeiten, werden von den Großunternehmern verschlungen, hinter denen die Banken stehen. Was ist ein Dietrich gegen eine Aktie? Was ein Einbruch in eine Bank gegen die Gründung einer Bank? Was ist die Ermordung eines Mannes gegen die Anstellung eines Mannes?"

Mackie Messer ist auch im Privaten ein Bürger. Sein bürgerliches, oft auch kleinbürgerliches Weltbild betont Brecht in der Hochzeitsszene. Mackie Messer mokiert sich über das schlechte Benehmen seiner „Angestellten" und über ihre Unkenntnis in Stilfragen bei exquisiten Möbelstücken. Brecht ironisiert auch jene neureichen Emporkömmlinge, die sich in Fragen des guten Geschmacks noch sehr schwer tun. Was Mackie Messers Sexualverhalten betrifft, unterscheidet er sich nicht von den anderen Männern seines Standes. Um den rigiden und lustlosen Ehealltag auszuhalten, bieten ihm regelmäßige Bordellbesuche die gewünschte Zerstreuung. Brecht überspitzt diesen festen Bestandteil im bürgerlichen Männerleben noch. Mackie setzt lieber seine Freiheit aufs Spiel, als daß er auf liebgwordene Gewohnheiten – wie seinen wöchentlichen Besuch bei den Huren – verzichten würde. „Heute ist mein Donnerstag. Ich kann mich doch von meinen Gewohnheiten nicht durch solche Lappalien abhalten lassen."

Sowohl die „Beggar's Opera" als auch „Die Dreigroschenoper" haben als Kernstück ihrer Kritik die kapitalistische Gesellschafts- und Wirtschaftsordnung. Ihre unterschiedlichen Kritikansätze erklären sich dadurch, daß die beiden Dichter den Kapitalismus in verschiedenen Stadien erlebt haben.

Louise Dumont verlangte ein Abgehen von überkommenen Formen des Schauspielbetriebes, trotzdem brach sie nicht gänzlich mit der Theatertradition, wie Brecht und Piscator es getan hatten. Für Schauspieler und Schauspielerinnen war es oft schwer, sich an Stil und Sitten des Dumont-Schauspielhauses zu gewöhnen. Ich erinnere mich an eine Episode, die typisch war für das Haus und dessen Leiter. Als Hanns Mierendorf, ein bekannter Berliner Schauspieler, ans Dumont-Theater kam, um Falstaff in „Heinrich IV." zu spielen, hörte ich, wie Louise ihrem Mann zuflüsterte: „Er ist noch nicht ganz unser!"

Eigentümlich und für viele Schauspieler gewöhnungsbedürftig war Lindemanns Regieführung. Er erreichte Positives durch negative Mittel. „Nein, nein", warf er immer wieder ein, bis er endlich mit dem Dargebotenen zufrieden war und schwieg. Das war für den Schauspieler das Zeichen, daß er weitermachen konnte. Widersprüchliche Auffassungen oder sachbezogene Dispute tolerierte die Leitung des Hauses nicht. Bei den Proben war Louise Dumont selten anwesend; die Generalprobe, der sie ihren Stempel aufdrückte, war davon ausgenommen. Bei Aufführungen von Klassikern brachte sie sich ein, indem sie die tiefere Bedeutung eines Satzes oder oft auch nur eines

Wortes erläuterte. In einer Szene im zweiten Teil von „Faust" hatte ich sechs Zeilen zu sagen. Von zehn Uhr bis fünfzehn Uhr studierte Louise mit mir den Text ein, indem sie beinahe jedes Wort zerlegte und mir auf ihre Weise nahebrachte. Ich hatte dabei das Gefühl, als ob ich in einer Taldmudschule säße und in die Kabbala eingeführt werden würde. Man könnte meinen, daß die Aufführungen unter so einem strengen Reglement in künstlerischer Hinsicht gelitten hätten. Das war aber nicht der Fall. Alle Produktionen des Dumont-Schauspielhauses ernteten sowohl bei den Kritikern als auch bei den Zuschauern beachtliche Erfolge. Die Schauspieler waren aufeinander abgestimmt. Jede Aufführung war von Leidenschaft und Temperament getragen, doch auch sprachliche und inhaltliche Klarheit zeichneten die Dumont-Produktionen aus. Alles, was gesprochen wurde, mußte auch noch in der letzten Reihe hörbar sein.

Louise war trotz ihrer Größe äußerst sensibel gegenüber Reaktionen der Öffentlichkeit. „Europa", ein unbekanntes und nicht sehr gutes Stück von Georg Kaiser wurde in der Aufführung des Dumont-Schauspielhauses ein großartiger Erfolg. Das Stück handelte von Zeus, der sich in einen Stier verwandelt hatte, um Europa zu verführen. Das Stück wurde von der schauspielerischen Leistung von Kurt Joss getragen, der zu diesem Zeitpunkt schon ein international bekannter Choreograph war. Sein Antikriegs-Tanzdrama „Der grüne Tisch" machte ihn weltberühmt. Joss spielte Zeus mit einem riesigen Stierschädel auf seinem Kopf. Nachdem der Premierenabend mit einem donnernden Applaus geendet hatte, nahm Louise den Stierkopf, trat damit vor den Vorhang und sagte laut mit ihrer tiefen Baßstimme: „Ihr seht, die Gottheit muß erst in Gestalt eines Viehs kommen, damit ihr sie versteht." Trotz ihrer stolzen, fast aristokratischen Haltung hatte sie im Umgang mit Menschen viel Humor.
Bei der ersten Hauptprobe zu „Wallensteins Tod" kam es zu einer kleinen Unstimmigkeit zwischen Louise und Gustav. Ich war damals Regieassistent von Louise und stand neben ihr, als Gustav Lindemann von der Bühne kam, wo er die kleine, aber bedeutende Rolle von Oberst Wrangel, einem schwedischen Militär, gespielt hatte. Wie alle Schauspieler bei der Probe fragte auch er nach einer Szene, wie

er gewesen sei? Luise antwortete: „Langsam, viel zu langsam, die ganze Szene hindurch ohne Tempo." Lindemann erwiderte darauf ziemlich konsterniert: „Aber ich habe doch noch nicht genug geprobt." Louise drehte sich lächelnd zu mir und ließ die Frage anklingen, ob Lindemann diese Entschuldigung bei einem anderen Schauspieler toleriert hätte.

Gustav Lindemann selbst war ein großartiger Schauspieler. Im „Hauptmann von Köpenick" bot er eine ganz besondere schauspielerische Leistung. Seine ostpreußische Herkunft kam ihm dabei sicherlich zu Hilfe, denn Carl Zuckmayers Hauptmann entstammte dem von Junkertum und Militarismus geprägten Klima Ostpreußens.

Geniale Vorstellungskraft und guter Geschmack zeichneten Lindemann als Regisseur aus, daran änderten auch seine „Nein-nein-Einwürfe bei den Proben nichts. 1932 – kurz nach Louises siebzigsten Geburtstag und nur wenige Monate vor ihrem Tod – bereitete das Haus den zweiten Teil von Goethes „Faust" vor. Die Vorproben leitete Franz Everth, der auch sonst, wenn Louise und Gustav verhindert waren, den Probenablauf zu koordinieren hatte. Ich hatte Everth als guten Schauspieler in Erinnerung, den ich als Zwölfjähriger in Wien als Peer Gynt gesehen hatte. Ich besuchte oft seine Proben zu „Faust"-II; besonders fasziniert war ich davon, wie er die große Kampfszene, in der Engel und Erzengel mit dem Teufel um Fausts Seele ringen, inszeniert hatte. Die Ausstattung bestand aus einem riesigen Treppensatz, der sich von beiden Bühnenseiten bis zum Schnürboden der Hinterbühne emporgewunden hat. Jeder der achtzehn Engel war sorgfältig auf einer anderen Stufenhöhe plaziert, daß es den Anschein hatte, als ob die Engel die Himmelsleiter ersteigen würden. Nachdem Gustav Lindemann sich ein Bild von Everths Intentionen gemacht hatte, betrat er ganz langsam die Bühne, ging auf den Engel der untersten Stufe zu und veränderte seine Körper- und Gebetshaltung. Das machte er auch bei allen übrigen Engeln, bis aus den symmetrisch aufgestellten Kartonfiguren wieder beseelte Wesen wurden, die eine Ähnlichkeit mit den großartigen gotischen Figuren der Kathedrale von Reims oder Notre-Dame hatten. Dieses Erlebnis war für mich bedeutend, denn ich bekam zum ersten Mal eine Vorstellung davon, was Regieführung bewirken konnte. Everth war ein guter Regisseur, aber es fehlte ihm an Vorstellungkraft, um ein großer Regisseur zu sein. Obwohl Regieführung hauptsächlich rekreatives Schaffen bedeutet, ist es für eine Inszenierung verheerend, wenn Regisseure keine oder nur wenig kreative Veranlagung haben. Nur ein Regisseur, der sich ein Maß an Kreativität bewahrt hat, kann einem Stück Leben geben. An jenem Morgen, als ich voll Staunen und Bewunderung sah, wie Gustav Lindemann aus jungen Schauspielern gotische Figuren kreierte, da wurde mir der Stellenwert des Regisseurs bewußt.

Louise Dumont war eine große Verehrerin von Konstantin Stanislawski. Die zwei großen Persönlichkeiten waren geistesverwandte Wesen und ähnelten einander auch in ihrer Hingabe an die Kunst des Theaters. Es überraschte daher nicht, daß Louise Piotr Sharoff mit der Inszenierung von Gorkis „Nachtasyl" beauftragt hatte. Sharoff, der aus der Sowjetunion ausgebürgert worden war, brachte als ehemaliges Mitglied des Stanislawski-Theaters die besten Voraussetzungen mit. „Nachtasyl" war eine jener Inszenierungen, mit der Stanislawski und sein Studio weltberühmt wurden. Piotr Sharoff kopierte für das Düsseldorfer Schauspielhaus die berühmte Moskauer Aufführung. Für die Schauspieler war es ein einzigartiges Erlebnis; denn Sharoff wußte die Schauspieler im Sinne des berühmten Meisters zu beeinflussen. Für mich als kaum Zweiundzwanzigjährigen war es eine große Auszeichnung, die Rolle des Aljoscha zu spielen. Ich mußte Akkordeon spielen und tanzen, während die übrigen Schauspieler herumsaßen und Makrelen verspeisten. Es waren echte Makrelen, keine Requisiten – auf der Bühne hat es wie auf einem Fischmarkt gestunken. Als Aljoscha war ich barfuß, trug eine zerschlissene Hose und ein zerrissenes dreckiges Hemd. Louise kam zur Generalprobe, schaute mich zweimal an und band mir – als spezielle Note, die die Freudlosigkeit meiner Kostümierung heben sollte – ein schmales rotes Bändchen um meinen Hals. „Vive la difference!"

Das Dumont-Schauspielhaus war vor der Machtergreifung Hitlers eines der wichtigsten Theater in Deutschland. Louise vermied billige, kitschige Publizität und weigerte sich, ihr Repertoire dem öffentlichen Geschmack anzupassen. Sie bestand darauf, daß der Stil des Hauses ihren persönlichen Stempel trug. Diese abgestimmte Harmonie schloß auch das Ensemble ein. Nur ganz selten wurde bei Premieren, wenn es lang anhaltenden Applaus gab, der Vorhang noch einmal hochgezogen. Noch seltener passierte es, daß der Vorhang für eine Soloverbeugung gehoben wurde. Das Dumont-Schauspielhaus war ein Ensemble-Theater im wahrsten Sinne des Wortes. Die Düsseldorfer Bürger waren stolz auf Louise Dumont und ihr Haus. Die besondere Atmosphäre des Dumont-Schauspielhauses übte auf alle seine Mitglieder entscheidenden Einfluß aus, dem man sich nur schwer entziehen konnte. Viele von den ehemaligen Dumont-Schauspielern blieben, obwohl sie später in der ganzen Welt verstreut waren, miteinander in Verbindung. Louise hatte die Fähigkeit, die Mitglieder ihres Theaters zu einer Art Bruderschaft zu vereinigen.

Louise Dumonts Streben lief darauf hinaus, ein Deutsches Nationaltheater zu etablieren. Sie war aber weder eine Chauvinistin, noch sympathisierte sie mit deutschnationalem Gedankengut. Louise war humanen, edlen Idealen verpflichtet, an parteipolitischen Auseinandersetzungen war sie nicht interessiert. 1917 holte sie Gustav Landauer als Chefdramaturgen an ihr Theater nach Düsseldorf. Ihre Sympathien diesem genialen Künstler und Menschen gegenüber drückte sie dadurch aus, daß sie bei seiner Ankunft am Schauspielhaus die rote Fahne hissen ließ. Landauer war nicht nur ein politischer Schriftsteller, sondern auch ein ausgezeichneter Shakespeare-Kenner. Als Volksbeauftragter für Volksaufklärung in der bayrischen Räterepublik wurde er nach deren Liquidierung brutal ermordet.

Obwohl Louise nicht in parteipolitischen Kategorien dachte, nahm sie die politische Stimmung am Ende der Weimarer Republik wahr. Als im Jahre 1931 ein Schauspieler unseres Theaters bei der ersten Leseprobe zu „Wilhelm Tell" den Vorschlag machte, in der Schlußszene, wo die Bürger ihre wiedergewonnene Freiheit feiern, „Deutschland, Deutschland über alles" zu singen, lehnte Louise Dumont dieses Ansinnen humorvoll, aber bestimmt ab, indem sie meinte: „Vielleicht würde Langhoff dann vorschlagen, die Internationale zu singen."

Wolfgang Langhoff war über fünf Jahre hindurch mein Kollege am Dumont-Schauspielhaus und saß als kommunistischer Abgeordneter im Düsseldorfer Gemeinderat.

Die „Wilhelm Tell"-Inszenierung am Dumont-Theater ist für mich bis heute die beste geblieben, die ich gesehen habe. Auf der Bühne wies eine unebene Plattform auf eine gebirgige Landschaft hin. Der Hintergrund wurde mit einer Leinwand abgeschlossen, auf der am Horizont schneebedecktes Hochgebirge zu sehen war. Die männlichen Darsteller außer Geßler trugen gleiche Kostüme: kurze Rauhlederhosen und aus demselben Material kapuzenartige Überwürfe, ihre Beine blieben nackt, und die Füße steckten in rauhledernen Haferlschuhen. Die Darstellerinnen hatten einfach geschnittene, einfärbige Dirndlkleider an. Der Landvogt Geßler trug ein uniformähnliches Gewand aus schwarzglänzendem Leder. In unseren Kostümen sahen wir aus, als ob wir einem Bild von Ferdinand Hodler entstiegen wären.

Der Vorstoß des national oder schon nationalsozialistisch gesinnten Kollegen ging mir an diesem Tag noch lange im Kopf herum. Beim Nachhausegehen hatte ich das traurige Gefühl, daß der Vorfall bei der Probe nur Vorgeschmack wäre auf das, was nun kommen würde. Die Polarisierung der Menschen als Ausdruck der politischen Situation übertrug sich auch auf unsere eingeschworene Schauspielgruppe. Der Wahlausgang im September 1930 machte die Nationalsozialisten hinter der SPD zur zweitstärksten Partei im Deutschen Reichstag. Die Machtumschichtung machte sich überall bemerkbar.

Ein für mich denkwürdiges Erlebnis hatte ich an einem Mittwoch im Jahre 1930. Mittwochs gastierten wir immer in Gelsenkirchen. Da die Fahrt mit dem Personenzug von Gelsenkirchen nach Düsseldorf beinahe zwei Stunden dauerte, versuchten die Schauspieler, den Berliner Schnellzug zu erreichen, der für die gleiche Strecke nur fünfundfünfzig Minuten brauchte. An einem dieser Mittwochabende eilte ich zum Bahnhof, erreichte gerade noch den abfahrenden Zug mit einem Sprung auf das Trittbrett und befand mich im vollbesetzten Speise-

Abb. 2: Leon Askin als Baccalaureus in „Faust" II, Düsseldorf 1932

wagen. An der Fensterreihe war ein Platz frei, und ich fragte den dort sitzenden Herrn, ob ich mich zu ihm setzen dürfe. Der Herr mit dem kohlrabenschwarzen Haar hatte nichts dagegen, schaute mich aber, weil ich noch geschminkt war, groß an und wollte wissen, ob ich ein Dumont-Schauspieler sei, was ich bejahte. Daraufhin verbeugte er sich kurz und stellte sich als „Dr. Joseph Goebbels" vor. Wir hatten bei Knackwurst und Bier eine angeregte Konversation über Goethe und Schiller. Was für eine Farce für uns beide! – Goebbels, dessen unmittelbares Ziel es war, Juden aus dem Kulturleben auszuschalten, unterhielt sich angeregt mit einem über die bedeutendsten deutschen Klassiker. 1933, als die Nazis in Deutschland schon an der Macht waren und mich verprügelten, lernte ich ihre unkultivierte Seite kennen.

Louise Dumont starb am 17. Mai 1932 an einem Lungenödem. Auf unserer Holland-Tournee hatte Louise sich stark erkältet und bekam eine Lungenentzündung. Trotz ihrer vom Fieber geschwächten Konstitution bestand sie darauf, ihre Rolle, die ihre letzte sein sollte, weiterzuspielen. Es war die Mutter Sorge im zweiten Teil von „Faust". Ihr Abschied von der Bühne mit den Worten – „Da kommt er, da kommt er, der Bruder Tod" – kam einer Vorankündigung ihres eigenen Todes gleich, der eine Woche später erfolgen sollte. Kurz vor ihrem Ableben am Pfingstmontag ist sie noch einmal aus dem Koma erwacht und soll zu ihrem Mann gesagt haben: „Möge der Pfingstgeist über die Menschheit kommen!"

Das war Louise, so geistreich und dramatisch, wie sie auf der Bühne des Lebens agierte, ist sie auch von dieser abgegangen. Das Wetter reagierte ebenfalls auf Louises Todeskampf. Aus heiterem Himmel brach ein Gewitter los. Ein Frühlingsgewitter mit Blitz und Donner, wie ich es kaum bisher erlebt hatte. Bimba, die Boxerhündin von Louise, heulte auf. Um achtzehn Uhr fünfzehn war das Gewitter vorbei, und danach zeigte sich ein rießengroßer Regenbogen. Louise Dumont starb exakt um achtzehn Uhr sechzehn.

Wir spielten auch an diesem Tag „Faust"-II, unsere Vorstellung begann um 17 Uhr und dauerte fünfeinhalb Stunden. Von ihrem Ableben erfuhren wir erst kurz vor Vorstellungsende. Auf dem Schwarzen Brett im Vorraum war ein Zettel angebracht worden, der uns ihren

Tod, den wir während der Vorstellung erahnt hatten, bestätigte und uns Anweisungen für die nächsten Tage gab.

Ich ging in die Aufbahrungshalle, um mich in Ruhe von Louise zu verabschieden. Sie lag in einem offenen Sarg, ich sah auf ihr Gesicht mit den geschlossenen Augen und fragte mich, ob ich sie je wirklich verstanden habe? Diese für immer geschlossenen Augen brachten mir die lebende Louise stark in Erinnerung. Denn es waren ihre Augen, die, wenn sie einen ansah, immer blitzten und ihr Gegenüber durchdrangen. An der Tür zu ihrem Aufbahrungsraum stand auf einer kleinen Tafel: „Louise Dumont-Lindemann – Dissidentin". Auf ihre eigene Weise glaubte Louise an die unerklärliche Allmacht Gottes.

Als bei unserer „Faust"-Premiere die Stimme Gottes mit den damaligen Mitteln der Technik im ganzen Theater hörbar gemacht werden sollte, was aber dann aus irgendwelchen Gründen nicht funktioniert hatte, meinte Louise darauf lachend: „Seht ihr, Kinder, Gottes Wort darf man nicht technisieren. Er scheint das nicht zu wollen." Sie wurde in ihrer Meinung noch bestätigt, weil es am Vorabend im Düsseldorfer Opernhaus bei Pfitzners Oper „Das Herz" eine ähnliche Panne gegeben hatte. Auch dort beabsichtigte man – erfolglos –, die Stimme Gottes unter Zuhilfenahme technischer Errungenschaften mächtig erschallen zu lassen.

Die Begräbnisfeierlichkeiten für Louise waren einfach, aber feierlich. Die Düsseldorfer Philharmoniker spielten Bach, und der international bekannte Jesuitenpater Muckermann spendete ihr den kirchlichen Segen. Auf ihren Wunsch hin trugen die männlichen Mitglieder des Schauspielhauses keine Cutaways und Zylinder, sondern nur dunkle Anzüge ohne Kopfbedeckung.

Nur noch wenige Monate blieben bis Hitlers Machtübernahme Ende Jänner 1933. Gustav Lindemann war Jude und hieß vor seiner Namensänderung Wolfsohn. Im April 1933 erschienen, nach Aussagen der Sekretärin, im Büro von Gustav Lindemann im Schauspielhaus SS- und SA-Männer und erklärten ihm, daß er als Jude kein Recht mehr habe, im Büro der „großen Dumont" zu sitzen. Gustav Lindemann, der ansonsten sehr besonnen und ruhig war, hat ihre verbalen Ausfälle noch kurz über sich ergehen lassen, ehe er sich von Kopf bis Fuß zitternd von seinem Sessel erhob und auf die Eindringlinge mit wütender Stimme reagierte: „Ich werde Sie eigenhändig und nacheinander die Stiegen hinunterwerfen, wenn Sie nicht augenblicklich aus meinem Büro verschwinden!" Sie hatten mit so einem Auftreten nicht gerechnet und verließen tatsächlich das Büro.

Lindemann war der Meinung, daß ihn zu dieser Zeit noch einige höhere Beamte der Stadtgemeinde Düsseldorf geschützt hätten und daß der Überfall wahrscheinlich spontan und ohne höhere Genehmigung erfolgt sei. Dadurch ließe sich der schnelle und unerwartete Abgang der Nazikerle erklären.

Gustav Lindemann überstand die Nazidiktatur und überlebte seine Frau um mehr als dreißig Jahre.

Nach dem Krieg hatten wir wieder Kontakt miteinander – zuerst war er mir gegenüber ziemlich förmlich, begann mit „Verehrter Askenasy", doch mit den Jahren hatte unsere Beziehung an Herzlichkeit gewonnen, was sich in der Anrede „Liebster Leon" und im gegenseitigen Du-Wort niederschlug.

Im Düsseldorfer „Hofgarten" steht ein Denkmal, das Louises Freund Ernst Barlach zur Erinnerung an sie gestaltet hat. Die Inschrift lautet ganz einfach: Louise Dumont-Lindemann, 1862–1932.

13

Der Weg in die Diktatur

Nach Louise Dumonts Tod kamen auf die Emsemblemitglieder des Dumont-Schauspielhauses unsichere Zeiten zu. Täglich gab es auf der Gerüchtebörse neue unheilvolle Meldungen über die Zukunft des Theaters und somit auch über unsere Zukunft. Man schrieb das Jahr 1932, überall ertönte schon das pathologische Geschrei fanatischer Nationalsozialisten, die sich auf ihren Trommler Hitler einstimmten. Es blieb aber nicht nur bei ihrem Geschrei; sie überfielen politische Gegner, lieferten sich mit Kommunisten Straßenschlachten, politische Morde standen auf der Tagesordnung. Trostloser zu diesem Zeitpunkt war nur noch die wirtschaftliche Lage – die Arbeitslosenzahlen schnellten ständig in die Höhe. Der Sturz der Regierung Brüning am 30. Mai 1932 sollte die Basis für eine Zusammenarbeit mit den Nationalsozialisten schaffen und letztendlich zu deren Machtübernahme Ende Jänner 1933 führen.

Die schleichende Faschisierung* der Politik in den Monaten vor Hitlers Machtübernahme war mir in ihrer vollen Tragweite gar nicht bewußt. In erster Linie beunruhigte mich meine berufliche Unsicherheit. Zehn Tage nach Luises Tod wurden die Ensemblemitglieder von der Auflösung des Dumont-Schauspielhauses benachrichtigt. Unsere Verträge sollten von den Städtischen Bühnen Düsseldorf übernommen werden. Der Düsseldorfer Stadtrat machte aber die Finanzierung der übernommenen Schauspieler davon abhängig, daß Wolfgang Langhoff nicht zum Vorsitzenden der lokalen deutschen Bühnengewerkschaft gewählt werden würde. Langhoff setzte aber große politische Erwartungen in die Funktion des Vorsitzenden. So

---

* Der neue Reichskanzler Papen löste widerstandslos die demokratisch gewählte preußische Regierung auf und ernannte sich zum Reichskommissar für Preußen.

erwartete er von seiner zukünftigen Rolle als Gewerkschafter auch eine Stärkung seiner Position als kommunistischer Gemeinderat. Für uns bestand die Gefahr, zwischen den beiden Fronten zerrieben zu werden; denn die gewerkschaftlichen Ambitionen des Kommunisten Langhoff paßten nicht in das Konzept der Düsseldorfer Stadtverwaltung, die ihren Kandidaten unter Androhung der Finanzierungsabsage durchsetzen wollte. Der Gegenkandidat von Langhoff war der Nationalsozialist Hans Verden, der vielen von uns aufgrund seiner politischen Ausrichtung auch nicht wählbar schien. Daraufhin schlug ich Dr. Peter Esser, der von Anfang an Mitglied des Dumont-Schauspielhauses gewesen war, als Kompromißkandidaten vor. Esser, der allgemein sehr beliebt war, hatte aber an aufreibenden politischen Funktionen wenig Interesse. Möglicherweise auch deswegen, weil sein Privatleben durch die Liaison mit einer verheirateten Frau spannungsreich genug war. Nachdem ich Esser von der taktischen Notwendigkeit seiner Kandidatur endlich überzeugt hatte, stellte sich immer deutlicher heraus, daß der Nazi Verden der Favorit sein würde. Noch einmal wurde ich initiativ und brachte Hans Zimmermann als vierten Bewerber ein. Dieser machte neben seiner Schauspielerei auch noch Entwürfe für Theaterplakate. Meine Taktik der Stimmenaufsplitterung war erfolgreich, und Zimmermann wurde zum Vorsitzenden der örtlichen Bühnengewerkschaft gewählt. Verden machte ich mir dadurch zum Todfeind, und auch Langhoff war wütend auf mich. Unsere Freundschaft hatte darunter aber nicht gelitten.

Wolfgang Langhoff war in politischer wie auch in menschlicher Hinsicht ein Idealist. Das wurde mir erst viel später bewußt.

Anläßlich der Wiener Festwochen 1994 traf ich mit seinem Sohn zusammen. Dieser war ziemlich überrascht, als ich ihm sagte, daß ich ihn bereits als Säugling von zwölf Tagen im Arm gehalten hätte.

Der von der Düsseldorfer Stadtverwaltung bewilligte Zuschuß zur Erhaltung des Schauspiels in den Städtischen Bühnen gab mir und meinen Schauspielkollegen, wenn auch nur für kurze Zeit, die angestrebte finanzielle Sicherheit. Denn mit Papens Kanzlerschaft hatte das Vorspiel zu Hitlers Machtübernahme begonnen.

Anläßlich eines Abendessens bei einer angesehenen Düsseldorfer Familie namens Heinersdorff hatte ich die unrühmliche Ehre, Papens

Tischnachbar gewesen zu sein. Diese Familie baute die Ibach-Klaviere. Mein Kontakt dorthin war durch die Freundschaft mit Ulrich, dem zweitjüngsten Sohn des Hauses, der im Alter von dreiundzwanzig Jahren starb, entstanden. Frau Heinersdorff hatte mich wie einen Sohn aufgenommen, daran änderte auch der tragische Tod von Ulrich nichts. Ich hatte das Gefühl, daß sie mich danach noch mehr ins Herz geschlossen hatte. Doch diese gefühlsmäßige Vereinnahmung war großteils Sentimentalität und galt eigentlich ihrem toten Sohn und nicht mir, das mußte ich später erfahren, als sie mir ihre Hilfe, die ich gebraucht hätte, verweigerte. Herr Heinersdorff war ein erzkonservativer, sehr deutschnational eingestellter Mensch.

Mein Tischnachbar von Papen, der mich anfangs ignorierte, zeigte erst Interesse an mir, nachdem er erfahren hatte, daß ich Schauspieler bei der Dumont war. Da war sein Redeschwall überhaupt nicht mehr zu stoppen. Wahrscheinlich wußte er, daß ich Jude bin, denn er bezeichnete mir gegenüber Hitler als Scharlatan und die SA-Horden als Rotzbuben und Radaubrüder. Antisemitische Bemerkungen oder Witze wurden an diesem Abend nicht gemacht. Viele gutbürgerliche Familien hatten vor 1933 Kontakt mit Juden. Orthodoxe jüdische Familien hatten für Tätigkeiten, die sie am Sabbat nicht selbst verrichten durften, nichtjüdische Helfer, die „Schabbes Goi" genannt wurden. In Anlehnung daran nenne ich diese fragile Beziehung zwischen Juden und Nichtjuden vor dem Holocaust ein Beziehungsgeflecht von „Vorzeigejuden", zu einer Zeit, wo der Assimilierungsgedanke bestenfalls einem Geduldetwerden gewichen ist. An diesem denkwürdigen Abend war ich, so glaube ich, der einzige Jude. Damals war ich noch keine fünfundzwanzig Jahre alt; wegen der mir zugedachten Rolle schäme ich mich aber noch heute.

Franz von Papen war seit 1934 deutscher Botschafter in Österreich; in dieser Funktion kam ihm bei der Untergrabung der österreichischen Eingenstaatlichkeit gegenüber dem nationalsozialistischen Deutschland eine Schlüsselrolle zu.

In meinem Schauspielerleben begann mit der Theatersaison im Herbst 1932 ein neues Kapitel. Leopold Lindtberg, ein früherer Schüler und Mitarbeiter von Erwin Piscator, wurde Oberspielleiter des „Städtischen Schauspiels". Unter Lindtberg spielte ich nur fünf Monate, denn ich wurde sechs Wochen nach Hitlers Machtübernahme vom Theater entlassen. Diese kurze Zeit war aber trotzdem sehr wichtig für mich. Bei einer der ersten Proben kam er zu mir und sagte: „Bei Ihnen muß man ja Eis aufhacken!" Die Bedeutung dieser Feststellung war mir klar. Ich und alle anderen Dumont-Schauspieler waren im Dumont-Stil steckengeblieben. Von Louise Dumont zu kommen galt an manchen Bühnen als beste Reverenz, doch es gab auch viele Theater, die Dumont-Schauspieler wegen ihrer prononcierten Spielweise nicht so gern engagierten.

Lindtberg vertraute aber meinem Talent und ließ mich in dieser kurzen Zeit vier wichtige Rollen spielen. Eine davon war Borachio in Shakespeares „Viel Lärm um nichts". Borachio war ein klassischer Bösewicht, dessen Intrigen oft ins Komische übergingen.

In Grabbes „Scherz, Satire, Ironie und tiefere Bedeutung" stellte ich den arroganten und dummen Baron von Wernthal dar. Christian Dietrich Grabbe spottete in seiner dramatischen Dichtung des Jahres 1827 über das Leben im allgemeinen und die Literatur im besonderen.

Zu meiner Überraschung vertraute mir Lindtberg auch die schwierige Rolle des Expedienten Pfeifer in Hauptmanns „Die Weber" an. Pfeifer ist ein Emporkömmling, der es geschafft hat, sein elendes Weberdasein hinter sich zu lassen. Seine Wesenszüge sind unverkennbar – servil und kriecherisch im Umgang mit der Macht, aber äußerst unmenschlich gegenüber seinen Untergebenen. An seinem gepflegten und wohlgenährten Äußeren macht sich sein sozialer Aufstieg bemerkbar. Mein Erfolg als Pfeifer war sensationell. Gerhart Hauptmann, der am Premierenabend gerade seinen siebzigsten Geburtstag gefeiert hatte, kam nach der Vorstellung hinter die Bühne, um mir persönlich zu meiner Darstellungsweise zu gratulieren.

Die letzte Rolle, bevor meine Karriere willkürlich durch die Nazis unterbrochen wurde, war Spiegelberg in Schillers „Die Räuber". Lindtberg interpretierte Spiegelberg als Revolutionär des 20. Jahrhunderts mit starken Bezügen zu Trotzki.

Die Idee, aktuelle politische Bezüge in historische Dramen einzubringen, stammte von Piscator, dessen Assistent Lindberg zum damaligen Zeitpunkt war. Piscator verlieh in seiner „Räuber"-Inszenierung den jungen Rebellen erstmals Züge von zeitgenössischen Revolutionären. Im Berlin der zwanziger Jahre erlebte er damit einen Riesendurchfall.

Lindtbergs Inszenierung hatte am 4. Jänner 1933 in Düsseldorf Premiere und wurde sowohl vom Publikum als auch von der Presse als herausragendes Theaterereignis gelobt. Besonderes Lob für meine Darstellung erhielt ich auch von nationalsozialistischer Seite. Ich einfältiger Tor dachte, am Beginn einer großen Theaterkarriere zu stehen. Dann kam der 30. Jänner 1933, und Hitler wurde als Reichskanzler vereidigt. An diesem denkwürdigen Tag war ich in Köln und machte für den Rundfunk eine Kinderstunde. Als ich um die Mittagszeit aus dem Studio kam, stürzten meine Kollegen mit der Nachricht „Hitler ist Kanzler geworden" auf mich zu. Obwohl Hitlers Griff nach der Macht – aufgrund der politischen Ereignisse der letzten Wochen – zu erwarten gewesen war, erschütterte mich die vollendete Tatsache doch sehr. Meine nichtjüdischen Kollegen, die meine Aufregung sahen, versuchten mich mit dem oft strapazierten Spruch „es wird nicht so heiß gegessen wie gekocht" zu beruhigen. Sie hatten sich geirrt – wie wir alle. Niemand hatte sich damals auch nur annähernd die Ungeheuerlichkeiten und Unmenschlichkeiten vorstellen können, die schon sehr bald passieren sollten.

Hitlers Machtübernahme wurde wettermäßig von einem eisigen Wind begleitet – als Symbol der Kraft und Härte des neuen Regimes. Die Häuser waren mit riesigen Hakenkreuzfahnen beflaggt. SA-Formationen marschierten – das Horst-Wessel-Lied singend – durch Gassen und Straßen. „Die Straße frei den braunen Bataillonen" ertönte es von überall her. Eine grölende amorphe Masse dominierte die öffentlichen Plätze der Stadt, die von „Sieg Heil"-Rufen erdröhnten. Besonders unangenehm erlebte ich die vielen, sich hysterisch gebärdenden Frauen, die in ihrer Begeisterung die Männer übertrafen. Tausendfach wurden die Hände zum Hitler-Gruß erhoben. Eine Stadt, ein ganzes Land, dem völkischen Wahn verfallen, lieferte sich Hitler freudig aus. Ängste – Zukunftsängste und Lebensängste überkamen mich. Eine eisige Kälte durchlief mich unter all den Heil-Rufern, Nazi-Abzeichenträgern und Hakenkreuzfahnen. Die Auflösung des Individuums hatte erfolgreich begonnen. In meinem Kopf überstürzten sich die Gedanken. Eine Frage kehrte wegen der Aufdringlichkeit des nationalsozialistischen Fahnenmeeres immer wieder: Wo hatten die Menschen plötzlich all die vielen Hakenkreuzfahnen her? Wieder in Düsseldorf, traf ich mit einigen jüdischen Freunden zusammen, die ebenfalls meinten, sich und mich mit der lapidaren Einschätzung „es wird nicht so heiß gegessen wie gekocht" beruhigen zu können. Im Theater gab es nur einen Menschen – Wolfgang Langhoff –, der meine Ängste verstand und teilte. Als bekannter politischer Funktionär der kommunistischen Partei war er den Nazis ein Dorn im Auge. Langhoff glaubte aber nicht, daß den Juden viel passieren würde.

Das Theaterleben und die Kontakte der Schauspieler untereinander schienen vorderhand von den großen politischen Änderungen nicht betroffen zu sein. Ich bekam sogar eine neue Rolle in Hanns Johsts „Schlageter" zugeteilt.

Wie immer hatten sich nach den Vorstellungen Gruppen gebildet, die zusammen das Theater verließen und sich noch irgendwo zusammensetzten und plauderten. Ich ging wie so oft mit meiner Kollegin Hanna Mertens und ihrem Mann Dr. Beller zum Abendessen. An einem dieser Abende wurde die Harmonie unseres Zusammenseins für meinen Teil erheblich gestört. Dr. Beller erschien zum ersten Mal in SA-Uniform. Er mußte meine Irritation bemerkt haben, denn er versicherte mir gegenüber, daß sich an unserem freundschaftlichen Umgang nichts ändern würde. Doch das waren nur Lippenbekenntnisse, der Begriff „Freundschaft" war neu zu definieren. Viele sogenannte Freundschaften hielten unter den geänderten Verhältnissen nicht. Eines Nachmittags ging ich wie an so vielen Nachmittagen vorher zu meinem Freund Dr. Armbruster. Bei ihm fühlte ich mich wie zu Hause und hatte sogar die Schlüssel zu seinem Haus. An diesem Nachmittag stürzte das Dienstmädchen, das mich anscheinend abgepaßt hatte, auf mich zu und bat mich, nicht ins Büro vom Herrn Doktor zu gehen, da er Besuch hätte. Ich wartete also im Garten auf Armbruster, der dann auch bald erschien. Es war ein frühlingshafter Februartag, und mein Freund aus besseren Tagen kam im Hemd ohne Sakko. In der Eile hatte er aber vergessen, das Hakenkreuzabzeichen von seinem Hemdsärmel zu entfernen. Armbruster wurde sehr verlegen und stotterte herum, daß es für ihn als Techniker aus geschäftlichen Gründen wichtig gewesen sei, der Partei beizutreten. Ich verstand ihn, es hatte mich auch nicht übermäßig überrascht; viele Deutsche versuchten vom neuen System zu profitieren. Es verletzte mich aber seine Heuchelei. Auch diese Freundschaft, so schwor er mir, würde durch die politischen Umstände nicht beeinträchtigt werden. Und es war, um Nestroy zu zitieren, alles nicht wahr.

Am 27. Februar 1933 brannte der Reichstag. Als die ersten ungenauen Berichte davon ins Theater gelangten, war die Stimmung sowohl im Publikum als auch unter den Schauspielern äußerst angeheizt. An diesem Abend spielten wir „Die Räuber". Meine Rolle war Spiegelberg, der im Stück von Schweizer getötet wird. Schweizer wurde von meinem homosexuellen Kollegen Klatt dargestellt, der mir gegenüber Ressentiments hatte, weil ich seine früheren sexuellen Annäherungsversuche abgewiesen und ihn aus meiner Garderobe geworfen hatte. Dafür bekam ich jetzt die Rechnung präsentiert. Klatt, der wegen seiner sexuellen Neigungen auch nicht zur deutschen Volksgemeinschaft gehören konnte, was er aber anscheinend nicht wußte oder nicht wahrhaben wollte, hielt die Zeit für gekommen, um sich an mir zu rächen. In der Tötungsszene stieß er mir das fingierte Messer so brutal gegen meinen Brustkorb, daß ich vor starkem Schmerz laut aufschrie. Außerdem schlug er noch furchtbar auf mich ein. Ich konnte mir nicht mehr helfen und trat ihn in seine Geschlechtsteile. Es wirkte alles sehr überzeugend und echt, denn es war ja ein von echtem Haß erfüllter Kampf.

Am darauffolgenden Tag wurde Langhoff verhaftet. Gerüchte machten die Runde, daß in den Polizeigefängnissen Juden, Kommunisten und andere Oppositionelle furchtbaren Mißhandlungen und Demütigungen ausgesetzt wären. Als aufgeklärte Menschen des zwanzigsten Jahrhunderts konnten und wollten wir solche „Greuelgeschichten" nicht recht glauben. Wir nahmen an, daß es, unabhängig vom Regime, bei den Deutschen doch eine moralische Hemmschwelle geben würde, die sie vom Ärgsten abhalten würde. Doch wir kannten zu diesem Zeitpunkt das Ärgste noch nicht, wir hatten keine Vorstellung davon, wie phantasievoll sie bei ihren Bestialitäten sein konnten.

Am 11. März 1933 wurde ich vom Theater zwangsbeurlaubt, es wurde mir überhaupt untersagt, diesen Ort, wo ich Jahre hindurch gespielt hatte, noch einmal zu betreten. Ich bekam auch kein Geld mehr und durfte die Stadt ohne Erlaubnis nicht mehr verlassen. Abgeschnitten von allen Dingen, die mein Leben bisher ausgemacht hatten, fühlte ich mich durch Beschwichtigungsversuche eher genarrt als beruhigt.

Der Generalintendant des Theaters, meines Theaters, Iltz, versicherte mir gegenüber, daß alles bald vorbei sein würde. Tröstete er sich selbst mit dieser Zuversicht, oder wollte er nur mich trösten? Meine jüdische Freundin Elly arbeitete als Sekretärin in einer großen Stahlfirma und reagierte auf ähnlich sichere Weise, bis sie einige Wochen später ohne finanzielle Abfertigung ihren Arbeitsplatz verloren hatte.

Am 1. April 1933 rief das nationalsozialistische Regime zum gesamtdeutschen „Judenboykott" auf. Die Auslagenfenster der jüdischen Geschäfte wurden mit gelben Davidsternen gekennzeichnet, an Türen oder Hausmauern stand – mit Kalk geschrieben – „Jüdisches Geschäft – Nichts von Juden kaufen!" Vor vielen Geschäften standen SA-Leute, die die Einhaltung kontrollierten. Wer das Verbot zu umgehen versuchte, hatte mit erheblichen Schwierigkeiten zu rechnen oder wurde sogar zusammengeschlagen. Dieser Boykott dauerte nur einen Tag, aber er rüttelte die jüdische Bevölkerung auf. Nichts war danach mehr so wie früher.

Obwohl es mir offiziell untersagt war, das Theater zu betreten, bekam ich im April einen Anruf vom Theater, ob ich nicht für einen erkrankten Schauspieler einspringen wollte. Man versicherte mir, daß es niemand erfahren würde und daß ich wegen der starken Schminke unerkannt bliebe. Ich lehnte ab, denn es wäre nicht nur gefährlich, sondern auch demütigend gewesen.

Am 13. April 1933 nahm ich, der Teufel mag mich geritten haben, an einer Versammlung unserer Bühnengewerkschaft teil. Kollege Klatt, der sich durch meine Anwesenheit gestört fühlte, artikulierte lautstark seinen Unmut in der Frage, wie es möglich sei, daß in einer nationalsozialistischen Versammlung der Jude Leo Askenasy sitzen dürfe. Hellmuth, der Obmann, und Roffmann, der Obmannstellvertreter, reagierten mutig und anständig mit einer Gegenfrage. Wie lange er, Klatt, denn schon Mitglied sei.

„Seit März", kam zögernd seine Antwort.

„Nehmen Sie Platz!" wurde er von Hellmuth angefahren, „Askenasy ist schon seit 1928 dabei."

Da meine Anwesenheit schon einen Eklat verursacht hatte, wollte ich noch in Erfahrung bringen, ob ich aufgrund meiner „Zwangsbeurlaubung" überhaupt noch Mitglied sei, und wenn ja, ob sich die Gewerkschaft dafür einsetzen würde, daß ich meine ausstehende Gage ausbezahlt bekäme. Meine Mitgliedschaft, so wurde mir zugesichert, bestünde weiterhin, und mein finanzielles Anliegen wurde mit Akklamation zur Kenntnis genommen. Doch es war alles nur mehr ein Theaterdonner, denn im Mai 1933 wurden die Gewerkschaften aufgelöst und durch die Deutsche Arbeitsfront ersetzt.

Klatts Maßregelung hätte mich zwei Tage später das Leben kosten können. Am 15. April 1933, einem Karsamstag, spazierten Elly und ich auf der sogenannten Koe, der Königsallee, als ich aus heiterem Himmel von einem Polizisten angehalten wurde. Zwei SA-Männer, erklärte er mir, die in einiger Entfernung standen, hätten ihn beauftragt, mich in eine SA-Kaserne zu bringen. Ich erwiderte dem Polizisten, daß ich österreichischer Staatsbürger sei und mit ihm, sollte es erforderlich sein, aufs Polizeirevier kommen würde. In der Zwischenzeit waren die SA-Männer näher gekommen, so daß ich sie erkennen konnte. Es waren Klatt und Dr. Beller. Sie bestanden darauf, mich in Begleitung des Polizisten in die SA-Kaserne zu bringen. Dort angekommen, erhielt ich, von verbalen Demütigungen abgesehen, Ohrfeigen und Fußtritte in den Bauch. Einer von den beiden SA-Leuten versuchte den Polizisten loszuwerden, doch dieser blieb an meiner Seite, um mich, wie er sagte, zum Polizeipräsidium zu bringen. Er erreichte tatsächlich, daß sie uns ziehen ließen. Auf dem Präsidium überließ er mich seinem Vorgesetzten, einem SS-Offizier, zum Verhör. In dem Augenblick, wo meine Begleitung aus dem Raum gegangen war, schlug der SS-Mann mit einem ledernen Ochsenziemer

125

auf mich ein. Einer von seinen Peitschenschlägen ging daneben und zertrümmerte die Schreibtischlampe, daraufhin schlug er mich nicht mehr und sagte mit mühsam kontrollierter Stimme: „Geben Sie mir Ihr Ehrenwort, daß Sie den Schaden ersetzen werden!"

Ich traute meinen Ohren nicht und fragte: „Seit wann hat ein Jude ein Ehrenwort?"

Sein Gesicht lief rot an, und er brüllte: „Hinaus!", während er der Wache klingelte. Diese brachte mich in eine kleine enge Zelle, in der sich schon acht Personen unterschiedlichen Alters befunden hatten. Man konnte sich kaum rühren, und es hat furchtbar gestunken, denn es gab keine Toilette, und jeder mußte seine Notdurft in der Zelle verrichten.

Ein alter polnischer Jude mit Schläfenlocken und weißem Bart klopfte an die Zellentür und fragte den SA-Mann, nachdem das Guckloch geöffnet worden war: „Herr Wachtmeister, Mechtn Se mer gebn a Zigarettl?"

Der SA-Mann schlug das Guckloch zu und brüllte nur: „Saujud!"

Mein Rücken schmerzte mich von den Schlägen, und ich hätte auch gern eine Zigarette gehabt. Also probierte ich ebenfalls mein Glück; ich trat aber nicht als Bittsteller auf, sondern verlangte mit selbstsicherer und bestimmter Stimme: „Gib mir eine Zigarette!", worauf ich von derselben Wache drei Zigaretten bekam.

Meine vorgetäuschte Sicherheit und Angstlosigkeit überrumpelten ihn. Er hatte mit verängstigten Menschen zu tun und nicht damit gerechnet, daß einer der Inhaftierten noch selbstsicher auftreten konnte. Die Nazibanden sind immer in Gruppen aufgetreten, da waren sie mutig und stark. Ihr individueller Mut war nicht sehr groß. Ähnliche Erfahrungen im Umgang mit gefangen Nazis machte auch ein amerikanischer Offizier in Afrika. Er sei, so sagte er mir, ziemlich überrascht gewesen, als er herausfand, wie feig und erbärmlich sie waren. Unmenschlichkeit und Feigheit – zwei Seiten von ein und derselben Medaille.

Ich hatte die erste Zigarette noch nicht ganz ausgeraucht, als derselbe SA-Mann das Guckloch öffnete und hereinrief: „He, Itzig, möchtest du nicht lieber Latrinen reinigen und den Gang aufwaschen, als weiterhin in diesem Pißloch zu sitzen?"

126

Ich verwahrte mich gegen diese Anrede, nahm aber sein „freundliches" Angebot an und verbrachte den Rest der Nacht durch Herumlungern auf dem Gang. Sehr spät am Abend brachte mir Nelly einen geliehenen Gymnastikanzug, denn bei meiner Verhaftung trug ich einen neuen Anzug, der sollte wenigstens geschont werden. Wir dachten immer noch in den Kategorien vor Hitler, wo unser Existenzrecht gesichert war und es Sinn hatte, auf Sachen aufzupassen. Es war Nelly nicht erlaubt, mit mir zu sprechen. Durch den Wachebeamten durfte sie mir aber ausrichten lassen, daß sie in meiner Angelegenheit den österreichischen Generalkonsul in Köln kontaktiert habe. Diese Nachricht brachte mir kurz darauf einen Kaffee ein. Ich zog mein Trikot an und muß darin sehr komisch ausgesehen haben. Denn jeder lachte über mich.

Es war schon weit nach Mitternacht, als der Gewerkschaftsvorsitzende Hellmuth und sein Stellvertreter Roffmann auf dem Präsidium erschienen und meine sofortige Freilassung verlangten. Die deutsche Gesetzeslage erlaubte aber Enthaftungen zwischen 18 Uhr und 6 Uhr nicht. Das wußten auch Hellmuth und Roffmann, ihr Erscheinen sollte mich wenigstens vor Willkürakten schützen. Tatsächlich bewirkte das Auftreten der beiden Gewerkschafter, die als Künstler einen großen Bekanntheitsgrad hatten und in der Nazihierarchie rangmäßig über dem Wachepersonal standen, eine erhebliche Besserung meiner Situation. Verglichen mit den anderen Schicksalsgenossen war ich dort plötzlich in einer sehr privilegierten Situation. Doch ich befand mich deswegen nicht weniger in Lebensgefahr. Das Leben von uns allen lag dort in den Händen der SA-Bewachung, und es war wenig wert. Manche sind von einem harmlos anmutenden Spaziergang im Gefängnishof nicht mehr zurückgekommen. Die lapidare Begründung der SA dazu: Sie hätten einen Fluchtversuch unternommen!

Am nächsten Tag wurde ich auf Intervention des österreichischen Konsuls entlassen. Vorher mußte ich aber noch eine schriftliche Erklärung abgeben, daß ich im Polizeigefängnis korrekt behandelt worden sei. Nach Erledigung dieser Formalitäten war ich frei, vogelfrei; denn ich konnte vom nächstbesten SA- oder SS-Mann wieder verhaftet werden. Ich gelangte aber ungehindert zum Bahnhof und nahm den nächsten Zug nach Köln, wo ich dem Konsul Bericht erstattete.

Außerdem wurde ich von einem freundlichen Arzt untersucht, der Striemenverletzungen am Kopf und Rücken feststellen konnte.

Die für mich nicht leichte Entscheidung, Deutschland zu verlassen, war naheliegend und vernünftig. Frankreich war ein mögliches Ziel. Frau Heinersdorff, die mir, so glaubte ich jedenfalls, wie eine Mutter zugetan war, wollte ich wegen ihrer internationalen Verbindungen um Empfehlungsschreiben für Paris bitten. Sie verweigerte mir aber ihre Unterstützung mit der Begründung, daß Juden zur Zeit in Paris nicht sehr willkommen seien.

Mein Freund, der Assistenzarzt Dr. Nippels, teilte mir „einfühlsam" mit, daß er den freundschaftlichen Umgang mit mir bis auf weiteres einstellen müsse. Autos Heinersdorff wiederum, der Bruder meines verstorbenen Freundes, zog eigens seine braune SA-Uniform an, um mir beim Transport meiner Bibliothek behilflich zu sein. Es waren viele Bücher darunter, die von den Nazis bald verboten werden sollten. Der Kriegsinvalide, Dr. Armbruster, der sich der NSDAP verschrieben hatte, um Karriere machen zu können, brachte mich in seinem Wagen zum Bahnhof; ich habe nie mehr wieder etwas von ihm gehört.

In Straßburg verbrachte ich den ersten Abend nach meiner nicht sehr freiwilligen Ausreise aus Deutschland. Ich besuchte ein kleines Restaurant, das von Flüchtlingen frequentiert war. Sie aßen, tranken und waren sehr ausgelassen; das erste Mal seit Wochen brauchten sie keine Angst zu haben. Das Leben hatte wieder, wenn auch nur für kurze Zeit, seine Normalität zurückgewonnen.

14

Als Flüchtling in Paris

Paris, jene wunderschöne Stadt, hatte ich schon früher auf einer Ferienreise kennengelernt. Obwohl inzwischen nur einige Jahre vergangen waren, hatte sich für mich gegenüber damals unendlich viel geändert. Das kleine Wort „damals" spielt in unserem Leben – im Leben der Exilierten und Holocaust-Überlebenden – eine wichtige Rolle. Damals war ich also dreiundzwanzig Jahre alt und wollte so viel wie möglich von dieser schönen Stadt aufnehmen. Unter Tags rannte ich von einer Sehenswürdigkeit zur anderen, und am Abend stürzte ich mich ins Nachtleben. Damals war ich Tourist und hatte aufgrund meiner Arbeit nicht nur eine gewisse finanzielle Sicherheit, sondern auch eine Identität.

1933 kam ich als arbeitsloser Flüchtling und mußte damit rechnen, längere Zeit in dieser Stadt zu bleiben. Noch dazu kam ich nicht allein, Elly befand sich in meiner Begleitung. Einerseits war es gut, den Weg ins Exil nicht allein beschreiten zu müssen, andererseits bedeutete es wiederum, für das Schicksal eines anderen Menschen Mitverantwortung zu tragen. Wir mieteten ein Zimmer in einem kleinen, aber zentral gelegenen Hotel in der Rue de Grenelle. Zu der Place de la Concorde und den Champs-Elysées war es ein Katzensprung. Ein Katzensprung im wahrsten Sinne des Wortes war es auch zur deutschen Botschaft, die an das Hotel angrenzte. Das haben wir aber erst später bemerkt und dahingehend gedeutet, daß man dem Deutschen Reich eben nicht so leicht entkommen könne.

An unserem ersten Abend gaben wir uns unbekümmert und spazierten die Champs-Elysées entlang zu dem berühmten Straßencafé „Le Colisée", das schon von vielen Flüchtlingen frequentiert war. Jene Flüchtlinge, die sich schon etwas eingelebt hatten, gaben den Neuankömmlingen Ratschläge und Tips. Das Treiben im Café glich einem Bienenkorb.

Die ersten Tage verbrachte ich mit der Erledigung sämtlicher Formalitäten, die für meinen Aufenthalt in Frankreich notwendig waren oder diesen eventuell erleichtern konnten. So meldete ich mich bei einem kurz vorher ins Leben gerufenen Hilfskomitee zur Unterstützung von Flüchtlingen aus Hitler-Deutschland. Unaufschiebbar war auch der Gang auf die Polizei, um die Ausstellung einer „carte d'identité" zu beantragen. Der Besitz dieses Dokuments war äußerst wertvoll und in meinem Fall fünf Jahre später sogar lebensrettend.

Nach diesen Erledigungen hatte ich viel Zeit, konnte aber, weil ich ziemlich bedrückt war, nichts Rechtes anfangen. Mit jedem neuen Tag, der so nutzlos und ohne Hoffnung verging, wurde mir die Haltlosigkeit und Unsicherheit des Flüchtlingsdaseins immer deutlicher.

Jahre später lernte ich einen alten jüdischen Sozialdemokraten aus Rußland kennen, der fast sein ganzes Leben auf der Flucht gewesen war. Das erste Mal war er vor dem zaristischen Regime geflohen, dann vor Kerensky und später vor den Kommunisten. Er flüchtete nach Deutschland und mußte nach einigen Jahren Atempause wieder weg. Dieser alte Mann gab mir den unvergeßlichen Rat: „Emigrieren muß gelernt sein"; wie recht er damit hatte, erfuhr ich auch am eigenen Leib.

Bei meiner Theaterarbeit hatte ich durch das Hinarbeiten auf die Premiere ein Ziel vor Augen gehabt. Dieses Ziel und Ziele überhaupt sind mir durch das nutzlose Herumirren abhanden gekommen. Doch ich hatte Gott sei Dank auch noch andere Stimmungen, die mich zornig werden ließen. In solchen Momenten spürte ich Kraft und immensen Widerstandswillen. Hatten die Nazis mich auch in Deutschland um Ruhm und Karriere gebracht, so wollte ich alles daransetzen, um nicht vollständig aus der Lebensbahn geworfen zu werden. Den Aktivitätsdrang einer solchen Anwandlung nutzend, kontaktierte ich Marya Freundt. Marya war nicht nur eine bekannte klassische Liedsängerin, sondern auch eine gefeierte Gesangsinterpretin von Schönberg-Liedern. Kennengelernt habe ich diese großartige Frau und Künstlerin schon bei meinem ersten Parisaufenthalt über Empfehlung von Nelly Bischoff. Nelly wiederum kannte ich von Düsseldorf, wo sie an der Oper mit ihrer herrlichen Sopranstimme Koloraturarien gesungen hat.

Marya Freundt hörte sich meine Probleme an und setzte sich daraufhin mit Madame Allatini in Verbindung. Diese, etwas mollige, aber attraktive Blondine über Vierzig, war mit dem Hause Rothschild entfernt verwandt. Ihr Mann war ein früherer Armeeoffizier, der vor den italienischen Faschisten geflohen war. Frau Allatini ging darin auf, jenen Menschen zu helfen, die aus Nazi-Deutschland entkommen konnten. Sie setzte sich dafür ein, daß Exilanten Arbeitsbewilligungen und Ausweise erhielten; drohte Flüchtlingen die Ausweisung aus Frankreich, so intervenierte sie aufgrund ihres Einflusses bei den maßgebenden Stellen. Durch sie kam ich in Kreise, die mit Kunst und Showgeschäft zu tun hatten. Als ich mich nach dem Krieg nach ihrem Schicksal erkundigte, erfuhr ich, daß sie der Gestapo in die Hände gefallen und zu Tode gefoltert worden war.

Die anfängliche Erleichterung darüber, Hitlers Schlägertrupps entkommen zu sein, wich sehr rasch der Sorge, womit ich – als deutschsprachiger Schauspieler – meinen Lebensunterhalt in Frankreich bestreiten konnte. Mein Akzent im Französischen war nicht schlecht, aber auch nicht so gut, um auf einer französischen Bühne aufzutreten. Eine kurzfristige Beschäftigung hatte ich als Privatlehrer für Deutsch bei einer jungen verwöhnten Dame aus reicher Familie. Mlle. Courcelles, so war ihr Name, wohnte in einer einladenden Villa am Quai Voltaire und gehörte zu „L'Action Française", der faschistischen und antisemitschen Bewegung Frankreichs. Ich war ziemlich überrascht, daß sie mich als Lehrer genommen hatte, denn sie teilte mir unverblümt mit, daß sie Hitler bewundere, aber nicht mit all seinen politischen Entscheidungen einverstanden sei. Hitler holte mich also immer wieder ein.

Nach dem kurzen Zwischenspiel als Deutschlehrer versuchte ich alles daranzusetzen, um eine Arbeit beim Theater zu finden. Ich sprach mit Louis Jouvet, der damals als Schauspieler überaus berühmt war. Er gab mir den Rat, der Schauspielergewerkschaft beizutreten. Nachdem es mir gelungen war, die entsprechenden Kontakte herzustellen, wurde mir gesagt, daß ich für meine Aufnahme einen „bona fide"- Vertrag mit einem französischen Theater vorweisen müßte. Die Situation nahm schon kafkaeske Züge an, denn als Besitzer eines solchen Papiers hätte ich ja keine Arbeitsprobleme am Theater gehabt.

In den dreißiger Jahren gab es in Paris drei wichtige unabhängige Theater, die von Produzenten, die auch gleichzeitig Regissseure waren, geleitet wurden. Louis Jouvet führte das „Théâtre des Champs-Elysées", Charles Dullin das „L'Atelier" – das historische Theater am Montmartre –, und Gaston Baty war Direktor von „Théâtre Montparnasse"; alle drei zusammen waren unter der Bezeichnung „Le Cartel" bekannt. Jouvet und Dullin waren Schüler von Jacques Copeau, dem legendären Begründer des modernen französischen Theaters, der ebenfalls ein eigenes Theater, „Le Vieux Colombier", hatte. Jouvet, der großartige Inszenierungen von Cocteau, Giraudoux und Passeur auf die Bühne brachte, war auch ein guter Schauspieler.

Dullin sah aus wie ein Fuchs und erreichte in der Darstellung des Volpone große Berühmtheit, er bevorzugte überhaupt klassisches Repertoire. Baty hatte einen sehr feinen Geschmack und ein ausgezeichnetes Ensemble. Marguerite Jamois, eine Schönheit, hatte in fast allen Inszenierungen von Baty die Hauptrolle gespielt. Da er mit Louise Dumont bekannt gewesen war, gestattete er mir, seinen Proben beizuwohnen.

Marya Freundt hatte unter Komponisten und Musikern viele Freunde. Durch sie lernte ich Darius Milhaud, Arthur Honegger, Florent Schmitt und Albert Russel kennen. All diese Berühmtheiten konnten aber im Endeffekt nichts für mich tun. Auch Lucien Besnard und Edmond Fleg, zwei wichtige Dramatiker, bemühten sich erfolglos, mich ans französische Theater zu bringen.

Wie widersprüchlich die Haltung gegenüber Juden war, wurde mir immer wieder vor Augen geführt. Anläßlich einer Einladung bei der Witwe des Literaturnobelpreisträgers Bjornstjerne Bjornson begann Madame unsere Konversation damit, indem sie unverblümt meinte, sie betrachte die Situation der in Deutschland verfolgten Juden als nicht so tragisch, weil diesen ihrer Meinung nach das internationale

Judentum zu Hilfe käme. Die emigrierten sozialistischen oder kommunistischen deutschen Arbeiter hätten es aufgrund ihrer schlechteren Bildung schwerer. Juden hätten schon allein durch ihre Fremdsprachenkenntnisse in der Emigration einen großen Vorteil. Der entscheidende Unterschied lag für Frau Bjornson darin, daß die Juden ins Exil gehen müßten, um ihr Leben zu retten; während Sozialisten und Kommunisten Deutschland aus politischer Überzeugung verlassen würden.

Frau Bjornson war eine beeindruckende Frau und immer noch von einem angenehmen Äußeren. Sie mochte auf die Achtzig zugegangen sein, hatte aber das ungestüme Temperament einer viel jüngeren Frau. Ich brachte trotz ihrer überlegen wirkenden Haltung den Mut auf, das optimistische Bild, das sie von der Mehrheit der deutschen Arbeiter hatte, in Frage zu stellen, und argumentierte, daß die Emigration aus rassischen Gründen bei weitem überwiegen würde. Madame hatte mit meinem Einwand nicht gerechnet und fühlte sich bemüßigt, mich davon zu überzeugen, daß sie keine Antisemitin sei und Mitleid mit den Juden habe. Sie fühle mit ihnen, weil sie kein eigenes Land hätten. Ein Volk von unfreiwilligen Wanderern, auf der ganzen Welt zerstreut und nirgendwo richtig zu Hause. Ich würde sie heute gern im Jenseits davon in Kenntnis setzen, daß „die Juden", wie sie sie so abwertend bezeichnete, jetzt ihren eigenen Staat – Israel – haben, wo sie als freie und selbstbewußte Menschen ohne Angst leben können.

1933 war ich ein magerer, unscheinbarer und auch unfertiger junger Mann, der in seinem bisherigen Leben ein paar Nebenrollen gut gespielt, aber sonst noch nichts aufzuweisen hatte. Dank Marya Freundt erhielt ich Zugang zu einer mir bislang unbekannten Welt. Im Salon von Sophie Clemenceau, der Schwester von Bertha Zuckerkandl, lernte ich die damals in Paris lebenden Persönlichkeiten unter den Emigranten kennen. Ihr Haus galt aber auch als geschätzter Treffpunkt für französische Künstler und Politiker wie Paul Painlevé, Edouard Herriot, Armand Salacrou und Henry Bernstein, um nur einige zu erwähnen. Letzterer war der ungekrönte König des Boulevardtheaters. Auch Jean Cocteau war bei solchen gesellschaftlichen

Ereignissen anzutreffen. Meistens sah man ihn in Begleitung der rothaarigen Schönheit Marianne Oswald, einer Kollegin aus der Düsseldorfer Theaterzeit.

Paul Clemenceau – der Bruder des ehemaligen französischen Ministerpräsidenten Georges Clemenceau und Sophies Gatte – stellte einmal vor seinen Gästen die Frage, wie es möglich wurde, daß sich eine Kulturnation wie Deutschland, die große Denker und Dichter hervorgebracht habe, Hitler und seiner antiintellektuellen Bande verschreiben konnte? Spätestens 1945, als das furchtbare Ausmaß des Nationalsozialismus offenkundig wurde, stellten Millionen Menschen auf der Welt dieselbe Frage.

Die für mich wichtigste Begegnung, die in diesen Zirkeln zustande kam, war jene mit Henri Lenormand. Er war der führende Dramatiker des psychologischen Dramas. Aus dieser Bekanntschaft war eine großartige Freundschaft entstanden, die bis zu Lenormands Tod andauerte. In sein letztes Buch – „Confessions d'un Auteur Dramatique" – schrieb er mir folgende Widmung: „Pour Leon Askin, à travers tant des pays, d'années et d'événments avec mon amitié qui n'a pas changé."*

Außerhalb der Salons konnte man interessante Persönlichkeiten im Café du Dome oder in La Coupole am Montparnasse treffen. Dort verkehrten Ilja Ehrenburg, Ernest Hemingway, Rudolf Leonhard, Arnold Zweig, Hans Sahl und andere. Alfred Kerr, ein sehr bekannter und auch gefürchteter Theaterkritiker der Weimarer Zeit, kam mit mir in einem dieser Lokale ins Gespräch. Nachdem er erfahren hatte, daß ich Dumont-Schauspieler war, lud er mich spontan zu sich nach Hause ein. Der Name Louise Dumont war ein Zauberwort, nur Geld verdienen konnte ich damit trotz der zahlreichen prominenten Gönner in Paris nicht.

Eines Abends machten Elly und ich einen Spaziergang und kamen zufällig am Boulevard Poissoniere vorbei, wo wir auf ein Restaurant

---

* Für Leon Askin, durch so viele Länder, Jahre und Ereignisse mit meiner Freundschaft, die sich nicht ändert.

stießen, das „Chez Lurion" hieß und „Specialitées Viennoises" anbot. Da konnten wir natürlich nicht weitergehen, ohne einen Blick hineingemacht zu haben. Das Lokalinnere war ausgeschmückt mit Fotografien des Radrennfahrers Lurion. Ich erinnerte mich auch, daß mir Papa von dem einzigen jüdischen Radrennfahrer Wiens erzählt hatte. Dieser war immer nur Zweiter oder Dritter geworden, ohne je ein Rennen gewonnen zu haben. Herr Lurion, mit dem ich ins Gespräch kam, machte mich, nachdem ich von meiner Schauspielerei erzählt hatte, mit Herrn Männlein bekannt, der jeden Samstag im „Lurion" Kabarettabende veranstaltete. Herr Männlein lud mich sofort ein, bei ihm mitzumachen. Meine spontane Reaktion war: „Nein!" Denn ich hatte von diesem Metier ja keine Ahnung. Es kam aber wieder einmal ganz anders, denn die nächsten fünf Jahre machte ich fast ausschließlich politisches Kabarett.

15

Kabarett – vollkommenes Neuland für mich

Nichts in meiner bisherigen Schauspielausbildung hatte mich darauf vorbereitet. Als Schüler hatte ich zwar Gedichte vorgetragen, aber Kabarett und politisches Kabarett im besonderen ist eine Kunstgattung für sich. Es genügt nicht, die Technik des Vortragens zu beherrschen. Um die kabarettistische Darbietung glaubwürdig und zugkräftig auf die Bühne zu bringen, muß eine politische Überzeugung dahinterstehen. Mir fehlte nicht so sehr das politische Engagement als vielmehr die Technik des Kabaretts. Diese konnte ich mir aber dadurch aneignen, daß ich andere Kabarettisten bei ihrer Arbeit beobachtete. Mit der Zeit habe ich eine ziemliche Professionalität und auch Originalität erreicht, denn als Kleinkunstregisseur habe ich fast jedes Solo-Chanson in ein Ensemble-Chanson umgewandelt. In Wien war ich deswegen schon bekannt. Zwei junge Kabarettistinnen kamen zusammen und sprachen von ihrer Arbeit. Die eine erzählte begeistert, der Jimmy habe ihr ein neues Chanson geschrieben. Darauf erkundigte sich die andere, wer denn der Regisseur sei? „Askenasy", antwortete die erste. „Dann hat er aber kein Chanson für dich speziell geschrieben, sondern eins für eine „ABC"-Ensemblenummer!" konterte ihre Kollegin.

Der Begriff Kleinkunst wurde in Wien geprägt. Nach Hitlers Machtübernahme waren Wien und Zürich bevorzugte Stationen für Künstler aus Deutschland gewesen. Unter denen, die das Land verließen oder verlassen mußten, waren sämtliche bekannte Namen der Berliner Kabarettszene wie Erika Mann, Max Colpe und Kurt Gerron. Erika Mann und Therese Giehse versuchten ihr äußerst politisches Kabarett „Pfeffermühle" in die Schweiz hinüberzuretten, wo ihnen das künstlerische Überleben seitens der Behörden aber sehr schwer gemacht wurde. Die in der Schweiz kursierende Angst vor dem Kommunismus und „jüdischen Kulturbolschewismus" war größer als vor dem Faschismus. Dementsprechend war das Verhalten gegenüber Hitler-Flüchtlingen.

Deutsche Kabarettisten, die es nach Wien verschlagen hatte, gründeten mit einer Gruppe junger österreichischer Autoren wie Peter Hammerschlag, Gerhart Hermann Mostar, Hugo F. Königsgarten, Hans Weigl, Rudolf Weiss kleine Theater, die sich im Keller von Kaffeehäusern befanden. Diese Kellertheater, die vorwiegend politisch ausgerichtetes Kabarett auf die Bühne brachten, wurden unter der Bezeichnung Kleinkunstbühnen zusammengefaßt. Bekannte Kleinkunstbühnen waren „Literatur am Naschmarkt" im Café Dobner, „Der liebe Augustin" im Café Prückl, und das „ABC", das zuerst im Café City und später im Café Arkaden beheimatet war.

Ich möchte den Ereignissen nicht weiter vorgreifen und wieder nach Paris zu „Chez Lurion" zurückkehren, wo Emigranten zusammengekommen sind, um Kabarett, oder was sie sich darunter vorgestellt hatten, zu machen. Zu dieser kleinen, aber äußerst gemischten Gruppe gehörte Gerda Redlich. Sie war eine junge attraktive Frau, die sich in der Berliner Kulturszene durch das Vortragen „schmutziger Kinderlieder"* einen Namen gemacht hatte. Ein weiteres Mitglied war Peter Bach, der Gedichte von Morgenstern und Ringelnatz zur Laute gesungen hat. Er war der einzige Nichtprofessionelle unter uns, ein künstlerisch hochbegabter Laie. Olga Gebauer, die Frau des Filmregisseurs Nosseck, sang bekannte Wiener Operettenmelodien. Sie war eine nicht mehr ganz junge, aber immer noch schöne Frau, auf die Herr Männlein ein Auge hatte. Meine Mitwirkung bestand im Vortragen von Tucholsky und Heine:

> „Denk ich an Deutschland in der Nacht,
> dann bin ich um den Schlaf gebracht" …

---

* Die Liedtexte stammten von dem bekannten Maler, Zeichner und Schriftsteller Heinrich Zille.

Mit Tucholskys „Drei Minuten Gehör" erntete ich beim Publikum viel Applaus, bei Herrn Männlein, unserem Leiter, kam ich damit aber nicht sehr gut an. Als ich dann noch Chansons – wie die „Baumwollpflücker" – nach Texten des farbigen nordamerikansichen Dichters James Langston Hughes vorgetragen und dabei mein Gesicht schwarz geschminkt hatte, war es mit Herrn Männleins Geduld mir gegenüber vorbei, und ich mußte gehen. Mein Abgang hatte zur Folge, daß sich die kleine Gruppe, mit der ich gut zusammengearbeitet hatte, mir anschloß. Mit einem Schlag hatte ich Kabarettisten, jetzt fehlten nur noch die Räumlichkeiten. Wir hatten aber Glück und fanden in der Rue St.-Honoré, im Herzen von Paris, ein neues Lokal, wo wir unser politisches Kabarett „Künstlerklub Paris-Vienne" etablieren konnten.

Der Komponist Paul Dessau, der mich bei meinem Auftritt im „Lurion" gesehen hatte, fragte mich, ob ich im Kabarett ein Lied, das er komponiert habe, singen würde? Es handelte sich dabei um die Vertonung eines unbekannten Gedichts – „Le Coquillard rouge" – von Villon. Ich baute dieses Chanson in meine Nummer ein und bin damit beim Publikum sehr gut angekommen. Die Zusammenarbeit mit Dessau war sehr angenehm. Über den beruflichen Umgang hinaus lernten wir einander auch menschlich kennen und schätzen. Während meines zweiten Pariser Exils teilten wir einige Wochen lang eine kleine Zweizimmerwohnung. Dessau wurde ein international anerkannter Komponist und entschied sich nach der Staatsgründung 1949 für ein Leben in der DDR.

Durch den Erfolg des Kabaretts war eine Pariser Kunstgalerie auf uns aufmerksam geworden, die für unsere weiteren Auftritte einen riesigen Saal in der Rue de la Boetie nahe der Champs-Elysées zur Verfügung stellte. Großartige Künstler und Menschen haben unseren Vorstellungen eine besondere Note gegeben: die Geschwister Lili Palmer und Irene Prador mit ihren Gesangseinlagen. Heinrich Kostelitz, der als Henry Koster später in Hollywood ein berühmter Regisseur wurde, schrieb Sketches, die Kurt Gerron und Felix Bressart auf der Bühne zum besten gaben. Robert Thoeren, der sich später einen Namen als Drehbuchautor von „Some like it hot" machte, war unser Conférencier. Noch heute bin ich darauf sehr stolz, daß Walter Mehring eigens für unser Kabarett den zu Herzen gehenden „Emigrantenchoral" geschrieben hat. Sparsam mit Worten und Gefühlen hat er, selbst ein Betroffener, die totale Entwurzelung der Vertriebenen zum Ausdruck gebracht.

> Werft
> Eure Herzen über alle Grenzen
> Und wo Euch ein Blick grüßt
> werft die Anker aus
> Zählt auf der Wanderung nicht nach Monden,
> Wintern, Lenzen
> Starb eine Welt – Ihr solllt sie nicht bekränzen!
> Schärft
> das Euch ein und sagt: Wir sind zu Haus
> Baut Euch ein Nest!
> Vergeßt – vergeßt
> Was man Euch aberkannt und Euch gestohlen!
> Kommt ihr von Isar, Spree und Waterkant.
> Was gibt's da heut zu holen?
> Die ganze Heimat und das bißchen Vaterland
> die trägt der Emigrant
> von Mensch zu Mensch – von Ort zu Ort
> An seinen Sohlen – in seinem Sacktuch mit sich fort.
> Werft
> Eure Hoffnung über neue Grenzen
> Reißt Euch die alte aus wie'n hohlen Zahn
> Es ist nicht alles Gold wo Uniformen glänzen
> Soll'n sie verleumden – sich vor Wut besprenzen
> Sie spucken Haß in einen Ozean
> Bis sie beim Fraß
> vom Übermaß
> Erbrechen müssen, was sie Euch gestohlen
> Das Haus, den Acker – Berg und Waterkant
> Der Teufel mag sie holen!
> Die ganze Heimat und
> das bißchen Vaterland

die trägt der Emigrant
Von Mensch zu Mensch – landauf landab
Und wenn sein Lebensvisum abläuft
mit ins Grab.

Das Publikum war zu Tränen gerührt, und diese Stimmung griff auch auf manche von uns über. Unter den Besuchern waren Prominente wie Heinrich Mann, Konrad Heiden – der Autor von „Der Führer", Kurt Bernhardt, Trude von Molo und G.W. Pabst. Auch ihnen hatte Hitler „das bißchen Vaterland" genommen.

Robert Thoeren, der mich schon als Eleve am Theater in der Josefstadt gekannt hatte, stellte mich dem Publikum vor als „Leo Askenasy, unser idealistischer künstlerischer Leiter, der unser Kabarett auf rein kommerzieller Basis führt".

Als die Galerie de là Boetie ihre jährlichen Sommerferien ankündigte, bedeutete das auch das Ende für das Kabarett „Künstlerklub Paris-Wien".

Kurz nach dem 14. Juli 1934 wurde unsere Gruppe zu einem „Gastspiel" nach Saarbrücken eingeladen. Wir sollten mit einem betont politischen Kabarettprogramm unter Bezugnahme auf die aktuellen politischen Ereignisse für die Aufrechterhaltung des Status quo im Saarland Stimmung machen. Das Saarland war 1920 aufgrund der Bestimmungen des Versailler Vertrages für fünfzehn Jahre unter die Verwaltung des Völkerbundes gekommen. Nach Ablauf des Völkerbundmandats sollten die Bewohner in einer freien Abstimmung über die Zukunft des Saargebietes entscheiden. Zur Option standen der weitere Verbleib unter Kontrolle des Völkerbundes, die Angliederung an Frankreich oder die Rückgabe an Deutschland. Bis zu Hitlers Machtübernahme waren die maßgebenden politischen Parteien an der Saar darin einig, für die Rückkehr nach Deutschland zu stimmen. Danach plädierten die saarländischen Linksparteien für die Aufrechterhaltung des Status quo als einzig verantwortungsvolle Lösung.

In Saarbrücken lernte ich Erich Weinert kennen. Weinert war Mitglied der KPD, aber darüber hinaus auch ein hervorragender Lyriker und Publizist, der mit seinen zeitkritischen satirischen Gedichten in politischen Kabaretts aufgetreten ist. Auf politischer Ebene wurden wir uns nicht leicht einig, aber menschlich mochten wir einander sehr. Von Weinert hatte ich viel gelernt, unter anderem die Grundbedingungen für einen politischen Kabarettisten: „Es ist nicht genug, das Publikum anzusprechen. Du mußt es herausfordern. Die Zuschauer müssen sich als politisch handelnde Menschen erkennen können!"

Am 25. Juli 1934 wurde Bundeskanzler Dollfuß von Nationalsozialisten ermordet. Ich stand gerade auf der Bühne in Saarbrücken, als diese Nachricht über Lautsprecher mitgeteilt wurde. Die Zuschauer reagierten großteils mit Jubelrufen, und tumultartige Szenen schienen sich anzubahnen. Erich Weinert kam daraufhin zu mir auf die Bühne, nahm demonstrativ seine Pistole heraus und entsicherte sie. Das verfehlte nicht seine Wirkung, und langsam kehrte beim Publikum wieder Ruhe ein, so daß das Programm ohne weitere Zwischenfälle fortgesetzt werden konnte.

Während der Proben hatten Weinert und ich oft Auseinandersetzungen. Er fand unser Programm nicht scharf genug, obgleich es stark antinationalsozialistisch ausgerichtet war. Das Motto, das unseren Auftritten zugrunde lag, hieß in Übereinstimmung mit Weinert: „Die Saar bleibt frei! Laßt die Nazis nicht herein!"

Die Saar blieb aber nicht frei. Bei der am 13. Jänner 1935 erfolgten Abstimmung entschieden sich 90,8% der Abstimmungsberechtigten für die „Heimkehr" ins Reich. Die Linksparteien und die antinationalsozialistisch gesinnten Kräfte im allgemeinen hatten eine erheblich Niederlage erlitten. Im Saargebiet hielten sich auch an die sechstausend Exilanten auf, die unter diesen Umständen nicht mehr bleiben konnten.*

Als wir von unserem Saar-Aufenthalt zurück nach Paris kamen, setzten sich einige Darsteller von der Gruppe ab. Felix Bressart ging nach Hollywood. Kurt Gerron zog weiter nach Holland, wo er nach der

---

* Ralph Schock (Hrsg.): Haltet die Saar, Genossen! Antifaschistische Schriftsteller im Abstimmungskampf 1935. Berlin – Bonn 1984. S. 15.

deutschen Besetzung festgenommen wurde. Die Nazis verschickten ihn zuerst nach Theresienstadt und später nach Auschwitz, wo er vergast wurde.

Einige Zeit schon hatte ich mich mit dem Gedanken getragen, ein zweisprachiges Kabarettprogramm auf die Bühne zu bringen, um neben dem ursprünglich deutschsprachigen Besucherkreis auch französischsprachige Interessenten anzusprechen. Diesem Kabarett gab ich den Namen „Les Sans Culottes".*

Für die Kabarettnummern in französischer Sprache fand ich eine junge französische Diseuse namens Solange Domilière. – Gut gewählt, falsch getroffen! Zu spät erfuhr ich, daß Solange Domilière Mitglied der rechtsradikalen faschistischen Bewegung „L'Action Française" war. Nachdem sie einer Probe unseres Ensembles beigewohnt hatte, verweigerte sie daraufhin ihre Mitarbeit. An den beiden dafür vorgesehenen Abenden wollte sie nur mit ihrer Solonummer auftreten. Am zweiten Abend erschien sie aber gar nicht mehr zur Vorstellung. Das quittierte die französische Presse sehr negativ. „Le Figaro" kritisierte ihr Verhalten als „Laune einer jungen Diva".

Doch es war mehr als eine Laune, es war eine bewußte politische Demonstration gegenüber uns, den Flüchtlingen aus Hitler-Deutschland.

Nichtsdestotrotz wurde unser fortschrittliches Programm sehr gelobt. Begonnen wurde auf französisch mit Cocteaus Anti-Kriegsepos „Discours du grand sommeil". Dann folgten in deutscher Sprache Chansons von Walt Whitman und Langston Hughes; Heinrich Heine und Walter Mehring durften natürlich nicht fehlen. Es war ein internationales Kabarettprogramm, aber ohne „vedette", ohne Hauptdarsteller. Das bedeutete das Ende der „Sans Culottes" und auch das Ende einer Idee.

---

* Die Sansculotten bildeten die ärmste Schicht der städtischen Bevölkerung. In der Französischen Revolution kam ihnen dadurch bei den Fraktionskämpfen der bürgerlichen Parteien eine Schlüsselstellung zu.

Zu Silvester des Jahres 1934 veranstaltete ich in einem kleinen Kabarett am Montparnasse ein Fest zum Jahreswechsel, das trotz seiner Ausgelassenheit schon den Abschied ankündigte. Wir sangen, tanzten und rezitierten die ganze Nacht und wußten, daß wir uns auf einem Vulkan befanden.

Im Februar 1935 bestieg ich den Arlberg-Expreß und fuhr nach Wien. Elly und ich umarmten einander am Bahnhof. Sie nannte sich inoffiziell schon Madame Askenasy, denn wir wollten ja heiraten. Doch auch dieser Traum hatte ein baldiges Ende. Elly lernte einen anderen Mann kennen und schrieb mir, daß nicht nur unsere sogenannte Verlobung, sondern auch unsere Freundschaft zu Ende sei. Elly hatte, wie ich nach dem Krieg erfuhr, ihr Herz an einen Nazi-Kollaborateur verloren. Das wäre zu dieser Zeit nichts Besonderes gewesen, wenn Elly nicht Volljüdin gewesen wäre. Wegen dieser Beziehung hatte sie nach dem Krieg viele Schwierigkeiten.

Der Arlberg-Expreß konnte wegen des hohen Schnees nicht über den Arlberg. In versiegelten Waggons fuhren wir dann über München nach Wien. Als der Zug im Münchner Hauptbahnhof stand und am Perron die SS auf und ab ging, war uns nicht sehr wohl zumute.

16

Kurze Heimkehr und endgültiger Abschied

Es war fast Mitternacht, als der Arlberg-Expreß nach seinem Umweg über München endlich in Wien eintraf. Da meine Eltern von meinem Kommen keine Ahnung hatten, beschloß ich, angesichts der späten Stunde, diese erste Nacht in Wien in einem Hotelzimmer zu verbringen. In meiner Geburts- und Heimatstadt war ich bisher noch nie in einem Hotelzimmer gewesen, nicht einmal mit einer Freundin.

Ich ging davon aus, daß ich als Dumont-Schauspieler ohne Schwierigkeiten an einem Wiener Theater ein Engagement bekommen würde; vielleicht nicht mit einem Jahresvertrag, aber eine Rolle glaubte ich, sicher erwarten zu können. Doch das erwies sich als großer Irrtum. In Wien gab es bereits zu viele Schauspieler.

Meine ersten beiden Versuche, in der „Literatur am Naschmarkt" und bei Stella Kadmons „Lieben Augustin" als Schauspieler Fuß zu fassen, waren negativ verlaufen. Beide Bühnen hatten bereits ein komplett eingespieltes Ensemble. Aus dieser sich anbahnenden Trostlosigkeit wurde ich durch einen Telefonanruf von Jimmy Berg herausgeholt. Jimmy Berg, der Komponist und Textdichter im „ABC" war, sagte, er hätte mein Kabarettprogramm in Paris gesehen und suche dringendst einen Regisseur für das nächste Programm, ob ich nicht daran interessiert wäre, es zu inszenieren?

Und ob ich daran interessiert war. In dem Augenblick, als die Frage ausgesprochen war, war das für mich keine Frage mehr. Überschwenglich antwortete ich einige Male mit Ja.

Dem „ABC" fehlte es fast an allem, es hatte weder finanzielle Mittel noch gute Textdichter, es hatte auch keine Schauspieler und Schauspielerinnen. Es hatte aber Fritz Eckhart, einen humorvollen Komiker und Schriftsteller, der inhaltliche Schärfe mit Volkstümlichkeit zu verbinden wußte.

Die Gesamtleitung des „ABC" lag bei Hanns Margulies, einem Journalisten, der für die Zeitungen „Der Tag" und „Der Morgen" Gerichtsreportagen verfaßte. Er war ein ganz hervorragender und kämpferischer Journalist und übte seinen Beruf mit sehr viel Engagement und Gerechtigkeitssinn aus. Aufgrund seines journalistischen Einsatzes war es ihm gelungen, einen unschuldig des Mordes Angeklagten freizubekommen. Der junge Mann, um den es sich handelte, hieß Philipp Halsman; er wurde nach seiner Freilassung ein weltberühmter Fotograf.

Als Regisseur und künstlerischer Leiter der Kleinkunstbühne „ABC" war ich für die Auswahl der Schauspieler verantwortlich. Eines Tages kam ein junger blonder Mann zu mir, der mir in einem furchtbaren Wiener Vorstadtdialekt erklärte: „I wuell a Schauspuela wern, i tua olles!" Weiters erzählte er mir, daß er Pfarrer werden wolle und ein gelernter Tischler sei. Ich horchte auf, denn Tischler waren weit schwerer zu bekommen als Schauspieler. So engagierte ich ihn, aber nur mit einem halben Punkt, was einer Nebenrolle gleichkam. Hauptdarsteller bekamen einen ganzen Punkt. Als künstlerisches Kollektiv arbeiteten wir nach Punkten und wurden danach auch bezahlt. Der verhinderte Priester mit dem schwer verständlichen Vorstadtdialekt war der spätere Ifflandringträger Josef Meinrad. Wir dachten sicher nicht gleich, wir lebten weit entfernt voneinander, und doch verband uns viel. Als ich vor einigen Jahren zur Viennale nach Wien eingeladen worden war, da sah ich Pepi Meinrad nach langer Zeit wieder. Wir umarmten uns und freuten uns herzlich über das Wiedersehen. Es war keine gekünstelte Freude, es war das Gefühl der Vertrautheit, das sich bei mir ihm gegenüber schon sehr bald nach unserer Bekanntschaft eingestellt hatte. Ich lag auch richtig bei der Einschätzung seines künstlerischen Könnens. Für mich war es klar, daß er Talent hatte und ein großer Schauspieler werden würde. Unvergeßlich ist er mir durch seine meisterhaften Darstellungen von Nestroy- und Raimundrollen. Ich bewunderte ihn auch in einem tragischen Einakter von Lorca, als blinden Teiresias in „Oedipus" von

Sophokles und als Sargmacher in Hochwälders Drama „Die Herberge". Als „Mann von La Mancha" wurde Meinrad weltberühmt. Dale Wassermann, der den Text für das Musical geschrieben hatte, beurteilte ihn als den besten Darsteller dieser Rolle. In den Vereinigten Staaten war Meinrad aber trotzdem wenig bekannt. Vielleicht erinnerten sich österreichische Emigranten an ihn, wenn sie in der Silvesternacht die Übertragung der „Fledermaus" aus der Wiener Staatsoper im Fernsehen gesehen haben. Er war nämlich ein berühmter Frosch.

Nicht das geringste Vertrauen hatte ich hingegen in das Talent eines anderen Kollegen. Robert Lindner spielte im „ABC" Zirkusdirektoren, Conférenciers, elegante Reisende und ähnliche Rollen, bei denen elegantes Auftreten, das er zweifellos hatte, gefragt war. Aber ich hatte mich 1935 in meiner Einschätzung geirrt. Ende der fünfziger Jahre sah ich ihn am Burgtheater als hinreißenden Anatol. Er war ein Bonvivant, wie man sich keinen besseren vorstellen konnte. Ein Herzinfarkt hat leider allzufrüh sein Schauspielerleben beendet.

Schauspieler, die man als Bonvivants bezeichnen könnte, gibt es heute fast nicht mehr. Einer der letzten Schauspieler, die durch natürliche Eleganz auffielen, war mein Freund Hans Jaray – ein Matinee-Idol im Wien der dreißiger Jahre. Er war nicht nur eine elegante Erscheinung, er hatte auch Geist, Charakter und Mut. Am 12. März 1938, als er in der Rolle des „Pfarrers von Kirchfeld" einen seiner größten Erfolge gefeiert hatte, war ich Zeitzeuge, wie der gläubige Katholik Hans Jaray beim Verlassen des Grand Hotels von einer Gruppe von SA-Männern und BDM-Mädchen jubelnd, die Hand zum Hitler-Gruß erhoben, empfangen wurde: „Heil Jaray, Heil Hitler, Heil Jaray …!"
Hans Jaray blieb stehen, wartete, bis sich die Menge beruhigt hatte, und sagte dann ruhig und deutlich: „Ich bin Jude!"; worauf er zum Erstaunen der plötzlich verstummten Gruppe das Hotel verließ. Zwei Tage später fuhren wir im gleichen Zug nach Paris – fort aus der Ostmark.

Ich erwähnte bereits, daß Wien in der Endphase der Ersten Republik „Große Kunst" auf Kleinkunstbühnen dargeboten hatte. Diese Einschätzung teilte auch Douglas Reed. In seinem Buch „Insanity Fair" widmete er ein Kapitel den politischen Kabaretts oder Kleinkunstbühnen. Darin lobte er den Idealismus der jungen Schauspieler und die hohe künstlerische Qualität des Dargebotenen. Die Dramatisierung von Hans Christian Andersens Märchen „Des Kaisers neue Kleider" war aufgrund der politischen Ereignisse in Deutschland sehr aktuell. In dieser Geschichte aus unseren Kindertagen geht es um einen kleinen Schneider, der im System eines autokratischen Königs überleben wollte. Einmal hatte er die neue Garderobe des Kaisers nicht termingerecht an den Hof bringen können und mußte um sein Leben fürchten. Da er ein Überlebenskünstler war, hatte er aber Übung darin, sich durch prekäre Situationen hindurchzuschwindeln. Diesmal half er sich mit der Idee, daß die neuen, nicht gelieferten Kleider aus glänzendem Gold und schimmernder Seide wären und nur von denen gesehen werden könnten, die dem König in absoluter Treue ergeben wären. Der gesamte Hofstaat überschlug sich natürlich in Loyalitätsbekundungen gegenüber dem Herrscher und bewunderte den König in seinen „neuen" Kleidern. Als ein naives Bauernmädchen, überrascht über das Nicht-zur-Kenntnis-Nehmen der Wirklichkeit, laut herausschrie: „Der König ist ja nackt!", da kam es zu tumultartigen Szenen. Alle – angefangen von den höchsten Würdenträgern bis zu den niedrigsten Untertanen – unterdrückten die so offensichtliche Wahrheit. Und weil nicht ungestraft sein konnte, was nicht sein durfte, wurde dem Mädchen der Prozeß gemacht.

Die Anspielung auf den Reichstagsbrandprozeß kam dabei so gut heraus, daß es einem kalt über den Rücken gelaufen ist. Die jungen Kabarettisten zeigten in der Gerichtsszene äußerst überzeugend Mechanismen faschistischer Herrschaft auf. Die meisten von ihnen hatten ja vor ihrer Flucht aus dem nationalsozialistischen Deutschland faschistische Willkür am eigenen Leib erfahren. Auf den politisch verordneten Rassismus und Antisemitismus der Nationalsozialisten Bezug nehmend, war bei unserer Kabarettaufführung der prächtige Mantel des Märchenkönigs nur von gehorsamen, reinrassigen, arischen Volksgenossen zu sehen.

An einem Nachmittag im August 1935 kam Hans Weigel zu mir ins „ABC", um mir mitzuteilen, daß er nun hauptsächlich fürs große Theater – das Theater an der Wien – schreiben würde und nur mehr wenig Zeit fürs „ABC" hätte. Damit ich seinen Abgang leichter verkraften konnte, hat er auch gleich einen „Ersatz" mitgebracht, den er mir mit wärmsten Worten anpries: „Hier ist ein junger Mann, der regelmäßig Artikel für die „Arbeiter-Zeitung" verfaßt und auch Gedichte und Chansons fürs Wiener Werkl schreibt, der wird dir jetzt deine Mittelstücke schreiben."

So wurde der Dramatiker Jura Soyfer im „ABC" eingeführt; sein erstes Stück war „Die Plakatsäule". Rudolf Klein-Lörk spielte den Plakatankleber und fing mit dem großartigen Lied an:

Der Mensch, der was ins Leben tritt,
Kriegt auf de Woelt
Drei Dinge mit …

Mein Freund Jura Soyfer hatte in seinem Stück „Weltuntergang" prophezeit, daß „Die Welt auf kan Fall mehr lang steht …". Was hätte er wohl über den Zustand der Welt und der Menschheit nach dem Holocaust und dem furchtbaren Morden gesagt?

Wenn er nicht in Buchenwald an Typhus gestorben wäre, wäre er einer der bedeutendsten deutschsprachigen Dramatiker unseres Jahrhunderts geworden. Es erfüllt mich mit Stolz und Genugtuung, daß ich es war, der Jura Soyfer zum ersten Mal auf die Bühne der Kleinkunst gebracht hatte. Als politisch denkender Mensch war er ein wachsamer und parteiergreifender Beobachter seiner Zeit. Juras Werk gilt nicht nur als herausragendes Beispiel für engagierte Literatur, sondern setzt sich auch tiefgründig mit der Frage auseinander, was einen Menschen ausmacht und wie man in einer inhumanen Welt menschlich bleiben kann. In „Weltuntergang" faßt er im Kometenlied die großen gesellschaftlichen Widersprüche unseres Jahrhunderts zusammen, die mehr denn je verlangten, daß der einzelne verändernd eingreift, um die Welt menschlicher zu machen. Im Kometenlied, das ich die Ehre hatte, zum ersten Mal in der Öffentlichkeit zu singen, liegt ja auch Hoffnung und Zuversicht, den angekündigten Weltuntergang abwenden zu können.

> Gesegnet und verdammt ist diese Erde,
> Von Schönheit hell umflammt ist diese Erde,
> Und ihre Zukunft ist herrlich und groß.

Selbst in seinem Dachaulied, das er im Konzentrationslager Dachau als geschundener und gequälter Mensch geschrieben hat, kommt Juras Zuversicht auf den Sonnenstrahl des Lebens zum Ausdruck. Die Musik dazu komponierte sein Mithäftling Herbert Zipper. Beiden war klar, auch wenn sie das Lager überlebten, „würden sie niemals mehr dieselben Menschen sein wie vorher".*

Soyfer und Zipper kamen von Dachau nach Buchenwald, wo Jura Mitte Februar 1939 an Typhus gestorben ist. Herbert Zipper und ein anderer Häftling „trugen Soyfer hinaus, bekleideten ihn mit einem Papierhemd und legten ihn in eine Kiste".**

Zipper, der einige Tage später aus Buchenwald entlassen worden war, hatte das Dachaulied nach Paris gebracht, wo ich es in unserem kleinen deutsch-französischen Kabarett zum ersten Mal gesungen habe.

> „Einst wird die Sirene künden:
> Auf zum letzten Zählappell!
> Draußen dann, wo wir uns finden,
> Bist du, Kamerad zur Stell.
> Hell wird uns die Freiheit lachen,
> Schaffen heißt's mit großem Mut.
> Und die Arbeit, die wir machen,
> Diese Arbeit, sie wird gut.
>
> Denn wir haben die Losung von Dachau gelernt
> Und wir wurden stahlhart dabei.

---

* Paul Cummins: Musik trotz allem. Herbert Zipper: Von Dachau um die Welt. Wien 1993. S. 98 f.
** ebenda, S. 115.

Bleib ein Mensch, Kamerad,
Sei ein Mann, Kamerad,
Mach ganze Arbeit, pack an, Kamerad:
Denn Arbeit, denn Arbeit macht frei,
denn Arbeit, denn Arbeit macht frei!"

Einige Kabarettisten machten nach dem Krieg in New York den nicht
sehr erfolgreichen Versuch, die „Kleinkunst der dreißiger Jahre" wie-
derzubeleben. In diesem Rahmen veranstalteten sie unter meiner
Leitung einen Jura Soyfer-Abend. Als Motto der Veranstaltung wählte
ich einen Titel von Jura – „Die Freiheitsstatue für fünf Schilling" –
und bat keinen Geringeren als Berthold Viertel, die einleitenden
Worte zu sprechen. Diese Veranstaltung wurde ein großer Erfolg, und
wir mußten sie wiederholen.

Es war aber nicht Jura Soyfer allein, der dem „ABC" zu seinem guten
Ruf verhalf; die ganze Gruppe hatte daran entscheidenden Anteil.
Unser Bekanntheitsgrad reichte über die Grenzen Österreichs hinaus.
Der Manchester Guardian, die zweitgrößte Zeitung Englands, be-
zeichnete das „ABC" als „The best bet in town".
   Jimmy Berg, unser Komponist und musikalischer Leiter, erklärte
die Intentionen unseres Programms auf seine Weise:

Das ABC von A bis Z für Sie
Für Sie der Text und auch die Melodie
Vergessen Sie den Wahlspruch nie
Das ABC von A bis Z für Sie!

Mein Ziel war es, ein wirklich politisches Kabarett auf die Bühne zu
bringen. In den Jahren von 1933 bis 1938, wo faschistische Gesell-
schaftsformen zunehmend salonfähig geworden waren, wollten wir
mit künstlerischen Mitteln auf die Gefahren hinweisen, denen Österreich in der Umklammerung durch Hitler, Mussolini und Horthy
ausgesetzt war. Österreich war aber nicht nur von außen bedroht, im
Land selbst waren die demokratischen Errungenschaften sukzessive
abgebaut worden. Nach der Ausschaltung des Parlaments im März

1933 und dem Bürgerkrieg im Februar 1934, wo Teile der Arbeiterschaft einen aussichtslosen Kampf gegen die österreichische Spielart
des Faschismus geführt hatten, wurde regimekritisches Verhalten hart
bestraft. Auch das „ABC" und sein Ensemble waren den Austrofa-
schisten suspekt. In einem Dossier der Bundespolizeidirektion Wien
wurde unseren Darbietungen eine kommunistische Tendenz zuge-
schrieben. Über Schauspieler und Publikum „beehrt sich die Bundespolizeidirektion noch zu bemerken, dass die in diesen Kleinkunstbühnen auftretenden Schauspieler fast durchwegs Juden, darunter
viele Emigranten aus Deutschland, und dass auch die Besucher fast
ausschliesslich Juden sind."*

Die Zensur gab dem Land die geistige Prägung. Im Kabarett hatte
ich es mit dem Zensor Dr. Wessely zu tun. Er war ein unangenehmer
und ziemlich engstirniger Zeitgenosse, der mir viele Probleme
machte. Ich höre heute noch Dr. Wessely mit seinem Standardsatz:
„Sie dürfen sich doch nicht über unseren Kanzler lustig machen!"
Zum Glück, muß ich sagen, gehörte Dr. Wessely nicht zu den intelli-
gentesten Beamten. Seine Reaktion auf Erklärungen meinerseits war
selbst schon kabarettreif. Ähnlich der Karikatur des „Herrn Dimpfl"
in der Zeitung „Der Morgen", der immer nur mit „Ah so" geantwortet hatte, reagierte auch unser Zensor auf vorgebrachte Gegenargu-
mente.

In meiner Kabarett- oder Kleinkunstzeit hatte ich zwei Erlebnisse, die
mir unvergeßlich geblieben sind. Einmal besuchte ein Fabrikant aus
Chicago unsere Aufführung und kam, weil sie ihm so gut gefallen hat,
immer wieder. Er suchte unsere Bekanntschaft, und so erfuhren wir,
daß er Otto Eisenschiml hieß und ein geborener Wiener war, der es
in den USA zu Reichtum gebracht hatte. Im Jahre 1938, als wir alle,
um unser Leben zu retten, aus Österreich fliehen mußten, da gab uns
Otto Eisenschiml die für die Einreise in die USA benötigten Affidavits. Eisenschiml war nicht nur ein Mann der Wirtschaft, sondern
auch ein Autor, der sich mit historischen Themen aus dem amerika-

---

* DÖW/ad Walter Lindenbaum. Amtsrat Herbert Exenberger ließ mir freundli-
cherweise die entsprechenden Kopien zukommen.

nischen Bürgerkrieg beschäftigt hatte. Ein Stück von ihm wurde auch am Broadway aufgeführt.

Das zweite Erlebnis, an das ich mich bis heute erinnere, hatte ich im Frühjahr 1935 in Graz, wo wir uns mit dem „ABC" auf Tournee befunden hatten. Nach einer Vorstellung kamen zwei junge Burschen in weißen Stutzen zu mir. Weiße Stutzen waren zu dieser Zeit das Erkennungszeichen der illegalen Nazis in Österreich. Die zwei Nazis machten mir das Angebot, für die in Österreich verbotene NSDAP ein Anti-Schuschnigg-Programm zu inszenieren.

Völlig erstaunt erklärte ich ihnen, daß ich doch Jude sei; worauf sie mir erwiderten, daß sie das wüßten. Sie würden mir diesbezüglich „entgegenkommen" und die antijüdischen Witze im Programm etwas abschwächen. Als ich mich weigerte, dieses geschmacklose Ansinnen weiter zu diskutieren, baten sie mich, doch wenigstens ihre illegalen Führer kennenzulernen. Aus purer Neugierde gingen Jimmy Berg und ich zu diesem Treffen der illegalen Nazis. Sie kamen wiederum auf das Anti-Schuschnigg-Kabarett zu sprechen und boten uns viel Geld an, doch wir wollten nicht im entferntesten mit den Nazis zu tun haben. Obwohl man immer wieder sagt, daß der Schauspielberuf eine Art Prostitution ist, haben Jimmy und ich nie gesinnungsmäßige Prostitution betrieben. Weder hüben noch drüben.

Unseren Zensor Dr. Wessely habe ich schon erwähnt, zu unserem Leidwesen blieb er uns die ganze Zeit erhalten und machte mir und dem Ensemble das Leben schwer. Aufgrund seiner Dummheit lieferte er mir aber auch unvergeßliche Szenen. Das „ABC" spielte unter Schuschniggs Kanzlerschaft einen Sketch mit dem Titel „Metternich". Wessely saß während der Generalprobe neben mir; plötzlich wurde er unruhig und sagte: „Um Gottes willen! Das geht doch nicht, Sie machen sich ja über unseren Herrn Kanzler lustig."

„Aber nein", sagte ich, „das ist doch eine Parodie über das neue Burgtheaterstück ‚Metternich'."

Nachdem ich ihm das noch einmal hoch und heilig versprochen hatte, daß wir nur die Burgtheateraufführung parodierten und nicht den Kanzler, gab er sich mit seinem in die Kabarettgeschichte eingegangenen Ausspruch „ah so" zufrieden.

Ein weiteres Erlebnis hatte ich mit ihm, als ich im „Lieben Augustin" den Diogenes-Sketch spielte: Diogenes kommt nach Wien und will wissen, welche Neuigkeiten es hier gäbe. Damals spielte das Theater an der Wien gerade „Axel an der Himmelstür" mit Zarah Leander, einer glühenden Nationalsozialistin. Aus diesem Stück stammte auch das von ihr gesungene Lied „Gebundene Hände".

Diogenes erkundigt sich also nach den Wiener Neuigkeiten, und ich als Schuhputzer sollte antworten: „Da brauchen S' ja nur ins Theater an der Wien zu gehen, da werns gleich wissen, wos es Neues gibt." Der Schuhputzer fängt daraufhin an, das Chanson von Zarah Leander, „Gebundene Hände", zu singen. Unser „Freund", Zensor Wessely, schrie auf: „Sie dürfen die politische Situation in Österreich doch nicht mit ‚Gebundenen Händen' vergleichen!"

Er verlangte eine Streichung dieser Passage. Am nächsten Tag „beehrte" er uns wieder. Als Diogenes seine Frage stellte, begann ich an Stelle einer Antwort die Melodie von „Gebundene Hände" zu pfeifen, wie einst in Paris die berühmte Yvette Gilbert, die auf diese Weise versucht hatte, den Pariser Zensor zu umgehen. Wessely konnte man aber nicht umgehen, schon legte er sich kampfeslustig ins Zeug: „Auch Pfeifen ist verboten!"

Am nächsten Tag summte ich die Melodie, doch auch das hat er mir verboten. Viele Möglichkeiten, die Pointe dieser Nummer zu retten, hatte ich nun nicht mehr. Am kommenden Tag tanzte ich mit überkreuzten Händen die Melodie. Ein verzweifelter Doktor Wessely schrie daraufhin: „Pfeifen Sie!"

Nicht alle meine Begegnungen mit dem Zensor endeten so harmlos. Gerhart Hermann Mostar, der Hauptschriftsteller im „Lieben Augustin", schrieb 1937 – zur Zeit des spanischen Bürgerkrieges – ein Mittelstück mit dem Titel „Don Quichote und Sancho Pansa". Dieses Mittelstück habe ich inszeniert und das von Mostar großartig geschriebene Chanson des Sancho Pansa selbst vorgetragen. Damit gingen wir – wie man in der Theatersprache sagt – in die Pause. Am Premierentag wurde ich aber krank, und ein Kollege mußte für mich einspringen und auch die weiteren Vorstellungen spielen. Einige Wochen später bekam ich einen Anruf von Stella Kadmon, daß der Kollege, der für mich eingesprungen war, ebenfalls erkrankt sei und ich ab sofort den Sancho Pansa singen müsse. Nachdem ich nach meinem Auftritt in die Garderobe zurückgekommen war, wartete dort schon mein „Freund" Wessely mit einem Polizisten auf mich, der Handschellen dabeihatte und mich verhaften wollte.

Laut Wessely hätte ich einen neuen revolutionären – ja sogar staatsgefährdenden – Text anstelle des ursprünglichen hineingebracht. Ich verneinte die Anschuldigung vehement und wies darauf hin, daß das Lied mit diesem Text schon seit ungefähr drei Wochen vorgetragen werde. Er glaubte meinen Beteuerungen nicht, Billeteure, Kellner und Bühnenarbeiter wurden deshalb ausführlich befragt, doch sie konnten meine Aussagen nur untermauern. Als Wessely feststellen mußte, daß er nichts ausrichten konnte, meinte er resignierend: „Dann habe ich es eben nicht verstanden." Das Lied mußte aber aus dem Programm gestrichen werden.

Meine Tätigkeit als Regisseur und künstlerischer Leiter im „ABC" habe ich für sechs Monate unterbrochen, um als Regisseur und Schauspieler am Linzer Landestheater zu arbeiten. Abgesehen davon, daß ich, da jede Woche eine Premiere angesetzt war, in ziemlich vielen Rollen spielte, inszenierte ich auch Emmet Laverys Jesuitendrama „Die erste Legion". Diese Inszenierung war eigentlich mein erster großer Regieerfolg am Theater. „Ein Ruhmesblatt in den Annalen der Stadt Linz" war der Tenor sämtlicher oberösterreichischer Zeitungen. Diese Arbeit brachte mich auch in Verbindung mit den Mönchen des Jesuitenklosters in Linz, einer von ihnen – Pater Leiser – war mein technischer Berater gewesen. Kurz vor Ablauf meines Vertrages fragte mich Landeshauptmann Dr. Gleißner, ob ich nicht noch ein Jahr in Linz bleiben wollte. Das Theater würde einen Mann wie mich brauchen. Ich müßte aber Katholik werden. Als ob er damit den letzten Trumpf in der Hand hätte, fuhr er fort, daß die Jesuiten im Falle von Hitlers Einmarsch mich im Kloster schützen würden.

Ich habe meinen Glauben, aus dem ich einen wichtigen Teil meiner Identität, meines Denkens und meiner Lebensform beziehe, nicht gewechselt. Ich werde ein Jude bleiben, bis zu meinem letzten Atemzug; ein bewußter Jude in Anbetracht der Millionen ermordeten Juden!

Nachdem mein Vertrag in Linz ausgelaufen war, kam ich nach Wien zurück, nahm meine Arbeit beim „ABC" wieder auf und spielte auch Theater.

Während einer Probe fürs Kabarett überbrachte mir mein Vater die Nachricht, daß Direktor Lothar mich dringend zu sprechen wünsche. Ich begab mich also zum Direktor der Josefstadt, der sich vorher nie für mich interessiert hatte. Lothar, der Deutsch immer mit französischem Akzent sprach, fragte mich, ob es mir möglich wäre, am kommenden Sonntag die Hauptrolle in der Josefstadt-Inszenierung von „Die erste Legion" zu übernehmen. Unser Gespräch hatte am Donnerstag stattgefunden, doch das schien für ihn kein Problem zu sein. Er meinte, da ich dieses Stück doch so erfolgreich in Linz inszeniert hätte, würde ich es auch schaffen, am Sonntag den Pater Ahern, das war die Hauptrolle, zu spielen. Die einzige Probe, die wir hatten, war eine kurze Verständigungsprobe, die für Sonntag um 18 Uhr 30 angesetzt wurde. Vorstellungsbeginn war um 19 Uhr 30.

Albert Bassermann, der zu dieser Zeit größte deutschsprachige Schauspieler, ist in der Rolle des Rektors aufgetreten. Als ich im ersten Akt auf die Bühne mußte, brachte ich vor Aufregung und Lampenfieber kein Wort heraus. Bassermann, der meine hilflose Lage erkannt hatte, erhob sich von seinem Stuhl und begrüßte mich: „Ah, Pater Ahern, wie geht es Ihnen? Möchten Sie eine Zigarette?"

Das alles stand aber nicht im Text, und er bot mir tatsächlich eine Zigarette an und führte mich zu dem Stuhl, wo ich laut Regieanweisung zu sitzen hatte. Nach einigen Zügen von der Zigarette beruhigte ich mich langsam und konnte meine Rolle mühelos und gut zu Ende spielen. Das war meine erste Begegnung mit Bassermann.

Regisseur dieser Josefstadt-Inszenierung war Ludwig Otto Preminger. Dieser wurde – wegen seiner Umgangsformen auf der Bühne – von Schauspielern sehr gefürchtet. Es gab Schauspieler, die sich geweigert hatten, unter seiner Regie zu spielen.

Ich hatte das Glück, Preminger privat zu kennen; und da erwies er sich als große Persönlichkeit. Seine Menschlichkeit und Großzügigkeit sind mir bis heute in Erinnerung geblieben. Einem aus Wien geflüchteten Schauspieler, der wegen seines Akzents weder in Hollywood noch in New York Arbeit gefunden hatte, überwies er über lange Zeit hindurch monatlich höhere Dollarbeträge. Hatte sich ein großer Star einmal in Steuerschwierigkeiten befunden, so stellte er diesem, ohne viel nachzudenken, einen Scheck über eine hohe Dollarsumme aus.

Als Regisseur kannte er sein Fach und wußte, was er dem Theater- und Filmpublikum schuldig war. Er war kein Reinhardt und auch kein Piscator, er machte publikumswirksame Inszenierungen. Als Direktor des Theaters in der Josefstadt war er einer der ersten Theaterleiter, die zeitgenössische amerikanische Stücke in deutscher Sprache aufgeführt hatten.

Beinahe gleichzeitig hatten wir unsere berufliche Laufbahn begonnen – Preminger als Assistent bei Direktor Jahn in der „Komödie" und ich als Schauspielschüler in der „Neuen Schule". Jahre später, als ich schon amerikanischer Soldat war und meine militärische Ausbildung in Los Angeles absolvierte, besuchte ich Preminger regelmäßig am Sonntagmorgen. Wir frühstückten zusammen im Beverly Wilshire Hotel. Er saß dabei in der Badewanne und ich an einem Tischchen daneben.

Wir waren miteinander befreundet, ohne viel Aufhebens davon zu machen. Während der Drehzeit zu „Carmen Jones" erhielt ich eines Abends einen Anruf von Premingers Assistenten Max Slater. Max sagte: „Der Otto ist sehr müde, er muß aber noch am späten Abend eine Regiesitzung abhalten. Wir sind gerade in Beverly Hills, kann er auf einen Drink bei dir vorbeikommen?"

Preminger und ich hatten einmal, als wir mit seinem Wagen vom Studio nach Hause fuhren, eine große Auseinandersetzung. Er empörte sich sehr über jene Juden, die nach dem Krieg wieder nach Österreich oder Deutschland zurückgegangen waren oder gehen wollten. Ich entgegnete ihm, daß wir nicht das Recht hätten, diese Menschen zu verurteilen. Solche Entscheidungen lägen ausschließlich im persönlichen Bereich eines jeden einzelnen. Preminger selbst schien ein Jahr später seine Meinung geändert zu haben, denn er kam zu Filmdreharbeiten nach Österreich. In diesem Film mit dem Titel „Der Kardinal" spielte auch der Schauspieler Erik Frey, von dem bekannt war, daß er SA-Mitglied gewesen war. Am Tage nach

Hitlers Einmarsch in Österreich hatte Frey Premingers Assistenten – Max Slater – aus dem Theater gewiesen.

Otto Preminger gab viele Interviews und versuchte seinem Image als grantiger und herumschreiender Regisseur gerecht zu werden. Mir gegenüber machte er sich oft über sich selbst lustig, wenn ich ihn im Filmstudio von 20th Century Fox besuchte. Anstelle einer Begrüßung schleuderte er mir den Satz entgegen: „Was, du kommst zu mir? Geh und besuch doch lieber meinen Bruder Ingo, der ist ein netter Mensch!"

Wann immer wir uns begegneten, bedeckte er seine riesige Glatze lachend mit seiner Hand. Wir beide waren gleichaltrig; nur hatte ich viele Haare und er keine mehr.

Während meines zweiten Pariser Aufenthaltes habe ich mit meiner damaligen Freundin Anni Helveg* an einem Filmdrehbuch über den tschechoslowakischen Präsidenten Tomás G. Masaryk gearbeitet. Bassermann hatte an der Rolle des Präsidenten Interesse, und Paul Kohner, ein berühmter Agent in Hollywood, war von diesem Projekt begeistert und wollte es realisieren. Der Ausbruch des Zweiten Weltkrieges verhinderte aber die Umsetzung dieses interessanten Vorhabens.

1947 – genau zehn Jahre nach unserem ersten Zusammentreffen – begegnete ich Bassermann wieder. Felix Gerstmann, ein ehemaliger Papierhändler aus Wien, hatte die Idee, eine Schauspielgruppe zu gründen. Angehören sollten ihr Schauspieler und Schauspielerinnen, die nach Hitlers Machtübernahme aus Deutschland und Österreich vertrieben worden waren. Für diese Truppe mit den Namen „Players from Abroad" inszenierte ich als Vorbereitung auf das Goethe-Jahr 1949 Goethes „Faust". Albert Bassermann war als Mephisto vorgesehen, Uta Hagen, gebürtig aus Göttingen, als Gretchen und Herbert Berghof als Faust.

Meine Wiederbegegnung mit Bassermann ist äußerst dramatisch verlaufen. Nach einigem Zögern sagte ich Bassermann, daß ich lie-

---

* Anni Helveg war die Schwester von Sir Karl Popper.

bend gern einen Klassiker wie Goethes „Faust" ganz ohne Deklamation – ähnlich einem modernen Konversationsstück – inszenieren möchte. Bassermann, der Mephisto schon unter dem berühmten Otto Brahm in den neunziger Jahren des vorigen Jahrhunderts gespielt hatte, sprang wie elektrisiert von seinem Stuhl auf und erwiderte beinahe schreiend in seinem Mannheimer Dialekt: „Aber das strebte ich doch mein ganzen Leben lang an, Klassiker auf diese von Ihnen vorgeschlagene Weise zu spielen."

Von diesem Augenblick an waren Bassermann und ich – was unsere gemeinsame Arbeit betraf – ein Herz und eine Seele. Als Privatmensch lebte er sehr zurückgezogen. Begegneten wir uns zufällig außerhalb des Theaters, so grüßte er mich, indem er seinen Hut lüftete, sehr formell: „Guten Tag, Herr Askin. Wie geht es Ihnen?" Wenn wir uns abends auf der Bühne trafen, sagte er: „Servus, wie geht's dir?"

Meine „Faust"-Inszenierung mit Bassermann war eines der einschneidendsten Ereignisse in meinem Berufsleben. Nachdem Herbert Berghof mir für die Rolle des Faust abgesagt hatte, wurde meine Aufgabe als Regisseur zunehmend schwieriger. Beim besten Willen konnten wir keinen Faust-Darsteller finden. Gerstmann ist sogar an Fritz Kortner herangetreten; doch der lehnte brüskiert ab: „Mit Bassermann als Mephisto werde ich keinen Faust spielen. Ich bin doch selbst ein berühmter Mephisto."

Eines Tages kam Gerstmann zur Probe und erklärte strahlend, er habe einen Faust gefunden.

„Wen?" fragte ich mißtrauisch. Denn es war schon im deutschsprachigen Raum schwer, einen guten Faust zu finden; und jetzt wollte Gerstmann einen in New York gefunden haben.

„Wer sollte das sein?" fragte ich.

„Du kennst ihn nicht", erwiderte Gerstmann. „Er hat den Faust vielmals in Deutschland gespielt und heißt Mario Gang."

„Mario Gang", rief ich entsetzt. „Ist das der mit der tiefen Baßstimme?"

Gerstmann bejahte dies überrascht.

„Das ist ein Oberschmierist", reagierte ich ablehnend.

Gerstmann versuchte meine ablehnende Haltung gegenüber dem neuen Faust-Darsteller dahingehend zu interpretieren, daß ich selbst die Rolle spielen wollte.

„Unsinn", erwiderte ich ihm. „Es ist schwer genug, Regisseur einer „Faust"-Aufführung zu sein. Nur ein Narr würde sich auch noch die Rolle aufhalsen."

Mario Gang wurde also engagiert. Ich arbeitete mit ihm drei Tage allein. Das Resultat war ziemlich entmutigend, er wurde aber trotzdem als Faust eingesetzt. Bei der ersten Probe mit Bassermann bemerkte ich schon nach kurzer Zeit, daß Bassermann nervös wurde. Bassermann, einer der größten Schauspieler der Welt zeigte Anzeichen von Nervosität; das war unvorstellbar. Gleich darauf vernahm ich im Hintergrund die schrille Stimme von Else Bassermann: „Wenn dieser Mann den Faust spielt, dann lasse ich meinen Mann nicht auftreten!"

Hilfesuchend rief ich nach Gert. Gert von Gontard war Coproduzent und Geldgeber unserer Inszenierung. So schnell wie an diesem Vormittag, als Albert und und Else Bassermann sich weigerten, an der „Faust"-Aufführung mitzuarbeiten, war Gontard noch nie auf der Probe erschienen. Da es aussichtslos schien, einen geeigneten Faust-Darsteller zu finden, mußte ich es wagen, den Faust in meiner eigenen Inszenierung zu spielen.

Mit Bassermann auf der Bühne zu stehen war nicht nur ein Erlebnis, sondern auch ein Vergnügen. Fast jeden Abend passierte irgendwas. Am Premierenabend – in der Schülerszene – fuhr Bassermann mit seinem Arm in das Futter statt in das Ärmelloch. Es blieb ihm nichts anderes übrig, als die ganze Szene einarmig zu spielen. Als er hinter die Kulisse trat, sagte er grinsend zu mir: „Ich habe dir doch versprochen, ich bin ein Schmierist."

Ein anderes Mal konnte er für die Valentin-Szene seine Laute nicht finden und mußte für das berühmte Ständchen die Laute durch die Sprache seiner Hände vermitteln, was die Szene sogar schöner machte. Warum auch nicht, er war ja der Teufel.

In der Straßenszene fragte mich Bassermann plötzlich: „Was kommt denn jetzt?"

„Bei aller verschmähten Liebe …", gab ich zur Antwort, und blitzschnell war er, wie ein Zirkuspferd, das die Musik erkennt, auf der Bühne.

Bassermanns Liebe und Loyalität zu seiner Frau Else waren weithin bekannt. Er konnte seine Ergebenheit ihr gegenüber auch ironisieren. In „Faust" gibt es zwei Szenen, wo weder Faust noch Mephisto auf der Bühne sind. Bassermanns erste Frage hinter der Kulisse war: „Ist Frauchen schon in der Garderobe?"

Nachdem ich das bejaht hatte, sagte er: „Dann komm, laß uns ein Zigarettchen rauchen!"

In Paris fragten ihn einmal zwei junge französische Filmproduzenten, ob er in ihrem Film eine Rolle spielen würde. Bassermann reagierte mit einer Gegenfrage, ob in dem Film auch eine Rolle für seine Frau wäre.

Sie hielten das für möglich, wollten aber vorher ein Foto von seiner Frau sehen. Am nächsten Tag brachte Bassermann ein Foto von Else. Die beiden Produzenten warfen einen Blick darauf und meinten zueinander auf französisch: „Cette une vieille juive!"

Bassermann, der diese Worte gehört hatte, drehte sich um und sagte: „Danke, ich verstehe Französisch."

Nach der Machtergreifung Hitlers hat er mit seiner jüdischen Frau Else Schiff-Bassermann Deutschland verlassen. So dramatisch wie das Leben dieses einmaligen Künstlers und Menschen verlaufen ist, so war auch sein Sterben, denn er wollte weder in Deutschland noch in Amerika begraben werden. Durch seine Krebskrankheit schon vom Tode gezeichnet, ließ sich Bassermann in die Schweiz fliegen. Mit einer Swiss Air-Maschine und unter Aufsicht einer Krankenschwester hat er New York Richtung Zürich verlassen. Während des Fluges lag Bassermann schon großteils im Koma, sein Tod ist – in den „Lüften" – irgendwo zwischen Frankfurt und Zürich eingetreten.

Kurz nach meinem glorreichen Debüt als Pater Ahern im Theater in der Josefstadt hatte Direktor Lothar für sein nächstes Stück einen echten Bauern gesucht. In einem Kaffeehaus in der Nähe des Theaters fand er einen Mann, der wie kein anderer für diese Rolle geeignet zu sein schien. Kaspar Brandhofer, so stellte er sich vor, hatte einen et-was rötlichen Vollbart und sprach einen fast unverständlichen Tiro-ler Dialekt. Man mußte ihm nicht nur das Rollenstudium beibringen, sondern auch Umgangs- und Verhaltensformen. Bei den Proben stellte sich dieser hinterwäldlerische Bauer aber sehr geschickt und ta-lentiert an. Mühelos, so hatte es den Anschein, konnte er jede Regie-anweisung befolgen. Wie ein alter Profi lebte er sich von Tag zu Tag besser in seine Rolle ein. Bei der Premiere wurde seine schauspiele-rische Leistung vom Publikum und von der Presse sehr gelobt. Da Brandhofers Sprechweise in vieler Hinsicht an den verschollenen jü-dischen Schauspieler Leo Reuß erinnerte, wurde er von nun an mit besonderer Aufmerksamkeit beobachtet. Leo Reuß war seit Hitlers Regierungsantritt von der Bildfläche verschwunden. An einem Spielabend, es war gerade Pause, klopfte ein Kollege Brandhofer mit den Worten „Servus, Leo" auf die Schulter. Reuß hat spontan auf diese Anrede reagiert und sich so zu erkennen gegeben. Von diesem Zeitpunkt an war er wieder Leo Reuß. Als solchen lernte ich ihn im Theater an der Wien kennen, wo er als Partner von Christl Mardayn in „Madame Sans Gene" den Napoleon spielte. In dieser Rolle hat ihn auch Louis B. Mayer von Metro-Goldwyn-Mayer gesehen und nach Hollywood gebracht.

Die Jahreswende 1937/38 erlebten viele Menschen in großer Unsi-cherheit. Würde Österreich den politischen Machtkampf mit Hitler-Deutschland ohne Mussolinis Unterstützung bestehen können? Nach dem 12. Februar 1938, dem Treffen zwischen Hitler und Schuschnigg in Berchtesgaden, gab es über Hitlers Absichten bezüglich Österreich keine Illusionen mehr. So verlangte Hitler, daß die nationalsozialisti-sche Bewegung der Vaterländischen Front in politischer Hinsicht gleichgestellt werde und daß zwei Nationalsozialisten in die Regie-rung aufgenommen würden. Auf militärischer Ebene sollte es zu einer intensiven Zusammenarbeit zwischen dem Deutschen Reich und Österreich kommen, und in wirtschaftlicher Hinsicht war nach Hitlers Wunsch eine Angleichung an die deutsche Wirtschaft vorzu-nehmen. Dem innen- und außenpolitischen Druck nach Berchtes-gaden nicht mehr gewachsen, kündigte Schuschnigg für den 13. März

1938 eine Volksabstimmung an, bei der die österreichische Bevölkerung für ein unabhängiges, freies und deutsches Österreich stimmen sollte. In den Wochen vor dem Anschluß hatte man den Eindruck, daß ein Großteil der Bevölkerung hinter Schuschniggs Losung stehen würde. Denn die in die Illegalität gedrängte Arbeiterbewegung bekundete ebenfalls Unterstützung im Kampf für Österreichs Unabhängigkeit. Es kam aber nicht mehr dazu, denn am 11. März sagte Schuschnigg unter deutschem Druck die Volksabstimmung ab und demissionierte. Am 12. März 1938 erfolgte der Einmarsch deutscher Truppen in Österreich.

Das tragische Lavieren Schuschniggs gegenüber Hitler bot Anlaß zu Anekdoten, die in Kaffeehäusern die Runde machten: Schuschnigg wollte vor dem Plebiszit die Stimmung im Lande erkunden und habe sich zu diesem Zweck in einer kleinen Provinzstadt in Niederösterreich befunden.

Er fragte den Bürgermeister: „ Na, wie sieht es aus?"

„Wir ham holt 40% Sozis", anwortete der Lokalpolitiker, „dann hamma 40% Nazis, 5% Wirtschaftstreibende, 3 % Bauern, die warn alle christlichsozial …"

Schuschnigg ließ ihn nicht mehr weiter aufschlüsseln und fragte mit unsicherer Stimme: „Und die Vaterländische Front?"

Darauf antwortete der Gemeindepolitiker mit stoischer Ruhe: „In der Vaterländischen Front, jo do san ma olle."

Am 11. März 1938 ging ich mit Herbert Berghof am Nachmittag bei der Oper spazieren. Wir sprachen über unsere Idee, die besten Chansons und Sketches vom letzten Jahr als einmaliges Programm im „ABC" zu inszenieren. Fest stand nur, daß wir die Inszenierung gemeinsam machen wollten, alles Weitere sollte nach der Sichtung des Materials besprochen werden. Gegen 15 Uhr 30 verabschiedeten wir uns, und ich machte mich auf den Weg zum Grand Hotel, um meinen Freund Robert Thoeren zu treffen. Als Robert mich gegen 17 Uhr zum Lift brachte, sagte der Liftboy: „Ham S' scho g'hört, der Schuschnigg ist zurückgetreten, und der Seyß-Inquart is jetzt Bundeskanzler."

Thoeren umarmte mich nur und sagte beschwörend: „Irgendwo in der Welt werden wir uns hoffentlich wiedersehen."

Ich kam hinunter auf die Ringstraße und erkannte sie fast nicht. Alle Gebäude waren schon mit Hakenkreuzfahnen beflaggt. Beim Niederschreiben dieser Zeilen stellte ich mir immer wieder die Frage, wo die Menschen plötzlich all die Hakenkreuzfahnen herhatten? Am 11. März 1938 hatten mich aber ganz andere Gedanken beschäftigt. Ich wollte so schnell wie möglich nach Hause und eventuell noch ein paar Bücher verbrennen, damit meine Eltern, sollte es zu einer Hausdurchsuchung kommen, nicht unnötig in Gefahr wären. Es war Freitag abend – „Erev Shabat". Seit langem hatten wir nicht mehr zusammen am „Erev Shabat" das Abendessen eingenommen. Daß es auch unser letzter gemeinsamer „Erev Shabat" sein sollte, wußten wir aber damals nicht.

Unsere Nachbarin, Frau Rohrer, kam zu uns und sagte, daß im Radio vor einigen Minuten bekanntgegeben worden sei, daß der neue Kanzler Seyß-Inquart der österreichischen Gendarmerie den Befehl gegeben habe, den einmarschierenen deutschen Truppen keinen Widerstand zu leisten.

Gegen 22 Uhr verließ ich unsere Wohnung, um meine Freundin Anni Helveg zu treffen. Aus Sicherheitsgründen beschlossen wir aber, nicht mehr in ihrer Wohnung, sondern bei Freunden zu übernachten. Der allabendliche Wechsel des Nachtlagers brachte mir wieder den alten Russen in Erinnerung, der mir im Café Colisée in Paris gesagt hatte: „Emigrieren muß gelernt sein!" Auch Verstecken, Nichtauffallen, Wachsamsein, das Wissen, wem zu vertrauen, mußte in dieser Situation der Willkür gelernt sein.

Am Sonntag hörten wir die Radioübertragung von Hitlers Rede in Linz. Seine siegessichere Stimme hat sich dabei öfters überschlagen, und er wurde immer wieder durch „Sieg Heil"-Rufe aus der Menschenmenge unterbrochen.

Am Montag morgen begab ich mich zur Polizei, um meine Ausreisebewilligung zu erhalten, was in meinem Fall relativ leicht war. Meine Nachlässigkeit war mir dabei zugute gekommen. In meinem Paß stand als Wohnort immer noch – 3, rue Dobropol, Paris Seizième.

Am Abend meiner Abreise ging ich nochmals nach Hause, um meine Mutter zu umarmen und mich von ihr zu verabschieden. Die alte, schon schlecht sehende Frau nahm meinen Kopf in ihre Hände und gab mir ihren Segen mit auf den Weg: „Jeworeichaecho …" Ihre Sorge galt nur meiner Sicherheit, keinen Gedanken verschwendete sie daran, daß auch sie und der Vater in Gefahr sein könnten.

Von der Wohnung meiner Eltern fuhr ich in die Innere Stadt, um Anni Helveg zu treffen. Auch sie mußte ich zurücklassen. Das Abschiednehmen in diesen Tagen galt nicht nur Personen, sondern auch einem Lebensgefühl, das in seinen Fundamenten zerstört wurde. Das hatte ich aber erst nach dem Krieg verstanden.

Nachdem ich von Anni weggegangen war, begab ich mich zum Petersplatz, um meinem Vater Lebewohl zu sagen. Ich sehe ihn heute noch vor mir, wie er im Schatten einer Gaslaterne entschwindet. Für meinen Bruder, der mich danach zum Westbahnhof begleitet hatte, blieb das Bild unseres weggehenden Vaters ebenso unvergeßlich, das schrieb er mir viele Jahre später.

Vater war nicht groß und hatte trotzdem Größe und Stil. Er trug immer einen Havelock und einen weichen schwarzen Hut mit breiter Krempe. In jüngeren Jahren war er glatt rasiert und verkaufte in der Umgebung von Wien Glaswaren. Einmal, so erzählte er mir, sei er aufgrund seiner Erscheinung – Havelock, schwarzer Hut und glatt rasiertes Gesicht – von Schulkindern für einen Priester gehalten worden. Die Kinder haben sich niedergekniet und gesagt: „Gelobt sei Jesus Christus!" Es hätte mich sehr interessiert, ob mein Vater darauf „in Ewigkeit Amen" geantwortet hat. Doch er hüllte sich in Schweigen.

Im Jahre 1959 erhielt ich von meinem Bruder Dodi einen Brief, der mich sehr berührte. Der Anlaß war Vaters Geburtstag; am 2. August wäre er 85 Jahre geworden.

Mein Bruder schrieb: „Heute, wenn ich zurückdenke, sehe ich ihn noch immer vor mir, nicht in der Wohnung, nein ich sehe ihn, wie er am 14. März 1938 im Schatten der Gaslaterne verschwunden ist. Wir sahen nur seinen Rücken, denn er wollte ja nicht, daß wir in sein tieftrauriges Gesicht blickten.

Ich begleitete Dich zum Westbahnhof. Wir sind in ein Taxi gestiegen und ich erinnere mich, wie der Taxichauffeur zu Dir sagte: Sie farn weg, nojah , schlimmer als unter Schuschnigg kanns ah net wern!

Auf diese Worte habe ich heute wie damals keine Antwort. Ich war zwar mit unserem Vater noch die nächsten sechs Monate zusammen, aber in Erinnerung blieb mir nur sein gebeugter Rücken, als er sich in der Dunkelheit entfernte. Dodi, Tel Aviv 1959".

Dodi und ich kamen zum Westbahnhof. Auf dem Bahnsteig waren viele Menschen, auch viele SA- und SS-Leute. Attila Hörbiger und seine Frau Paula Wessely waren da, um sich von ihren Freunden Hans Jaray und Lili Darvas zu verabschieden.

Hans Jaray, der bereits in seinem Abteil gesessen war, erblickte mich auf dem Perron und rief mir zu: „Aschkenasy ... Wo fahren Sie denn hin?" Kaum hatte er das gesagt, war ihm auch bewußt geworden, daß er mich dadurch sehr exponiert hatte. Blitzschnell schloß er das Fenster.

Auch für Dodi und mich war es an der Zeit, Abschied zu nehmen. Wir umarmten uns, und ich stieg in den Zug ein, der sich Punkt 23 Uhr in Bewegung setzte. Von Menschen und Lebensumständen, die mir wichtig waren, plötzlich abgeschnitten, war ich nun endgültig allein. Ich habe meine Geburtsstadt, meinen Vater, meine Mutter, meinen Bruder und die Anni verlassen. Ich verließ auch mein Zuhause, das ich nie wiedergefunden habe, auch heute nicht, und ich bin ja wieder in Wien. Aber bin ich zu Hause?

17

Mein erstes Zusammentreffen mit Piscator

Der Zug hatte schon die Stadtgrenze passiert, als Hans Jaray in mein Abteil dritter Klasse kam. Er war ziemlich aufgeregt über seine gedankenlose Reaktion, die mich unnötigerweise exponiert hatte. Da um uns herum viele Leute waren und keiner dem anderen mehr trauen konnte, unterließen wir es aber, darüber zu sprechen, und versuchten, bei einem Glas Bier im Speisewagen innerlich zur Ruhe zu kommen. Wir hatten zwar 1936 gemeinsam auf der Bühne gestanden, er als Hamlet und ich als Marcellus, doch menschlich nahegekommen sind wir uns erst durch die Umstände unserer Flucht aus Österreich. Es gab eine Zeit nach dem Krieg, wo Jaray und ich einander täglich gesehen und einen gemeinsamen Spaziergang im Central-Park gemacht haben. Danach waren wir oft zum Mittagessen bei seiner schönen Lebensgefährtin Lili Darvas. Lili Darvas, die mit Franz Molnár verheiratet war, galt als eine berühmte Reinhardtschauspielerin.

Am nächsten Morgen kamen wir in Innsbruck an und hatten einen längeren Aufenthalt. Uniformierte SA-Männer kamen in den Zug und suchten nach Passagieren oder griffen wahllos Leute heraus, die sie zum Aussteigen aufforderten. Auch ich wurde festgenommen und auf das Innsbrucker Polizeipräsidium gebracht, wo mich ein deutscher Gestapo-Offizier verhörte. Bei dieser Prozedur hatte ich völlig nackt zu sein. Im Raum anwesende SA-Leute kontrollierten mein Gepäck und durchblätterten auch meine Bücher. Einer von ihnen hielt gerade Paul Raynals Buch „Le Tombeau du Soldat Inconnu" in der Hand und sagte: „Sie sind doch der Aschkenasy, der das antinationalsozialistische Kabarett geleitet hat!"
Der Schrecken saß mir ziemlich in den Gliedern, als ich so ruhig

wie möglich im stärksten Wiener Dialekt zu antworten versuchte: „Oba naa, does war doch a klaner Rothaariger!"

„Dem werden wir nachgehen!" sagte der verhörende Offizier und befahl mir, mich anzuziehen und in einem dunklen Zimmer, wo schon ein Ehepaar mit seinem kleinen Sohn war, zu warten. Sie hatten große Angst, denn sie hatten einen dieser SA-Leute zu bestechen versucht.

Die Tür ging auf, ein Mann in Tiroler Tracht mit deutlich sichtbarem Hakenkreuz auf dem Ärmel kam auf mich zu und sagte auf tirolerisch: „Wenn Sie mirrr verrsprechen, kein Goeld und keine Zigarettn anzubietn, dann werd ich jetzt Ihre zwei Kofferr nehmen und Sie zum Bahnhof bringen. Dorrt geht in zehn Minuten ein Zug nach Feldkirch!"

Ich weiß bis heute nicht, wer dieser mutige Mann war, der mich aus dem Polizeigefängnis hinausbrachte und mir wahrscheinlich das Leben gerettet hat.

An der österreichischen Grenzstation in Feldkirch wurde ich abermals aus dem Zug geholt und wiederum von zwei deutschen Gestapo-Leuten verhört.

„Wohin fahren Sie?" schnauzte mich der eine an.

Ich hatte ziemliche Angst, es gelang mir aber wiederum, ruhig zu antworten: „Nach Hause!"

„Was heißt nach Hause?" schrie er mich an.

Ich zeigte ihm meinen Paß, wo als Wohnort 3, rue Dobropol, Paris 16ième stand. Daraufhin verlangten sie meine Brieftasche und nahmen mein gesamtes Geld an sich. Sie entdeckten auch das Foto meiner Freundin Anni, die eine schöne blonde Frau war. „Das ist ja eine Christin!" sagte einer von den beiden.

„Nein", erwiderte ich, „eine Französin!"

Auf diese schlagfertige Antwort hin konnte selbst die Gestapo ein Schmunzeln nicht unterdrücken. Wenige Minuten später setzte sich der Zug in Bewegung, und ich war in der Schweiz. In Zürich stellte ich meine zwei kleinen Koffer in der Gepäckaufbewahrung ab und begab mich sofort zum Züricher Schauspielhaus. Beim Bühnenportier fragte ich nach Frau Rieser, der Intendantin des Theaters. Nach einigen Mi-

nuten sagte mir der Portier, daß Frau Rieser sich sehr über meine ge-
glückte Flucht aus Österreich freue, daß sie mir aber auch mitteilen
lasse, daß ich mir keine falschen Hoffnungen machen solle, weil das
Theater ein Überangebot an jungen Charakterschauspielern habe.

In den fünfziger Jahren, als ich bereits in Kalifornien lebte, sah ich
Frau Rieser wieder. Da hörte sich die Geschichte ganz anders an.
Meine Frau hatte zu einer Cocktailparty eingeladen, bei der ihre
Freundin Alma Mahler-Werfel nicht fehlen durfte. Diese war aber
nicht allein gekommen. In ihrer Begleitung befand sich ihre Schwä-
gerin Frau Rieser, die Schwester von Franz Werfel. Nachdem sie mich
erblickt hatte, eilte sie auf mich zu und sagte schmollend: „Auf Sie
müßte ich sehr böse sein, Mr. Askin! Warum sind Sie damals so
schnell aus Zürich abgereist? Wir hätten doch junge Charakterspieler
wie Sie gebraucht." Als Gastgeber mit guten Manieren überreichte
ich ihr einen Martini und verließ, so viel Heuchelei nicht ertragend,
den Raum.

Im März 1938, wo ich in jeder Hinsicht einen Halt gebraucht
hätte, war ich über diese teilnahmslos übermittelte Ablehnung ziemlich unglücklich. Ratlos hatte ich in der Bühnenloge gestanden, als
mein früherer Kollege Wolfgang Langhoff zur Tür hereinkam. Er
konnte sich vor Freude nicht fassen, umarmte mich immer wieder
und drückte mich fest an sich. „Gott sei Dank, du bist draußen!" sagte
er und nahm mich mit in seine Wohnung, wo ich das erste Mal seit
Tagen wieder ruhig und ohne Angst schlafen konnte. Am nächsten
Morgen drückte er mir 200 Schweizer Franken in die Hand, das war
damals viel Geld, und brachte mich zum Zug nach Paris.

Langhoff war in den berüchtigten Moor-Arbeitslagern inhaftiert
gewesen und hatte nach zwei Jahren von dort flüchten können. Seine
furchtbaren Lagererlebnisse hielt er in einem Buch fest. Von ihm
stammte auch der Text des berühmtes Liedes „Die Moorsoldaten",
das Ernst Busch unvergeßlich vorgetragen hatte.

Paris, das ich 1935 verließ und liebte, wie Josephine Baker es in
ihrem berühmten Chanson „Paris est mon Amour" besang – dieses
Paris gab es nicht mehr. Die Stadt, die ich im Frühjahr 1938 vorfand,
lebte einerseits in Angst, andererseits in arroganter Zuversicht; denn

Frankreich hatte ja die Maginot-Linie, den Stolz des Vaterlandes. Die Fremden, die Frankreich immer mit offenen Armen aufgenommen hatte, waren dem Land zuviel geworden. Unter diesen oft nicht sehr geliebten Fremden befanden sich auch viele Österreicher, die infolge der Märzereignisse 1938 nach Frankreich geflüchtet waren. Österreichische Hitler-Flüchtlinge wurden als „Ex-Autrichien" bezeichnet, hatten aber sonst den gleichen Status wie die anderen in Frankreich befindlichen staatenlosen Ausländer und Asylanten. Bei Kriegsausbruch wurden die Österreicher zusammen mit den Deutschen und jenen Bürgern, die aus den deutschsprachigen Gebieten Großdeutschlands kamen, zu feindlichen Ausländern erklärt.

Madame Allatini, die sich schon 1933 um die Flüchtlinge aus Deutschland gekümmert hatte, versuchte wieder zu helfen. So gelang es ihr, die Familie Rothschild zu überreden, den österreichischen Flüchtlingen eins ihrer großen Zinshäuser in der Nähe des Bois de Boulogne zur Verfügung zu stellen. Dieses Gebäude in der Rue de la Faisanderie wurde somit „une commune autrichiènne", wo wir nicht nur unser Leben und Überleben organisierten, sondern auch unsere kulturelle Identität entfalten konnten. Einige meiner Freunde wollten mich überzeugen, wieder Kabarett zu machen, doch die Zeit war nicht mehr dafür, es ging auf den Krieg zu. Man wartete eigentlich nur darauf.

Meine Freundin Anni war mit Leopold Lindtbergs Hilfe ebenfalls nach Paris gekommen. Gemeinsam schrieben wir an Drehbüchern und versuchten uns damit über Wasser zu halten. Es war aber eine ziemlich harte und mühsame Arbeit. Nur einmal hatten wir eine Synopsis mit dem Titel „Rappell Immediat" verkaufen können, die mit Eric von Stroheim und Mireille Ballin verfilmt wurde.

Irgendwann im Frühjahr 1938 brachte mich Bertha Zuckerkandl auf die Idee, Maria Ley aufzusuchen. Als ob es die natürlichste Sache der Welt wäre, sagte sie: „Warum gehen Sie eigentlich nicht zu Maria Ley, sie ist Wienerin und für ihre Großzügigkeit bekannt. Sie hilft Flüchtlingen und ist außerdem mit Erwin Piscator verheiratet. Vielleicht kann er Sie brauchen?"

Der Name Maria Ley kam mir irgendwie bekannt vor, und plötzlich begann ich mich an eine Fotografie zu erinnern, worauf sie in einem durchsichtigen weißen Chiffonkleid abgebildet war. Dieses Foto aus den zwanziger Jahren hatte in allen Auslagen in der Kärntners Straße gehangen. Ich erinnerte mich, daß sie Tänzerin war und eine unsagbar schöne Frau noch dazu. Maria Ley war Choreographin der berühmten „Sommernachtstraum"-Aufführung von Max Reinhardt. Sie war keine geborene Wienerin, sondern hatte ihr Elternhaus in Klosterneuburg bei Wien.

Im Paris der frühen dreißiger Jahre führte sie einen sehr eleganten und gern besuchten Salon. Frank Deutsch, ihr zweiter Mann, war bis zu Hitlers Machtübernahme 1933 deutscher Botschafter in Frankreich gewesen. Da er als Jude für die neuen Machthaber nicht weiter tragbar war, wurde er seines Postens enthoben und kam später auf mysteriöse Weise bei einem Autounfall im Bois de Boulogne ums Leben. Maria Ley-Deutsch-Piscator ist heute weit über neunzig Jahre alt, aber ihre Erscheinung ist noch immer schön und ihr Auftreten würdevoll. Uns verbindet eine fast sechzig Jahre dauernde Freundschaft. Alle Menschen, die Maria je kennengelernt haben, waren von ihrem unwiderstehlichen Charme beeindruckt; aber fast ebenso bekannt und gefürchtet waren damals ihre Launen, die blitzschnell wechseln konnten. Aber niemand konnte ihr lange böse sein. Ihr Esprit und ihre Schönheit ließen schnell über ihre negativen Seiten hinwegsehen.

Meine erste Begegnung mit ihr in ihrer Wohnung in Neuilly sur Seine lief ziemlich außergewöhnlich ab. Die ersten Worte, die sie an mich gerichtet hatte, waren klar und bestimmt: „Ich gebe keine Trinkgelder und auch keine Almosen, aber", fügte sie verbindlicher hinzu, „sollte mein Mann für Sie Verwendung haben, dann werde ich auch etwas für Sie zu tun finden." Sie läutete daraufhin nach ihrem Butler, der zu meinem Erstauen in einer Livree aus dem 18. Jahrhundert erschien, und trug ihm auf, Herrn Piscator zu bitten, für einige Minuten in den Salon zu kommen. Kurze Zeit später trat ein mittelgroßer Mann mit einem gewinnenden Lächeln ins Zimmer. Besonders auffallend waren seine herrlichen blauen Augen. Diese wunderschönen Augen, die ich in den kommenden Jahren oft zu sehen bekommen sollte, konnten Freundlichkeit und Wärme, aber auch Ablehnung und Kälte ausstrahlen.

Unser erstes Zusammentreffen verlief freundlich, aber oberflächlich. Piscators Fragen waren eher allgemein gehalten. Er erkundigte sich danach, wo und bei wem ich Schauspiel studiert hatte, wo und in welchen Rollen ich aufgetreten war und welche Stücke ich inszeniert hatte. Interessierter zeigte er sich erst, als ich ihm von der Dumont-Aufführung der „Dreigroschenoper" erzählte.

Piscator war wie fast alle Regisseure und Schauspieler der Zwischenkriegszeit auf Berlin konzentriert. Berlin war bis zur nationalsozialistischen Machtübernahme 1933 das Theaterzentrum Deutschlands, alle anderen Bühnen galten als Provinz. Einer der wenigen Theaterkritiker, die diese Einschätzung nicht teilten, war Herbert Ihering. Ihering bewunderte Louise Dumont und meinte, daß ihr geistiges Theater in der Theatergeschichte einen wichtigeren Stellenwert einnehme als Max Reinhardts sinnliches Theater. Bei der Erwähnung von Ihering wurde Piscator wiederum hellhörig. Ich wußte damals noch nicht, daß Ihering ein großer Bewunderer von Piscator war.

Die bürgerliche Presse und ein Großteil des Publikums polemisierten in den zwanziger Jahren nicht nur gegen Piscators Theaterarbeit. Verbale Angriffe und Schmähungen machten auch vor seiner Person nicht halt. So wurde er als „Saujude" und „Kommunist" beschimpft, der in Wirklichkeit Fischer heiße und sich einen lateinischen Namen zugelegt habe.

Erwin Piscator stammte aus Dillenburg, einem kleinen Städtchen an der Dill, unweit des Calvinisten-Zentrums Marburg. Einer seiner Vorfahren war der Pastor und Gelehrte Johannes Piscator. Dieser war ein strenggläubiger Calvinist, der durch seine Bibelübersetzung – im Volksmund „Gott strafe mich-Bibel" – Berühmtheit erlangt hatte.

Das Ergebnis meines ersten Gesprächs mit Piscator war, daß er mich für die unterschiedlichsten Tätigkeiten anstellte – als Regieassistent, Sekretär, Zuhörer, Mitarbeiter und auch als Laufbursche. Als Maria von meiner „Anstellung" erfuhr, sagte sie: „Ich brauche ebenfalls einen Sekretär und Mitarbeiter." So wurde ich an diesem Nachmittag „Diener zweier Herren". Ich war überglücklich, diese Stellung bekommen zu haben. Viele haben mich um diese Aufgabe, die mich in die Nähe dieses berühmten und außergewöhnlichen Paares brachte, beneidet. Auch die finanzielle Komponente war befriedigend, die Piscators bezahlten mich sehr gut.

Den Menschen Piscator kannte ich zu diesem Zeitpunkt gar nicht, der Regisseur Piscator war mir aber ein Begriff. Von seiner tatsächlichen Bedeutung für das Theater hatte ich damals noch keine Vorstellung. Innerhalb kurzer Zeit wurde ich aber ein begeisterter Anhänger seiner Theaterkonzeptionen und bin es bis zum heutigen Tag geblieben.

Erwin Piscator war durch seine Kriegserfahrungen im Ersten Weltkrieg zu einem überzeugten Pazifisten geworden. Seine pazifistische Geisteshaltung kam auch in seinen Inszenierungen deutlich zum Ausdruck. Einmal sagte ich zu ihm: „Wenn Sie einen französischen Schlafzimmerschwank zu inszenieren hätten, würde dieser auch einen pazifistischen Unterton haben."

Einen Augenblick lang schaute mich Piscator etwas verdutzt an, dann reagierte er lachend und meinte: „Du kennst mich aber gut!"

In seinem Buch „Das politische Theater" beschreibt er seine traumatischen Erlebnisse in einem Schützengraben vor Ypern 1915.

„Ich liege, das Herz klopft und ich versuche, gleich den anderen so schnell als möglich, meinen Spaten in den Boden zu bekommen. Aber während es den anderen gelingt, gelingt es mir nicht.

Der Unteroffizier kommt fluchend angekrochen: ‚Zum Donnerwetter vorwärts!'

‚Ich komme nicht hinein.'

Unteroffizier: ‚Warum nicht?'

‚Ich kann nicht.'

Er, schimpfend: ‚Was sind Sie denn von Beruf?'

‚Schauspieler.'"*

Angesichts der berstenden Granaten ist ihm sein Beruf so lächerlich und verlogen erschienen. Noch in den Schützengräben reifte in Piscator jene Idee, der er sich zeit seines Lebens widmete: Das Theater

---

* Erwin Piscator: Das politische Theater. Reinbek bei Hamburg 1963. S. 30 f.

sollte mehr als eine moralische Anstalt sein, es sollte auch politische und soziale Aufgaben erfüllen.

Bertolt Brecht verwies immer wieder auf Piscators Rolle bei der Erneuerung des Theaters. So meinte er: Der radikalste Versuch dem Theater einen belehrenden Charakter zu verleihen, sei von Piscator unternommen worden. Er, Brecht, habe an allen seinen Experimenten teilgenommen, und es sei kein einziges gemacht worden, das nicht den Zweck gehabt hätte, den Lehrwert der Bühne zu erhöhen. Es habe sich direkt darum gehandelt, die großen zeitgenössischen Stoffkomplexe auf der Bühne zu bewältigen, ... es sei unmöglich, hier alle Erfindungen und Neuerungen aufzuzählen, die Piscator zusammen mit beinahe allen neueren technischen Errungenschaften benutzt habe, um die großen modernen Stoffe auf die Bühne zu bringen. Die Piscatorschen Experimente hätten nahezu alle Konventionen gesprengt. Sie hätten ändernd in die Schaffensweise der Dramatiker, in den Darstellungsstil der Schauspieler, in das Werk des Bühnenbauers eingegriffen. Sie hätten eine völlig neue gesellschaftliche Funktion des Theaters überhaupt erstrebt.[*]

Auf Brechts Rolle bei der Weiterentwicklung des epischen Theaters Bezug nehmend, meinte Drews: „Der junge Brecht war Mitarbeiter gewesen; der Nollendorfplatz wurde zum Vorfeld des epischen Dramas, dort härtete sich der Stil des Sprechens und Spielens, löste die Demonstration die Emotion ab.“[**]

Der bekannte englische Theaterkritiker Kenneth Tynan habe aber nach Maria Piscator Brechts Anteil an der Entstehung des epischen Theaters relativiert: „Epic Theatre is a phrase, Brecht borrowed from Piscator in the twenties and went on defining until the end of his life.“

Brecht und Piscator waren mehr als Freunde, sie waren kongeniale Menschen bei der Entwicklung des zeitgenössischen Theaters. Dabei konnten sie sich auch in den Haaren liegen, wenn es darum ging, unterschiedliche Positionen durchzusetzen. Bei all ihren Kontroversen

---

[*] Ebenda, S. 9 f.
[**] Das politische Theater, S. 18.

achteten sie aber immer darauf, daß die Gesprächsbasis erhalten blieb.

Im Juni 1945 kam es zu starken Spannungen zwischen Brecht und Piscator. Piscator sollte bei der New Yorker Aufführung von Brechts „Furcht und Elend des Dritten Reiches" Regie führen. Unüberbrückbare Meinungsverschiedenheiten mit Brecht ließen ihn aber davon Abstand nehmen. In einem Brief an mich vom 2. Juli 1945 legte Piscator die Gründe für das Scheitern ihrer Zusammenarbeit dar. Demnach seien seine und Brechts Vorstellungen vom epischen Theater so verschieden, daß Piscator es vorgezogen habe, Brecht die alleinige Regieführung zu überlassen. Es sei nicht gut für Brecht gewesen. Er, Piscator, habe gewußt, was passieren würde, noch bevor es tatsächlich passierte … Theater vor allem könne durch gutes Schreiben nicht ersetzt werden. Diese Aufführung sei ein großartiges Beispiel dafür gewesen: Theater werde nicht auf dem Papier gemacht, egal wie gut das Papier auch sein mag.*

Drei Tage nach der mißglückten Premiere von „Furcht und Elend" schrieb Piscator sich seinen Zorn und seine Enttäuschung von der Seele: „ Wie Du das Stück auf die Bühne gebracht hast, war der endgültige Beweis für mich, daß Du keine Ahnung von einem epischen Stück hast."**

Die starke Emotionalität der zwei großen Männer führte zu gegenseitigen Ressentiments und machte Erklärungen notwendig. Brecht schrieb im März 1947 an Piscator folgende Zeilen: „Laß mich Dir, der Ordnung halber mitteilen, daß von den Leuten, die in den letzten zwanzig Jahren Theater gemacht haben, mir niemand so nahegestanden hat wie Du. Es steht nicht im Widerspruch dazu, wenn ich denke, daß wir zwei Theater brauchen. Der Grund ist nicht nur, daß wir zumindest zwei Punkte besetzten müssen, um unsere gemeinsamen Ideen zu etablieren; für einen Teil meiner Arbeiten für das Theater muß ich auch einen ganz bestimmten Darstellungsstil entwickeln,

---

* Ewin Piscator an Leon Askin. Brief vom 2. Juli 1945.
** Maria Ley Piscator: Der Tanz im Spiegel. Mein Leben mit Erwin Piscator. Reinbek bei Hamburg 1989. S. 291.

der sich von Deinem unterscheidet … Gerade Du kannst nicht an eine mechanische Einteilung in Stückschreiber und Inszenator glauben. Wir opererieren nichtsdestotrotz auf der gleichen Linie (und erfreuen uns gleicher Widerstände)."*

Zur gleichen Zeit, als ich Piscator kennenlernte, machte auch Sam Spiegel Piscators Bekanntschaft. Damals war Spiegel aber noch nicht der bekannte Produzent von „Bridge over the River Kwai" und von „Lawrence of Arabia", sondern vielmehr ein Abenteurer mit vielen, zum Teil fragwürdigen Ideen. Er wohnte als Gast bei den Piscators in Neuilly sur Seine und war ständig knapp bei Kasse. Auch von mir hatte er sich einmal 400 Francs ausgeborgt, um mit einer Frau zum Abendessen gehen zu können.

Sam Spiegel brachte Piscator mit Gilbert Miller zusammen, der damals ein bedeutender Theaterproduzent am Broadway und im Londoner Westend gewesen war. Piscator wollte Miller für sein Vorhaben interessieren, eine Bühnenfassung von Tolstois Monumentalwerk „Krieg und Frieden" zu erstellen. Nachdem Miller diesen Plänen gegenüber sehr aufgeschlossen war, reiste Piscator in die Schweiz, um deren Umsetzung zu realisieren. In Zusammenarbeit mit Alfred Neumann ist dann ein Drama im Stil des epischen Realismus par excellence entstanden.

In Piscators Auftrag sollte ich Prokofjew kontaktieren und fragen, ob er daran interessiert wäre, die Bühnenmusik für „Krieg und Frieden" zu schreiben. Der große Komponist war aber über mein Ansinnen so empört und meinte, Tolstois Roman sei ein kulturgeschichtliches Werk und sollte weder in ein Theaterstück noch in eine Oper umgearbeitet werden. Mit dieser Belehrung komplimentierte er mich aus seinem Hotelzimmer. Jahre später kam es dann doch zu einer Opernfassung von „Krieg und Frieden", die ironischerweise von Prokofjew selbst stammte.

Durch Prokofjews Absage ließ ich mich bei meiner Suche nach einem Komponisten nicht entmutigen und wandte ich mich an Georg

* Ronald Hayman: Bertolt Brecht. Der unbequeme Klassiker. München 1985. S. 397.

Sebastian. Sebastian war ein wunderbarer Dirigent und Musikkenner, der später Direktor der Pariser Opéra comique geworden ist.

Die Nachmittage in seiner Wohnung in der Avenue George V bleiben mir unvergeßlich. Über drei Wochen hindurch saßen wir beinahe täglich zusammen; er am Klavier und ich mit Tolstois „Krieg und Frieden" in der Hand. Von ein paar Anmerkungen am Rand, die die Szenenfolge betrafen, hatte ich keine weiteren Direktiven von Piscator erhalten. Die musikalische Erziehung, die mir auf diese Weise zuteil wurde, war außergewöhnlich. Sebastian saß am Klavier und spielte Motive von Vivaldi, Haydn, Beethoven, Dessau und Eisler. Mein Beitrag, eine geeignete Bühnenmusik für „Krieg und Frieden" zu finden, war eher bescheiden und ging über ein paar Stichworte nicht hinaus. Sebastian hatte die Ideen und setzte sie mit großem Können musikalisch um.

Mitte August 1938 kehrte Piscator nach Paris zurück. Noch am selben Abend, darauf hatte er bestanden, wollte er mir seine und Neumanns Bearbeitung von „Krieg und Frieden" vorlesen.

Piscator übernahm die Rolle des Haupthelden – Pierre Besuchov – in seinen Charakterzügen ziemlich getreu. An einem Lesepult stehend, hatte er Besuchov als Erzähler plaziert. Besuchov war aber nicht nur Erzähler, sondern er verließ auch den Platz, um auf der Bühne seine Rolle als Pierre Besuchov zu spielen. Der Erzähler repräsentierte das epische Theater und Besuchov auf der Bühne den Realismus. In der Bühnenfassung von „Krieg und Frieden" entwickelte Piscator das epische Theater zum episch-realistischen Theater. Wie im Roman war Besuchov anfänglich ein Bewunderer von Napoleon Bonaparte. Er glaubte an Napoleon und daran, daß dieser die Postulate der Französischen Revolution – Gleichheit, Freiheit, Brüderlichkeit – seiner Herrschaft voranstellen würde. Doch das Gegenteil war der Fall. Napoleon strebte nach der Alleinherrschaft und der Kaiserkrone – der Weg dorthin hatte über Zensur, Einschüchterung und Unterdrückung geführt.

Der Dialog zwischen Napoleon und Besuchov war einer der Höhepunkte der Bühnenbearbeitung von Piscator. Piscator ließ die Soldaten in der Schlacht von Borodino von Marionetten darstellen.

Pierre Besuchov stand auf der Bühne inmitten von Marionetten, die russische und französische Soldatenuniformen trugen. Die Kälte und Unwirtlichkeit des russischen Klimas versuchte Piscator durch künstlichen Nebel anzudeuten. Nebel, der die klare Sicht behinderte – eine Metapher für eine Behinderung des geistigen Sehens, die Napoleon zu diesem Feldzug veranlaßt hatte.

Es war schon Mitternacht, als Piscator, schweißgebadet, seine Lesung beendete. Ich saß eine ziemliche Zeit ganz still, bis Piscator mein Schweigen unterbrach. Hauptsächlich interessierte ihn der unmittelbare Eindruck, den seine Bearbeitung bei mir ausgelöst hatte.

„Zu lang", sagte ich, was er akzeptierte; und er beauftragte mich, das Manuskript genau zu studieren und Kürzungsvorschläge einzubringen.

Piscator beabsichtigte, sofort eine englische Rohübersetzung von seiner Bearbeitung machen zu lassen. Ich war aber dagegen, denn sowohl die sprachliche Schönheit als auch die Aussagekraft der Dialoge wäre dadurch verlorengegangen. Piscator hatte auch schon eine bestimmte Idee, wer Pierre Besuchov spielten sollte. Er hatte dafür keinen Geringeren als Oscar Homolka vorgesehen. Für die Rollen von Andreij Bolkonsky und Natascha hatte Gilbert Miller den damals noch unbekannten Laurence Olivier und Helen Hayes vorgesehen. Helen Hayes, die „First Lady" des englischsprachigen Theaters, wollte aber Piscators Fassung nur als dreiaktiges Drama und – möglichst – in einheitlicher Dekoration spielen. Damit war Piscators „Krieg und Frieden" eine Totgeburt. Denn gegen den Willen von Helen Hayes war nicht anzukommen. Die spätere Filmversion, in der Henry Fonda Pierre Besuchov spielte und Oscar Homolka General Kotusov, hatte nichts mehr mit Piscators Vorstellungen zu tun.

Die Piscators verließen Frankreich Ende 1938 und gingen nach New York. Die Abreise erfolgte ziemlich überstürzt; so überstürzt, daß Maria ihren gesamten Schmuck im Badezimmer vergessen hatte. Ich mußte ihn ihr später nachschicken. In New York trug sich Piscator mit der Absicht, eine Schauspielschule aufzumachen. In Alvin Johnson, dem Rektor der sehr fortschrittlichen Privatuniversität – The

New School for Social Research –, hatte Piscators Idee einen engagierten Befürworter gefunden. Um aber eine Schauspielschule eröffnen zu können, benötigte Piscator einen Nachweis seiner Lehrtätigkeit in Paris. Diesen Nachweis, der nur ein fingierter sein konnte, sollte ich ihm beschaffen. Meiner Phantasie waren diesbezüglich keine Grenzen gesetzt. Ich erfand für ihn eine Professor im „Maison de la Culture" – sowohl die Professur als auch die Institution waren meiner waghalsigen Phantasie entsprungen. Am 20. April 1939 hatte ich endlich alle „Unterlagen" beisammen und konnte an Piscator das ersehnte Telegramm mit folgendem Wortlaut – sämtliche für die Professur benötigten Dokumente seien unterwegs – abschicken.

Als ich fast ein Jahr später, am 29. Februar 1940, aus dem französischen Internierungslager Meslay du Maine in New York eintraf, war Piscators Schule „The Dramatic Workshop" in voller Tätigkeit. Von dort kamen im Laufe der Jahre Stars wie Marlon Brando, Tony Curtis, Walter Matthau, Rod Steiger, Elaine Stritch und viele andere.

Ich war gerade erst in den USA angekommen, als Piscator zu mir sagte: „Morgen fahren wir nach Washington zur Premiere meiner Inszenierung von ‚Die heilige Johanna'!"

Wie angekündigt, machten wir uns am nächsten Tag auf die Reise. Für mich, der ich gerade aus dem vom Krieg heimgesuchten Europa gekommen war, verlief die Fahrt durch das schöne friedliche Land besonders eindrucksvoll. Ich staunte über die unendliche Weite der ländlichen Gebiete und über die Größe der Städte. Ich hatte in Europa auch immer in Großstädten gelebt, doch in den USA bekamen Größe und Weite eine andere Dimension.

Als Flüchtling konnte man sich in den USA ziemlich sicher fühlen. Man wurde nicht wie in Europa durch Hitlers Armeen von einer Staatsgrenze zur anderen gejagt.

Mein Vater, der nie in Amerika war, bezeichnete es als das Land der unbegrenzten Möglichkeiten. Aufgrund der Lebensumstände, denen ich eben entkommen war, empfand ich das Freiheitheitsgefühl, das sich bei mir auf der Fahrt nach Washington eingestellt hatte, tatsächlich als grenzenlos.

Wir hatten Washington erreicht und kämpften uns zum „Civic

Theatre" durch. Bei der Generalprobe von „Die heilige Johanna", die im „Belasco Theatre" stattfand, sah ich zum ersten Mal in meinem Leben Amateure professionelles Theater spielen.

Luise Rainer, die die Rolle der Johanna spielte, kam in der Pause zu Piscator. Piscator, auf mich deutend, sagte: „Ihr kennt euch ja!"

„Ja, ja", hatte sie geantwortet und verschwand – entweder konnte sie sich nicht an mich erinnern oder wollte es nicht. Als wir abends im Wardman Park Hotel, dem vornehmsten Hotel Washingtons, beim Abendessen zusammensaßen und Piscator mich nach meinem Eindruck von der Generalprobe fragte, da erkannte Louischen ihren alten Freund „Aski" wieder.

„Vielleicht könnte Aski mir beim Studieren helfen; er hat mir schon einmal sehr geholfen, als ich die Hilde Wangel in ‚Baumeister Solness' in Düsseldorf spielte."

Gott sei gedankt, daß Piscator ihr Ansinnen ablehnte, denn ich war ja erst einige Tage in Amerika und mein Englisch war noch sehr mangelhaft.

Nach unserer Rückkehr nach New York arrangierte Piscator für Maria und mich eine Privatvorführung von seinem Film „Die Fischer von Santa Barbara", den er in der Sowjetunion nach Anna Seghers Erzählung „Aufstand der Fischer von St. Barabara" gedreht hatte. Piscator hielt sich in seinem Drehbuch nicht streng an die literarische Vorlage. Die Etablierung der nationalsozialistischen Herrschaft in Deutschland veranlaßte ihn zu einem klassenkämpferischen Film mit einer optimistischen gesellschaftlichen Perspektive.

Als wir nach der Vorführung in die kleine, aber sehr elegante Wohnung der Piscators in New York in der 81. Straße zurückkehrten, umarmte Maria ihren Mann und sagte überglücklich: „Ich werde sofort William Morris", einen der größten amerikanischen Filmagenten in Hollywood, „anrufen und ihm sagen: Jetzt ist der neue Eisenstein in Amerika."

Piscator warf mir einen kurzen Blick zu und sagte zu Maria: „Besser nicht!"

Maria, die mich böse ansah, sagte zu ihrem Mann: „Wie kann Leo dagegen sein? Er versteht genausowenig Russisch wie ich!" Was die

Sprache betraf, hatte sie recht, aber von der Bildersprache konnte ich verstehen, daß es sich um einen marxistischen Dokumentarfilm handelte, in dem Handlungsabläufe eingebaut waren.

Als politisch marxistischer Film war er ein Meisterwerk. Vor nicht langer Zeit schickte mir ein Bekannter eine Kassette dieses Films, die er irgendwo in London gefunden hatte. Ich wollte diesen Film im größeren Rahmen vorführen lassen, doch leider war die Bild- und Tonqualität ziemlich schlecht und für eine Vorführung nicht geeignet. 1931 war Piscator in die Sowjetunion gekommen, um „Aufstand der Fischer von St. Barbara" auf deutsch und russisch zu drehen. Schwierigkeiten, die bald und immer wieder aufgetreten waren, führten zu ständigen Verzögerungen des Drehbeginns. Angesichts der Lage hatte sich Piscator dazu entschlossen, sein Vorhaben nur in russischer Sprache zu verwirklichen.

1934 war die Arbeit am Film abgeschlossen, und er wurde in Moskau in einer geschlossenen Aufführung gezeigt.

Piscator war in der Sowjetunion ein gefragter Theatermann. 1935 sollte er die Neugestaltung des Deutschen Staatstheaters in Engels übernehmen. Mit Hilfe der vielen aus Deutschland vertriebenen Schauspieler, darunter waren so bekannte Namen wie Alexander Cranach, Carola Neher, Ernst Busch, sollte unter Mitarbeit von einheimischen Künstlern ein antifaschistisches Vorbildtheater entstehen.* Die Schauspieler des Deutschen Theaters in Engels waren aber der künstlerischen Konkurrenz der Emigranten nicht gewachsen. Diese Tatsache und ein antisowjetischer Film, der 1935 in Deutschland über die Mißhandlung der Wolgadeutschen durch die Sowjets gedreht wurde, erschwerten die Realisierung des Engels-Projekts erheblich. Als Präsident der „Internationalen Vereinigung revolutionärer Theater" wurde er Juli/August 1936 im Auftrag der Komintern nach Paris geschickt. Piscator, der von dem vergifteten innersowjetischen Klima nach dem Schauprozeß und den Hinrichtungen im August keine Ahnung hatte, wollte nach Engels zurück, um an der Um-

---

* Erwin Piscator. Eine Arbeitsbiographie in 2 Bänden. Herausgegeben von Knut Boeser/Renata Vatková. Berlin 1986. Bd. 2. Moskau–Paris–New York–Berlin 1931–1966, S. 16f.

setzung seiner Pläne zu arbeiten. Am 8. Oktober 1936 erhielt Piscator einen Brief von Wilhelm Pieck, worin er aufgefordert wurde, nicht mehr in die Sowjetunion zurückzukommen.*

Hans Sahl wußte zu berichten, daß Piscator aufgrund von Konflikten mit Parteiideologen genötigt gewesen sei, Rußland zu verlassen, und zwar unter Umständen, über die er später nicht gern habe reden wollen.**

Daß Piscators Leben in der Sowjetunion gefährdet gewesen wäre, zeigte eine Schlagzeile des „Paris-Midi" aus dem Jahre 1938, die seine Hinrichtung verkündete: „LE FAMEAUX METTEUR EN SCÈNE ERWIN PISCATOR A ÉTÉ EXECUTÉ HIER A MOSCOU!"***

Nachdem Piscator von seiner „Exekution" aus der Zeitung erfahren hatte, bat er mich, eine große Flasche Champagner zu holen, um mit ihm auf seine Auferstehung zu trinken.

Während Hitler und Mussolini den Krieg in Spanien in waffentechnischer Hinsicht als Generalprobe für den kommenden Weltkrieg betrachteten, ignorierten die meisten Mitglieder des Völkerbundes – allen voran England und Frankreich – dieses Faktum. Die USA wurden aus ihrem Isolationismus erst am 7. Dezember 1941 herausgerissen. An diesem Tag erfolgte der japanische Angriff auf Pearl Harbor und zerstörte einen Großteil der amerikanischen Kriegsflotte. Als „A Day of Infamy" ging dieser Angriff in die amerikanische Geschichte ein, dem aber schon viele Infamien – ungestraft – vorangegangen waren.

Piscator, der auf der Suche nach einem Land war, wo er leben und arbeiten konnte, kam zur Festspielzeit 1936 nach Salzburg, um mit Max Reinhardt zusammenzutreffen. Er ging zum Bühnenportier des Festspielhauses und verlangte, zum Professor vorgelassen zu werden. Der Professor sei für niemanden zu sprechen, erwiderte der Portier abweisend. Als Piscator seinen Namen nannte, fragte der Portier:

---

   * Erwin Piscator, Bd. 2, S. 17.
  ** Nachruf, New York, 4. Juni 1967.
 *** Der international bekannte Regisseur Erwin Piscator ist gestern in Moskau hingerichtet worden.

„Sind Sie vielleicht mit dem berühmten Piscator verwandt?"

„Ich bin Piscator", antwortete er und fügte amüsiert hinzu: „Der Piscator!"

Der Portier bekam daraufhin einen roten Kopf und meldete den Besuch schnellstens bei Max Reinhardt an. Obwohl Piscator und Reinhardt jahrelang in Berlin nebeneinander arbeiteten, lernten sie sich persönlich nicht kennen. Das Treffen der beiden großen Theaterleute, die zwar persönlich miteinander sympathisierten, führte zu keiner Zusammenarbeit. Salzburg war für Piscator aber trotzdem nicht nur mit Enttäuschungen verbunden, denn er lernte dort Maria kennen und lieben. Die Hochzeit der beiden hat am 15. April 1937 in der Kirche Marie de Neuilly in Paris stattgefunden.

In Paris wurde zu dieser Zeit das neue Theaterstück „Crepuscule du Theatre" von Henri Lenormand aufgeführt. Auf deutschsprachigen Bühnen lief es unter dem Titel „Götterdämmerung des Theaters". Es war ein Angriff auf das Regietheater und auf den Regisseur, der auf der Bühne wie ein deutscher Feldwebel wütete. Ohne daß Piscator namentlich erwähnt wurde, war es klar, daß Piscator damit gemeint war. Als Maria der Pariser Gesellschaft den Angeprangerten als ihren Ehemann vorstellte, herrschte betretenes Schweigen.

Kurz vor Ausbruch des Zweiten Weltkriegs schrieb ich Piscator von meinen Plänen, seine dramatische Bearbeitung von „Krieg und Frieden" in einer Kleinkunstinszenierung auf die Bühnen zu bringen. Kabarettistische Bezüge hatte Piscator ja auch in seinem Drama hergestellt, indem er zum Beispiel in der Schlacht von Borodino Marionetten einsetzte. Piscator fand die Skizzen, die ich diesbezüglich gemacht hatte, interessant, wollte aber erst darauf reagieren, „wenn die Sache in Ordnung geht".* Inzwischen haben aber die politischen Ereignisse sämtliche Pläne hinfällig werden lassen. Der Zweite Weltkrieg wurde von Hitler-Deutschland mit dem Angriff auf Polen ausgelöst, und ich wurde als feindlicher Ausländer interniert.

Als im Jänner 1946 der Krieg an allen Fronten zu Ende war, wollte

---

* Erwin Piscator an Leon Askin, Brief vom 28. August 1939.

ich meinen Beruf als Schauspieler und Regisseur professionell ausüben. Da aber meine Regietätigkeit weder am „Civic Theatre" noch
am Broadway und auch nicht von der „Actors Equitiy", der amerikanischen Bühnengenossenschaft, anerkannt wurde, stand ich genau
demselben Teufelskreis gegenüber wie in Paris. Für Veteranen des
Zweiten Weltkriegs – und ich war einer – begann sich aber ein Hoff-
nungsschimmer abzuzeichnen. Die amerikanische Regierung hatte
durch die „G.I. Bill of Rights" ein Gesetz geschaffen, das ehemaligen
Weltkriegsteilnehmern eine kostenlose Berufsausbildung oder ein ko-
stenloses Studium garantierte. Allein in Piscators Dramatic Workshop
waren mehr als 700 Schüler eingeschrieben, für die die amerikanische
Regierung das Schulgeld bezahlte. Mit einigen anderen professionellen Schauspielern, die ebenfalls Weltkriegsteilnehmer gewesen waren,
gründete ich die Schauspielgruppe „VMS", Veterans Memorial Stage,
die als geschlossene Gruppe unter den Bedingungen der „G.I. Bill of
Rights" in Piscators Dramatic Workshop eintrat. Auf diese Weise
konnten wir alle Einrichtungen der Schule in Anspruch nehmen,
auch die zwei Theaterbühnen. Eine davon war im President-Theatre
im Zentrum vom Broadway. Piscator inszenierte dort zwei denkwür-
dige Aufführungen: „Die Fliegen" von Jean Paul Sartre und „All The
Kings Men" – ein Drama über Huey Long, den rechtsradikalen Gou-
verneur von Luisiana – von Leonard Penn.

Nur ein Theater, das von Roosevelt während der wirtschaftlichen Depression gegründete „Federal Theatre Project", erhielt staatliche Unterstützung. Dieses wurde von Helen Flanagan, die man als Mnouchkine der dreißiger Jahre bezeichnen könnte, geleitet. Ihr großer
Erfolg war „One Third of the Nation". Sie machte, was Piscator immer angestrebt hatte, kompromißloses politisches Theater. Er hatte
aber immer Kompromisse machen müssen, die letztendlich seine
großartig konzipierten Inszenierungen abschwächten. Sich selbst iro-
nisierend, meinte er manchmal: „Ich bin der Regisseur der grandio-
sen Mißerfolge."
    Helen Flanagan, die ihren Stil als „Living Newspaper" bezeichnete,
machte in ihren dramatischen Bearbeitungen niemals Einzelschicksale
zu ihrem Hauptthema, sondern thematisierte gesellschaftliche Pro-

bleme wie Arbeitslosigkeit, Hunger, Krieg, Rassenvorurteile. Ihre politischen und künstlerischen Ansichten stellte sie so dar: „In einem Zeitalter, wo Menschen sich im Universum dem Mond und den Sternen nähern können, in einem Zeitalter, wo Maschinen aus Stahl und Glas durch die Luft fliegen, ist kein Platz für eine Liebesgeschichte zwischen einem Mann und einer Frau und einem Nebenbuhler."

Piscator war ein großartiger Lehrer. Er lehrte nicht nach einer bestimmten Methode, sondern er fragte immer nur: „Warum?" „Denn", so erklärte er, „wenn Schauspieler zu verstehen beginnen, warum Worte oder Sätze in einer bestimmten Weise gesprochen oder betont werden müssen, warum gewisse Körperbewegungen notwendig sind, dann werden sie in der Darstellung eines Rollencharakters keine Fehlschläge erleiden."

Piscator konnte ein Wort oder einen Satz oft stundenlang analysieren. Als ich dem Burgtheaterdirektor Claus Peymann von Piscator und seinen „Warum-Fragen" erzählte, antwortete er mir, daß er diese Frage auch immer stelle.

Piscator hatte mir beziehungsweise der VMS vorgeschlagen, eine Reprise von „What Price Glory" zu machen. 1929 hatte er selbst die deutschsprachige Version unter dem Titel „Rivalen" in Berlin mit Fritz Kortner und Hans Albers überaus erfolgreich inszeniert.

Mein Künstlerkollege Eric Rhodes von der VMS wollte bei dieser Wiederaufführung sein Regiedebüt ablegen. Ich hatte dagegen nichts einzuwenden, aber Rhodes wurde, um seine eigenen Worte zu gebrauchen, mit dem Stück nicht fertig. Piscator teilte mir vier Tage vor der angekündigten Premiere mit, daß ich die Regie übernehmen müsse. Sowohl Eric als auch Piscator waren mir überaus dankbar, daß ich mich dazu bereit erklärte.

Ich stand nun vor dem Problem, wie ich dieses Stück in vier Tagen völlig neu auf die Bühne stellen konnte. Ich mußte, wenn es überhaupt etwas werden sollte, Tag und Nacht daran arbeiten. Während die eine Gruppe der mitwirkenden Schauspieler probte, schlief die andere. Ich schlief während dieser Tage überhaupt nicht und hatte nur hoffen können, daß ich durchhalten würde.

Am Montag vor der Premiere erschien Piscator im Theater. Nachdem er einige Zeit die Proben ruhig beobachtet hatte, fragte er mich, ob er dem Schauspieler, der auf der Bühne an seiner Rolle arbeitete, etwas sagen dürfe. „Selbstverständlich", antwortete ich. Erstens war er ja der Direktor vom Dramatic Workshop, zweitens hatte er das Stück schon einmal selbst inszeniert, und drittens war er eben Piscator!

Doch was passierte? Zwei Stunden lang probierte Piscator mit dem jungen Schauspieler an einem Satz. Es war inzwischen zwei Uhr nachts geworden, und ich sah mich gezwungen, dieses Privatissimum zu unterbrechen.

„Soll die Premiere noch immer übermorgen stattfinden?" rief ich auf die Bühne.

„Sie muß!" erwiderte Piscator.

„Dann verschwinde!" rief ich ihm zu. Piscator schaute auf und war, das konnte man sehen, über meine rüde Aufforderung irritiert. Er hatte sich aber schnell gefaßt und verstand, daß ich nervös war, weil mir die Zeit davonzulaufen drohte. Mit einem verlegenen Lächeln zog er sich zurück.

Es war mir wichtig, Piscator zu sagen, daß ich nicht mit einem Stück in die Premiere gehen wollte, wenn nicht alle Akte durchgeprobt waren. Leider wagte es niemand, ihm das bei seiner eigenen Regieführung zu sagen. Es passierte immer wieder, daß Piscator sich an einem Akt festgebissen und darüber das Stück und die zur Verfügung stehende Zeit vergessen hat.

Piscator lobte meine Premierenaufführung und fand, daß das Stück durch meine Arbeit in den letzten beiden Tagen eine starke Verbesserung erfahren habe – „... Very much improvement. Thank you. P."

Piscator hatte die Gewohnheit, mich fast täglich gegen neun Uhr morgens anzurufen, um zu erfahren, was es Neues gebe und welcher Skandal oder Klatsch am Broadway gerade aktuell sei.

Leo Mittler, ein guter Freund aus der Pariser Zeit, war Generaldirektor vom Dramatic Workshop. Auch er pflegte mit mir am Morgen zu telefonieren. „Ist Piscator mit mir zufrieden?" fragte er mich des öfteren bei unseren Telefongesprächen. Ich antwortete ihm darauf immer: „Du bist der Boß! Frag dich selber!"

Mittler war auch ein ausgezeichneter Drehbuchautor. In Paris hatte ich ihn mit seiner ersten Frau und in New York mit seiner zweiten Frau bekannt gemacht.

Piscator wollte immer, wenn er etwas zu entscheiden hatte, die Meinung der anderen hören, um dann entgegengesetzt zu handeln. Einmal fragte er mich nach einem Mann, den er für die Verwaltung des Workshops anstellen wollte. Ich sagte ihm, daß ich gehört hatte, daß dieser Mann es nirgendwo länger als zehn Monate ausgehalten hätte. Piscator sagte, daß ihm das auch zu Ohren gekommen sei. Doch am nächsten Morgen saß dieser Mann zu meiner Überraschung am Schreibtisch des Verwalters, und nach zehn Monaten war er weg.

Piscator stellte viele Fragen, doch die Antworten oder Ratschläge nahm er nicht so ernst. So überging er auch den Rat seiner Ärzte in Starnberg, die ihm nach seiner Gallensteinoperation strenge Ruhe verordnet hatten. Er kümmerte sich nicht darum und hielt schon wenige Stunden später eine Regiesitzung in seinem Spitalszimmer ab. Die Anstrengung, die er sich zugemutet hatte, war für sein Herz zuviel. Er starb noch am selben Nachmittag.

Mein großer Freund, der mich stark und nachhaltend beeinflußt hatte, war tot. Er starb einen sinnlosen und zu frühen Tod. Solange ich lebe, werde ich seine Ideen zum Theater vertreten.

18

Die Schande Frankreichs

„La Honte de la France"* – lautete die Schlagzeile von Wladimir D'Ormesson im Pariser „Le Figaro". Als Schande bezeichnete der Journalist das französische Vorgehen gegen deutschsprachige Emigranten, die vor Hitler aus Deutschland und in späterer Folge aus Großdeutschland geflüchtet waren. Bei Kriegsausbruch galten diese als feindliche Ausländer und wurden in Lagern festgehalten.

Bevor es dazu kommen sollte, wiegte sich Europa noch ein ganzes Jahr lang in trügerischem Frieden, der durch das Münchner Abkommen** erkauft worden war. Mit diesen Zugeständnissen, die den Höhepunkt der westlichen Appeasementpolitik gegenüber Hitler bedeuteten, glaubte man, den Frieden endgültig gerettet zu haben.

Doch wie wirkte sich dieser „Friede" auf die Menschen aus? Paris, diese einst lebensfrohe Stadt, hatte ihre Lebensfreude verloren und befand sich in ängstlicher Agonie. Exilanten drängten zwar immer noch nach Frankreich, doch es gab auch schon viele, die dem gestundeten Frieden nicht mehr trauten und versuchten, so schnell wie möglich aus dem bedrohten Land wegzukommen.

Zu jener Zeit gastierte im Théâtre St-Martin das berühmte jiddische Theater „Die Wilnaer Truppe". Maurice Schwarz, der Theaterleiter, war selbst ein ausgezeichneter Schauspieler, dessen Auftritte von echtem jiddischen Pathos getragen waren. In Paris spielte er das

---

  * Die Schande Frankreichs.
 ** Auf der Münchner Konferenz vom 29. September 1938, an der Hitler, Mussolini, Chamberlain und Daladier teilgenommen hatten, wurde Hitlers Forderung nach dem Sudetengebiet akzeptiert. Über die Tschechoslowakei hinweg wurde entschieden, daß die sudetendeutschen Gebiete bis 10. Oktober 1938 zugunsten Deutschlands geräumt werden müssen.

sehr erfolgreiche Repertoirestück „Die Brüder Aschkenasy". Obwohl ich des Jiddischen nicht mächtig war und nur die hebräische Religionssprache beherrschte, trug ich mich mit dem Gedanken, bei Maurice Schwarz vielleicht eine kleine Rolle spielen zu können. An einem der nächsten Vormittage ging ich zum Théâtre St-Martin, um bei dem Prinzipal vorstellig zu werden. Nachdem der Portier mein Ansinnen vernommen hatte, erwiderte er mir auf jiddisch:

„Kimm a Ten a Seiger!"

Ich sollte demnach um 10 Uhr abends wiederkommen. Pünktlich um 22 Uhr habe ich mich beim Bühnenportier des Théâtre St-Martin eingefunden. Herr Silberkasten, der geschäftsführende Leiter der Wilnaer Truppe, begleitete mich zur Garderobe von Maurice Schwarz, die sich, wie es für die Stargarderobe in Frankreich üblich war, ganz nahe der Bühne befunden hatte. Auf diese Weise konnte ich noch die letzten Worte, die Maurice Schwarz vor der Pause geradezu ins Publikum gebrüllt hatte, hören:

„Ich wer Aich seign, wos is an Aschkenasy!"

Mit diesem Abgang schritt er in seine Garderobe und wurde meiner ansichtig.

„Wer seid Ihr?" fragte er mich, erstaunt darüber, einen fremden Menschen in seinem Refugium vorzufinden.

„Aschkenasy", sagte ich, worauf wir beide herzlich zu lachen anfingen. Nach der Vorstellung lud er mich zum Abendessen ein, aber eine Rolle hat er mir nicht angeboten. Es war nicht einmal die Rede davon. Es war ein vergnügter Abend mit einem großen Mimen, der mir in Erinnerung geblieben ist.

Meine Freundschaft mit Oscar Homolka hatte auch in jenem letzten Friedensjahr begonnen. Homolka, ein waschechter Ottakringer, war ein Mensch von großem Charakter und Anstand. Als „reinblütigem Arier" war ihm von Göring die Intendanz der Berliner Staatstheater angeboten worden. Oscar soll aber als Antwort darauf seinen Hut genommen und gesagt haben: „Mich leckt's am Arsch!" Er fuhr nach England, um auf der Insel Wright Englisch zu lernen. Aus dem Reinhardt-Star des deutschsprachigen Theaters wurde ein Star der englischsprachigen Bühnen in London und New York. Neben seiner

Abb. 3: Leon Askin (zweiter von rechts)
im französischen Internierungslager Meslay du Maine 1939/40

Theaterkarriere im anglo-amerikanischen Raum gelang ihm auch eine große Karriere in Hollywood. Ein trauriges Ereignis – der Tod seiner bildschönen Frau, der Baronin Hatwany – hatte unsere Freundschaft vertieft. Während Oscar in London auf der Bühne stand, starb seine Frau an einer Streptokokkeninfektion, die durch einen ärztlichen Fehler verursacht worden war. Homolka sagte daraufhin alle Theatervorstellungen ab, rief mich in Paris an und sagte: „Hol mich heute um 19 Uhr im Hotel Rafael ab!" Zehn oder zwölf Tage blieb er in Paris, um in seinem größten Schmerz nicht ganz allein zu sein.

Im August 1939 besuchte mich Hans Weigel, mein alter Freund aus den Tagen der Wiener Kleinkunst. Wir saßen in La Capoulade im Quartier Latin, als Zeitungsverkäufer vorbeikamen und die Sensation des Tages lautstark verkündeten: „Pakt Molotow-Ribbentrop!" Noch heute kann ich mich ganz genau an die Momente erinnern, die dieser Nachricht folgten. Hans sagte: „Das bedeutet Krieg. Um sechs Uhr geht ein Zug nach Basel. Kommst du mit mir mit?"

Ich lehnte es ab, mit ihm nach Basel zu kommen, wie ich es auch abgelehnt hatte, mit den Piscators nach Amerika zu gehen. Ich hatte die Absicht, mich als Freiwilliger zur französischen Armee zu melden; doch mein Ansuchen war vom Verteidigungsministerium abgelehnt worden.

Zur Fremdenlegion hätte ich noch gehen können; was ich aber über die Behandlung der einfachen Soldaten in der Fremdenlegion gehört hatte, ließ mich davor zurückschrecken.

Das Café George V, an den Champs Élyseés gelegen, galt allgemein als Treffpunkt von Emigranten. Am Abend dieses denkwürdigen Tages waren mehr von unseren Leuten dort als gewöhnlich. Es hatten sich Gruppen gebildet, und es wurde lebhaft diskutiert, bei allen herrschte aber ziemliche Ratlosigkeit. Sie wußten nicht, was sie davon halten sollten. Ein Pakt zwischen Hitler und Stalin – wie war so etwas möglich? Nur die Mitglieder der kommunistischen Partei hatten eine Erklärung dafür, indem sie meinten die Sowjetunion brauche Zeit, um sich auf einen eventuellen Angriff Deutschlands vorzubereiten.[*]

Die Verunsicherung unter den Emigranten war groß, jeder dachte an die unmittelbaren Auswirkungen dieses Ereignisses. Max Slater, Premingers Assistent, mit dem ich befreundet war, hatte noch keine Carte d' identité, da er erst vor kurzem nach Paris gekommen war. Für ihn bestand jederzeit die Gefahr, nach Deutschland zurückgeschickt zu werden. Weder Madame Allatini noch wohlwollende Bekannte im französischen Arbeitsministerium konnten helfen. In wenigen Tagen würde Krieg sein, erklärten sie mir, sie könnten daher nicht mehr helfen. Madame Allatini riet mir, mit Slater Paris zu verlassen und in eine französische Kleinstadt zu fahren. Dort könnte ich, so meinte sie, aufgrund meiner drei Jahre gültigen Carte d'identité für meinen Freund bürgen. Wir entschieden uns für Chateau-Thierry, ohne daß wir uns dabei viel gedacht hatten. Bei unserer Ankunft wurden wir daran erinnert, daß wir uns an einem historischen Ort befanden. In Chateau-Thierry hatte 1918 der Oberbefehlshaber der

---

[*] Am 22. Juni 1941 begann das Unternehmen „Barbarossa", der Angriff Hitler-Deutschlands auf die Sowjetunion.

amerikanischen Armee, General Pershing, die Kapitulation der Wilhelminischen Armee entgegengenommen. Auf dem Dorfplatz des Städtchens errichteten die Franzosen ein Denkmal, das an die amerikanischen Soldaten erinnern soll, die für Frankreichs Ehre – pour l'honneur de la France – ihr Leben gelassen hatten.

Max mietete sich ein kleines Zimmer in Chateau-Thierry. Mit dem Meldezettel, der bewies, daß er seinen festen Wohnsitz am hiesigen Ort hatte, bekam er von der dortigen Polizei sofort seine Carte d'identité, die es ihm erlaubte, legal im Land zu bleiben. Doch Erleichterung und Freude dauerten nicht lange – am 1. September 1939 marschierten Hitlers Truppen in Polen ein.

Auf Einladung meines Freundes Lucien Besnard waren Max und Anni in die Bretagne gefahren. Ich blieb in Paris zurück und versuchte, abermals erfolglos, als Freiwilliger zur französischen Armee einberufen zu werden. In österreichischen Emigrantenkreisen kursierte auch der Plan, eine österreichische Legion aufzustellen, um an der Seite der Alliierten gegen Hitler zu kämpfen. Doch daraus wurde nichts.

Einige besonders laute Anti-Nazis kehrten sogar nach Deutschland zurück; der bekannteste unter ihnen war der Regisseur G. W. Pabst. Bei seiner Ankunft in Berlin wurde er von Goebbels persönlich empfangen.

Tagsüber waren in Paris die sonderbarsten Gerüchte zu hören, und in der Nacht herrschte in der einstigen Lichterstadt vollkommene Dunkelheit – ein unwirklicher und auch unheimlicher Anblick. Am zweiten Abend der totalen Verdunklungspflicht ertönten Alarmsirenen. In dem kleinen Hotel in der Rue Lauriston, wo ich abgestiegen war, mußten wir alle in den Keller. In dieser räumlichen Enge fühlte ich feindliche Augen auf mich gerichtet. Die durchwegs französischen Hotelgäste begegneten meinem Flüchtlingsstatus mit ziemlicher Ablehnung, für sie war ich entweder ein „Sale Boche" oder ein „Autre Chien".*

Am 4. September war in ganz Paris plakatiert worden, daß sich alle

---

* Ein „schmutziger Deutscher" oder ein „anderer Hund."

Staatsbürger des Deutschen Reiches am 5. September 1939 im Stadion von Colombes zur Fremdenkontrolle einzufinden hätten. In meiner Naivität dachte ich, daß diese Verordnung auf mich nicht zutreffen würde, denn ich war nie deutscher Staatsbürger und wollte nach der Machtergreifung der Nazis erst recht keiner sein. Doch ein Polizist kam deswegen extra einige Male ins Hotel und belehrte mich eines Besseren. Zuerst war er überzeugt, daß dieses Gesetz auch für mich gelten würde. Nach einiger Zeit kam er wieder und sagte mir, ich wäre davon ausgenommen. Beim dritten Besuch widerrief er seine vorige Anordnung und teilte mir mit, daß ich mich doch ins Stadion Colombes zu begeben hätte. Er meinte aber, in meinem Fall wäre das nur eine Formalität.

Am nächsten Morgen warteten vor dem Stadion Tausende Österreicher, Deutsche, Saarländer und Flüchtlinge aus dem Sudetenland. Sie alle stellten sich brav an, um eingesperrt zu werden. Bei Einbruch der Dunkelheit wurde das Stadion abgesperrt. Den draußen Wartenden teilte man mit, daß sie sich morgen neuerlich einzufinden hätten. Statt nach Paris zurückzufahren und eventuell unterzutauchen, verbrachten wir die Nacht auf einer nahe gelegenen Wiese. An Schlafen war überhaupt nicht zu denken, denn es kam immer wieder zu Streitereien und auch Raufereien. Man wies sich gegenseitig Schuld zu. So schrien die Deutschen, die Österreicher wären an allem schuld, denn Hitler komme doch aus Österreich. Die Österreicher wollten das nicht auf sich sitzen lassen und erwiderten aggressiv, daß Hitler es aber in Deutschland zum Kanzler gebracht habe und die Piefkes sowieso immer nur Krieg führen wollten. Am nächsten Morgen fanden wir uns aber wieder „vereint" ein und warteten, wenn auch etwas gerädert, auf Einlaß in das Stadion, um festgehalten zu werden.

Kaum war das Tor geöffnet, befahl uns ein Soldat schreiend: „Hände hoch!" Wir wurden bis auf die Haut durchsucht. Feuerzeuge, Zündhölzer, Taschenmesser und alles Geld wurde uns abgenommen. Danach wurden wir mehr oder weniger sanft auf die steinerne Tribüne des Fußballplatzes hinaufgestoßen. Auf dem Fußballfeld selbst waren große Metallbehälter als Toiletten aufgestellt. Ein Recht auf Wahrung unserer Intimsphäre hatten wir nicht mehr, in aller Öffentlichkeit mußten wir unsere Bedürfnisse verrichten.

Zum Essen bekamen wir ein langes französisches Weißbrot und eine Art Leberkäse. Da uns Streichhölzer und Feuerzeuge abgenommen worden waren, diente allen Rauchern Tag und Nacht eine brennende Zigarette zum Feuergeben. Unsere Bewacher hatten alle schon ein fortgeschrittenes Alter – das letzte Aufgebot, hätte man sagen können. Das stimmte sie uns gegenüber aber auch nicht verständnisvoller.

In einer der folgenden Nächte gab es so dichten Nebel, daß man nicht einmal auf die andere Seite des Fußballfeldes sehen konnte. In dieser Nacht wurden wir plötzlich durch Trompetenlärm und Kommandorufe geweckt, ohne zu wissen, was vor sich ging. Nachdem sich der Nebel am nächsten Morgen etwas gelichtet hatte, bemerkten wir, daß die gegenüberliegende Tribüne des Stadions menschenleer war. Ein Teil des Stadions war also letzte Nacht geräumt worden. Zwei Tage später kam dann der Rest an die Reihe. Von Soldaten mit gezückten Bajonetten wurden wir in Autobusse verfrachtet und zum Bahnhof Montparnasse gebracht. Dort hat man uns ohne Nahrung und ohne Wasser 24 Stunden lang in Eisenbahnwaggons eingesperrt. Erst am nächsten Tag setzte sich der Zug in Bewegung. Da während des Krieges zur Desorientierung der Deutschen sämtliche Bahnhöfe namenlos waren, wußten auch wir nicht, welches Ziel unsere unfreiwillige Reise haben würde. Am Abend hatte der Zug in einer kleinen Station gehalten. Die Waggontüren wurden aufgerissen, und wir erhielten den Befehl zum Aussteigen. Zu Fuß, das Gepäck hatte jeder selbst zu tragen, erreichten wir nach ungefähr fünf Kilometern eine große Wiese, wo am nächsten Tag unser Lager errichtet werden sollte. Die erste Nacht wurden wir, nachdem das Kommando zum Niederlegen ausgegeben worden war, mit einer löchrigen Zeltplache zugedeckt. Von oben betrachtet, hatten an die zweitausend Menschen ihre Köpfe zum Himmel gerichtet. Am folgenden Morgen stellten wir mit den löchrigen Zeltplachen Zelte her, die Löcher hatten. Dort lebten wir von nun an auf engstem Raum zusammengepreßt. Wir hatten kein Licht, keine Latrinen und lagen auf feuchtem Stroh, das sich bei Regen in nasses Stroh verwandelte. Der Kommandant dieses Lagers war ein Hauptmann mit einem Holzbein. Wir nannten ihn „Peg-Leg". Seine Funktion hatte scheinbar nur darin bestanden, daß er darauf achtete, daß wir beim Aufziehen der Trikolore am Morgen und beim Einholen am Abend in korrekter Haltung „Habt-acht" standen.

Zum Frühstück bekamen wir Kaffee und ein Glas Wasser, das zum Trinken, Waschen und Zähneputzen reichen mußte. Zum Mittagessen gab es eine wäßrige Kartoffelsuppe mit ein paar Fleischstückchen. Hauptmann „Holzbein" wollte uns das Lagerleben so vermiesen, daß wir uns zur Fremdenlegion meldeten. Ich hatte alle Hände voll zu tun, um meine Leidensgenossen davon abzuhalten. Von jenen, die ich nicht überzeugen konnte, habe ich nie mehr wieder etwas gehört.

Unser Lager in Meslay du Maine war kein Konzentrationslager, das Leben und Überleben hing dort von anderen Faktoren ab: Man wollte uns nicht vernichten, aber man demütigte und demoralisierte uns. Wir – Hitlergegner und Flüchtlinge – konnten es nicht verstehen, daß die Exilländer nicht unterscheiden wollten zwischen den Nazi-Aggressoren und jenen, die von diesen aus der Heimat vertrieben worden waren. Vor uns hätten sie sich nicht schützen müssen, wir waren doch selbst schutzbedürftig. Diese Auffanglager für Emigranten waren, wie es Wladimir D'Ormesson trefflich formuliert hatte, eine Schande.

Dr. Schneck, der in seinem früheren Leben ein bekannter Wiener Rechtsanwalt gewesen war und die Februarkämpfer verteidigt hatte, kam in Meslay du Maine nicht mehr zurecht. Wir wollten ihn zu unserem Sprecher bei der Kommandantur machen, doch er ließ sich völlig gehen. Er ging barfuß oder mit offenen Schuhen herum, nicht einmal das Hosentürl machte er zu. Für ihn war eine Welt, seine Welt, zusammengebrochen. Auf das, was danach kam, reagierte er nur mehr mit völliger Apathie.

So wurde ich zum Sprecher der Lagerinsassen gewählt. Als solcher bekam ich die unwahrscheinlichsten Geschichten zu hören: „Herr

Aschkenasy, sagen Sie dem Lagerleiter, ich bin ja eigentlich gar kein Österreicher. Ich bin ein Ungar, in Polen geboren, mit tschechoslowakischer Staatsbürgerschaft. Aufgewachsen bin ich aber in der Ukraine. Daher sollte ich eigentlich die sowjetische Staatsbürgerschaft besitzen."

Ein anderer glaubte sich retten zu können, indem er mir zur Weiterinformation an Hauptmann Betrand mitteilte, er könne der französischen Armee von großem Nutzen sein, weil er eine Gummifabrik habe, die umsonst Kondome für die Armee herstellen würde. In Zukunft werde es dadurch weniger Geschlechtskrankheiten bei den Soldaten geben.

Ein Damenmodenhändler wiederum machte das Angebot, sein Geschäft problemlos und schnell auf Uniformen umzustellen. All diese Geschichten waren traurig und lustig zugleich.

An Samstagabenden organisierte ich gemeinsam mit dem Opernsänger Telasco und Karl Farkas Lieder- und Kabarettabende. Ich sang dabei auch Jura Soyfers „Voll Hunger und voll Brot …". Farkas schrieb eine Revue mit dem Titel „Meslay lacht wieder". Er paraphrasierte seinen großen Wiener Erfolg „Wien lacht wieder". Telasco hat a capella Puccini und Verdi gesungen. Diese Abende waren äußerst erfolgreich, wir hatten immer „volles Haus" Bei jedem Wetter strömten die Lagerinsassen zu dem Zelt, wo wir Kabarett machten oder Lieder- und Rezitationsabende veranstalteten. Als Organisatoren freuten wir uns ebenso auf diese Samstagabende wie die übrigen Lagerinsassen, die das Publikum stellten. Für uns alle waren das Momente, wo wir unseren fremdbestimmten Alltag vergessen konnten, wo wir uns wieder in jene früheren Lebewesen verwandeln konnten, die wir einmal gewesen waren; bevor wir aus der Heimat vertrieben und im Emigrationsland zu Häftlingen degradiert wurden. Vor langer Zeit, so schien es uns, waren auch wir einmal nützliche Mitglieder der Gesellschaft mit vielfältigen Interessen.

Im Dezember hatte ein starker Sturm über Nacht das ganze Zeltlager zerstört. Wir wurden in ein anderes Lager überstellt, wo es richtige Baracken gab, die nach unseren bisherigen Erfahrungen sogar einen

gewissen „Komfort" hatten. Denn bisher waren wir auf nassem Stroh
und beinahe im eigenen Kot gelegen. Das neue Lager hatte Baracken, in denen es sogar elektrisches Licht, Öfen und Pritschen mit
Strohsäcken darauf gab.

Die Entfernung zwischen den beiden Lagern betrug ungefähr sechs
Kilometer, die wir mit unseren Habseligkeiten wiederum zu Fuß
zurückzulegen hatten. Einer von uns mußte auch die Trikolore mit-
tragen. Die Wahl war auf mich gefallen, und ich erinnerte mich mit
gewissem Stolz, das muß ich zugeben, an Rilkes „Die Weise von
Liebe und Tod des Cornets Christoph Rilke", wo der Held sagt:
„Meine gute Mutter seid stolz, ich trage die Fahne …"

Als wir endlich in der warmen Baracke auf unseren Strohsäcken
saßen, konnten wir unser Glück gar nicht fassen. Träumten wir, oder
war es Wirklichkeit? Unsere Verwunderung sollte aber noch größer
werden, als plötzlich zwei junge Männer, ebenfalls Lagerinsassen, vor
uns standen und sich beinahe im Chor als die „Wäscherei Edelweiß"
vorstellten. Für ein paar Francs boten sie ihre Dienste an: Nach jedem Essen würden sie unser Menagegeschirr abholen und gewa-
schen zurückbringen. Ihr Angebot galt auch für die Schmutzwäsche,
die sie nach zwei Tagen gereinigt wiederbringen wollten. Ein anderer
Mithäftling machte das unwiderstehliche Angebot, uns zum Frühstück frische Croissants zu kredenzen. Noch ein anderer hatte wiederum Toilettenartikel an den Mann zu bringen. Es war sogar möglich, die französische Morgenzeitung „Le Matin" zu abonnieren.

Einige der Inhaftierten, die schon längere Zeit dort waren, hatten
ein „Kaffeehaus" aufgemacht. Aus herumliegenden Brettern hatten
sie eine kleine Hütte, Holztische und Bänke zusammengestellt. Der
Kaffee wurde in leeren Konservenbüchsen „serviert", als Löffel dien-
ten lange Nägel.

Auch die Körperhygiene sollte nicht zu kurz kommen. Zwei Leidensgenossen betrieben eine „öffentliche Badeanstalt", die aus einer
Duschvorrichtung bestand. Eine Dusche war ja leicht zu fabrizieren,
man brauchte nur Löcher in eine Dose zu bohren. Wenn man sich etwas Besonderes leisten wollte, gab man einen Franc drauf und kam
in den Genuß von „La Specialité de la Maison". Das war ein vorge-

wärmtes Brett, auf das man sich stellen konnte, wenn man aus der Dusche kam, um sich nicht zu verkühlen.

Die Schande Frankreichs entwickelte sich zu einer Farce. Denn sonst hätte es doch nicht geschehen können, daß Sergeant Deroincé, unser Lageraufseher, mich täglich um 17 Uhr in sein Büro kommen ließ und mir befahl, ihm sein Gewehr, sein Bajonett und seinen Stahlhelm für die allabendliche „Retreat" zu bringen. Dazu mußte ich aber das Lager verlassen und circa zwanzig Minuten die Landstraße entlanggehen, bis ich zu seiner Baracke kam, um die gewünschten Dinge zu holen. Und so ging Leo Aschkenasy, der internierte feindliche Ausländer, weder beachtet noch bewacht mit Gewehr und Bajonett durch die Gegend.

Hauptmann Betrand stellte uns für Theater- und Konzertaufführungen eine Baracke zur Verfügung. Für die Kammermusikabende ließ er sogar Musikinstrumente von Laval kommen. Ich begann, eine Aufführung von „Dantons Tod" vorzubereiten.

Um diese Zeit kam ein neuer Transport im Lager an. Wir alle drängten uns in die Nähe des Eingangstores, um herauszufinden, ob sich darunter Freunde befinden würden. Als meine Blicke an den verzweifelten Gesichtern der Neuen entlangwanderten, entdeckte ich zu meiner großen Freude Max Slater und rief ihm euphorisch zu: „Du spielst Robespierre!"

Er starrte mich entgeistert an, und sein Gesichtsausdruck zeigte, daß er mich für einen Irren gehalten hatte.

Die Arbeit am Regiebuch von „Dantons Tod" hatte mich so in Anspruch genommen, daß ich die Ankunft eines französischen Korporals nur am Rande mitbekam. Normalerweise wußten wir über außergewöhnliche Ereignisse im Lager immer Bescheid. Doch diesmal lebte ich in der Sphäre des Theaters und fühlte mich ziemlich gestört, als ich ins Büro des Lagerleiters gerufen wurde. Der dort anwesende Korporal fragte mich, ob es im Lager noch einen anderen Aschkenasy geben würde? Nachdem ich das verneint hatte, sagte er, daß die US-Botschaft in Bordeaux nach einem Leo Aschkenasy verlange, weil dessen Affidavit bewilligt worden sei. Erst nach ein paar Sekunden wurde mir die volle Bedeutung des Gesagten bewußt: Mein Affidavit, auf das ich so lange gewartet hatte, ist eingetroffen. Ich hatte es also geschafft und konnte diesen unheilvollen, vom Krieg heimgesuchten Kontinent verlassen.

Davor sollte ich aber nach Bordeaux fahren, um bei der amerikanischen Botschaft mein Visum in Empfang zu nehmen. Da ich aber immer noch ein Internierter war, mußte mir Hauptmann Betrand für die Dauer meines Aufenthalts außerhalb des Lagers ein „Sauf Conduit" ausstellen. Mit diesem Geleitbrief sollte ich ungehindert meine Angelegenheiten erledigen können und zur vereinbarten Zeit wieder im Lager sein. Meine guten Französischkenntnisse hatten mir sehr geholfen; denn es war unmöglich, sich ohne Hilfe der Einheimischen beim oftmaligen Umsteigen entlang der namenlosen Bahnhöfe zurechtzufinden. Schon aus Zeitgründen hätte ich mich nicht verirren dürfen, denn ich mußte am nächsten Morgen in Bordeaux sein.*
Punkt neun Uhr war ich dann auch in der Botschaft und fand zu meiner Überraschung zwei Affidavits vor. Das eine war von Otto Eisenschiml und das andere von Isabel Donald über Intervention von Maria Piscator. Somit hatte ich keine Schwierigkeiten, ein Visum zu bekommen. Probleme gab es dann aber trotzdem, weil ich keinen Paß hatte, in dem das Visum hineingestempelt werden konnte. Frau Wiener, eine Botschaftsangestellte, die mit Ernst Lothar bekannt war, hatte die rettende Idee, daß man mir das Affidavit „in lieu of passport"** ausstellen könnte. Das Visum, dessen Ausstellung nun gesichert war, sollte ich aber erst bekommen, wenn ich ein ärztliches Gesundheitszeugnis und eine Schiffskarte vorweisen konnte. Mit Hilfe des „Jewish Joint" wurde auch dieses Problem gelöst, so daß ich gerade noch vor Dienstschluß die Botschaft erreichte, um mir mein Visum aushändigen zu lassen.

Nach meiner Rückkehr war ich nur mehr einen Tag im Lager. Diesen letzten Abend in Meslay verbrachte ich mit meinen Freunden Egon

---

* Die US-Botschaft übersiedelte von Paris nach Bordeaux.
** statt eines Passes

Eis, Max Slater und dem Kameramann Hans Oser. Nachdem sich mein glückliches Los herumgesprochen hatte, gesellten sich auch noch die Filmproduzenten und Drehbuchautoren Hans Wilhelm und Peppo Than sowie der Autor Conrad Heiden zu uns. Letzterer hatte ein vielbeachtetes Buch mit dem Titel „Der Führer" geschrieben.

Neben guten Wünschen bekam ich viele Botschaften für Bekannte oder Verwandte in New York mit auf den Weg. Es war schon lange nach Mitternacht, als ich meinen letzten Spaziergang durchs Lager machte.

Am nächsten Morgen verabschiedete ich mich noch von Hauptmann Betrand.

„Wie können Sie Frankreich so einfach verlassen?" fragte er mich. „Sie, der Sie Frankreich so geliebt haben!"

„Liebte Frankreich aber mich?" erwiderte ich. „Wie hat es mir diese Liebe gedankt?"

Ich sah ihm ins Gesicht und glaubte, Verständnis für meine Verbitterung zu finden.

Wir schüttelten uns die Hände. „Bonne chance, mon capitain!" sagte ich zu ihm.

„Pour vous la même!" erwiderte er.

Wir hätten wahrscheinlich Freunde werden können, wenn wir uns unter anderen Umständen begegnet wären. Er hat sich, das glaube ich, sagen zu können, als Kommandat eines Lagers, wo Hitler-Flüchtlinge eingesperrt waren, auch nicht wohl gefühlt.

Danach ging alles sehr schnell. Unsere kleine Gruppe, die das Lager verlassen durfte, bestieg den Lastwagen, der sie nach Paris und zum Schiff bringen sollte. Es hatte den Anschein, als ob sich das ganze Lager versammelt hätte, um uns Lebewohl zu sagen. Als der Wagen mit einem Ruck losfuhr, sah ich viele Hände winken. Ein letztes „auf Wiedersehen!", das sich aber eher wie ein Schrei ausnahm, riefen wir einander noch zu. Diesen Schrei meiner Kameraden von Meslay nahm ich mit auf meine Reise über den Ozean. Es war ein Schrei der Ohnmacht, der Enttäuschung und auch des Zorns. Das war unsere einzige Möglichkeit, auf Frankreichs Schmach zu reagieren.

Einer der Lagerinsassen, ich glaube, es war ein Journalist, dem der

Wahnsinn dieses Internierungslagers und die Amoral Frankreichs, die Meslay ermöglicht hatte, die Galle hochsteigen ließ, verfaßte ein Gedicht über den Umgang der Internierten miteinander. Es war ein erschütterndes Zeugnis der Lagerrealität, was diese aus zivilisierten Menschen in Extremsituationen machen konnte.

> „Du hast!
> Wer ich?!
> Jooh Du!
> Du leck mich …
> Du mich auch. Hier –
> Schmeiß ihn raus das Dreckschwein!
> Ich bring Dich um Du Arschloch!
> Ich scheiß auf Dich!
> Halt die Goschn!
> Nicht Du – die Drecksau hier!
> Du host joh kan Humor!
> Ich spuck auf Dich!
> Und ich geb Dir an Tritt in den Arsch
> daß'd glaubst Du bist hin.
> Also jetzt Schluß oder ich werds Euch zeign.
> Was wuellst zeign – Dein Arsch, Du Arschficker.
> Auh! Auh! Auh!
> No, jetzt hosts gschafft, der blutet ja.
> Dr. Gold! Dr. Gold!
> Ins Spital mit dem Kerl.
> Ah, was, dem iss doch gor nix gschehn!
> Was iss denn?
> Wer iss denn Schuld an dem Ganzen?
> Der Saujud natürlich, wer denn sonst?
> Und was war denn der Grund für diese Schlägerei und Schimpferei
> an Grund?
> In Meslay braucht ma doch kan Grund …

In Le Harvre angekommen, mußten wir, da die „SS De Grasse" erst in zwei Tagen abfahren sollte, die Zeit bis zur Abfahrt in einem Übergangslager verbringen. Zorn und Hoffnung stiegen in mir auf und lösten einander ab.

Zornig war ich, weil ich doch hätte versuchen können, Anni in Paris zu sehen. Doch wie hätte unser Wiedersehen ausgeschaut, wo jeder Schritt, den wir machten, strengstens kontrolliert wurde? Der Gedanke, daß die geliebte Frau in der Nähe war und ich sie besuchen könnte, ließ mich nicht mehr los. Die Phantasie trieb mich an, es doch zu versuchen, „einen Ausgang" für eine Nacht mit Anni zu bekommen. So aussichtslos mein Wunsch auch schien, ich wollte zumindest das mir Mögliche, das war ja sowieso nicht viel, versucht haben. Also fragte ich, ob ich für einen Tag nach Paris fahren dürfte? Meine Lagerkollegen, die ich ins Vertrauen gezogen hatte, lachten mich wegen meines Vorhabens einfach aus. Der junge Lagerkommandant, an den ich mich gewandt hatte, reagierte prompt: „Non, c'est impossible!"

Aber er war doch ein echter Franzose; als ich nicht locker ließ und ihm erzählte, daß ich wegen einer Frau nach Paris wollte, da gab er mir die Erlaubnis, mich in Begleitung eines Soldaten auf den Weg zu meinem Liebesabenteuer zu machen. Ich mußte mich verpflichten, am nächsten Tag um die Mittagszeit zurück zu sein und die Übernachtungskosten für meinen militärischen Begleiter zu übernehmen.

Anni hatte ich brieflich über meine bevorstehende Abreise informiert. Als sie mich vor der Tür ihres Hotelzimmers sah, war sie erst sehr erschrocken, weil sie befürchtet hatte, daß etwas mit meiner Abreise nach Amerika schiefgegangen sei. Doch ich beruhigte sie, indem ich ihr sagte, daß alles in Ordnung wäre und ich nur gekommen wäre, um diese letzten Stunden mit ihr zusammenzusein. Wir fielen uns daraufhin in die Arme und küßten einander immer wieder leidenschaftlich. Als sich später Hunger und Durst bemerkbar machte, zauberte Anni belegte Brötchen und Champagner hervor. Nachdem wir uns gestärkt hatten, wollten wir jede Sekunde dieser letzten Nacht auskosten. In Augenblicken, wo wir erschöpft voneinander ließen, tranken wir Champagner und vernichteten unsere alten Briefe und

Manuskripte. Kein Fremder sollte sich an unseren Sehnsüchten und Phantasien begeilen können. Manche Sätze aus den Briefen, die wir uns vor dem Zerreißen noch einmal vorgelesen hatten, stachelten unsere Erregung nur noch an. Immer wieder verschmolzen unsere Körper. Wie zwei Ertrinkende hielten wir aneinander fest. Wie oft wir in dieser Nacht miteinander geschlafen haben, das weiß ich nicht mehr, wahrscheinlich nicht oft genug. Doch diese Nacht, die für uns beide ein Abschied für immer werden sollte, war so unbeschreiblich schön und traurig zugleich. Selbst der Liebesakt wurde am Ende nur eine von Müdigkeit und Traurigkeit erfüllte Körperbewegung. Das Bittere unserer gegenwärtigen Situation versuchten wir auszublenden, um die kurze gemeinsame Zeit genießen zu können. Vergessen konnten wir in unseren orgiastischen Umarmungen. Das Lesen in alten Briefen führte uns in die Geschichte unserer Beziehung zurück, an den Beginn unserer Liebe, an ihr Werden und Reifen. Die Erinnerung hüllte uns wohltuend ein. Wir vermieden es, in die Zukunft zu blicken und einander etwas zu versprechen.

Zu bald klopfte es an der Tür. Es war der Soldat, der mich holen kam. Unsere Sanduhr, damit verglich ich die paar Stunden, war abgelaufen. Ich mußte zurück ins Lager und dann aufs Schiff nach Amerika. Anni ließ es sich nicht nehmen, mich zum Bahnhof zu begleiten. Wir gingen, mit dem Soldaten hinter uns, ein letztes Mal eng umschlungen über Champs-Élysées und Place de la Madeleine zum Gare St-Lazare.

Ich stieg in den Zug ein. Wir winkten und riefen einander „auf Wiedersehen!" zu. Doch würde es für uns ein Wiedersehen geben?

19

Lebe wohl, Europa

Es ging schon auf Mitternacht zu, als sich die „SS De Grasse" am 12. Februar 1940 schwerfällig aus dem Hafen von Le Havre hinaus-bewegte. Die Nacht war dunkel, und düster waren auch die Gedanken, die von mir Besitz ergriffen hatten. Ich ließ die liebsten Menschen schutzlos zurück. Ich dachte an meine alten, hilflosen Eltern, vor allem an die Mutter, die damals schon ziemlich schlecht gesehen hatte. Die quälende Vorstellung, sie vielleicht nie mehr wiederzusehen, wurde ich die ganze Kriegszeit hindurch nicht mehr los. Ist der Gedanke, daß meinen Eltern etwas zustoßen könnte, ohne daß ich bei ihnen sein würde, damals für mich schon unerträglich gewesen, so kann ich bis heute nicht darüber hinwegkommen, daß Vater und Mutter wie Un-geziefer umgebracht und verbrannt wurden. Die Erinnerung an meine Eltern trage ich im Herzen. Es gibt auch nichts, was sonst an sie erin-nern würde, nicht einmal ein Grab auf einem Friedhof.

Der 12. Februar spielte in meinem Leben direkt oder indirekt immer wieder eine Rolle. Meine Eltern hatten am 12. Februar 1905 geheira-tet. Am 12. Februar 1934 begannen die Kämpfe gegen das austro-faschistische Regime. Das verhängnisvolle Treffen zwischen Hitler und Schuschnigg fand im Jahre 1938 ebenfalls am 12. Februar statt. Am 12. Februar 1973 wurde ich von Kollegen in der „Screen Actors Guild", der amerikanischen Gewerkschaft der Filmschauspieler, in den Vorstand gewählt. Mein Vater, selbst ein Gewerkschafter, wäre sehr stolz auf mich gewesen.

Obwohl wir uns immer mehr von Europa weg bewegten und ich meine Erwartungen und Hoffnungen eigentlich auf Amerika hätte ausrichten sollen, kreisten meine Gedanken und Erinnerungen unaufhörlich um Europa, um mein bisheriges Leben auf diesem Kontinent.

Paris hatte im ersten Teil meines Lebens eine bedeutende Rolle gespielt. Ich hatte mich sehr rasch und leicht an die französische Lebensweise gewöhnt. So ging ich morgens in das nächste Bistro und bestellte mir „un café crème" und trank ihn natürlich – wie jeder Pariser – „au comtoir". Meine Nächte verbrachte ich häufig mit einer Midinette. Ich nahm am kulturellen Leben dieser Stadt teil, besuchte die Grand Opera im Smoking und sah in einem Boulevardtheater Sascha Guitry und seine schöne Frau Yvonne Printemps.

Das Cabaret am Montmartre, wo um die Jahrhundertwende Yvette Guilbert ihre Chansons vorgetragen hatte, frequentierte ich häufig. Eine Selbstverständlichkeit war es auch, das „Casino de Paris" zu besuchen, wo es halbnackte Mädchen zu bewundern gab, was zu dieser Zeit eine ziemliche Sensation gewesen war. Weil ich besonders neugierig war und alles ausprobieren wollte, ging ich auch in die Rue de Lappes, wo man Spermatozoen auf Sandwiches als höchsten Genuß angeboten hatte.

Ich besuchte die großartigen Museen und die herrlichen Parkanlagen und machte Paris zu meiner Stadt. Doch Paris ließ sich nicht auf einmal erobern. Bei jedem Aufenthalt wurde mir diese Stadt vertrauter und liebenswerter.

Als ich nach meinem ersten Pariser Aufenthalt 1930 wieder nach Düsseldorf zurückkehrte, hatte ich mit meinen dreiundzwanzig Jahren den Eindruck, die große Welt kennengelernt zu haben. Ich blickte in den Spiegel und sagte zu mir selbst: „Leon, du hast gelebt!"

Louise Dumont begrüßte mich mit der Frage: „Wie war Paris, die Stadt, in der Gott und der Teufel zu Hause sind?" Diese Gegenüberstellung von göttlicher Reinheit und absoluter Verworfenheit war mir in Erinnerung geblieben. Im Jahre 1951 beendete ich an der Columbia-Universität in New York einen Sommerkurs über Journalismus mit einer Abschlußarbeit, die diesen Dualismus – Paris als Aufenthaltsort von Gott und Teufel – zum Thema hatte. In meinen Gedanken spazierten sie beide in der Abenddämmerung die Champs-Élysées entlang. Die beiden ungleichen Gefährten schienen sehr zufrieden zu sein. Die Pariser Luft und das fahle Licht der Dämmerung versprühten

Sinnlichkeit; und diese erotisierende Atmosphäre kam dem Gesellen der Finsternis sehr entgegen, er konnte seine Genugtuung darüber kaum verbergen. Er machte seinen Begleiter auf die laszive Schönheit der Frauen aufmerksam: „Sieh hin, mein göttlicher Herr! Wir befinden uns an einem der schönsten und bekanntesten Orte, die es auf der Welt gibt. Beobachte diese herrlich schönen Frauen, die sich ihrer Weiblichkeit bewußt sind und diese auch offen zeigen. Sie haben den Mut, ihre sexuelle Lust auszuleben und auszukosten."

Der erhabene Herr wollte nicht einfach klein beigeben und ging zum Gegenangriff über. Tatsächlich provozierte ihn die eingeengte Sichtweise seines Gesprächspartners, der körperliche Schönheit nur mit sexueller Befriedigung verbinden konnte.

„Ich bemitleide dich. Du reduzierst diesen herrlichen Ort mit den schönen Menschen nur auf eine Funktion des Unterleibes. Kriech auf deinem Bauch wie deine Cousine, die Schlange! Ich liebe Paris, diese Metropole von Millionen Lichtern. Befahl ich nicht, daß es Licht werden sollte? Und es wurde auch Licht."

Und wie ließ ich den Satan antworten? Mit den Worten von Johann Wolfgang Goethe:

> „Das stolze Licht; Das nun der Mutter Nacht
> Den alten Rang, Den Raum Ihr Streitig macht
> Und doch gelingts ihm nicht."

Der Teufel, trotz seiner dämonischen Kräfte, konnte es nicht besser ausdrücken als dieser deutsche Humanist, darum mußte er auch auf dessen Worte zurückgreifen.

Gott konnte das nicht widerspruchslos hinnehmen und polemisierte weiter. „Selbst du, als Herr der Finsternis, kannst das Sinnbild Paris nicht zerstören. Niemand konnte das bis jetzt und wird es auch in Zukunft nicht können. Den Engländern gelang es ebensowenig wie Bismarck."

„Vielleicht kann es Hitler?" warf der finstere Geselle grinsend ein.

„Spielst du Prophet, du Stiefsohn der Hölle? Komm, laß uns im

Jardin des Tuileries spazierengehen! Beobachten wir die Kinder beim Spielen. Nichts hat sich dort verändert. Alles ist noch immer so wie zu Camille Desmoulins Zeit, als er mit seiner geliebten Lucille dort lustwandelte und die von Lebensfreude durchdrungene Pariser Luft einatmetete.

Warst du schon einmal am Place des Vosges, Beelzebub? Dort kannst du eine beinah göttliche Stille erleben. Bist du überhaupt am linken Seineufer gewesen? Dort, wo die ‚Bouquinistes‘ ihre Bücherstände haben und Sammler aus der ganzen Welt nach seltenen Manuskripten und Büchern suchen."

„Einverstanden! Machen wir einen Bummel durch Paris, aber nicht zu den Büchertrödlern. Gehen wir zum Boulevard St-Germain de Près, wo direkt gegenüber der Kirche im Café des Fleurs oder im Café de Deux Magots Anarchisten, Nihilisten, Existentialisten und all die anderen selbsternannten Propheten, die die Existenz Gottes leugnen, ihre Stammtische haben.

Komm mit, verschließ nicht die Augen! Ich zeige dir die dunkle Seite von deiner göttlichen Stadt. Was hältst du von einem Besuch der ‚Sphinx‘? Das ist der erste Nachklub in Paris, wo alle Hüllen fallen. Anschließend könnten wir am Place Clichy vorbeischauen, wo es mehr Prostituierte als Touristen gibt. Das ist mein sündiges Paris, wo man sich alle Begierden, Leidenschaften und Perversionen rund um die Uhr erfüllen kann. Dieser Teil der Stadt ist mir verfallen …"

Als ich 1933 als Flüchtling nach Paris kam, standen existentielle Fragen im Vordergrund. Die Vorstellung, in einer Stadt zu sein, wo Gott und der Teufel ihr Terrain abgesichert hätten und die Übergänge fließend verliefen, erlebte ich, da ich so sehr auf das Gute und Wohlwollende angewiesen war, nicht mehr lyrisch, sondern auf persönliche Weise bedrohlich.

Paris, das mir 1938 noch einmal zur Rettung werden sollte, schien zum damaligen Zeitpunkt selbst rettungsbedürftig. Maßgebende politische Kreise in Frankreich waren dabei, jenes Terrain vorzubereiten, auf welchem die späteren Kollaborateure – Abetz, Laval und Pétain – ihren Verrat begehen konnten.

Im September 1945 kam ich von England, wo ich stationiert war, für drei Tage nach Paris. Da lebte Paris wieder, und der Hauch der Freiheit vermischte sich mit der wiedergefundenen Lebensfreude und Hoffnung.

Durch einen wunderbaren Zufall – Zufälle nach solch infernalischen Zeiten grenzen immer an Wunder – habe ich auf den Champs-Élysées Max Colpe getroffen, meinen alten Freund und Conférencier aus der Zeit des „Künstlerklubs Paris-Vienne". Colpe, der mit Marlene Dietrich befreundet war und für sie Chansons geschrieben hatte, lud mich ins Cinema Madelein ein, wo Marlene Dietrich vor alliierten Soldaten aufgetreten ist. Ihr Auftritt war für mich unvergeßlich. Der Vorhang war anfangs nur ein klein wenig geöffnet worden, gerade so viel, daß man einen goldenen Pantoffel sehen konnte. Dann kamen einige Zentimeter von Marlenes berühmten Beinen zum Vorschein, bis nach und nach die Künstlerin in voller Lebensgröße vor ihrem Publikum erschienen ist. Gefeiert wurde sie von den GIs nicht nur wegen ihrer Chansons. Viele hatten bei Marlenes Besuchen auf den Kriegsschauplätzen auch deren menschliche Qualitäten bewundert.

Zehn Jahre später besuchte ich wieder Paris. Damals hatte ich mich mit meiner Frau Lies und der Stieftochter Irene als „Anstandsdame" auf Hochzeitsreise befunden. Paris schien sich vom Krieg ökonomisch erholt zu haben, es war reich, teuer und von Touristen übervoll. Kellner und Taxichauffeure haben sich unhöflich und beinahe grob verhalten. Sie liebten zwar den Dollar, aber nicht die Fremden, die ihn ins Land brachten.

Dieser negative Eindruck hat sich 1957, als ich das letzte Mal in Paris war, noch verstärkt. Ich war von Paris so enttäuscht, daß ich die Erinnerung an diese Stadt am liebsten aus meinem Gedächtnis gestrichen hätte. Doch wie hätte ich eine so alte Liebe einfach auslöschen können. Meine Frau und ich machten gute Miene zum bösen Spiel und versuchten unserem Aufenthalt positive Seiten abzugewinnen. Das kulturelle Leben hielten wir dafür noch am besten geeignet. Wir besuchten im Théâtre Atelier eine Aufführung von dem Erfolgsstück „Das Ei", welches ich dann viele Jahre später in Los Angeles inszenieren sollte. Der Nachtklub „La Sheherezade", in dem ein Orchester zum Tanz aufgespielte, schien nach alter französischer Tradition geführt zu sein, und wirkte daher auf uns einladend. Das Paris von früher vor Augen habend, erwartete ich jeden Moment, daß Charles Boyer und Claudette Colbert als Prinz und Prinzessin in Duvals „Tovaritsch" vor den roten Samtvorhang treten würden. Doch die Wirklichkeit hat vor der Erinnerung nicht bestehen können.

20

Amerika, Amerika!

Die Überquerung des Ozeans mit der „SS De Grasse" dauerte damals volle zwei Wochen, in Friedenszeiten brauchte man dafür nicht einmal sechs Tage. Nachts kamen wir nur sehr langsam voran, weil für Schiff, Besatzung und Passagiere totale Verdunklungspflicht gegolten hatte. Bei klarer Nacht konnten wir die Silhouetten der Kriegsschiffe deutlich wahrnehmen, die der „SS De Grasse" als Begleitschutz beigestellt worden waren.

Für die meisten Passagiere gehörten die täglichen Rettungsübungen bald zur Routine. Einige Personen, vor allem Männer, deren Nerven sehr angespannt waren, reagierten darauf mit ständiger Angst. Sie hatten Tag und Nacht ihre Schwimmwesten anbehalten und den Himmel dauernd nach feindlichen Flugzeugen abgesucht.

Ehemalige Insassen von Meslay du Maine haben sich über das Essen auf der „SS De Grasse" beschwert. Ich fand das ziemlich ungehörig, denn die Mahlzeiten waren ausgezeichnet und reichlich. Das Frühstück hatte aus sechs, das Mittagessen aus sieben und das Abendessen aus acht Gängen bestanden. Auch das Getränkeangebot war zufriedenstellend gewesen: Wein oder Bier beim Mittagessen und beim Abendessen Sekt.

Erst nachdem die „SS De Grasse" in die Hafenzone eingefahren und die Beleuchtung von Long Island zu sehen gewesen war, wurden die Verdunklungsvorschriften aufgehoben. Für alle, aber besonders für jene, die zum ersten Mal in die USA kamen, war es ein ungeheures Erlebnis, die berühmte „Skyline of Manhattan" – die Umrisse der Wolkenkratzer – zu erblicken.

Ich stellte mir die erwartungsvolle Frage, ob mich jemand abholen würde? Doch das schien mir eher unwahrscheinlich, denn ich hatte ja keine Möglichkeit gehabt, jemanden von meiner Ankunft in New

York zu verständigen. Nachdem die „SS De Grasse" angelegt hatte, dauerte es noch zwei Stunden, bis ich die Piscators und Miss Isabel Donald, von der das zusätzliche Affidavit gekommen war, erreichen konnte. Als Miss Donald um die Mittagszeit zum Schiff kam, um mich „auszulösen", waren die Immigrationsbehörden schon lange fort. So mußte ich noch eine Nacht auf dem Schiff verbringen. Das sollte aber nicht zu meinem Schaden sein, denn der Kapitän hat den Passagieren, die noch auf dem Schiff bleiben mußten, ein „Galadiner" mit Champagner und Kaviar servieren lassen. Ich hatte vorher noch nie Kaviar gegessen.

Ein jiddisch sprechender Polizist hat mir beim Tragen meines Gepäcks geholfen. Diese freundliche Geste irritierte mich zuerst, denn mit Polizisten hatte ich in den letzten Jahren andere Erfahrungen gemacht.

Am nächsten Morgen wurden wir mit einer Fähre von Manhattan Island nach Ellis Island transportiert, wo unsere Anhörung vor einem Richter stattfinden sollte. Wir kamen an der eindrucksvollen Freiheitsstatue vorbei, in deren Sockel ein Willkommensgruß für die Armen, Hungrigen und Verfolgten eingemeißelt steht. Unangenehm fiel mir dabei auf, daß die Freiheitsstatue den auf Ellis Island Gestrandeten geradezu den Rücken zukehrte.

In Europa hatte ich Filme gesehen, in denen Ellis Island als Alptraum geschildert wurde. Doch die Wirklichkeit auf Ellis Island entsprach überhaupt nicht diesem Negativbild. Ellis Island, das heute nicht mehr existiert, erlebte ich als eine sehr reine, mit allen Annehmlichkeiten ausgestattete Anstalt. Für die jüdischen Ankömmlinge gab es sogar koscheres Essen, das unter Aufsicht des Rabbinats vorbereitet worden war.

In einer überaus großen Halle saßen Hunderte von Menschen auf ihren Koffern und warteten. Sie warteten entweder auf ihre Vernehmung oder auf Verwandte, die für sie bürgten, damit sie raus konnten. Das Sprachenwirrwarr, das dort vorherrschte, mag jenem des Turms von Babel sehr nahegekommen sein. Auch das äußere Erscheinungsbild der Wartenden war sehr unterschiedlich. Neben katholischen, altkatholischen und russisch-orthodoxen Priestern lagerten orthodoxe russische Juden in ihren Kaftans und schwarzen

Hüten. Viele von ihnen beteten schockelnd. Daneben wirkten die hocheleganten Damen und Herren, die auch auf Warteposition waren, wie Wesen aus einer anderen Welt.

Ich hatte kaum zwei Stunden gewartet, als ich zur Vernehmung in einen kleinen Raum gerufen wurde. Dort befanden sich ein Richter, zwei Schöffen und ein Dolmetscher. Miss Donald, die ihr Verhör schon hinter sich hatte, war ebenfalls anwesend.

Die ersten Fragen des Richters waren: „Wo haben Sie Miss Donald kennengelernt? War sie bei Ihnen im Hotel – im Foyer oder auf Ihrem Zimmer?" Das puritanische Amerika klang dabei deutlich heraus.

Ich antwortete wahrheitsgemäß, daß Miss Donald eine Agentin sei, die sowohl Schriftsteller als auch Schauspieler vertrete. Plötzlich, aus heiterem Himmel, fragte mich der Richter: „Have you ever been with Reinhardt?" Obwohl meine damaligen Englischkenntnisse sehr mäßig waren, konnte ich seine Frage verstehen und beantwortete sie mit einem klaren Nein. Ich hatte nie einen Jahresvertrag bei Reinhardt gehabt. Während meiner Zeit als Schauspielschüler war ich Statist bei Reinhardt im Theater in der Josefstadt. Ich hätte mich also schwer als Reinhardt-Schauspieler ausgeben können.

Der Richter hörte das, drehte sich zu einem der Schöffen und sagte auf englisch, was ich auch verstehen konnte: „Der erste Schauspieler, der nach Amerika kommt und nicht bei Reinhardt war."

Damit war das Vehör zu Ende. Der Richter überreichte mir meine grüne Immigrationskarte, und Miss Donald, die der ganzen Prozedur beigewohnt hatte, umarmte mich freudestrahlend. Ein Polizist eskortierte uns lächelnd hinaus in die Halle, nahm meinen Koffer und meinen Mantel und trug beides bis zum Auto von Miss Donald. Wir fuhren zur Fähre nach Manhattan, und ich war in Amerika. Nein, ich war in New York. New York, das weiß ich heute, ist eine einzigartige unvorstellbare und überaus lebendige Stadt, aber New York ist nicht Amerika – New York ist in Amerika. Miss Donald erklärte mir, daß es wichtig sei Up-Town und Down-Town in New York zu verstehen. Damit würde man schon ein wenig weiterkommen. Wir fuhren, da es an diesem 29. Februar nicht kalt war, in Miss Donalds offenem Wagen durch Manhattan, kamen an der Wallstreet und an dem riesigen

211

Woolworth-Komplex vorbei und gelangten über den Fulton Market, Washington Square zur Fifth Avenue, der Prachtstraße von New York. Nach der Überquerung des Centralparks gelangten wir in die 72. Straße, wo ihre Wohnung lag. Dort überraschte sie mich mit einem Mittagessen, bei dem auch ihr Mann, Isidor Grossmann, anwesend war. Miss Donald hatte für mich bereits in der 77. Straße an der Ecke Columbus Avenue ein möbliertes Zimmer gemietet. Diese Lage kam mir sehr gelegen, denn die Piscators wohnten in meiner unmittelbaren Umgebung. Ich hatte mich in meiner Unterkunft nicht einmal richtig umgesehen, als ich sie auch schon wieder verließ, um die Piscators aufzusuchen. Ich hatte nur Maria vorgefunden, die mir an der Tür sagte, daß Piscator in Washington sei und ich ihn am nächsten Tag um die Mittagszeit in der New School for Social Research in der 12. Straße treffen sollte. Sie machte keine Anstalten, mich in die Wohnung zu bitten, sondern steckte mir ein paar Dollar zu und verabschiedete mich mit „See you tomorrow!" Da ich ihre Launenhaftigkeit von früher kannte, war ich über ihren kühlen Empfang nicht konsterniert; denn ich wußte, daß wir auch Freunde sein konnten.

Es kam mir auch gelegen, daß ich diesen Abend für mich hatte. So konnte ich mich um meine „Refugee Artist Group" kümmern, denn immerhin war ich laut Vertrag neben Herbert Berghof Codirektor dieses Ensembles. Von Frankreich aus hatte ich erfolglos versucht, mit ihm brieflichen Kontakt aufzunehmen.

Ich fuhr also, nachdem mich Maria „entlassen" hatte, wie ein eingesessener New Yorker mit der U-Bahn zur 42. Straße. Von dort ging ich zu Fuß zur 44. Straße, wo unsere „Refugee Artist Group" im „Little Theatre" aufgetreten ist. An der Theaterkasse fragte ich, ob Herr Berghof im Theater wäre, was kurz, aber bestimmt verneint wurde. Wenn ich keine Karte kaufen wollte, sollte ich den anderen Besuchern nicht den Weg zur Kasse verstellen, wurde mir noch belehrend aufgetragen. In diesem Augenblick traf Herbert ein. Ohne Begrüßung und ohne irgendein Interesse an meiner Person und meinem Schicksal fragte er mich, den eben erst aus dem Internierungslager Entlassenen: „Hast du gute Stücke mitgebracht?" Ich war ziemlich verstört, doch da er sich mit privaten Dingen scheinbar nicht aufhalten wollte, wurde ich ebenfalls sachlich und stellte die Frage, warum mein Name als Codirektor nicht auf dem Plakat stehe? Herbert antwortete nicht darauf, sondern steckte mir eine Karte für die Abendvorstellung zu und sagte, daß wir uns nach der Vorstellung sehen würden. Der Abend war eine große Enttäuschung für mich, denn wir hatten in unseren Wiener Kleinkunstbühnen weit bessere Vorstellungen gehabt. Nach dem Ende ging ich selbstverständlich hinter die Bühne, um meine alten Freunde aus der Wiener Zeit zu begrüßen – Manfred Inger, Illa Rhoden, Kitty Mattern, Jimmy Berg und Vilma Kürer. Weder die Darsteller noch der geschäftsführende Leiter der Gruppe wußten davon, daß ich Codirektor bei ihnen war. Da ich nur mehr mühsam meinen Ärger unterdrücken konnte und mich aber informieren wollte, schlug ich Vilma vor, mit mir essen zu gehen. Dabei erfuhr ich, daß die Gruppe überhaupt kein Geld mehr hatte und nur mehr einige Abende spielen würde. So schlechte Nachrichten hatte ich an meinem ersten Abend in New York nicht erwartet. In dieser Nacht fand ich in meinem kleinen möblierten Zimmer in der 77. Straße nur wenig Schlaf. Die Erlebnisse meines ersten Tages liefen wie ein Film vor mir ab – Ellis Island, Manhattan, Freude, Enttäuschung, Ärger. Die Erfahrung, daß Showbusineß oft mit Rücksichtslosigkeit verbunden war, hatte ich bis dahin noch nicht gemacht.

Am nächsten Vormittag nahm ich die Subway zur Wallstreet. Ich hatte einen Empfehlungsbrief an Herrn Warburg. Dieser war ein bekannter Philantrop, der Hitlerflüchtlinge finanziell unterstützte. Er gab auch mir einen Hundertdollarscheck, den ich sofort bei der Bank – The Irving Trust Company – einlöste. Mit diesem Betrag in der Tasche fühlte ich mich am 1. März 1940 wie ein amerikanischer Multimillionär.

Nach diesem erfreulichen Erlebnis begab ich mich zur New School for Social Research, um Piscator zu treffen. Er lud mich zum Mittagessen in ein Restaurant ein, wo viele Broadway-Persönlichkeiten verkehrten. Dadurch, daß Piscator mich allen vorstellte, lernte ich den bekannten Regisseur Harold Clurman und seine Frau Stella Adler kennen. Stella war nicht nur eine wunderbare Schauspielerin, sondern auch eine ausgezeichnete Schauspiellehrerin.
In diesem Rahmen machte ich auch die Bekanntschaft von Alvin

Johnson, dem Rektor der New School, und von Felix Brentano, einem seiner Mitarbeiter. In Felix erkannte ich meinen früheren Schulkollegen wieder. Sein Vater war einmal Mutters Chef gewesen. Wie sagt doch Walter Mehring treffend: „So klein, so klein ist diese Welt!"

„Morgen fahren wir nach Washington", sagte Piscator unvermittelt zu mir, und ich dachte, daß er unsere Tischrunde gemeint hätte. Das „Wir" bezog sich aber nur auf Piscator und mich; er wollte, daß ich mir mit ihm die Generalprobe seiner Inszenierung von „Die heilige Johanna" ansah. Dieses Stück, das George Bernard Shaw selbst als Chronik bezeichnete, ist eines seiner wichtigsten Dramen und im epischen Stil geschrieben. Es hätte also für Piscator genau das richtige Stück sein müssen, war es aber nicht. Denn es unterliefen ihm einige Fehler. Bei seiner Inszenierung hatte er leider nicht berücksichtigt, daß das Theaterpublikum in Washington großteils konservativ eingestellt war. Maria versuchte auf gesellschaftlicher Ebene alles, damit Piscator nicht für prosowjetisch gehalten wurde. Sie gestaltete die Premiere als Benefizveranstaltung zugunsten Finnlands, das im Winterkrieg 1939/40 gegenüber der Sowjetunion starken militärischen Widerstand geleistet hatte.

Piscator hat in seiner Inszenierung auch Bildmaterial eingesetzt. Hinter dem Scheiterhaufen von Johanna projizierte er Aufnahmen von Konzentrationslagern und brennenden polnischen Dörfern. Piscators Regieeinfälle waren – wie immer – genial; nur wurden sie in Washington von Semiprofessionellen ausgeführt. Die Aufführung war ein Mischmasch von Genialität und Dilettantismus und wurde ein Flop.

Johanna war ein Bauernmädchen ohne besondere Ausbildung und Erziehung. Trotz ihrer Einfachheit überragte sie die damaligen Machtträger an Genialität und brachte durch ihr logisches Denken, ihren Mut und ihr Gottvertrauen das politische und militärische Machtsystem in Frankreich durcheinander. Dadurch stellte sie eine Gefahr dar – nicht nur für jene, denen sie aufgrund ihrer geistigen Frische und unerschrockenen Tatkraft tatsächlich gefährlich wurde, sondern auch für jene, denen sie von großem Nutzen gewesen ist.

Was macht man mit genialen Menschen in normalen Zeiten, das ist eine Frage, die sich nicht nur im Falle Johannas stellt? Johanna wurde für alle Beteiligten untragbar, weil sie Machtpositionen lächerlich gemacht und in Frage gestellt hatte. Daß die Destabilisierung des Systems von einer Frau ausgegangen war, verschlimmerte Johannas Lage sicherlich noch. Doch sie ging überzeugt ihren vorgezeichneten Weg und hatte nicht das Gefühl, etwas Böses getan zu haben. Johanna hatte keinen Fürsprecher. Sie wurde fallengelassen und dem Feind zur Hinrichtung überlassen. Die größte „Gnade", die die Inquisition ihr zugestanden hätte, wäre lebenslänglicher Kerker gewesen. Darauf verzichtete Johanna, die sich ihrer Schuld bis zum Schluß nicht bewußt gewesen war.

Max Reinhardt brachte das Drama im Oktober 1924 am Berliner Deutschen Theater mit Elisabeth Bergner als Johanna zur Aufführung. Die Johanna war eine von Bergners Glanzrollen, aber es gab eine Anzahl von großartigen deutschsprachigen Schauspielerinnen, die im Sinne Shaws dieser Rolle besser entsprochen hätten. Die Bergner war immer die Bergner, aber dabei faszinierend.

Teile der katholischen Kirche standen Shaws Bearbeitung der „heiligen Johanna" ablehnend gegenüber. Als 1936 Pläne einer Filmfassung mit Elisabeth Bergner bekannt wurden, liefen einflußreiche katholische Kreise in den USA dagegen Sturm. Die „Catholic Action" hat daraufhin allen Katholiken verboten, sich diesen Film anzusehen, weil er Kirche und Staat lächerlich mache.

Als ich „Johanna" 1954 in Los Angeles inszenierte, wurde mir von vielen Seiten – ungeachtet des Erfolges, den ich mit diesem Stück hatte – immer wieder gesagt, daß „Johanna" ein schlecht geschriebenes Stück sei, dem ein interessantes Thema zugrunde liege. „Die heilige Johanna" ist ein Schulbeispiel für den Konflikt Protagonist versus Antagonist. Bei Voltaire, Schiller, Anouilh und Maxwell Anderson wird Johanna als Protagonistin dargestellt. Bei Shaw sind die Antagonisten genau profiliert. Trotz der unorthodoxen dramaturgischen Konstruktion kommen in seinem Stück Handlung, Gegenhandlung und Staatshandlung brillant zur Geltung. Die ersten drei Szenen führen subtil in die Haupthandlung ein, die vierte und fünfte Szene, die Zelt- und Krönungsszene, stellen die Gegenhandlung und die Gerichtsszene die Staatshandlung dar.

Jeder Regisseur, der „Die heilige Johanna" inszeniert, braucht einen Sinn für Humor und Spitzfindigkeit, sonst sollte er die Schillersche Version für seine Bearbeitung wählen. Kathrin Cornell, die lange Zeit in den USA als „First Lady of the stage" galt, brachte Shaws Johanna eher im Sinne Schillers auf die Bühne. Uta Hagen spielte die Rolle der Johanna in der Webster-Inszenierung mehr nach Shakespeare als nach Shaw. Shiobhan McKenna, wie Shaw irischer Herkunft, stellte Johanna sehr rebellenhaft dar, was den Intentionen des Dramatikers auch nicht entsprochen hatte. Paula Wessely hingegen war eine fast ideale Johanna. Sie war bäuerlich-naiv, aber auch bestimmt und überzeugt, wo es die Rolle verlangte. Sie konnte sowohl die humorvollen als auch die tragischen Aspekte ihrer Johanna glaubhaft vermitteln.

1936 spielte das Deutsche Volkstheater in Bratislava „Die heilige Johanna" in der Inszenierung von Walter Firner. Ich hatte darin die Rolle des „Stogumber" und Margarete Fries die der Johanna. Sie war eine hervorragende Schauspielerin, doch in dieser Rolle spielte sie mehr eine Salondame, womit sie Shaws Vorstellung von Johanna konterkarierte.

Als ich an meiner Inszenierung arbeitete, ließ ich die unzähligen mehr oder weniger gelungenen Charakterisierungen der Johanna im Gedächtnis Revue passieren. Doch schon früher sollte ich auf diese Bilder und Eindrücke zurückgreifen müssen. Piscator reiste nämlich sofort nach seiner „Johanna"-Premiere wieder ab und ließ mich, der fast kein Wort Englisch sprach, „in charge" zurück. Ich wurde als „Abendregisseur" für eine Aufführung engagiert, in der ich, obwohl ich das Stück kannte, kein Wort verstanden habe. Der Überraschungseffekt wurde dadurch noch gesteigert, daß Piscator von seiner Entscheidung niemand in Kenntnis gesetzt hatte.

Meine Inszenierung in Los Angeles – dreißig Jahre nach den Erstaufführungen in New York und London – wurde von den Kritikern als „Superb" bezeichnet. Leora Dana, die die Johanna spielte, paßte in mein Konzept von Protagonist und Antagonist. Sie war eine eher passive, zurückhaltende Protagonistin, wodurch ihre Gegenspieler auf der Bühner noch stärker herausgekommen sind.

Die Bühnenmusik schrieb Herbert Herzfeld*, der, an seinem Harmonium sitzend, auch für die Zwischenmusik verantwortlich war. Durch unsere Arbeit, Herbert schrieb und spielte die Bühnenmusik für alle meine Inszenierungen, wurden wir gute Freunde und blieben es bis zu seinem frühen Tod. Neben seiner Tätigkeit als Komponist versuchte er unter dem Namen Amando Aliberti auch als Dirigent sein Glück. Sein Talent und sein Erfolg lagen meiner Meinung nach aber im Komponieren von Kammermusik.

Die ersten Monate in Amerika waren für mich sehr lang und oft auch deprimierend. Ich hatte noch kein richtiges Betätigungsfeld und tat eigentlich nichts anderes, als mit dem Ehepaar Piscator essen zu gehen. Wenn sie einmal für einige Tage verreisten und mir dabei aus Versehen kein Geld hinterließen, war das schon ein ziemliches Malheur. Abgesehen von den Geldsorgen, wußte ich auch nicht, welche Perspektiven ich in den USA hatte. Durch Erwin Piscator lernte ich Sybil und Marty Rubin kennen. Dieses junge Ehepaar – er war Zahnarzt, sie eine angehende Schauspielerin mit schriftstellerischen Ambitionen – nahm sich meiner an. Sie haben mich eingeladen, bei ihnen in Brooklyn zu wohnen, und integrierten mich in ihr Leben. Gerne denke ich noch heute an die wunderschönen Abendspaziergänge, die ich mit beiden auf Long Island gemacht habe. Auch bei ihren Theaterbesuchen war ich dabei. Auf diese Weise lernte ich einen neuen Theaterstil kennen – eine Mischung aus Kabarett und Agitproptheater. „The Medicin Show" war ein typisches Beispiel für lebendiges Theater im Zeitungsstil. „Pins and Needles" war Gewerkschaftstheater mit propagandistischem Grundton. Es wurde auch von Arbeitergewerkschaften finanziert.

Der Sommer und die Reisezeit standen vor der Tür. Die Piscators

---

* Sein Vater war Leiter der I. Universitätsfrauenklinik im Allgemeinen Krankenhaus in Wien.

fuhren zu Freunden nach Maryland, und die Rubins wollten demnächst in den Norden des Bundesstaates New York. Jeder, der es sich irgendwie leisten konnte, floh vor der sommerlichen Hitze in New York. Mein Müßiggang wurde durch ein Telegramm von Herbert Berghof unterbrochen. Von Herbert hatte ich seit jenem nicht sehr erfreulichen Abend im Little Theatre nichts mehr gehört, und nun sollte ich ihn anrufen. Auf seine Empfehlung hin bekam ich eine Stelle als Bühnenarbeiter an einem Sommertheater in Brattleboro in Vermont. Ich war froh und zuversichtlich, daß mein bis dahin zielloses Leben durch diese Aufgabe wieder in geordnete Bahnen kommen würde. Die alte Freundschaft mit Berghof, die schon in Wien begonnen hatte, lebte wieder auf und dauerte ungetrübt bis zu seinem Tode an. Herbert und ich hatten eine Karriere, die ziemlich ähnlich verlaufen ist. Durch mich lernte er auch seine Frau Uta Hagen kennen. Obwohl die örtliche Distanz zwischen uns – zwischen New York und Beverly Hills – sehr groß war, blieben wir einander in Gedanken stets nah. Nachdem ich von Herberts Tod in den Nachrichten erfahren hatte, rief ich Uta sofort an. Sie hob den Hörer ab, und ich sagte nur „Hallo!", und sie erwiderte: „Ich wußte, daß du es bist, Leon!"

Sommertheater sind in den Vereinigten Staaten und auch in Kanada eine feste kulturelle Institution. Die Arbeit an Sommertheatern ist äußerst lehrreich. Vom 1. Juli bis 31. August brachte ein kleines Ensemble wöchentlich ein neues Stück zur Aufführung. Meistens standen Lustspiele, die am Broadway gelaufen waren, auf dem Spielplan. Die Sommertheater hatten seit dem Zweiten Weltkrieg große Veränderungen erfahren. Filmstars gastierten dann mit einem Stück, in dem sie die Hauptrolle spielten, an verschiedenen Sommertheatern. Das Ensemble des Sommertheaters spielte die Nebenrollen, die es bis zum Premierentag ohne Hauptdarsteller probieren mußte.

Das Sommertheater, wie ich es noch kennengelernt hatte, gab es dann nicht mehr. Sehr zum Schaden der jungen Schauspieler, die dort – ähnlich wie die Jungschauspieler an europäischen Provinztheatern – die Möglichkeit hatten, sich in ihrem Beruf voll auszubilden und darin Sicherheit zu erlangen. Das Publikum setzte sich hauptsächlich aus Einheimischen zusammen, die diese Saisonvorstel-

lungen als gelungene Abwechslung in ihrem kulturellen Dornröschenschlaf sehr zu schätzen wußten. Diese Wertschätzung übertru-
gen sie auch auf die Schauspieler. Brattleboro im Bundesstaat Vermont war für mich 1940 der ideale Platz, um das wirkliche Amerika
kennenzulernen. Als Bühnenarbeiter verdiente ich mit fünf Dollar
wöchentlich relativ wenig.

Untergebracht waren wir alle – Ensemblemitglieder, Garderoben-
personal, Maskenbildner und ein Dutzend Eleven – kostenlos in einer Villa, in der auch der Besitzer des Sommertheaters wohnte. Wir
lebten dort wie eine große Familie, versammelten uns zu den Mahlzeiten um einen großen ovalen Tisch und sprachen uns mit den Vornamen an. Da niemand auch nur eine Silbe Deutsch sprechen oder
verstehen konnte, war ich gezwungen, Englisch zu sprechen.

Kurz nach meiner Ankunft in Brattleboro lernte ich Coco, den technischen Direktor des Theaters, kennen. Er hatte in Spanien gegen
Franco und den Faschismus gekämpft, war verwundet worden und
hinkte seitdem leicht. Da in Vermont in der Öffentlichkeit kein Alko-
hol ausgegeben werden durfte, machte Coco den Vorschlag, ins nahe
Greensboro nach Massachusetts zu fahren. Das Lokal, das wir auf-
suchten, war ein an einer Landstraße gelegenes bekanntes Restaurant
mit dem Namen „Road-House". Unter den Gästen befand sich Florence Stol-Osborn, die geschiedene Frau des Dramatikers Paul Osborn. Nachdem sie erfahren hatte, daß ich ein jüdischer Flüchtling
aus dem von Hitler besetzten Österreich war, begann sie sich sehr für
mich zu interessieren. Später stellte sich heraus, daß sie selbst Jüdin
war und deswegen so betroffen auf meine Informationen reagiert
hatte.

Florence hatte ein zweisitziges Flugzeug und lud mich ein, mit ihr einen Rundflug zu machen. Es war ein ungeheuerlich überwältigender
Eindruck, der sich mir dargeboten hatte. Für Menschen des ausgehenden zwanzigsten Jahrhunderts ist ein Blick aus dem Flugzeug auf
Städte, Länder, Ozeane, Gebirge nichts Außergewöhnliches mehr.
Mein erster Blick vom Himmel auf die Erde war für mich damals
aber ein Schlüsselerlebnis gewesen.

Bühnenarbeiter an einem Sommertheater zu sein, das bedeutete, daß man außer als Kulissenschieber am Abend bei der Vorstellung auch als Kulissenmaler und Kulissentischler herangezogen wurde. All diese Tätigkeiten waren, obwohl ich zum damaligen Zeitpunkt schon auf eine beinahe dreizehnjährige Theatererfahrung zurückblicken konnte, ziemlich neu und ungewohnt für mich.

Harry Young leitete nicht nur das Sommertheater, sondern auch die Schauspielschule, die an das Theater angeschlossenen war. In dieser Funktion bat er mich einmal, ich möge vor seinen Schülern über das europäische Theater und meine Theatererfahrungen sprechen. In meinem noch schlechten Englisch stand ich dann vor der Klasse und sagte zu ihnen, ein Schauspieler müsse sich selbst verneinen und einfach alles geben. Eine junge schüchterne Schauspielerin fragte mich danach errötend: „Ich muß mich einfach hingeben?" Die Klasse brach darauf in schallendes Gelächter aus.

Gegen Saisonende, als ich schon besser Englisch sprechen konnte, überließ mir Harry das Regieführen. Ich inszenierte das Stück „Liebe eines Fremden", das ich mit Ernst Deutsch in Wien in den Kammerspielen gesehen hatte. Ein gutgemachter Krimi, in dem ich mir eine kleine Rolle gab. Im großen und ganzen konnte ich sagen, daß mein Debüt als Kulissenmaler, Kulissenschieber, Regisseur und Schauspiellehrer erfolgreich verlaufen war.

Piscator, der den Sommer mit Maria in einem kleinen Ort in Maryland in der Nähe Washingtons verbracht hatte, telegrafierte mir kurz vor Saisonschluß nach Brattleboro, daß ich sofort zu ihm nach Maryland kommen solle, um mit ihm an seinem Regiebuch „König Lear" zu arbeiten. In diesem Sommer hatte ich auch eine junge Frau, Lady Audrey Featherstonhough, kennengelernt. Lady Audrey – in Kurzform Audrey Fenshaw – war gebürtige Kanadierin. Sie brachte mich mit ihrem Wagen zu Piscator nach Maryland und fuhr dann zurück nach New York.

Mein erster Herbst in Amerika wurde mit jedem Tag aufreibender, unangenehmer und fast unerträglich. Piscator hatte, weil er am Dramatic Workshop seinen „Lear" herausbringen wollte, die Regieassistentin Choutou Dyer mit der provisorischen Leitung des „Civic Theatre" betraut. Das gefiel nicht nur Maria nicht, auch die Mitglieder des „Civic Theatre" waren davon nicht sehr begeistert, denn sie mochten sie nicht. Manchmal lehnten sie auch Piscator ab. Schwierigkeiten hatten sie nicht mit Piscator als Regisseur, sondern mit seiner Überheblichkeit gegenüber den semiprofessionellen Amateuren des „Civic Theatre".

Ich für meinen Teil konnte die Intrigen, Eifersüchteleien und Fraktionsbildungen im Gefolge der provisorischen Leitung nicht länger aushalten und fuhr in Begleitung von Audry nach New York, um eventuell dort Fuß zu fassen. Es gelang mir aber nicht. Drei Tag später erhielt ich von Piscator den Auftrag, sowohl die provisorische Leitung des „Civic Theatre" als auch die Regie der Revue „D. C. Melody" zu übernehmen. Maria war mit dieser Lösung äußerst zufrieden.

Für mich, dessen Englisch den Mitgliedern des Theaters oft noch ziemlich unverständlich war, war es doppelt so schwer in meinem „Pig Latin" auf englisch Regie zu führen. So gab ich immer wieder Regieanweisungen, indem ich sagte: „Listen to your partnership!" anstelle „Listen to your partner!" – Hören Sie Ihrem Partner zu. Nur jener Schauspieler, der auf der Bühne zuhört, lenkt die Aufmerksamkeit des Publikums auf sich – und nicht der, der spricht.
Das „Civic Theatre" hatte an die 150 Mitglieder, die sowohl auf als auch hinter der Bühne begeisterte Schauspieler waren. Das Talent, das diese jungen Frauen und Männer mitgebracht haben, erstaunte mich sehr. Einige von ihnen machten in späteren Jahren eine professionelle Karriere.

Die Finanzierung dieses semiprofessionellen Theaters erfolgte über einen Vorstand, dem prominente Mitglieder der Washingtoner Gesellschaft angehörten. Mit manchen von ihnen habe ich mich nicht sehr gut verstanden. Eines Abends besuchte Mrs. Cox-Cowell, ein sehr reiches Vorstandsmitglied, meine Probe und fragte: „Ist dieser Saujud noch immer da?" Da ich mich schon ein wenig an die Gepflogenheiten und an die Sprache der „oberen Vierhundert" gewöhnt hatte, antwortete ich in einem ziemlich guten Englisch: „Wenn diese

Dame nicht innerhalb einer Minute verschwindet, werfe ich sie die Treppe hinunter!" Sie suchte daraufhin sehr schnell das Weite.

Als Interimsleiter des Theaters war ich erfolgreich, was eine freudige Überraschung war. Unangenehm überrascht war ich bezüglich der Revue „D. C. Melody", als ich feststellen mußte, daß weder der Text noch die Melodie für eine öffentliche Aufführung reif waren. Maria hatte aber auf dem von ihr festgesetzten Aufführungstermin bestanden. Meine diesbezüglichen Bedenken hatte sie damit abgetan, daß ich noch nicht genügend Englisch könne, um Textmaterial und Inhalt zu kritisieren. Ich ließ Jimmy Berg, meinen alten Freund vom „ABC", der in New York lebte, nach Washington kommen, damit er für Marias Revue zwei Chansons schrieb. Diese zwei Lieder waren ausgezeichnet und kamen beim Publikum sehr gut an. Sogar Eleanor Roosevelt haben sie gefallen, was aus ihrer Zeitungskolumne zu entnehmen war.

Maria hatte für die weibliche Hauptrolle Ethel Barrymore-Colt, die Tochter von Ethel Barrymore, engagiert, was ein guter Schachzug war. Zu dieser Zeit gab es keinen bedeutenderen Schauspielernamen als Barrymore – John Barrymore, Lionel Barrymore und Ethel Barrymore. Doch weder Ethel noch ihr Name konnten „D. C. Melody" retten.

Die Premiere der Revue war ein großes gesellschaftliches Ereignis – Politiker, Richter vom Obersten Gerichtshof und auch Diplomaten waren unter den Besuchern. Die Aufführung wurde aber ein sensationeller Mißerfolg. Mit Ausnahme der zwei Liedeinlagen von Jimmy Berg waren Text und Melodie einfach schlecht. Ich hatte diesen Mißerfolg nicht verhindern können, weil Maria meine Bedenken nicht ernst genommen hatte.

Piscator, der extra von New York zur Premiere gekommen war, ließ seiner Enttäuschung und seinem Zorn mir gegenüber freien Lauf. Ich hätte ihn enttäuscht und sei für den Mißerfolg verantwortlich. Nach dieser Schuldzuweisung geschah für mich etwas völlig Überraschendes. Lee Butler, der Präsident des „Civic Theatre", sagte zu Piscator wörtlich: „In Amerika wälzt man eigene Fehler und Schuld nicht einfach auf Untergebene ab!"

Abb. 4: Regiesitzung für „D.C. Melody" in Washington, D. C., 1940

Auf diesen Affront hinauf legte Piscator die Leitung des „Civic Theatre" nieder und reiste mit Maria noch am selben Abend ab. Am
nächsten Tag wurde eine Versammlung der Mitglieder und des Vorstandes einberufen, in der ich mit einem Zweijahresvertrag als Leiter
des „Civic Theatre" eingesetzt wurde. Ich wollte aber nicht anneh-
men, ohne vorher mit Piscator darüber gesprochen zu haben. Wir –
Audrey und ich – pilgerten also nach Long Island, wohin sich Piscator nach dem großen Mißerfolg seiner „Lear"-Aufführung zurückgezogen hatte. Sofort nach meiner Ankunft informierte ich Piscator
über die Entscheidung des Vorstandes, mich mit der Leitung des „Civic Theatre" zu beauftragen. Ich würde, so erklärte ich ihm weiter,
aus Gründen der Loyalität und Freundschaft ihm gegenüber dazu
neigen, den Direktorenposten nicht anzunehmen. Weil ich aber von

223

irgendeiner Arbeit leben mußte, bat ich Piscator, um eine Stelle in seinem Dramatic Workshop. Zum ersten Mal erlebte ich Piscator klein und würdelos, indem er auf meine offen dargelegten Probleme mit „Nickels are hard to get" antwortete. Ich verließ daraufhin ohne weitere Erwiderung den Raum.

Die Freundschaft mit Piscator hat nicht wirklich darunter gelitten, denn nach einiger Zeit haben wir unsere vertrauten Umgangsformen wiedergefunden. Er war eben auch nur ein Mensch, dem nach zwei großen Mißerfolgen die Nerven durchgegangen waren.

Nach dem Ende der letzten Vorstellung von „D.C. Melody" wurde ich von Mrs. Cox-Cowell angerufen, ich möge sofort zu ihr kommen! Sie, zwei andere Damen der sogenannten guten Gesellschaft und Hazel Edgar, eine Klatschspaltenkolumnistin, müßten mich dringend sprechen. Diese „Damen" empfingen mich kurz vor Mitternacht im Schlafzimmer von Mrs. Cowell. Nur im Negligé und ziemlich betrunken, forderten sie mich als zukünftigen Theaterdirektor auf, sofort Maria Piscator anzurufen und sie zu bitten, nach Washington zurückzukommen. Ich war ziemlich verwirrt und auch naiv, denn ich antwortete: „Sie meinen wohl Piscator?"

„Zum Teufel mit ihm!" schrien sie im Chor. „Wir wollen Maria!" Nun hatte ich verstanden und verließ schnellstens das Haus. Etwas später erhielt ich von Mrs. Cox-Cowell einen ziemlich hohen Geldbetrag für das Theater. Die „edle" Spenderin habe ich nie mehr wiedergesehen, noch habe ich etwas von ihr gehört. Das war für mich ein Anschauungsunterricht im Umgang mit der besseren Gesellschaft und ihrer Doppelmoral.

Da ich keine andere Beschäftigung hatte, nahm ich das Angebot zur Leitung des „Civic Theatre" an. Der Beginn meiner Tätigkeit stand unter nicht sehr günstigen Vorzeichen und könnte als Paraphrase zu Pirandellos Stück „Sechs Personen suchen einen Autor" mit „Hundertfünfzig Mitglieder einer Theatergruppe und ein Regisseur suchen einen neuen Vorstand" umschrieben werden. Denn das Fiasko von „D.C. Melody" hatte eine Dominoreaktion zur Folge – nicht nur die Piscators, sondern auch die Mehrheit der Vorstandsmitglieder legten ihre Funktionen zurück.

Für einen jungen österreichischen Flüchtling, der ein schlechtes Englisch sprach und noch nicht einmal ein Jahr in den Staaten war, kam das einem Ritt über den Bodensee gleich. Doch ich schaffte es wie durch ein Wunder. In meinem Leben spielten wundersame Ereignisse immer wieder eine wichtige Rolle, und sie tun es heute noch. Das Wunder im Falle der Produzenten- oder Vorstandssuche bestand in der Unterstützung von wohlwollenden Menschen. Benny Schwarz, L. Metcalfe Walling, ein hoher Beamter im Arbeitsministerium, und Malcolm Ross, ein Vertrauter von Präsident Roosevelt, brachten mich mit einflußreichen und finanzkräftigen Persönlichkeiten in Washington zusammen. Mir kam dann die Aufgabe zu, aus diesem Kreis die Theaterliebhaber herauszufinden und diese für die Probleme des „Civic Theatre" zu interessieren. Hatte ich bei meinen Gesprächspartnern Gehör gefunden, dann sagte ich ihnen ganz offen, daß ich auf der Suche nach Vorstandsmitgliedern für das „Civic Theatre" sei. Da hat es dann noch immer welche gegeben, die sich für diese Funktion nicht zur Verfügung stellen wollten, doch im großen und ganzen brachte ich auf diese Weise einen neuen Vorstand zusammen: Der amerikanische Justizminister Anthony Francis Biddle und seine Frau waren ebenso vertreten wie Cecil Lester Jones, der Präsident der Jugendliga, und Mrs. Caffritz. Letztere war dafür bekannt, daß sie die besten Parties organisieren konnte. Diese Art von Öffentlichkeitsarbeit war unabdingbar, wenn man in Washington ein Theater leiten wollte.

Nun mußte ich die zweite Hürde nehmen und ein entsprechendes Stück für die Eröffnung der Saison finden. Da das „Civic Theatre" ein halbprofessionelles Theater war, durfte es nach den Auflagen von „Actors Equitiy" keine neuen Stücke spielen. Ich mußte daher auf Stücke zurückgreifen, die entweder schon am Broadway gelaufen oder Klassiker waren. Ich unterbreitete dem Vorstand drei Dramen, mit denen ich in die erste Spielzeit gehen wollte: Irwin Shaws „The Gentle People", „The Applecart" – auf deutsch „Der Kaiser von Amerika" von George Bernard Shaw und „Men in White" von Sidney Kingsley. Mein Repertoire wurde von den Vorstandsmitgliedern einstimmig angenommen. Diese Werke waren keine Neuaufführungen, doch für das Theaterpublikum von Washington waren sie so gut wie neu.

Benny Schwarz auch ein Vorstandsmitglied, der die schauspielerischen Fähigkeiten der Mitglieder besser kannte als ich, stand mir bei der Rollenbesetzung beratend zur Seite. Von Benny, der seinen Beruf als Rechtsanwalt nicht ausübte und unheimlich theaterbesessen war, lernte ich nicht nur in dramaturgischer, sondern auch in taktischer Hinsicht. Nachdem mir Francis Brunt aus Termingründen für die weibliche Hauptrolle in „The Gentle People" abgesagt hatte und ich verzweifelt nach einer anderen Besetzung gesucht hatte, sagte Benny eines Tages zu mir: „Nimm Lansing Hall für die Rolle! Sie ist zwar keine hervorragende Schauspielerin, aber sie versteht ihr Handwerk und ist verläßlich. Sie wird dir den Charakter richtig auf die Bühne bringen." Das tat sie auch. Sie war in dieser Rolle wirklich gut. Meine Inszenierung von „The Gentle People" hatte auch durchwegs recht positive Kritiken bekommen. Der Grundtenor der Kritiken war: Das „Civic Theatre" sei nach dem Fiasko von „D.C. Melody" wie ein Phönix aus der Asche aufgestiegen.

Danach inszenierte ich „The Applecart" von George Bernard Shaw. Dieses Stück ist wegen seiner seitenlangen Monologe sehr schwer zu spielen. Doch es wurde für mich als Regisseur ein Triumph. Ich gelte noch heute in den USA als „Shavian Director". „,The Apple Cart' – a Triumph!" waren die Schlagzeiten auf der Kulturseite der Zeitungen. Da Bernard Shaw zu fast allen seinen Stücken ein Vorwort geschrieben hatte, fragte ich Bernie Harrison, den Theaterkritiker der Times Herald, ob er ein von mir zu meiner Aufführung verfaßtes Vorwort veröffentlichen würde? Er tat es, und der Name Leon Askin wurde auf diese Weise in Washington bekannt. Meine zwei Vorstandsmitglieder – L. Metcalfe Walling, der neugewählte Präsident des Theaters, und Malcolm Ross – haben natürlich viel zu meiner plötzlichen Berühmtheit beigetragen.

Manchmal, wenn ich L. Metcalfe Walling anrief, um ihn zu treffen, passierte es, daß er keine Zeit hatte, dann sagte er: „Ich kann nicht, der Präsident erwartet mich heute nachmittag." Das war L. Metcalfe Walling, Vorsitzender der Englisch-Speaking Union, mit dem ich immer nur im Harvard Club speiste.

Rief ich hingegen Malcolm Ross an, um ihn in einem Drugstore zum Essen zu treffen, dann sagte er, wenn er zum Präsidenten geru-

fen wurde: „Ich kann nicht, der Boß will mich sehen." Ross, ein
Schotte aus Tennessee, der Laute gespielt und Gedichte geschrieben
hat, wurde von Roosevelt zum ersten Vorsitzenden des Fair Employ-
ment Practice Committee ernannt. Malcolm hatte ein Haus in Virginia in den Südstaaten, wo Afroamerikaner 1940/41 wenig Rechte hatten. Malcolm oder Mike, wie ich ihn nannte, lud den berühmten
schwarzen Sänger Paul Robeson für einige Tage in sein Haus in Virginia ein. Für diesen normal anmutenden Akt der Gastfreundschaft
hätte Ross damals gelyncht werden können.

Amerika war für mich immer noch voller Überraschungen, nur
langsam begann ich, es mir in seiner Widersprüchlichkeit zu erschließen.

Im „Civic Theatre" gab es eine sehr begabte und geistreiche Ko-
stümbildnerin. Dorothy Croissant war die Tochter des Institutsvor-
standes für englische Literatur an der Universität Washington. Bei
den anderen Theatermitgliedern war sie nicht sehr beliebt, weil sie
sehr viel und sehr laut redete. Mir war sie eine loyale Freundin, von
der ich viel gelernt hatte. So stellte sie mir einmal die Frage: „Weißt
du, warum du ein so erfolgreicher Theaterleiter bist?"

Da ich verneinte, beantwortete sie ihre Frage selbst: „Weil du es
verstehst, Aufgaben und Verantwortung zu delegieren."

Auf meinen Erfolg von „Menschen in Weiß" war ich besonders stolz.
Am Premierenabend meiner Inszenierung war im Nationaltheater
mit dem nicht sehr guten Anti-Nazi-Stück „Somewhere in France"
ebenfalls eine Premiere angesetzt. Diese Aufführung wurde von den
Kritikern fast ignoriert, während sie meine Bühnenbearbeitung als
„Civics third hit" über alle Maßen gelobt hatten. Der dritte Erfolg des
„Civic Theatre" innerhalb weniger Monate.

Gegen Saisonende erhielt das „Civic Theatre" eine Einladung an
die Marineakademie in Annapolis. Auf Wunsch der Leitung spielten
wir die satirische Komödie „Kiss The Boys Good-Bye" von Claire
Boothe-Luce. Ich war über die Stückvorgabe nicht sehr begeistert,
auch deswegen, weil es mein erster Versuch war, eine amerikanische
Komödie auf die Bühne zu bringen. Ich verlor aber meine Hemm-

schwelle dem Stück gegenüber und spielte es in der folgenden Saison auch am „Civic Theatre", weil das Publikum es sehen wollte. Freunde bemerkten feinsinnig: „Für ein Stück, das du nicht magst, spielst du es aber ziemlich oft."

Mitte Juni kehrte ich nach New York zurück. In der 47. Straße, mitten im Theaterzentrum, mietete ich ein Zimmer und nahm mit verschiedenen Theaterdirektoren Kontakt auf; diesmal aber nicht als Bühnenarbeiter, sondern als Regisseur. Auf diese Weise lernte ich Alex Cohen* kennen, der mit seinen achtzehn Jahren nicht nur Produzent, sondern auch Direktor des Sommertheaters „The Red Barn" war. Nach einigen Tagen erhielt ich einen Anruf von der Leitung des Sommertheaters „The Red Barn" in Locust Valley. Locust Valley auf Long Island war ein Sommerkurort. Jedes Sommertheater, ob auf Long Island, in Massachusetts oder in Vermont, hatte irgendwelche Schwachstellen, die die Theaterarbeit erheblich trübten. Entweder gab es Parkplatzprobleme, puritanische Einwohner oder menschenfeindliche Nachbarn. Irgendwelche Probleme traten immer auf. Locust Valley sollte dabei keine Ausnahme bilden. Das lokale Hindernis betraf das Geleise der Long Island-Eisenbahn, das sich unmittelbar hinter der Bühne befunden hatte. Lärmverstärkend wirkte noch, daß die Waggons von einer Dampflokomotive gezogen wurden. Exakt um 21 Uhr 28 fuhr der Zug vorbei. Eine meiner fast „wichtigsten" Aufgaben war das richtige Timing: Als Regisseur mußte ich die Pause im Stück so einrichten, daß sie immer zu der Zeit war, wenn gerade der Zug vorbeifuhr. Denn gegen den Lärm der Eisenbahn kamen die Stimmen der Schauspieler nicht auf. An Abenden, an denen der Zug Verspätung hatte, konnte man die Schauspieler auf der Bühne nicht verstehen.

Das Ensemble, das Alex Cohen für sein Debüt als Direktor des Sommertheaters „The Red Barn" zur Verfügung hatte, war erstklas-

---

*   In kurzer Zeit wurde er einer der erfolgreichsten Produzenten am Broadway. Später war er auch der Fernsehproduzent der „Tony Awards", die einmal jährlich für das beste Theaterstück, die beste Aufführung und die besten Schauspieler vergeben werden. Die Auszeichnung wurde nach Antoinette – Tony – Perry, einer Pionierin des Theaters, benannt.

sig: Martin Balsam sollte später beim Film Karriere machen, und Manfred Inger spielte nach seiner Rückkehr aus der Emigration am Wiener Burgtheater.

Im Sommer 1941 war der Thriller „Gaslicht" an vielen Sommertheatern gespielt worden und dabei überall durchgefallen. Als Regisseur wollte ich nicht unbedingt ein Stück inszenieren, dem von vornherein kein Erfolg beschieden war. Alex hat aber darauf bestanden. Da es ohnehin das letzte Stück der Saison war, überließ ich ihm diese Inszenierung, die dann auch kein Erfolg geworden ist. Unter dem Titel „Angelstreet", im Stil eines Melodrams inszeniert, ist das Stück dann am Broadway ein Riesenerfolg und in der Verfilmung mit Charles Boyer und Ingrid Bergman ein Welterfolg geworden.

Anfang September 1941 kehrte ich mit Audrey nach Washington zurück, um die neue Spielsaison am „Civic Theatre" vorzubereiten. Mein Werbespruch für die neue Theatersaison am „Civic Theatre" lautete: „Civic Theatre" – ein Theater, das etwas zu sagen hat." Bekannte Personen des öffentlichen Lebens stellten sich dem Theater als beratendes Komitee zur Verfügung – Senator Harry Truman, der spätere Präsident, Dean Acheson, Hugo Black, einer der neun Richter des Obersten Gerichtshofes in den USA, Eleanor Roosevelt und Jacqueline Auchindos, Journalistin bei Times Herald und spätere Frau von John F. Kennedy.

Nach europäischem Vorbild beabsichtigte ich, alle drei Wochen ein neues Stück zu spielen. Den Anfang machte ich mit „The American Way" von Kaufman und Moss Hart. Da in diesem Stück viele Personen auftraten, konnte ich in meiner Inszenierung fast allen Mitgliedern kleinere oder größere Rollen geben. Einige Vorstandsmitglieder meinten dazu: „Ein geschickter Schachzug von Leon", was auch nicht zu leugnen war. Schließlich war ich schon fast ein Jahr in Washington und konnte mich schon besser auf dem gesellschaftlichen Parkett bewegen. Finanzielle Mittel waren aber trotz meiner Erfolge nicht so leicht zu bekommen. Politiker gaben finanzielle Unterstützungen nur, wenn sich daraus politische Vorteile erwarten ließen. Über Kultur- oder Theatersponsoring ließen sich keine Wahlen gewinnen.

Mit „Thunder Rock" von Robert Ardrey, das in London erfolgreich über ein Jahr gelaufen war, setzte ich einen weiteren Programmpunkt. In den USA kam dieses Stück aber nicht an, am Broadway lief es nur eine Woche. Am „Civic Theatre" ereilte es, trotz meines besonderen Einsatzes bei der Inszenierung, das gleiche Schicksal. Die Kritiken waren dementsprechend schlecht: „Sowohl die Stückwahl als auch die Aufführung sind ‚Perlen vor die Säue werfen'."

Weitere programmatische Schwerpunkte waren „Der Teufelsschüler" von George Bernard Shaw und „Troilus und Cressida" von William Shakespeare.

In „The American Way" gibt es eine Szene, die sowohl den Flieger Charles A. Lindbergh als auch seine Leistung, die alleinige Überfliegung des Nordatlanktiks, glorifiziert. Der Mann und seine Leistung waren sicherlich zu bewundern. Mit Ablehnung begegnete ich Lindbergh erst, als er seinen Ruhm dazu benutzte, um sehr fragwürdige Ideale zu progagieren. In seinen Vorträgen oder Interviews über den Flug ließ er oft nationalsozialistisches Gedankengut einfließen; aus seiner Bewunderung für Hitler machte er ebenfalls kein Hehl. Aus diesem Grund wollte ich die Szene nicht in meiner Aufführung haben. Um sie zu streichen, brauchte ich aber das Einverständnis von George S. Kaufman, der damals einer der bedeutendsten amerikanischen Dramatiker war. Ich fragte wegen der Auslassung telegrafisch bei ihm an, worauf er mir lakonisch zurücktelegrafierte: „Streichung erlaubt, wenn der Sinn des Gesamtstückes darunter nicht leidet!"

Vor der Saisoneröffnung sind meine Streichungspläne an die Öffentlichkeit gelangt. Die „New York Times" übertitelte ihren kurzen Artikel mit „Lindbergh aus dem Spiel": Washington, 10. Oktober – Wenn das Washington „Civic Theatre", … seine neue Spielzeit am 15. Oktober mit „The American Way" von George S. Kaufman und Moss Hart eröffnet, werden alle Hinweise auf Charles A. Lindbergh aus dem Drehbuch gestrichen sein.

Als Ergebnis meiner so zustande gekommenen Publizität erhielt ich eine Unmenge Post, ein Großteil davon hatte verletzenden Inhalt; unter anderem wurde ich als ausländischer „Saujud" beschimpft, der es gewagt hatte, einen großen Amerikaner zu diffamieren. Die Spitze der Schmähungen war aber ein Brief gewesen, der ein benutztes Toilettepapier mit einem Zettel enthielt, auf welchem geschrieben stand: „Das sind Sie – ein Stück Scheiße!", a piece of shit, hat es im Original geheißen. Ich war über diesen ungewöhnlichen Inhalt ziemlich entsetzt, doch mein Freund Benny lachte nur darüber und sagte: „Du hast dir das Recht genommen, deine Meinung über Lindbergh zu sagen. Jetzt mußt du auch akzeptieren, daß andere ihre Meinung über dich zum Ausdruck bringen."

Das sei eben Amerika, meinte Benny, und damit war für ihn diese unliebsame Angelegenheit erledigt. Ich hatte mich davon nicht so schnell erholt und fürchtete auch um den Erfolg meiner Inszenierung. Trotz allem wurde meine Eröffnungsvorstellung von „The American Way" ein beachtenswerter Erfolg. „A streamlined Hit" – ein großartig verlaufener Theaterabend – war die einhellige Meinung der Presse.

Die schwierigste Aufgabe für mich als Regisseur war die Bühnenbearbeitung von Shakespeares „Troilus und Cressida".

Das Stück läßt sich nicht klar und eindeutig einer dramatischen Kategorie zuordnen. Es enthält komische, tragische und auch tragikomische Elemente und verlangt dem Publikum Gefühlsäußerungen ab. Vom Naturell oder der Verfassung des Zuschauers hängt es dann ab, wie er seiner Betroffenheit Ausdruck verleiht. Kann er darüber lachen oder sich nur mehr zu einem Lächeln aufraffen, weil er sich in den dargestellten Charakteren peinlich wiedererkennt? Ist manchem Besucher vielleicht das Weinen näher, weil durch das Rollenspiel die Befangenheit der Individuen im Umgang miteinander klar wird?

Der Prolog führt uns hinein in das Geschehen, in den Krieg gegen Troja:

> „Neunundsechzig Führer,
> Prangend im Fürstenhut, sind abgesegelt
> Von Attika gen Phrygia. Ihr Gelübde,
> Troja zu schleifen, wo im Schirm der Mauern
> Frau Helena, geraubt dem Menelaus,
> Beim üpp'gen Paris schläft: – Das ist der Krieg …"

Der Jüngling Troilus, der am Rande dieses Völkergemetzels seine Liebe zu Cressida entdeckt hat, verabscheut das mörderische Geschehen und vielleicht noch mehr den auslösenden Grund – die untreue Helena, die, obwohl sie ihrem ursprünglichen Gatten Menelaus geraubt wurde, sich sehr schnell in ihre neue Rolle als Frau von Paris eingefunden hatte. Troilus, der Liebende, dessen Liebe und Gefühle noch unverdorben sind, will diesen Kampf, von dem er nicht überzeugt ist, überleben:

> „Narr'n beiderseits! Schön sein muß Helena,
> Wenn ihr sie täglich schminkt mit eurem Blut.
> Der Anlaß kann mich nicht zum Kampf begeistern,
> Zu dürftig für mein Schwert ist dieser Preis! …"

Es geht um den Krieg und um die Menschen, in deren Köpfen der Krieg ist. Es geht um Affektmenschen und Vernunftmenschen. Shakespeare besetzt Cressida und Achill mit den negativen Merkmalen von Affektmenschen.

Der männlichste Mann – eben Achill – und das weiblichste Weib – in der Gestalt der verführerischen Cressida – treffen sich in ihrer Triebhaftigkeit, „daß sie beide treulos und ohnmächtig tierischer Wildheit preisgegeben sind, wenn er in Wut den Männerstreit, sie in Brunst den Frauenkrieg führt".[*]

Hektor und Ulysses verkörpern – jeder auf seine Weise – das vernunftbetonte, abwägende Element. Achill kämpft um des Kampfes willen. Für Ulysses ist der Krieg ein Mittel der Politik zur Durchsetzung nationaler Interessen.

Als Nestor den Trojanern die griechischen Vorschläge, nämlich die Auslieferung Helenas, für die sofortige Beendigung des Krieges ohne irgendwelche Reparationsforderungen überbrachte, da war Hektor, ebenfalls ein bewährter Krieger, doch im Gegensatz zu Achill mit an-

---

[*] Gustav Landauer: Shakespeare. Dargestellt in Vorträgen. Potsdam 1948. Bd. I, S. 275.

deren menschlichen Qualitäten ausgestattet, sofort dafür, dieses Angebot aufzugreifen.

> „Verloren wir so manches Zehnt der Unsern,
> Für eine, die uns fremd; für uns nicht wert,
> Wenn sie die unsere wär, ein Zehntel nur –
> Welcher vernünft'ge Grund ist, der uns hindert,
> Sie auszuliefern?"

Troilus ist gegen eine Auslieferung Helenas und meint, daß seine Vorstellungen von Ehre und Ritterlichkeit dies nicht zulassen würden. Helena ist ein Stachel im Fleisch der Griechen, eine demütigende Niederlage, die diese auch nach ihrer Auslieferung schmerzen würde. Was für ein Dasein könnte Helena dort führen – vom Stigma der Ehrlosigkeit gezeichnet. Nicht realpolitische Überlegungen dürfen über Helenas Schicksal entscheiden, sondern einzig und allein das Wissen um Schuld und daraus resultierende Verantwortung.

> „… Wir senden nicht die Seide heim dem Kaufmann,
> Die wir verderbt, noch werfen wir verächtlich
> Die Reste unsrer Speisen durcheinander,
> Weil wir nun satt. – …"

In die erregte brüderliche Diskussion über realpolitische Vernunft versus Anstand und Ehre platzt Kassandra mit ihrem Wehgeschrei, indem sie Trojas Untergang prophezeit und Helenas Auslieferung fordert.

Hektor ist nicht unbeeindruckt von Kassandras Auftritt und sucht weiter nach Argumenten für seine Position gegenüber Troilus und Paris:

> „Die Natur verlangt
> Erstattung jeden Guts dem Eigner; nun,
> Wo wär' in aller Menschheit näh'res Anrecht,
> Als zwischen Mann und Ehefrau? …

Ist Helena des Sparterkönigs Weib
(Wie sie's denn ist), so ruft Moralgesetz
Des Staats wie der Natur mit lauter Stimme,
Sie ihm zurückzusenden. Fest beharren
Im Unrechttun, vermindert Unrecht nicht,
Nein, macht es schwerer …"

Hektors realpolitische Erwägungen brächten Troja mehr Vorteile als
Nachteile ein, doch Helena „ist ein Gegenstand für Ehr und Ruhm"
geworden. Wo die nationale Ehre im Spiel ist, wird die Vernunft zum
Schweigen gebracht. Auch Hektor kann sich darüber nicht hinweg-
setzen:

„… Gleichwohl indes,
Ihr stolzen Brüder, neig ich mich zu euch,
In dem Entschlusse, Helena zu halten.
Denn wicht'gen Einfluß hat des Streits Entscheidung
Auf jedes einzelnen und aller Ruhm."

Hektor ist der tragische Held in diesem Drama. Den Untergang vor
Augen habend, unterdrückt er Gefühl und bessere Einsicht. Das Wissen um Trojas Auslöschung ist ihm leichter zu ertragen als seine Iso-
lierung im Familienverband, wenn er seiner Vernunft folgen würde.
Zu einer Zeit, wo der männlichen Behauptung im Kampfe eine große
Bedeutung zukam, war es immer noch ruhmvoller, mit den Seinen
unterzugehen, als unter ihnen ein Außenseiter zu sein.

Thersites, eine Figur aus dem Schattenreich der menschlichen Psyche
– ähnlich wie Jago oder Shylock – trägt schwer am Wissen um seine
Erbärmlichkeit. Er kann nur beschmutzen und besudeln. Der Krieg,
den er eigentlich fürchtet, kommt seinem geifernden und gift-
sprühenden Wesen doch sehr gelegen. Alle hohen Ideale werden
durch den Krieg pervertiert. Der Zerstörung des Menschlichen im
Menschen. Der Appell an die niedrigen Instinkte – all das wird durch
den Krieg möglich. Thersites braucht nur hinzusehen – der visionäre
Schrecken ist Wirklichkeit geworden. Alles und alle sind am Gemei-

nen beteiligt. Er nimmt auch die Heroen unter die Lupe, deren edle Beweggründe ansonsten niemand anzuzweifeln wagt.

> „... Unzucht, Unzucht; lauter Krieg und Liederlichkeit;
> die bleiben immer in Mode ...“

Er ereifert sich an ihren Schwächen und zeigt auf, welche fragwürdigen menschlichen Qualitäten, die griechischen Heerführer haben. Die Abgründe der eigenen Psyche kennend, ahnt er auch bei seinen Mitmenschen nur Niederträchtiges und spricht seine Verachtung, die ein großer Selbsthaß ist, ihnen gegenüber aus. Er hat bei Achill, Patroklus und Ajax eine gewisse Narrenfreiheit, und diese nutzt er, um sein Gift zu versprühen. Seine eigene Unzulänglichkeit, die in der Unzulänglichkeit seiner Umgebung kumuliert, schärft geradezu seinen analytischen Blick über den Grund des Krieges.

> „Über alle die Lumpigkeit, alle die Gaukelei, alle die Nichtswürdigkeit! Die ganze Geschichte dreht sich um einen Hahnrei und eine Hure. Ein hübscher Gegenstand, um Parteiung und Ehrgeiz aufzuhetzen und sich daran zu Tode zu bluten. Daß doch der Aussatz das Gesindel fräße! und Krieg und Liederlichkeit alle zusammen verdürbe!“

Als Thersites in der großen Schlacht von Margarelon, einem illegitimen Sohn von Priamus, beinahe in ein Gefecht verwickelt worden wäre, kommt ihm seine Lebenseinstellung zu Hilfe.

> „Ich bin auch ein Bastard; ich liebe die Bastarde; ich bin ein eingefleischter Bastard, ein ausgelernter Bastard, ein Bastard an Geist, Bastard an Herz, in allen Dingen illegitim. Eine Krähe hackt der andern die Augen nicht aus, warum soll's ein Bastard? Sieh dich vor; der Kampf wäre für uns gegen alle Religion; wenn der Sohn einer Hure für eine Hure ficht, so ist kein Menschenverstand drin. Leb wohl, Bastard!“

Hektor, der nicht aus Überzeugung und schon gar nicht aus Lust am Morden in diesen Kampf gegangen ist, befand sich am Ende des blutigen Kampftages noch am Leben und glaubte, trotz Kassandras tödlicher Prophezeiung, diesmal davongekommen zu sein. Er ist schon unbewaffnet, als Achill auf ihn zukommt und ihm mitteilt, sein schutzloses Leben auszulöschen.

> „Sieh, Hektor, wie die Sonne sinkt herab,
> Und schwarze Nacht auf ihren Spuren keucht;
> Und wenn die Sonn' im Dunkel niederschwebt,
> Erlischt der Tag, und Hektor hat gelebt."

Hektor, den Prinzipien der Ritterlickeit verpflichtet, erwartet Schonung, indem er Achill noch besonders darauf aufmerksam macht:

> „Entwaffnet bin ich, dann wirst du nicht fechten."

Doch Achill hat schon lange auf diesen Augenblick gewartet und bringt ihn um. Der feige Mord genügt ihm nicht, er sucht noch Genugtuung in der Schändung der Leiche:

> „Kommt, knüpft den Leib an meines Rosses Schweife,
> Daß ich ihn so um Trojas Mauern schleife."

Troilus, schon durch Cressidas Treulosigkeit am Lebensnerv getroffen, erlebt durch das Hinmetzeln seines Bruders die Welt nur mehr als Abschaum. Das Edle, das Menschliche ist mit seinen Trägern dahingegangen. Das Nichtswürdige, das Falsche und Niedrige scheint unausrottbar zu sein. In Anbetracht der großen Tragödie, daß Hektor tot ist und Troja dem Untergang entgegengeht, ist seine Enttäuschung über Cressida verkraftbar und relativierbar.

Auch wenn es den Anschein hat, als ob das Böse und Banale auf der Welt resistenter wäre, so mag vielleicht eine Menschheitshoffnung darauf bauen, daß das Humane als Idee siegen mag, wenn auch die Menschen, die das Edle verkörpern, selten alt werden.

„Troilus und Cressida" ist das einzige Antikriegsstück von Shakespeare, und ich spielte dieses Stück in Washington zwei Tage vor Pearl Harbor. Die starke Triebhaftigkeit und Sinnlichkeit, die Shakespeare in die

Abb. 5: Eine Szene aus Leon Askins Produktion von „Troilus und Cressida" in Washington, D. C. Die Premiere fand am 5. Dezember 1941, zwei Tage vor Pearl Harbor, statt.

Rolle der Cressida hineingelegt hat, berührte die großteils puritanisch eingestellten Vorstandsmitglieder des „Civic Theatre" unangenehm. Erst als ich den Vorschlag machte, die Premiere zugunsten von „British-War-Relief" zu spielen, gewann ich auch die Zustimmung der Puritaner. Der Zweck heiligt die Mittel, und außerdem ließ sich dadurch ein gesellschaftliches Ereignis erwarten. Niemand wollte sich das entgehen lassen. Diese Art von Öffentlichkeitsarbeit habe ich von Maria Piscator gelernt. Doch alles nützte nichts. Meine Troilus-Premiere fand am 5. Dezember 1941 statt, und am 7. Dezember bombardierten die Japaner Pearl Harbor. Shakespeares „Troilus und Cressida", das den Trojanischen Krieg zum Inhalt hatte, mußte dem Zweiten Weltkrieg weichen, der durch den amerikanischen Kriegseintritt auch auf die USA übergegriffen hatte. Das „Civic Theatre" schloß seine Pforten.

Kostüme und Bühnenbild meiner „Troilus"-Inszenierung waren

rein elisabethanisch. Henry C. Pearson machte den Versuch, eine verkleinerte Globe-Theatre-Bühne aufzustellen.

Die Kritiker äußerten sich über meine Bearbeitung weitaus lobender als über Shakespeare selbst. Richard Coe, der als Kulturkritiker der Washington Post am Premierenabend anwesend war, hat mir viele Jahre später einen Brief geschrieben, in dem er sich dafür entschuldigte, daß er damals meiner Inszenierung so wenig Verständnis entgegengebracht hatte.

William Stone, Professor an der Georgetown University, bezeichnete den Dramenaufbau von „Troilus und Cressida" als unzusammenhängend. Auch mit dem Titel hatte er seine Probleme, denn nur zwei Fünftel des Stückes würden von der Liebe und den Enttäuschungen des jungen Trojaners Troilus handeln. In den übrigen drei Fünftel ginge es um die destruktiven Auswirkungen von Interessengegensätzen in der vermeintlich monolithisch agierenden Armeeführung. Pandarus sei die Schlüsselfigur der einen Handlung; Ulysses die tragende Figur des anderen Handlungablaufes. Die Troilus-Geschichte ist, so argumentierte Stone, in der Elisabethanischen Zeit sehr bekannt gewesen, so daß Shakespeare in seinen anderen Stücken oft darauf Bezug genommen hat. Als Dramatiker habe er gefühlsmäßig dazu geneigt, den Leidenschaften der Liebe gegenüber der griechischen Politik größeren Stellenwert einzuräumen. Das würde den Titel erklären. Die zwei Teile – der politisch-militärische und der, der von Liebe und Enttäuschung handelt – sind, nach Stones Meinung, von Shakespeare sehr lose und zum Teil schwer nachvollziehbar zusammengebracht worden. … Es gibt in dem Stück aber trotzdem einen thematischen Schwerpunkt, mit dem beide Teile etwas zu tun haben. Diese Verbindung lasse sich in der Haltung gegenüber dem Krieg ausmachen. Aus diesem Grund sei das Stück außerordentlich aktuell. In seinen historischen Dramen habe Shakespeare die Verklärung des Krieges gezeigt, in Troilus zeige er die andere Seite der Medaille, die bar jeder Herrlichkeit ist. Lüsternheit, Torheit, Interessenkämpfe und Desillusionierung das sind die Eindrücke, die die Theaterbesucher mit nach Hause nehmen würden.*

---

* William Stone an Dorothy Croissant. Brief vom 9. Dezember 1941.

Die Zeit, die ich dann noch in Washington verbracht habe, läßt sich am besten als Warteposition beschreiben. Ich erhielt eine befristete Anstellung als Schauspiellehrer an der King-Smith-Schule. Junge Menschen bekamen dort neben Schauspielunterricht auch Unterricht in gutem Benehmen. Die Schule hatte eine technisch bestens ausgestattete Bühne, und ich inszenierte dort mit meinem semiprofessionellen Ensemble vom „Civic Theatre" den neuesten Broadway-Erfolg „The Eve of St. Mark" von Maxwell Anderson.

Malcolm Ross – Vorstandsmitglied des „Civic Theatre" – schrieb ein Theaterstück mit dem Titel „Town Meeting", das ich als zweites Stück an dieser Schule inszenierte. Town Meetings sind äußerst demokratische Einrichtungen, die in New England noch heute Tradition haben. Bei diesen Meetings kommen die Bürger einer Kleinstadt wöchentlich zusammen, um die Belange der Stadt und ihrer Bürger zu besprechen. Malcolm Ross dramatisierte in seinem Stück die Probleme von Menschen in einer Kleinstadt im Hintergrund des Krieges in Europa. In New England gab es viele Einwohner, die europäische Vorfahren hatten.

Es war keine öffentliche Vorstellung, sondern nur eine einmalige Aufführung für prominente Regierungsmitglieder.

Malcolm Ross, der mir bislang immer wieder mit Rat und Tat zur Seite gestanden ist, konnte mir bei der Verwirklichung meiner Idee, ein Fronttheater für die Soldaten im Krieg aufzubauen, nicht behilflich sein.

Ich leistete schon einige Monate Militärdienst bei der US-Luftwaffe, als mir brieflich mitgeteilt wurde, daß das Informations- und Erziehungsministerium meine Idee des Fronttheaters aufgegriffen habe. Auch Washingtons Presse zeigte für dieses Vorhaben Interesse und lud mich zu einem Interview ein. Die vier maßgebenden Theaterkritiker bedankten sich bei mir für die gute Zusammenarbeit. Sie hätten von mir immer klare und richtige Auskünfte über das „Civic Theatre" bekommen.

Die Vorstandsmitglieder des Theaters organisierten für mich ein großartiges Abschiedsfest. Bei den Ansprachen, die aus diesem Anlaß gehalten wurden, erwähnte man meine besondere Fähigkeit im

Umgang und in der Behandlung von Menschen. Ich hätte versucht, jedem einzelnen eine Verantwortung und Bedeutung zu geben, und hätte ihn auf diese Weise mit den Belangen des Theaters identifiziert. Das habe ich großteils dadurch erreicht, daß ich mit jedem Vorstandsmitglied allein zum Essen ging. So kam eine persönliche Atmosphäre zustande, eine Art Vertrautheit, die mir bei der Durchsetzung meiner Pläne zu Hilfe gekommen ist. Diese Strategie im Umgang mit Menschen schaute ich mir von dem herrlichen französischen Lustspiel „Der Apoll von Bellac" ab. Darin gab es einen Beamten, der jeden, der zu ihm mit einem Anliegen gekommen war, mit einer befriedigenden Antwort entließ. Sie sagten mir aber auch, daß sie meine Taktik, bei jedem von ihnen eine besondere Verbindlichkeit herzustellen, durchschaut hätten. Sie hätten mir das aber nicht übelgenommen und mich gern dabei unterstützt, weil sie meine Sorge um das Theater verstanden und geteilt hätten.

Ich bin nie mehr nach Washington zurückgekehrt, doch noch heute erinnere ich mich mit Rührung an meine Arbeit am „Civic Theatre".

21

In der Luftwaffe, aber nicht in der Luft

Ich meldete mich auch in den USA freiwillig zum Dienst in der Armee und wurde wie in Frankreich nicht genommen. Da ich aber amerikanischer Staatsbürger werden wollte und im wehrdienstpflichtigen Alter war, wurde ich zur Luftwaffe eingezogen. Obwohl mir militärischer Drill und jegliche Reglementierung zuwider waren, gewöhnte ich mich schnell und gut an das Soldatenleben. Mehr denn je gab es eine moralische Rechtfertigung zum Kämpfen. Hitler, Göring, Goebbels, Himmler, Streicher und all die anderen Unmenschen mußten vernichtet werden. Für mich als Jude, dem die Nazis die Heimat genommen hatten, war es eine ehrenhafte Pflicht, in welcher Form auch immer gegen diese menschenverachtende Ideologie und ihre Exponenten zu kämpfen.

Am 4. November 1942 wurde ich mit dreißig Männern zum Ausbildungszentrum nach Camp Lee in Virginia gebracht. Unser Zivilistendasein war somit beendet. Sofort nach der Ankunft kommandierte uns ein Feldwebel herum. Wir mußten uns zum Verlesen unserer Namen in Reih und Glied aufstellen. Danach bekamen wir mittels Kommandoruf „Hot two three four! Hot two three four!" den militärischen Befehl, zur Einkleidebaracke zu marschieren, wo wir unsere Uniformen erhielten. In dem Augenblick, als ich die amerikanische Uniform anhatte, sah ich nicht nur wie ein amerikanischer Soldat aus, sondern ich fühlte mich auch als Amerikaner.

Unmittelbar darauf fragte mich der Feldwebel, ob ich kommende Nacht „Kp" – kitchenpolice, also Küchendienst, machen wollte. Als Schauspieler, so meinte er, wäre ich ja daran gewöhnt, in der Nacht zu arbeiten. Da ich nicht gut ablehnen konnte, verbrachte ich meine erste Nacht als Soldat in der Küche mit dem Begießen von Truthähnen für das kommende „Thanksgiving". Dieser Küchendienst zur

Vorbereitung des Thanksgiving-Essens war mein erster und auch mein letzter Küchendienst in der Armee. Nach diesem Feiertag ging ich mit einer kleinen Gruppe von Neuankömmlingen wieder auf Reisen, diesmal wurden wir mit dem Zug in ein anderes Militärlager transportiert. In unserem Abteil war ein Mann, der ziemlich viel fluchte. In beinahe jeder Äußerung kam das Wort „fuck" vor, das ich vorher nicht gekannt hatte. Eine neue Sprache lernen bedeutet auch, sich mit Schimpfwörtern vertraut zu machen. Auf diesem Transport nach Keesler Field in Mississippi hatte ich dazu gute Gelegenheit.

Von Keesler Field, wo ich nur eine Woche blieb, ging es mit Zwischenstationen weiter nach Los Angeles. Dort mußte ich einen Fluglotsenkurs besuchen und mich mit dem amerikanischen Prüfungssystem, das für mich vollkommen neu und unverständlich war, herumschlagen. Es ging mir anfangs überhaupt nicht ein, daß bei dieser Methode die korrekten Lösungsmöglichkeiten im Bereich von „richtig-falsch" oder „multiple choice" lagen. Ich beantwortete jede Frage sehr ausführlich und entsprach daher nicht den Anforderungen. Nach der ersten Woche hatte mir aber ein Kursteilnehmer das amerikanische Schul- und Prüfungssystem so gut und anschaulich erklärt, daß ich bei Kursende – am 30. Jänner 1943 – unter den zehn besten Absolventen war. An dieser Fluglotsenausbildung hatten über vierhundert Personen teilgenommen. Wenn man unter den ersten zehn rangierte, wurde man Ehrenschüler. Unser Unterricht hat täglich um sechs Uhr begonnen und dauerte inklusive einer Stunde Mittagspause bis fünfzehn Uhr. Danach hatten wir noch eine Stunde Turnen. Trotz dieses sehr anstrengenden Programms besuchte ich abends noch Freunde in Hollywood.

Bei dem befreundeten Regisseur Henry Koster hatte ich Charles Laughton kennengelernt, der mich an einem Wochenende zu sich nach Hause einlud. Einen ganzen Abend lang stand Laughton am Kamin in seinem Salon und rezitierte Shakespeare-Monologe. Es war einfach herrlich.

Am Silvesterabend fand bei dem früheren Reinhardt-Star Ernst Deutsch eine Neujahrsparty statt. Deutsch hatte viele Hollywood-Persönlichkeiten eingeladen. Unter diesen befand sich auch der großartige Berliner Charakterdarsteller Alexander Granach. Granach hat die Silvesteransprache gehalten und, indem er plötzlich auf mich zeigte, sagte er: „Dort steht der Aski. Wir alle kämpfen nur mit Worten gegen Hitler. Aski aber, der die US-Uniform trägt, ist ein wahrer Kämpfer gegen Hitler. Trinken wir auf ihn: Hoch lebe die Rote Armee der Sowjetunion!" Die Anwesenden quittierten diese Einlage mit schallendem Gelächter.

Granach war ein wunderbarer Schauspieler, der sehr viel Humor besessen hatte. Er war, wie man im Theaterjargon sagt, ein Trupper; einer, für den die Schauspielerei alles war. Diese Eigenschaft bezahlte er auch mit seinem Leben. Er spielte am Broadway in dem Erfolgsstück „The Bell for Adano", als er während der Vorstellung von starken Blinddarmschmerzen befallen wurde. Er selbst hielt diese aber für eine Blinddarmreizung und spielte, weil er eben ein Trupper war, weiter. Als er dann endlich nach seinem Auftritt ins Krankenhaus kam, war es schon zu spät. Er hatte bereits einen Blinddarmdurchbruch und starb noch auf dem Operationstisch.

Die Zeit verging sehr schnell in Los Angeles. Meine Freunde, bekannte Regisseure wie Robert Siodmack, Max Ophüls, Henry Koster und Kurt Bernhardt, ermunterten mich, den ziemlich unbekannten Schauspieler, immer wieder, bei ihnen vorbeizukommen. Das schmeichelte mir natürlich, bis mir klar wurde, daß meine amerikanische Armeeuniform mit ein Grund für meine große Beliebtheit war. Dadurch konnte ich mich im Vergleich zu ihnen frei bewegen. Sie galten seit dem Kriegseintritt der USA als feindliche Ausländer und standen von 20 Uhr bis 8 Uhr unter Ausgangssperre. Unter diesen Umständen waren Besuche sicherlich eine angehme Abwechslung. Das bedeutete aber nicht, daß sich aus solchen Zweckgemeinschaften nicht auch einige bleibende Freundschaften entwickelt hatten.

Ich kam am ersten Jahrestag von Pearl Harbor nach Los Angeles und verließ diese pulsierende Stadt am 30. Jänner 1943. Dieser Tag, der auch Roosevelts Geburtstag war, wurde in den USA zum Anlaß genommen, um auf nationaler Ebene die Polio-Schutzimpfung zu propagieren. Denn der Präsident war selbst Opfer dieser heimtückischen Krankheit.

Nach Abschluß meines Fluglotsenkurses kam ich nach Key West, einem US-Militärstützpunkt vor den Toren Kubas gelegen. Die Kaserne befand sich in Boca Chica, einige Kilometer außerhalb von Key West.

Mit meiner erfolgreich absolvierten Spezialausbildung wurde ich in Boca Chica sofort dem Special Service zugeteilt. Meine Aufgabe hatte darin bestanden, für die verschiedenen Kompanien, die in Boca Chica stationiert waren, Unterhaltungsprogramme zu organisieren. Von meinem organisatorischen Auftrag abgesehen, habe ich aber auch meine künstlerischen Fähigkeiten eingebracht, indem ich für meine Kameraden Chansons und Sketches aus dem Kabarett brachte. Ich sang viele Frauenchansons in Frauenkleidern. Einer meiner größten Erfolge in Transvestitenrollen war die „Jenny" aus dem Musical „Lady in the Dark", zu dem Kurt Weill die Musik geschrieben hatte.

Als ich vom einfachen Soldaten zum Korporal befördert wurde, schrieben mir meine Freunde aus Hollywood: „Herzlichste Gratulation, lieber Napoleon!"

Major Hadley, der Kommandant meiner Kompanie, wollte, da sich mein Organisationstalent in Sachen Unterhaltung herumgesprochen hatte, daß ich einen Tanzabend für die Kompanie veranstaltete.

Ein Tanzabend ohne Frauen konnte nicht gelingen. Daher begab ich mich im Auftrag von Major Hadley zum United Service Organization-Club in Sarasota. Diese Armee-Einrichtung unterstand Mimi Raeder, einer „Southern Belle" – einer Südstaaten-Schönheit – aus Virginia. Ich fragte sie, ob sie mir mit Mädchen und jungen Frauen für den Tanzabend unserer Kompanie „aushelfen" könnte. Sie engagierte sich sehr, der Tanzabend wurde ein großer Erfolg, und ein paar Monate später waren Mimi und ich verheiratet. Es war eine Kriegsheirat und ging, wie so viele davon, nach dem Krieg auseinander. Unsere Ehe hatte aber doch neun Jahre gedauert. Es war keine leidenschaftliche Liebesheirat, trotzdem war es bei gegenseitigem Respekt eine gute Ehe. Wir waren aus zwei völlig verschiedenen Welten, und die daraus resultierenden Unterschiede bestimmten auch unser Zusammenleben. Als wir uns 1952 trennten, schrieb sie mir: „Ich habe grünes Blut, und das konntest Du nicht verstehen."*

---

* Wie viele Menschen aus den Südstaaten war sie davon überzeugt, daß sich der Süden gegenüber dem Norden seinen aristokratischen Lebensstil bewahrt habe.

Noch während meines Militärdienstes auf Florida wurde ich nach Tampa beordert, wo mir vom zuständigen Gericht die US-Staatsbürgerschaft verliehen wurde. Mit meiner Einbürgerung änderte ich auch meinen Namen. Aus Leo Aschkenasy wurde nun offiziell Leon Askin. Wie sagte doch der berühmte Max Pallenberg in dem Stück „Die Schlacht von Waterloo": „Aus rot mach red, aus grün mach green, das ist des Auslands Spleen."

Bei meiner Namensänderung war ich mir der Bedeutung des Namens Aschkenasy nicht bewußt. Dieser Name kommt bereits im ersten Buch Moses vor. Aschkenas ist einer der Nachkommen Noahs. Die Aschkenasim sind der Hauptstamm des modernen Judentums. 91% sind Aschkenasim und der Rest Sephardim. In den Pianisten Wladimir Aschkenasi, Stefan Askenase und dem Geiger Samuel Aschkenasy habe ich berühmte Namensvettern mit unterschiedlicher Schreibweise. Allein in meiner Familie gab es drei verschiedene Schreibweisen: Mein Onkel Emanuel schrieb sich Aschkenasi, mein Onkel Moritz wiederum Askenasy, und wir schrieben uns Aschkenasy. Auf Askin kam ich auch nicht zufällig. Seit meiner Pfadfinderzeit rief man mich immer Aski oder Aschki – niemals Aschkenasy.

Von Venice in Florida wurde ich nach Warner Robbins in Georgia verlegt. Auch dort bestand mein Dienst im Organisieren von Unterhaltungsprogrammen. Ich arrangierte die „Bob Hope Show" für das „Kommando Technischer Dienst Südost" und führte für die GIs zwei Theaterstücke – „Charley's Aunt" und „The Eve of Saint Mark" – unter meiner Regie auf.

In dem rassistischen Umfeld Georgias, das in der dortigen United-Service-Organization-Stelle noch prononcierter zum Tragen kam, fühlte ich mich nicht wohl. Ich wollte nicht nur weg von Georgia, sondern auch vom Armee-Showbusineß.

Inzwischen war ich im Rang eines Feldwebels, und mein früherer militärischer Vorgesetzter von Boca Chica hat mich als Lehrer und Ausbildner an die Kommando- und Stabsschule empfohlen. Unter den Hörern meiner Vorlesungen über Deutschland und Mitteleuropa hatte sich auch General Knudsen befunden. Kurz darauf wurde ich ins Technische Hauptquartier der Luftwaffe nach Wright Field in Ohio versetzt. Ich wurde Technical Sergeant und Chefredakteur der neuen Wochenzeitschrift „The Orientation Digest". Colonel Goetz, mein Vorgesetzter, war früher Angestellter der Filmverleihgesellschaft RKO gewesen.

Am „Orientation Digest" arbeitete ich mit viel Einsatz. Es gab Tage, wo die Arbeit kein Ende nahm und ich bis 24 Uhr mit der Auswertung der Kriegsberichte beschäftigt war. Viel Zeit verbrachte ich auch vor dem Radio mit dem Zusammenfassen der Aussagen berühmter Kommentatoren wie Kaltenborn oder Walter Cronquite. Im Laufe der Monate wurde ich als Chefredakteur des „Orientation Digest" von General Osborn, Oberkommando des Informations- und Erziehungsprogramms, für meine ausgezeichnete Arbeit mehr als fünfzehnmal lobend erwähnt. Der Offiziersrang wurde mir durch eine mögliche Beförderung zum Leutnant in Aussicht gestellt. Doch ich lehnte dankend ab und blieb als Technical Sergeant lieber Unteroffizier. Denn in dieser Funktion und der des Chefredakteurs war ich mein eigener Herr. Goetz, der rangmäßig über mir stand, nannte mich freundschaftlich „Sauerkraut". Da ich als Unteroffizier keine offiziellen Stellungnahmen und Briefe aussenden durfte, ging alles, was ich abfaßte, über den Schreibtisch von Colonel Goetz, der offiziell dafür die Verantwortung getragen hat. Ich verrichtete meinen Militärdienst auf diese Weise bis Februar 1945. Dann wurde ich aus heiterem Himmel nach England versetzt. General Arnold, der Oberbefehlshaber der US-Luftwaffe wollte mich sogar zu einem „Buck-Private", einem einfachen Soldaten, degradieren. Nur durch die persönliche Intervention von General Knudsen entging ich dieser Degradierung. Was war mein Vergehen? In einem Leitartikel hatte ich geschrieben, daß Schweden aufgrund seiner Exporte ins Dritte Reich eigentlich nicht mehr als neutrales Land betrachtet werden könne. Ich, Leon Askin, ein kleiner Tech-Sergeant, hatte es gewagt, in einem Magazin der US-Armee ein neutrales Land anzuprangern. Das war der Grund meiner Versetzung nach England. Das „Orientation Digest" erschien daraufhin auch nicht mehr, denn es hatte sich niemand gefunden, der geeignet gewesen wäre, die Chefredaktion weiterzuführen.

„Es konnte niemand so gut wie du, Sauerkraut", sagte Goetz zu mir, als er mich nach dem Krieg in Beverly Hills besuchte.

Die letzten 24 Stunden in Dayton waren sehr aufregend; hohe Offiziere in Patterson-Wright Field versuchten im Kriegsministerium in Washington für mich zu intervenieren, aber General Arnold gab nicht nach. Es wäre ein folgenschwerer Präzedenzfall, von meiner Versetzung abzugehen, schrieb das Luftwaffenministerium als Antwort auf die Interventionen.

Um mich auf England vorzubereiten, verbrachte ich ein paar Tage in Camp Kilmer in New Jersey, ganz in der Nähe von New York. Dadurch war es mir möglich, jeden Abend in New York City zu verbringen, ins Theater zu gehen und die Piscators und andere Freunde zu besuchen.

Es war die „Mauretania", eines der größten Transatlantik-Schiffe, die mich und Tausende andere nach England gebracht hat. Wir wußten zwar alle, daß der Krieg mit Deutschland dem Ende zuging, dennoch war die Gefahr einer U-Boot-Torpedierung sehr groß. Deutsche Fliegerangriffe waren weniger zu befürchten, weil die Luftwaffe zu diesem Zeitpunkt schon ziemlich zerstört war.

Ich war also wieder auf dem Weg nach Europa. Die weißen Wölkchen am Himmel, als wir uns Großbritannien näherten, waren die weißen Wölkchen der Kindheit und Jugend. Schillers Worte aus „Maria Stuart" kamen mir dabei in den Sinn:

„Eilende Wolken, Segler der Lüfte
Wer mit Euch wanderte, wer mit Euch schiffte ..."

Ich war sehr neugierig auf England. Da ich so frankophil war, hatte ich nie Lust gehabt, England zu besuchen. Doch ich habe dieses Land lieben gelernt und liebe es noch.

Auf der „Mauretania" war auch eine Gruppe von exilierten Österreichern und Deutschen, die als amerikanische Soldaten am Krieg gegen Nazi-Deutschland teilnahmen. Sie kamen großteils aus Camp Richie. Dieses Heerlager war speziell für ehemalige Deutsche und Österreicher, die sich zur Counter-Spionage G-2 gemeldet hatten, eingerichtet worden. In dieser Gruppe befanden sich mein späterer Agent Walter Kohner und Peter Beauvais, der nach dem Krieg in

Deutschland Regisseur beim Fernsehen geworden ist. Der Kommandant unserer Gruppe war ein Leutnant, der immerzu seine deutschsprachige Herkunft geleugnet hatte.

Ich bekam vom Schiffskapitän die Erlaubnis, täglich eine Art „Newsletter" zu verfassen und an die Soldaten zu verteilen. Einmal schrieb ich einen Newsletter über Dänemark und zeigte ihn dem Leutnant, der angeblich weder Deutscher noch des Deutschen kundig war. Nachdem er als große Überschrift „Dänemark" gelesen hatte, sagte er ganz laut zu mir: „Aha, Dänemark, keene Mark." Das war ein echter Berliner Ausdruck, mit dem er seine Herkunft und Geschichte verraten hat.

Ich kannte etliche Österreicher und Deutsche, die auch nach dem Krieg jeden Kontakt mit ihrer früheren Heimat abgelehnt hatten und sich strikt weigerten, Deutsch zu sprechen oder zu verstehen. Für jene anderen aber, die trotzdem zurückwollten, hatte Anton Kuh das Problem auf den Punkt gebracht. Er sagte, wenn er nach dem Krieg in Europa Immigrationsoffizier wäre, würde er jeden Rückkehrer fragen, in welches Jahr er zurückwolle. Denn ein Zurück in das frühere Leben, aus dem man hinausgedrängt wurde, sei unmöglich. Das sollte allen Remigranten klar sein. Ich, der ich heute in meinem hohen Alter wieder in Wien bin, in der Stadt, wo ich geboren und aufgewachsen bin, kann nur wiederholen, daß es für einen Flüchtling weder eine Heimkehr in die alte Heimat noch das Gefühl des Zuhauseseins in der Fremde geben kann. Das ist die besondere Tragik der Vertreibung. Wir sind und bleiben Heimatlose der Zeitgeschichte, solange wir leben.

Nach der Ankunft der „Mauretania" im Hafen von Liverpool durften wir zwei Tage lang das Schiff nicht verlassen. Die Fallschirmspringer in unserer Gruppe kümmerten sich aber nicht darum und rutschten die Seile hinunter, um aufs Land und in die nächste Bar zu kommen. Sowohl die Militärpolizei als auch ihr Kommandant konnten nichts dagegen unternehmen, denn sie wußten, daß diese Männer schon am nächsten Tag an der vordersten Front – „the battle of the bulge" – zum Einsatz kommen würden. Am nächsten Morgen waren sie trotz ihrer Eskapaden pünktlichst zur Stelle, um mit dem Lastauto an die Front gebracht zu werden.

Alle anderen Soldaten wurden mit dem Zug in ein Übergangslager bei Manchester gebracht.

Am ersten freien Abend ging ich natürlich ins Theater und fand zu meiner großen Freude Frederic Valk, meinen Kollegen aus Düsseldorf, im Ensemble vor. Als ich ihn nach der Vorstellung in seiner Garderobe besuchte, begrüßte er mich wie damals: „Na, mein Junge!" Das sagte er schon immer in Düsseldorf zu mir und schlug mir dabei kräftig auf die Schulter. – „Na, mein Junge!" Plötzlich, indem ihm der ganze Irrsinn unserer Lebensumstände bewußt wurde, hielt er inne, umarmte mich und fing zu weinen an. Ich sah ihn danach nicht mehr wieder, denn auch er war viel zu früh gestorben.

Während meines zweiwöchigen Aufenthalts in Warrington nahm ich fast täglich den Zug nach Manchester. Wenn ich dann spät am Abend zum Hauptbahnhof kam, hat sich mir immer wieder ein zügelloses Schauspiel dargeboten. In Abständen von nur wenigen Metern sah man öffentlich Pärchen im Liebesakt – die Soldaten in amerikanischen Uniformen, die Mädchen halb nackt. „Troilus und Cressida" in unsere barbarische Zeit versetzt – die Aktualität des Stückes kam mir dabei in den Sinn. „Unzucht, Unzucht, lauter Krieg und Liederlichkeit; die bleiben immer in der Mode."

Von Warrington kam ich dann für kurze Zeit nach Warren, nahe der walisischen Grenze. Am Samstag, es war Karsamstag, ging ich in Warren in die Synagoge und am Ostersonntag mit meinen Buddies in die Kirche. Ich mochte die Bewohner dieser kleinen Stadt sehr, und es war auch interessant, das englische Leben außerhalb Londons kennenzulernen. Endlich bekam ich den verschlüsselten Befehl, mich bei meiner ständigen Militärdienststelle einzufinden. Diese, in einem kleinen Schlößchen beherbergt, trug die Bezeichnung 520. Namen durften während des Krieges aus Sicherheitsgründen nicht geschrieben werden. 520 war also Gadseby in der Nähe der Stadt Leicester. Die Zugfahrt von Warren nach Gadseby erster Klasse – als amerikanischer Unteroffizier höheren Ranges hatte ich darauf Anrecht – war äußerst aufschlußreich. Im Abteil, in dem ich saß, befanden sich noch zwei englische Sergeants und ein englischer Korporal. Da wir längere Zeit unterwegs waren, kam ich mit dem Korporal ins Gespräch. Nach einigen Minuten ersuchte mich einer von den Sergeants, mit ihm kurz aus dem Abteil zu gehen. Dort belehrte er mich, daß sich ein Sergeant nicht mit einem Korporal zu unterhalten habe.

Der Kommandant meiner Dienststelle war Lieutenant Blankenship. Er machte mir das Angebot, ein Zimmer im Schloß zu bewohnen. Dort hätte ich aber selbst Ordnung halten müssen, was ich nicht wollte. Daher entschied ich mich, bei den anderen Kameraden in der Kaserne zu wohnen, wo es möglich war, die mir unangenehmen Arbeiten gegen Bezahlung erledigen zu lassen. Ich war in dem verträumten Gadseby der zweithöchste Unteroffizier und hatte ein eigenes Büro mit Telefon, um mit den anderen Stäben im Schloß schnell in Verbindung treten zu können.

Von meinen administrativen Tätigkeiten abgesehen, für die ich oft nur einen Wochentag zur Verfügung hatte, war ich sehr viel unterwegs. Ich mußte entweder in englischen oder schottischen Kasernen vor Soldaten Vorträge halten oder prüfen, ob das Erziehungs- und Informationsprogramm eingehalten wurde. Durch meine Ausbildung in Dayton und meine Arbeit als Chefredakteur des „Orientation Digest", wo ich ausführlich die Kriterien beschrieben hatte, nach denen Erziehungs- und Informationsprogramme in den Kasernen gestaltet werden sollten, hatten meine diesbezüglichen Ansichten hohen Stellenwert. Als einmal ein hoher Inspektionsoffizier der US-Armee 520 inspizierte, hob er unser Informations- und Erziehungsprogramm besonders lobend hervor. Um den Leitlinien des Programms gerecht zu werden, brauchte ich Landkarten und andere Hilfsmittel, die ich nur im Hauptquartier in London erhalten konnte. Ich begab mich zum ranghöheren Offizier meiner Dienststelle, der als Zahnarzt sowohl für unsere Zähne als auch für die Ausstellung von Wochenendpässen für Kurzurlaube zuständig war. Mit meinem bescheinigten Kurzurlaub in der Tasche fuhr ich zum ersten Mal in meinem Leben nach London.

Am 12. April 1945, einem Donnerstagabend, kam ich im total verdunkelten London an. Von der Bahnstation St. Pankras fand ich nur mit großer Mühe zur U-Bahn-Haltestelle. Unten, wo es wohltuendes Licht gab, fragte ich nach dem Weg zum Grosvenor Square. Dort gab es eine Rot-Kreuz-Stelle, wo man als Soldat übernachten konnte. Ich

Abb. 6: Tech-Sergeant Leon Askin mit seiner Einheit auf dem Weg zum Trauergottesdienst für Franklin Delano Roosevelt. Leicester 1945

nahm die U-Bahn bis Oxford Street und irrte dann in der Finsternis herum, bis ich gegen 22 Uhr die besagte Rot-Kreuz-Station gefunden hatte. Meine Anstrengungen waren aber vergeblich gewesen, denn diese Stelle war überbelegt. Die diensthabende Schwester versuchte aber telefonisch ausfindig zu machen, bei welchen Rot-Kreuz-Stellen es noch Schlafplätze geben würde. Das Rote Kreuz in Knightbridge konnte noch „Bettgeher" aufnehmen. Ich mußte also wieder hinaus in die absolute Dunkelheit und mit der U-Bahn zu meiner Schlafstelle fahren. Dort angekommen, fiel ich todmüde auf mein Strohsackbett. Ich war gerade beim Einschlafen, als ein Soldat die Türe aufriß und in ziemlicher Aufregung sagte: „Präsident Roosevelt ist gestorben!" An Schlafen war nun nicht mehr zu denken, ich stand auf, zog mich zur Hälfte an und stand mit den anderen Kameraden betroffen und ratlos herum. Die Nachricht war ein Schock für uns. Am nächsten

251

Morgen, als ich in meiner amerikanischen Uniform auf die Straße ging, erlebte ich etwas Außerordentliches. Wildfremde Menschen kamen auf mich zu und bekundeten mir in meiner amerikanischen Armeeuniform ihr Beileid, indem sie mir entweder die Hand schüttelten oder mich weinend umarmten. Diese Geste einfacher britischer Bürger beeindruckte mich damals sehr.

Mein erster Besuch in London stand im doppelten Sinn des Wortes unter dunklen Vorzeichen. Trotzdem durfte ich nicht den Grund meines Besuches aus den Augen verlieren. Ich mußte ins Hauptquartier der Erziehungs- und Informationsprogrammstelle am Caddigan Square, um mich mit notwendigem Material für meine Schulungen einzudecken. Ein junger Leutnant bei der Materialausgabestelle erklärte mir, er könne mir die gewünschten Dinge zur Mitnahme für 520 nicht aushändigen, weil das gegen die Regeln verstoßen würde. Etwas amüsiert erklärte ich ihm, daß mir das bekannt sei, weil ich diese Regeln in Dayton selbst ausgearbeitet habe. Er schaute mich groß und ungläubig an. Als er aber in einem aufliegenden „Orientation Digest" meinen Namen als Chefredakteur fand, war er ziemlich beeindruckt und verbeugte sich fast vor mir. Natürlich bekam ich die gewünschten Utensilien.

Nun sollte ich Übernachtungsmöglichkeiten für das Wochenende ausfindig machen. Wieder kam mir dabei einer der vielen Zufälle in meinem Leben zu Hilfe. Die Leiterin vom Roten Kreuz in Doverstreet war Dorothy Faris vom Washington „Civic Theatre". Von da an hatte ich, wann immer ich wollte, ein Zimmer bei ihrer Rot-Kreuz-Stelle. Meine vor kurzem verstorbene Frau Lies sagte oft zu mir: „Dein Militärdienst war ein dreijähriger Urlaub, zwar nicht in der Sommerfrische, aber du hattest trotzdem eine angenehme Zeit!" Sie hatte nicht unrecht, wenn man an die Soldaten im Fronteinsatz denkt, die fielen oder zu Krüppeln geschossen wurden.

Am Samstag nach Roosevelts Tod ging ich in die größte Synagoge Londons. Ich konnte nur mit Mühe einen Platz finden. Die Besucher der Synagoge – englische und amerikanische Generäle, feierlich gekleidete Damen und Herren der englischen Gesellschaft – waren über das Erscheinen eines einfachen amerikanischen Unteroffiziers in ihrer großen Synagoge etwas befremdet.

252

Am Sonntag morgen machte ich einen Spaziergang durch das jüdische Viertel in Whitechapel, als plötzlich ein Mann aus einem Haus kam, auf mich zueilte und fagte: „Sind Sie ein Hebräer?" Auf meine Bejahung hin nahm er mich beim Arm und sagte: „Wir brauchen einen zehnten Mann zum Beten!" Um einen jüdischen Gottesdienst abhalten zu können, sind zehn Männer notwendig. Die Orthodoxen machen einen Spaß und sagen: „Nein, elf! Denn was geschieht, wenn einer ein Bedürfnis zu verrichten hat. Dann müßte der Gottesdienst unterbrochen werden."

An diesem Vormittag bei der Feier mit diesen mir vollkommen fremden Menschen trug mich meine Erinnerung zurück in das Wien, wo ich als zwölf- oder dreizehnjähriger Bub mit Papa regelmäßig in die „Schul" in die Pfluggasse gegangen war. Auch dort hatten sie oft Mühe, ein „Minjen" – zehn Männer für den Gottesdienst – zustande zu bringen.

Ich den sieben Monaten in England, in denen ich dem Inspektionsdienst für das Erziehungs- und Informationsprogramm zugeteilt war, bestand meine Aufgabe darin, das Erziehungs- und Informationsprogramm der amerikanischen Militärdienststellen in England und Schottland zu überprüfen und Vorträge zu halten. Meine Inspektionsreisen wie auch meine Vorträge über die verschiedenen europäischen Länder wurden von hohen Stellen sehr positiv bewertet. Dies hatte zur Folge, daß ich, ein gewöhnlicher Tech-Sergeant, einmal einen Anruf von General Spaatz, dem Oberbefehlshaber der Alliierten Truppen in Europa, bekommen hatte. Ich sollte vor fünftausend Soldaten einen Vortrag über Toleranz halten, weil es in der Nähe von Cardiff zu Unruhen zwischen farbigen und weißen Soldaten gekommen war. Ausgelöst wurden die Unruhen dadurch, daß junge Engländerinnen aus Protest gegen die Versetzung farbiger US-Soldaten, mit denen sie befreundet waren, eine Eisenbahnstation in Brand gesteckt hatten.

Nachdem der General zu Ende gesprochen hatte, zögerte ich mit meiner Antwort, worauf er sagte: „Ich verstehe Ihr Schweigen, aber ich habe Ihr ‚Orientation Digest' gelesen und finde, daß Sie die richtige Person sind, die über Toleranz sprechen kann." – „It's an order, Sergeant!" setzte er noch mit Nachdruck hinzu.

Ich fuhr also nach Leeds, wo die besagten Soldaten stationiert waren. Der Kommant dieser Division stellte mich den GIs vor, die mich mit brüllendem Gejohle empfingen. Ich wartete, bis sie sich beruhigt hatten, und sagte zu ihnen: „Ich verstehe eure Aufregung nicht. Die Mädchen wollten sich mit ihrer Aktion doch nur für einen gut gemachten Job bedanken." Daraufhin kam es zu schallendem Gelächter. Von diesem Augenblick an hatte ich sie auf meiner Seite, sie hörten mir zu und bedankten sich am Ende des Vortrags mit viel Applaus.

An meinen freien Wochenenden fuhr ich nach London und ging, so oft ich konnte, ins Theater. An den Theatern in London spielten während des Krieges die größten Stars. Im historischen Haymarket Theatre sah ich „Hamlet" mit John Gielgud und Sybil Thorndike als Königin. Ich sah Vivian Leigh in „Skin of our Theeth" unter der Regie ihres damaligen Mannes, Sir Laurence Olivier. Olivier sah ich auch in der Rolle des Richters Shallow in „Heinrich IV.". Sir Laurence zeigte in dieser kleinen Rolle großartig, daß er – wie alle großen Mimen – ein Komödiant war oder sein konnte.

Zu dieser Zeit war gerade das neue Shakespeare Memorial Theatre in Shakespeares Geburtsstadt Stratford on Avon eröffnet worden. Dort sah ich „Die lustigen Weiber von Windsor".

Robert Donat beeindruckte mich in „Cure for Love", einer Komödie im Lancashire-Dialekt. Als Fan verliebte ich mich in die bildschöne Diana Wynyard, die in „The Wind of Heaven" von Emlyn Williams gespielt hatte.

Das Londoner Theaterzentrum in West End war reich an künstlerischen Darbietungen. Richard Tauber dirigierte dort die „Fledermaus", und ich amüsierte mich bei „Sweeter and Lower", einer Kleinkunst-Revue, mit der unvergleichlichen Hermione Gingold.

Auch Künstler, die aus dem Dritten Reich geflohen waren, spielten während des Krieges in London. Einer von ihnen war der Dumont-Schauspieler Kurt Joss, der mit seinem Antikriegs-Tanzspiel „Der grüne Tisch" international Berühmtheit erlangte. Als ich ihn in seiner Garderobe besuchte, fand ich dort noch einen anderen Freund aus Düsseldorf vor – Hein Heckroth. Der Bühnenbildner hatte Hitler-Deutschland freiwillig und aus Überzeugung verlassen.

In London feierte ich auch ein Wiedersehen mit früheren „Civic Theatre"-Mitgliedern – mit Dorothy Faris, Sergeant Benjamin K. Schwarz und dem Militärkaplan Freddy Haskin. Miteinander auszugehen, das war gar nicht so einfach. Freddy und Dorothy hatten Offiziersränge, während Benny und ich nur Unteroffiziere waren. Fraternisieren zwischen Offizieren und Unteroffizieren war in der Öffentlichkeit verboten. Doch ich fand einen Ausweg. Wir gingen in das koschere Restaurant „Glücksmann", wo man mich Landsmann nannte und es keine Kontrollen durch die Militärpolizei gab. Wir waren eine recht sonderbare Gesellschaft bei „Glücksmann" – eine blonde Goite*, ein episkopaler Priester und zwei jüdische Sergeants.

Herr Glücksmann begrüßte uns mit „Sholem Aleichem, Landsleut!"

Eine Überraschung war für mich der Wahlausgang in Großbritannien am 5. Juli 1945, wo die Labour-Party einen großen Sieg errungen hatte. Noch während der Konferenz von Potsdam erfolgte Churchills Rücktritt. Sein Nachfolger wurde Clement Attlee. Ich saß in meinem Büro im Camp 520 in Gadseby, als die Wahlresultate über das Radio kamen. Ein Arbeiter, der zu mir ins Büro gekommen war, um die Ergebnisse zu hören, strahlte über das ganze Gesicht, weil seine Partei so großartig gewonnen hatte. Ich war über Churchills Niederlage erstaunt, denn Churchill war während des Krieges nur gelobt worden.

Mein Leben in Großbritannien war ziemlich ausgefüllt. Zu den hohen jüdischen Feiertagen bekam ich vom Oberrabbiner Dr. Untermann eine Einladung zum Abendessen. Am Versöhnungstag aber, an dem ich den ganzen Tag gefastet hatte, ging ich in Jacobs Pub; das war ein winziges jüdisches Beisl. Bei jedem meiner Besuche in London nahm ich mir die Zeit, in die Westminster Abbey zu gehen. Es war nicht nur die Architektur, die mich faszinierte. Irgendwie zog mich auch die hebräische Inschrift an, die in der Nähe des Eingangs in den Marmorboden eingemeißelt war: „Kodausch, Kodausch, Kodausch" – heilig, heilig, heilig.

---

* Jüdische Bezeichnung für eine Nichtjüdin.

Während meiner Militärzeit in England hatte ich Verdunklung, Fliegeralarm und V-2-Bomben über London erlebt, aber auch einen der stärksten Augenblicke in meinem Leben, als die Stimme Winston Churchills über Lautsprecher verkündete: „The war ist over!" – der Krieg ist zu Ende. Ich war einer unter den vielen, vielen Menschen, die sich am Piccadilly Square im Jubel über das Kriegsende zusammengefunden hatten, die tanzten, lachten, weinten und einander umarmten.

Für mich und für viele andere hieß es nach dem siegreich geschlagenen Krieg zurück nach Amerika. Die „SS Queen Mary" transportierte nicht nur sechzehntausend männliche und weibliche US-Soldaten, sondern auch Premierminister Attlee, der auf Staatsbesuch nach Washington unterwegs war.

22

Vom Broadway nach Hollywood

Bevor ich Europa verließ, hatte ich um einen dreitägigen Urlaub angesucht und war nach Paris geflogen. Dort hatte das Rote Kreuz einen Suchdienst für Angehörige von Überlebenden der Todeslager eingerichtet. Mit Angst und Hoffnung begab ich mich zu dieser Stelle, um etwas über das Schicksal meiner Eltern zu erfahren. Alles, was ich dort aber über Vater und Mutter in Erfahrung bringen konnte, war, daß sie am 22. Juli 1942 von Wien nach Theresienstadt deportiert worden waren. Weitere Stationen bis zu ihrem qualvollen Ende sollen Auschwitz und Lublin gewesen sein.

Mit diesem furchtbaren Wissen kehrte ich zu meinem militärischen Standort nach Roysten zurück. Dort fand ich einen Brief von meinem alten Freund Wolfgang Langhoff vor. Langhoff, der sich noch in der Schweiz befunden hatte, schrieb mir, ich solle sofort aus der US-Armee austreten und nach Düsseldorf kommen, um mit ihm gemeinsam am Wiederaufbau des deutschen Theaters und der Bühnengenossenschaft zu arbeiten.

Hinter dieser Auffoderung steckte zwar Langhoffs ehrliche Absicht, doch so mir nichts, dir nichts konnte man als Soldat nicht ins zivile Leben zurückkehren.

Einige Tage später bestellte mich General König, der Kommandierende der US-Truppen in England, zu sich und machte mir den Vorschlag, im Rang eines Oberleutnants in der amerikanischen Militärregierung tätig zu sein. Nachdem ich sein Angebot abgelehnt hatte, überbot er sich bei der Vergabe von militärischen Rängen. Vom Hauptmann bis zum Major war alles möglich. Da ich mich immer noch nicht zufrieden zeigte und alles schon sehr komisch wirkte, fragte er mich amüsiert, was ich eigentlich wollte.

„Wenn ich in die Militärregierung gehen sollte", antwortete ich, „so würde ich das nur als Oberstleutnant machen."

„Diesen Rang können Sie nicht verlangen. Denn ein Oberstleutnant ist ein Stabsoffizier, der an Stabssitzungen teilnimmt."

„Stimmt", antwortete ich, „denn wenn Fehler gemacht werden, möchte ich dabeisein. Es gefällt mir nicht, sie nur als Befehl ausführen zu müssen."

Oberstleutnant wurde ich nicht; daher fuhr ich mit der „Queen Mary" nach Hause. Nach Hause? Daß ich kein Zuhause mehr hatte, war mir, da die meisten meiner Kameraden sich auf ihr Zuhause freuen konnten, wieder einmal schmerzlich bewußt geworden. In Fort Dix – New Jersey, wo das Demobilisierungslager war, besuchte mich Mimi am vorletzten Tag meines Militärdienstes. Wir gingen schweigend in der Abenddämmerung spazieren. Es war nicht jenes harmonische Schweigen, das verbindend wirkte. Unser Schweigen entsprang der traurigen Einsicht, daß wir einander nichts zu sagen hatten.

Zwei Tage später saß ich mit anderen abgerüsteten GIs in einem Autobus, in dem es furchtbar still war. Für viele war das Militär auch eine Versorgungsinstitution gewesen. Von nun an mußten sie ihr Leben selbst in die Hand nehmen.

Mimi hatte ein Zimmer im Hotel Zentral im Geschäftsviertel am Broadway gemietet. Dieses Hotel war um die Jahrhundertwende das eleganteste Hotel in New York gewesen. Die goldverzierten Wände zeugten noch von der Pracht vergangener Zeiten.

Ich hatte mir nun auch die Frage zu stellen, wie es mit mir und meinen beruflichen Ambitionen weitergehen sollte. Für den Broadway war ich nicht nur ein Schauspieler mit Akzent, sondern auch ein Amateur. Denn das „Civic Theatre" in Washington wurde weder von Broadway-Produzenten noch von der Gewerkschaft als professionelles Theater anerkannt. Diese Situation wurmte mich außerordentlich. Als einige Schauspieler, die wie ich Soldaten gewesen waren, mit dem Vorschlag an mich herantraten, ein Veteranentheater zu gründen, half ich daher kräftig mit, diese Idee in die Tat umzusetzen. Binnen kurzer Zeit hatten wir an die tausend Mitglieder, darunter befanden sich auch prominente Stars wie Charlton Heston. Bei einer der ersten Mitgliederversammlungen wurde ich zum Präsidenten der VMS – „Veterans Memorial Stage", wie wir uns nannten, gewählt. Moralische und finanzielle Untestützung bekamen wir von Bühnengrößen wie Alfred Lunt und Lynn Fontane, von Dramatikern wie Garson Kanin und Maxwell Anderson. Letzterer bot sogar an, eine zeitgemäße Bearbeitung seines Stückes „Valley Forge" vorzunehmen, damit wir es als unsere Erstproduktion herausbringen konnten.

Wir erwarben auch die Aufführungsrechte für „Loyalities" von Galsworthy. Danton Walker, ein bekannter Theaterkritiker, würdigte unsere Stückauswahl. In seiner Zeitungskolumne ging er mit der Leitung des kurzlebigen „Amerikanischen Repertoire-Theaters" scharf ins Gericht. Die drei großen Regisseurinnen – Eva Le Gallienne, Cheryl Crawford und Magret Webster–, die auch als Leiterinnen fungierten, hätten sich bei der Auswahl ihrer Stücke ein Beispiel an Leon Askin und seiner Veteranenbühne nehmen können. Nach ein paar Wochen war ihr Theaterversuch aus finanziellen Gründen gescheitert. Doch auch die VMS hatte mit erheblichen finanziellen Schwierigkeiten zu kämpfen und hätte nie genug Mittel gehabt, um eine Aufführung auf die Bühne zu bringen, wenn nicht eines der vielen Wunder in meinem Leben geschehen wäre.

Wir hatten ein von ANTA* zur Verfügung gestelltes Büro, das in der vierundvierzigsten Straße mitten im Theaterzentrum gelegen war. Als Präsident der VMS erhielt ich eines Tages ein Schreiben, daß die amerikanische Regierung der VMS finanzielle Unterstützung für ihr geplantes Sommertheater auf Cape Cod gewähren wolle. Wir hatten aber weder ein Theater auf Cape Cod, noch hatten wir bei der entsprechenden Regierungsstelle um finanzielle Unterstützung angesucht.

Das Schreiben war an Herrn Arthur Beckhard – Präsident der VMS – gerichtet. Da es bei der VMS einen Herrn Beckhard weder als Präsidenten noch in einer anderen Funktion gab, gelangte die erfreuliche Mitteilung zu mir, dem tatsächlichen Präsidenten der VMS.

Wir hätten Beckhard vor Gericht bringen können, denn er hatte sein finanzielles Ansuchen unter Vorspiegelung falscher Tatsachen ge-

---

* American National Theatre and Academy.

stellt. Die VMS entschied sich aber für den außergerichtlichen Weg und versuchte mit Beckhard zu einer Einigung zu gelangen, die darin bestand, Molnárs „Spiel im Schloß" mit Beckhard in Coproduktion herauszubringen. Dieses Stück gelangte dann sowohl am Tanglewood-Theatre auf Cape Cod als auch auf der benachbarten Insel Marthas Vineyard zur Aufführung und wurde ein großartiger Erfolg, dem sich auch die US-Marine nicht entziehen konnte. Denn sie lud uns für zehn Vorstellungen in ihr Hauptquartier nach Norfolk in Virginia ein. Für die Dauer unseres Aufenthaltes sollten wir in einem Hotel in Virgina Beach, einer Kleinstadt am Atlantik, untergebracht sein. Als wir uns in dem besagten Hotel in unsere reservierten Zimmer einquartieren wollten, erklärte mir der Portier, daß keine Zimmer frei wären und auch keine Reservierung vorgenommen worden sei. Das war um so erstaunlicher, da das Hotel nicht sehr belegt zu sein schien. Es blieb mir nichts anderes übrig, als Captain Kennedy anzurufen, der unser Gastspiel arrangiert hatte. Der nächste Affront folgte, als ich den Portier bat, von seinem Telefon mit dem Marinestützpunkt telefonieren zu dürfen. Darauf sagte er, daß ich von einer öffentlichen Telefonzelle auf der Straße telefonieren solle. Der Captain reagierte prompt auf mein Telefonat. Er erschien zusammen mit drei Matrosen im Hotel und erklärte dem Portier die möglichen Konsequenzen seines fragwürdigen Verhaltens. Die Marine würde das Hotel über den Sommer schließen lassen, wenn wir nicht die schönsten Zimmer und die zuvorkommendste Behandlung bekämen. Unser Gastspiel bei der Marine war sehr erfolgreich; für mich hatte es aber einen bitteren Beigeschmack. Wir schrieben das Jahr 1948. Kaum drei Jahre waren vergangen, seit die Menschen vor Augen geführt bekamen, wohin Rassismus führen konnte. „Keine Juden, keine Neger" – diese Form von rassischer Diskriminierung wurde und wird in den USA, die ausgezogen waren, gegen den nationalsozialistischen Rassenwahn zu kämpfen, mehr oder weniger offen praktiziert.

Während meiner Präsidentschaft bei der VMS lernte ich Reginald Lawrence, einen sehr guten Dramatiker, kennen, dem es großartig gelungen ist, den avantgardistischen Inhalt seiner Dramen in literarischer Form zum Ausdruck zu bringen. Seine Komödie „Marry Me

Now", die ausgezeichnete Dialoge hatte, wollte ich inszenieren. Obwohl ich über ein Startkapital von 5000 Dollar verfügte, gelang mir die Inszenierung dieses Stückes nicht, weil zusätzliche Geldmittel fehlten beziehungsweise nicht aufzutreiben waren. Den 5000-Dollar-Betrag hatte ich von Roger Stevens, einem reichen, theaterinteressierten Geschäftsmann bekommen, der später ein bedeutender Broadway-Produzent werden sollte. Als ich ihn kennenlernte, war er im Showgeschäft aber noch ziemlich unbekannt. Im Jahre 1983 anläßlich der Eröffnung des „Roger Stevens Kultur- und Theaterzentrums" in Winston-Salem hatte ich als Präsident von ANTA WEST die Ehre, ihn mit dem jährlichen „American National Theatre-Preis" auszuzeichnen.

Gelang es auch trotz Rogers Unterstützung nicht, „Marry Me Now" auf die Bühne zu bringen, so bewirkte seine freundschaftliche Empfehlung immerhin, daß ich eine Lehrtätigkeit bei der „American Theatre Wing" erhielt. Meine Vorlesungsschwerpunkte umfaßten „Analyse des modernen amerikanischen Theaters und Dramas" und „Europäisches Drama". Diese sogenannte „Professorenzeit" war für mich als Regisseur besonders wichtig und lehrreich.

Zum deutschsprachigen Theater waren schon längst alle Verbindungen abgerissen, als Felix Gerstmann mit dem Vorschlag an mich herangetreten ist, ein Theaterstück in deutscher Sprache zu inszenieren, mit dem die von ihm gegründete Truppe „The Players from Abroad" ihr Theaterdebüt feiern konnte. Vorgesehen war das amerikanische Lustspiel „Abie's Irish Rose" – auf deutsch „Dreimal Hochzeit" –, das sowohl in Amerika als auch in Europa erfolgreich gespielt worden war. Gisela Werbezirk, die in der Rolle der Mrs. Cohen in Deutschland und Österreich mehr als zweitausendmal aufgetreten ist, sollte auch unsere Frau Cohen sein.

Die Werbezirk, die durch die Darstellung jüdischer Frauen in Lustspielen und Schwänken berühmt geworden war, spielte auch bei Max Reinhardt. Besonders eindrucksvoll war sie in der Hauptrolle in Anzengrubers „Das Vierte Gebot". In Hollywood hatte sie wie die meisten vor den Nazis geflohenen Schauspieler große Schwierigkeiten, beruflich Fuß zu fassen. An einem heißen Sommertag, so wurde er-

Abb. 7: Leon Askin als Shylock in seiner Inszenierung von „Der Kaufmann von Venedig" in modernen Kostümen in New York 1947

zählt, hatte Gisela Werbezirk vor dem Studioeingang von Metro Goldwyn Meyer gestanden und auf ein Taxi gewartet. Als ein eleganter Wagen das Studiogelände verließ, fragte Gisela den Fahrer des Wagens, ob er sie bis zur nächsten Autobusstation mitnehmen würde. Der Lenker, für den die Werbezirk kein Begriff war, habe ihr einen Dollar zugeworfen und sei weitergefahren. Gisela Werbezirk soll vor Wut geweint haben. Sie habe auf den Dollar gespuckt und Hitler, sich selbst und die ganze Welt verflucht.

In „Dreimal Hochzeit" hat auch meine langjährige Freundschaft mit Werner Klemperer, dem Sohn des großen Dirigenten Otto Klemperer, begonnen. Mit keinem anderen Schauspieler habe ich in Film, Fernsehen und Theater so oft zusammen gespielt wie mit Werner. Neben Klemperer spielten noch Vilma Kürer, die mit mir in der Wiener

Kabarettszene gewesen war, und der frühere Josefstadtschauspieler
Martin Berliner. Es war eine sehr gute professionelle Besetzung.

Felix Gerstmann war nicht nur ein in kaufmännischen Belangen ver-
sierter Produzent, sondern hatte auch kulturelle Ambitionen. Da das
Goethe-Gedenkjahr 1949 nahte, beabsichtigte er, eine „Faust"-Pro-
duktion mit Albert Bassermann herauszubringen. Von diesen ehr-
würdigen Plänen hatte auch der Goethe-Forscher und Mitinhaber der
Budweiser Brauerei, Gert von Gontard, erfahren. Er stellte nicht nur
die finanziellen Mittel für die Produktion zur Verfügung, sondern war
mir beim Rollenstudium von Faust durch seine Belesenheit und sein
Wissen eine große Hilfe.

Unsere Aufführung wurde nicht nur wegen Albert Bassermann,
der den Mephisto spielte, ein Erfolg, auch meine Faust-Darstellung

wurde sehr hervorgehoben. Gerstmann, der davon überzeugt war, daß nur der Name Bassermann diesen bemerkenswerten Erfolg ausgemacht hätte, wollte die Zugkraft seines Namens für „Players from Abroad" weiterhin nutzen und ließ sämtliche Stücke aufführen, in denen Bassermann brilliert hatte. Darunter war auch „Baumeister Solness". In diesem Stück besetzte ich die Rolle der Hilde Wangel mit Uta Hagen, die darin hervorragend war. Als Hilde Wangel sah sie auch Elia Kazan und engagierte sie an den Broadway, wo sie die Blanche in „A Streetcar Named Desire" spielte. Das war der Beginn ihrer Karriere, die sie in „Virginia Woolf" fortsetzen konnte. Vier Rollen – Gretchen in „Faust", Hilde Wangel in „Baumeister Solness", Blanche in „A Streetcar Named Desire" und Virginia Woolf – wiesen Uta Hagen als hervorragende Schauspielerin aus. Sie war aber auch eine ausgezeichnete Schauspiellehrerin und gründete mit ihrem Mann Herbert Berghof eine der besten Schauspielschulen Amerikas.

Mein Erfolg als Regisseur und Schauspieler war nicht ohne Echo geblieben, da brach die McCarthy-Ära herein, ein dunkles Kapitel in der US-Geschichte. Mit dem Wahlsieg Eisenhowers im Jahre 1952 bekam McCarthy als Vorsitzender des Ständigen Untersuchungsausschusses des Senats Aufwind. Wahllos ging er daran, Personen, die ihm nicht paßten, als Kommunisten zu diffamieren. Verfolgt wurden Intellektuelle – Wissenschaftler, Lehrer und Professoren–, die im Verdacht gestanden hatten, mit kommunistischen oder linken Ideen zu sympathisieren.

Auch auf den Unterhaltungssektor legte das Komitee für antiamerikanische Umtriebe ein besonderes Augenmerk, um kommunistische Tendenzen abzuwehren. Das bedeutete, daß viele feine Menschen und ausgezeichnete Künstler auf eine „Schwarze Liste" gesetzt wurden und nicht mehr beschäftigt werden durften. Nicht nur, daß man ihre beruflichen Möglichkeiten ruinierte, wurden sie auch gezwungen, Kollegen zu denunzieren. Zehn meiner Kollegen bekamen Gefängnisstrafen, weil sie Denunzierungen verweigert hatten. Der Schauspieler J. Edward Bromberg verübte Selbstmord, ein anderer starb vor seiner Zeit – aus Unlust, in einem Klima von Spitzeln und Denunzianten weiterzuleben. Mady Christians, ein Broadway- und

Reinhardt-Star, wurde als Kommunistin, die sie nie war, denunziert und vom FBI als Staatsfeindin verfolgt. Bekannt sind auch die Vorladungen von Bert Brecht und Jose Ferrer vor dem Ausschuß für antiamerikanische Umtriebe.

1948, kurz vor Trumans Wiederwahl, wurde ich für eine kleine Rolle in dem Stück „Bravo" von George Kaufman und Edna Ferber engagiert. Gleichzeitig sollte ich aber die Hauptrolle, für die mein alter Freund Oscar Homolka vorgesehen war, mitstudieren. Kaufman war nicht nur ein großer Komödiendichter, sondern auch einer der besten Komödienregisseure. Am Anfang bereitete ihm der Umgang mit mir ziemliche Probleme. Sein reserviertes bis manchmal sogar feindseliges Verhalten war aber nicht gegen mich als Person gerichtet, sondern betraf meine Funktion als Codirektor bei der unglückseligen „Refugee Artist Group". George S. Kaufman hatte darin viel Mühe und Geld investiert und war über das schlechte Management ziemlich aufgebracht gewesen. Erst nachdem er verstanden hatte, daß ich zum Zeitpunkt, als „Refugee Artist Group" in Schwierigkeiten kam, in Frankreich als feindlicher Ausländer interniert war, begegnete er mir freundlicher. In der täglichen Probenarbeit zu „Bravo" begann er mich zu respektieren. Er nannte mich Mr. A. und ich ihn Mr. K.

Kaufman ließ aufgrund der nationalsozialistischen Bestialitäten seine Stücke in Deutschland und Österreich lange nicht aufführen.

Lili Darvas spielte in „Bravo" die weibliche Hauptrolle. Immer wenn Homolka nicht zur Probe kommen konnte, mußte ich mit ihr probieren. Als sie sich einmal beklagte, daß es ihr Probleme bereite, mit dem Ersatzpartner zu probieren, antwortete George S. Kaufman: „Aber es ist für dich erheblich leichter, mit Askin zu arbeiten, weil er in der Rolle so gut ist!"

Kaufman hatte so viel Vertrauen zu mir, daß er mir einmal bei einer Probe, an der auch Homolka teilnahm, zuflüsterte: „Vielleicht können Sie diesem ‚son of a bitch' erklären, was ich meine. Denn mir hört er ja nicht zu, aber Sie, Mr. A., sind ja mit ihm befreundet; vielleicht hört er Ihnen zu!"

In Boston, wo wir zwei Wochen mit dem Stück gastierten, gab die Coautorin eine Party. Zu fortgeschrittener Stunde setzte sich Kaufman ans Klavier und sang Schüttelverse, in denen er ironisch-lustige Bemerkungen über seine Schauspieler und Mitarbeiter machte. Oscar, Lili Darvas, Felicia Monteallegre, die spätere Mrs. Leonard Bernstein, saßen zusammen an einem Tisch, als Oscar, schon ein wenig angeheitert, plötzlich böse wurde und sich ärgerte, daß Kaufman über ihn Späße machte. Um die Situation zu entkrampfen, bat ich einen Kellner, er möge Kaufman an unseren Tisch holen. Der Kellner sah mich entgeistert an und zweifelte an meinem Verstand. Ich, der kleine Askin, lasse den berühmten George S. Kaufman an den Tisch holen. Da ich aber darauf bestand, teilte der Kellner, beinahe schadenfroh, Kaufman meinen Wunsch mit. Als der Dramatiker meiner Bitte ohne weiteres nachkam, verstand der Kellner die Welt nicht mehr.

„Bravo" war nicht gerade ein Kassenerfolg. Ein nicht ungefährlicher Vorfall hatte dem Stück auf meine Kosten eine besondere Publizität gebracht. Nach einer der Vorstellungen gingen ein befreundetes Ehepaar, Mimi und ich zur U-Bahn Ecke Fifth Avenue und 53rd Street. Plötzlich spürte ich einen Schlag, als hätte mich ein Stein am Kopf getroffen. Automatisch griff ich an die Stelle, wo ich den Schlag verspürt hatte. Ich fühlte etwas Warmes. Mimi, die sah, daß ich blutete, hielt ihre weiß behandschuhte Hand auf die blutende Stelle. Wir riefen einen Polizisten, der an der Fifth Avenue patrouillierte. Nachdem dieser die Situation erfaßt hatte, lehnte er mich gegen eine Mauer und forderte ein Polizeiauto an. Innerhalb weniger Minuten war ich von Polizisten umringt, die vermuteten, ich sei das jüngste Opfer des versteckten und gefürchteten Heckenschützen geworden, der zu dieser Zeit New York in Atem hielt. In den vergangenen Tagen waren drei Frauen von 0,22-Schrotkugeln getroffen worden. Dieses Kaliber verursacht normalerweise keine tödliche Verletzung, außer wenn es in die Schläfe einschlägt. Das Geschoß, das ich für einen Stein gehalten hatte, traf mich oberhalb der Schläfe und war aus dem Gewehr des versteckten Heckenschützen. Die Polizei brachte mich ins Spital, und die Ärzte entfernten die Kugel durch einen kleinen operativen Eingriff aus meinem Kopf. Die Operation, die unter Lokalbetäubung stattgefunden hatte, dauerte fast eine Stunde. Die Polizisten, die mich ins Spital gebracht hatten, nahmen dem Chirurgen das Projektil sofort aus der Hand, um daran Untersuchungen vornehmen zu lassen.

Abb. 9: Leon Askin als Präsident in „Die Irre von Chaillot",
Broadway 1947/48

Es war drei Uhr nachts, als wir endlich zu Hause waren. Um sieben Uhr wurde ich aber schon wieder durch sämtliche New Yorker Reporter, die bei mir in der Wohnung wegen des Vorfalls erschienen waren, geweckt. Ich war darüber sehr verwundert, denn zu dieser Zeit war ich weder durch Film und Fernsehen noch durch das Theater bekannt. Da dieser Heckenschütze, ehe er mich ins Visier nahm, schon mehrere Frauen angeschossen, sie aber nicht – wie mich – in Lebensgefahr gebracht hatte, war ich für die Reporter so interessant. Dieser Wirbel verwirrte mich nicht nur, sondern ging mir auch auf die Nerven. Ich rief den Pressechef des Produzenten von „Bravo" an, um mir Rat zu holen, wie ich mich gegenüber den Reporterfragen verhalten sollte. Durch seine Antwort begann ich das erste Mal in meinem Leben hellhörig zu werden. Ich hatte eine Kugel im Kopf, und der Pressechef hatte nichts anderes im Sinn als die gute Verwertbarkeit für das Stück, indem er meinte: „Das ist doch eine gute Publicity für das Stück!" Das war es auch, alle Zeitungen brachten Bilder von mir auf der Titelseite mit der Schlagzeile: „Schauspieler das neueste Opfer des Heckenschützen!" Doch auch dieser Vorfall verhalf dem Stück nicht zu einem Kassenerfolg. „Bravo" wurde um Weihnachten herum zum letzten Mal gespielt.

Nach dieser tragikomischen Episode wurde ich von Mady Christians eingeladen, im Vorstand von „Equity Library Theatre" mitzuarbeiten. Mit Begeisterung nahm ich das Angebot an; dadurch konnte ich endlich im professionellen amerikanischen Theater spielen. Es war eine wahre Freude, mit Mady Christians zu arbeiten. Sie hatte großen Erfolg in van Drutens Komödie „I Remember Mama" – ich erinnere mich an Mama. Das Stück war über zwei Jahre am Broadway mit Oscar Homolka als Uncle Chris gelaufen. Ich spielte diese Prachtrolle später ebenfalls als Partner von Mady. Unter Reinhardt war Mady Christians eine berühmte Porzia gewesen mit dem legendären Rudolf Schildkraut als Shylock. In „Hamlet" hatte sie in der Rolle der Königin beeindruckt.

Red Channels, ein fragwürdiges Blatt, hatte sie als Kommunistin denunziert. Daraufhin durfte sie nicht mehr im Rundfunk auftreten. Vor Aufregung hatte sie einen Schlaganfall bekommen, an dessen

Folgen sie dann gestorben ist, obwohl es den Anschein hatte, daß sie durchkommen würde. Mimi und ich besuchten sie noch am Sonntag vor ihrem Ableben in ihrer Villa in New Canaan, einer kleinen Stadt in der Nähe von New York. Als wir uns von ihr verabschieden wollten, ließ sie es sich nicht nehmen und begleitete uns zur Bahn. Am nächsten Tag war sie tot. Um die Tragik noch zu steigern, bekam ich am Montag einen Brief von ihr, in welchem sie sich für meinen Besuch am Vortag bedankt hatte.

Das „Equity Library Theatre" war ein Theater, das von der Schauspielergewerkschaft eingerichtet und unterstützt worden war. ELT bot professionellen Schauspielern die Gelegenheit, ihre Technik und ihr Können unter der Leitung eines professionellen Regisseurs einzusetzen. Der Name entstammte der Intention, Stücke im Auditorium oder im Lesesaal der öffentlichen Büchereien von New York aufzuführen. Schauspieler oder Regisseure wählten ein Stück, das sie gerne spielen oder inszenieren wollten. Es mußte aber ein Stück sein, das in einer öffentlichen oder privaten Bücherei vorhanden war. Die Inszenierung durfte nicht mehr als dreißig Dollar kosten.

Als Vorstandsmitglied von ELT brachte ich nach einer Verhandlungsdauer von elf Monaten sowohl Gewerkschaften als auch Schulbehörden dazu, den ELT-Inszenierungen Räumlichkeiten und Einrichtungen zur Verfügung zu stellen. Seitdem bin ich Vorstandsmitglied von „Equity Library Theatre" auf Lebenszeit.

Nachdem ich mit meiner Inszenierung des Broadway-Erfolges „Broadway" einen Regieerfolg erzielt hatte, wagte ich mich daran, den „Kaufmann von Venedig" zu inszenieren und darin die Rolle des Shylock zu spielen. Ich wurde von allen Seiten angegriffen. Eines der Hauptargumente war, daß es noch zu früh sei. Es seien erst vier Jahre seit der Nazibarbarei vergangen, und die Wunden der Überlebenden seien noch nicht vernarbt. Doch gerade deshalb wollte ich Shylock spielen. Mein Shylock sollte kein um Mitleid und Gnade flehender Charakter sein.

Da meine Produktion nur dreißig Dollar kosten durfte, inszenierte ich das Stück in moderner Kleidung. Das einzige Requisit, auf das ich

Abb. 10: Leon Askin als Detektiv in „Assignment Paris", 1952

zurückgriff, war die weiße Perücke für den Gerichtsvorsitzenden; die wird aber noch heute in Großbritannien bei Gericht getragen. Den „Kaufmann von Venedig" in moderner Kleidung zu spielen, das gab dem Stück eine Aktualität, die im Hintergrund von Rassenwahn und Holocaust kaum hätte stärker sein können. Zwanzig Jahre nach meiner Inszenierung spielte Sir Laurence Olivier Shylock in viktorianischen Kostümen. Das Wiener Burgtheater spielte den „Kaufmann" in einer großartigen Inszenierung auch in moderner Kleidung.

„Der Kaufmann von Venedig" war von Shakespeare als Lustspiel gedacht – mit Antonio, dem farblosen Kaufmann, als Protagonisten. Unwillkürlich stellt sich aber die Frage, wie man dieses Werk mit so einer tragischen Hauptfigur wie Shylock als Komödie betrachten kann. Die Antwort darauf liegt im Rollenkonzept von Shylock. Shakespeare stellt ihn als „Lout", als Rüpel auf die Bühne, der noch

270

Abb. 11: Leon Askin mit Alan Ladd in „Desert Legion", 1952.

dazu ein Menschenfeind ist. Fast alle Shakespeare-Stücke haben einen „Lout".

Die Zwiespältigkeit in unserem Urteil gegenüber Shylock geht auf
das 18. Jahrhundert zurück. Charles Macklin, ein Schauspieler der
berühmten „David Garrick-Theatergruppe" war der erste, der aus
dem „Lout Shylock" einen tragischen Helden gemacht hatte. Alexander Pope, zu jener Zeit ein sehr berühmter Theaterkritiker, schrieb
nach dieser Aufführung über Shylock: „This the jew, that Shakespeare drew." Auf deutsch würde dieser Reim so lauten: „Das ist der
Jidd, wie ihn Shakespeare sieht."

In der Schlegel-Tieckschen Übersetzung spricht Schlegel in der
Einleitung zum „Kaufmann von Venedig" ebenfalls von einer
Komödie. Der fünfte und letzte Akt des Werkes seien beinahe ein
musikalisch romantisches Lustspiel, mit dem Shakespeare die tragi-

271

sche Figur des Shylock vergessen lasse. Gustav Landauer, einer der profundesten Shakespeare-Kenner, meint in seinem Kommentar zum „Kaufmann von Venedig": „Über das Stück als Ganzes aber, seinen Zusammenhang und seinen Sinn ist nach Hamlet vielleicht mehr als über irgendein anderes Shakespeares geschrieben und gestritten worden."*

Landauer lenkt unseren Blick auf drei verschiedene Motive, die im Stück verarbeitet sind.

„1) Jemand, der Geld aufnimmt, verpflichtet sich zur Herausgabe eines bestimmten Quantums seines Fleisches, falls er das Geld nicht zur rechten Zeit heimzahlt.

2) Eine Erbin wählt ihren Gatten mit Hilfe verschlossener Kästchen, deren Inhalt die Freier zu erraten haben.

3) Diese Frau entscheidet, als Rechtsgelehrter verkleidet, den Streit um das Pfund Fleisch durch ihre überraschende Auslegung."**

Die Frage, ob das Stück als Komödie oder als Tragödie einzustufen ist, hängt davon ab, ob Shylock als ein komischer oder tragischer Charakter dargestellt wird. Für diese menschliche Kreatur, die an sich selbst schwer zu tragen hat, haben wir Mitgefühl und Abscheu zugleich. Landauer meint, daß Shylock – pars pro toto – den Zustand eines gedrückten Volkes darstelle. Shakespeares Menschenbilder würden sich gerade dadurch auszeichnen, daß sie nicht für einen einzelnen Menschen stehen, sondern daß sie repräsentativ für ein größeres Ganzes gelten mögen.***

Shakespeare zeichnet Shylock als einen Menschen, einen Bösewicht, der ausschließlich reagiert; „als den Juden im Verkehr mit der Welt, die ihn zu dem gemacht hat, was er ist. Er ist nichts mehr als Verkehr; er kann nicht mit sich allein umgehen." Könnte er das – mit all seinen vorhandenen und doch ungenützten Möglichkeiten –, wäre er nicht der, der er geworden ist, dann hätte er zu sich selbst gefunden. „Ein bloßes Mittel – Geld – ist ihm Zweck geworden, weil ihm

---

*   Gustav Landauer: Shakespeare. Dargestellt in Vorträgen. Potsdam 1948. S. 52 f.
**   Derselbe, S. 53.
*** Landauer, S. 69, 70.

Abb. 12: Leon Askin in „Desert Legion", 1952.

die Welt nicht erlaubt, er selbst zu sein und von sich aus in die Welt
hinein Aufgaben zu setzen."*

Shylock verkörpert ebenso wie Mephisto das negative Element,
mit dem großen Unterschied, daß Shakespeare uns das qualvolle In-
nenleben seines Bösewichts offenlegt und wir dadurch Zeugen seiner
Selbstzerfleischung sind.

Wenn wir uns von dem Zwang befreien, Shylock in das tragische
oder komische „Schubfach" einordnen zu müssen, dann läge unser
Blick für eine zielführendere Frage frei. Wir könnten uns fragen,
wieso lebt das Stück so stark von dem Bösen, das im Shylock personifiziert ist? Die verschiedenen Motive, die zum Stück verwoben wurden, lassen die Frage nach deren Zusammenhang und Sinn aufkommen. Welcher offensichtliche Zusammenhang besteht zwischen den

---

* Ebenda, S. 68.

273

anderen Hauptfiguren – zwischen Porzia in ihrer heilen aristokratischen Welt und dem Konflikt zwischen Antonio und Shylock?

Shakespeare stellt uns durch so gegensätzliche Charaktere wie Porzia und Shylock zwei Welten und Lebensweisen gegenüber. Auf der einen Seite sehen wir das unbefangene Glück von Porzia und ihrem Kreis, und auf der anderen Seite, der Schattenseite, steht Shylock in seinem Mißgeschick. Mit seiner Forderung stört er die Ruhe und Selbstgefälligkeit dieser heilen Welt. Die gehobene Gesellschaft, deren Mitglied Antonio ist, kann es Shylock nicht vergeben, daß sich einer von ihnen aus finanziellen Gründen einem Juden ausliefern mußte. Einem Juden, mit dem man sonst ganz anders zu verfahren pflegte. In dem Dialog zwischen Antonio und Shylock, wo Antonio die von ihm benötigte Summe von dreitausend Dukaten nennt, baut Shylock in seine Antwort auf ironisch distanzierte Weise einige der Demütigungen ein, die ihm durch Antonio zugefügt wurden.

> „Signor Antonio, viel und oftmals
> Habt Ihr auf dem Rialto mich geschmäht
> Um meine Gelder und um meine Zinsen;
>
> Ihr scheltet mich ungläubig, einen Bluthund,
> Und speit auf meinen jüdischen Rockelor,
> Bloß weil ich nutze, was mein eigen ist.
> Gut denn, nun zeigt es sich, daß ihr mich braucht.
> Da habt Ihr's; Ihr kommt zu mir und Ihr sprecht:
> ,Shylock, wir wünschten Gelder.' So sprecht Ihr,
> Der mir den Auswurf auf den Bart geleert
> Und mich getreten, wie Ihr von der Schwelle
> Den fremden Hund stoßt; Geld ist Eur Begehren.
> Wie sollt' ich sprechen nun? Sollt ich nicht sprechen:
> Hat ein Hund Geld? ist's möglich, daß ein Spitz
> Dreitausend Dukaten leihen kann? oder soll ich
> Mich bücken und in eines Hörigen Ton,
> Demütig wispernd, mit verhaltnem Odem,
> So sprechen: „Schöner Herr, am letzten Mittwoch
> Spiet Ihr mich an; Ihr tratet mich den Tag;

Ein andermal hießt Ihr mich einen Hund:
Für diese Höflichkeit will ich Euch
Die und die Gelder leihn."

Sollte die Geldsumme zum genannten Zeitpunkt nicht zurückgegeben werden, dann wollte Shylock notariell eine Buße garantiert haben, die aber von Antonio nicht ernst genommen wird und sogar für eine versteckte Großzügigkeit Shylocks gehalten wird.

Shylock verlangt:

„… Laßt uns ein volles Pfund von Eurem Fleisch
Zur Buße setzen, das ich schneiden dürfe
Aus welchem Teil von Eurem Leib ich will."

Antonio antwortet darauf:

„Es sei, aufs Wort! Ich will den Schein so zeichnen,
Und sagen, daß ein Jude liebreich ist."

Die Mißachtung und Beleidigungen, die Shylock und somit seinem Volk von den besseren Kreisen zuteil werden, zeichnen ihn für sein ganzes Leben. Der Verkehr mit dem Juden Shylock reduziert sich nur auf seinen Gebrauchswert. Shakespeare zeigt anschaulich, daß Shylock ein Produkt dieser ehrenwerten Gesellschaft ist.

Zu Beginn des dritten Aktes scheint sich die Angelegenheit im Sinne von Shylock zu entwickeln. Die Nachricht von Antonios großen Verlusten geht wie ein Lauffeuer durch Venedig. Auch Shylock kommt sie zu Ohren, der sich daran moralisch aufrichtet. Es schwindelt ihm bei der Vorstellung, sich bald an Antonio für jegliche Unterdrückung, Mißhandlung, Beleidigung und Demütigung rächen zu können. Shylocks Vorfreude wird aber erheblich dadurch getrübt, daß Jessica, seine einzige Tochter, sich gegen den Vater stellt. Sie verläßt ihn wegen eines Mannes, der aus dem Umkreis seiner Feinde kommt. Noch dazu nimmt sie Shylocks Dukaten mit. Der Schmerz um den Verlust des einzigen Kindes macht sich in seinem Inneren ebenso breit wie die nahe Möglichkeit auf Rache. Antonio wird bald vor ihm zittern und um Gnade bitten, wird an seine menschlichen Gefühle appellieren, doch er würde hart bleiben und mit Genugtuung auf seinem Recht bestehen.

Landauer meint, daß die besondere Tragik des von allen und allem Ausgeschlossenen darin liegt, „daß er auch aus seinem eigenen Herzen gestoßen ist, daß er in seinen eigenen Motiven nicht eindeutig, nicht sicher ist. Sein Verstand kennt sich in seinen Trieben nicht aus, sie mißleiten einander gegenseitig."*

Das Glück wendet sich weiter gegen Antonio, seine Schiffe, die auf allen Weltmeeren präsent waren, sind verloren; er ist in den finanziellen Ruin getrieben und kann Shylock das Geld zum festgesetzten Termin nicht zurückerstatten. Shylock wähnt sich am Ziel seiner krankhaften Rache und will auch gar kein Geld mehr sehen.

Antonio, der inzwischen ins Gefängnis gebracht wurde, läßt sich unter Bewachung zu einem Treffen mit Shylock führen, um mit ihm zu reden.

Antonio beginnt das Gespräch mit: „Hört mich, guter Shylock." Doch Shylock signalisiert ihm ganz klar: „Ich will den Schein, will dich nicht reden hören …"

Shylocks Unnachgiebigkeit trägt ihm auch sofort wieder Beschimpfungen ein.

„Das ist ein unbarmherz'ger Hund", meint Solanio, „wie's keinen je unter Menschen gab."

Nachdem die gespielte Freundlichkeit nicht die gewünschte Wirkung hatte, bediente man sich wieder der üblichen Respektlosigkeit gegenüber dem Juden Shylock.

Antonio erkennt die Aussichtslosigkeit seines Ansinnens und akzeptiert sein Schicksal. Auch der Doge kann in den Rechtsverlauf nicht eingreifen, ohne dadurch Venedig schweren Schaden zuzufügen. Denn Gewinn und Handel dieses Stadtstaates basieren darauf, daß die Fremden dem venezianischen Rechtssystem vertrauen können. Ökonomische Interessen hatten auch damals Priorität. Nur unter diesem Aspekt sind die Herrschenden geneigt, dem Juden zu seinem Recht respektive zu seiner Rache zu verhelfen.

---

* Landauer, S. 87

Im Gerichtssaal richtet der Doge Worte des Bedauerns an Antonio:

> „Es tut mir leid um dich: du hast zu tun
> Mit einem felsenharten Widersacher;
> Es ist ein Unmensch, keines Mitleids fähig,
> Kein Funk' Erbarmen wohnt in ihm."

Gleich darauf versucht er, noch einmal auf Shylock einzureden und ihn von seiner Forderung abzubringen. Shylock, der glaubt, nichts mehr verlieren zu können, bleibt stur und „weiß keinen Grund, will keinen sagen / Als eingewohnten Haß und Widerwillen", den ihm Antonio einflöße.
Wer lasse sich von der Schlange zweimal stechen?

Gleich einem Deus ex machina erscheint die kluge Porzia als junger Rechtsgelehrter verkleidet im Gerichtssaal und rettet nicht nur Antonio, sondern entläßt gleichzeitig auch die anwesende „ehrenwerte" Gesellschaft aus der ohnmächtigen Zeugenschaft.
Porzia bestätigt zwar die Rechtmäßigkeit des Vertrages, schränkt ihn aber auch entscheidend ein, indem sie zu Shylock sagt:

> „Der Schein hier gibt dir nicht ein Tröpfchen Blut,
> Die Worte sind ausdrücklich ein Pfund Fleisch.
> Nimm denn den Schein, und nimm du dein Pfund Fleisch;
> Allein vergießest du, indem du's abschneidest,
> Nur einen Tropfen Christenblut, so fällt
> Dein Hab und Gut, nach dem Gesetz Venedigs,
> dem Staat Venedigs heim."

Shylock hat den Bumerangeffekt bei der Auslegung seines eigenen Gesetzes verstanden und gibt klein bei, indem er glaubt, noch auf das frühere Angebot der dreifachen Rückzahlung für den Verzicht seiner Buße zurückgreifen zu können:

> „Ich nehme das Erbieten denn: zahlt dreifach
> Mir meinen Schein und laßt den Christen gehn."

277

Porzia verhindert aber diese Einigung und treibt das Spiel zu ungunsten von Shylock weiter. Er ist finanziell ruiniert und psychisch gebrochen und bittet nur mehr darum, weggehen zu dürfen:

> Ich bin nicht wohl, schickt mir die Akte nach,
> Und ich will zeichnen."

Landauer schreibt dem Abgang Shylocks Größe zu: „nichts hier von äußerlicher Tragik, nichts von Mord und Totschlag oder Selbstmord oder auch nur einer jammervollen pathetischen Rede: er ist vernichtet, ist völlig zu nichts geworden und geht still nach Hause. Er ist nicht wohl; wir glauben es ihm; er wird dahinsterben."*

Shylock ist kein angenehmer Zeitgenosse, das gilt als sicher. Der immer Getretene sucht mit der ihm eigenen Verbissenheit Anerkennung und Gerechtigkeit für sich und für sein Volk. Er bekommt nichts von dem Erstrebten und kann am Ende gerade noch sein Leben retten, das ihm aber auch nichts mehr bedeutet. Er geht gebrochen, aber würdig ab. Viele Shylock-Darsteller erliegen der Versuchung, Shylock nach seiner Verurteilung als jammervolle und klagende Gestalt darzustellen. Harley Granville Barker appelliert an die Darsteller, die Größe von Shylocks Abgang nicht durch Gejammer zu entwerten. Es zerstöre die Würde von Shylock, die er durch die unerwartete Weise seines Abgehens bewiesen hat.

Auch der große Sir Laurence Olivier spielte einen Shylock, der beim Abgehen von der Bühne weinte. Josef Schildkrauts Judentum ist in der Darstellung von Shylock emotional sehr gefordert worden. Er habe in dieser Rolle immer wieder versucht, dem Shylock sympathische Züge abzugewinnen.**

Ich bin sehr stolz auf einen Brief, den mir ein Theaterfreund schrieb, nachdem er meinen „Kaufmann von Venedig" gesehen hatte. Über meinen Shylock schrieb er, daß er mit Überzeugung gesprochen und

---

*   Landauer, S. 94
** Ebenda, S. 66.

gespielt habe – mit der Erkenntnis, daß all seine Probleme und Schwierigkeiten nur daher rührten, weil er eben einer Minderheit angehöre. Auf die Gerichtsszene und auf Shylocks Niederlage Bezug nehmend, meinte der Briefschreiber, daß die Inszenierung Shylocks Charakter, seinen fanatischen Eifer und seine Verbissenheit so deutlich herausgebracht habe, daß jeder im Publikum verstanden habe, daß Shylocks Gang zum Taufbecken, wenn man ihn dazu zwingen würde, an seiner Persönlichkeitsstruktur nichts ändern würde.

Auch die Rolle der Porzia wollte ich anders sehen und beurteilen. Von dem Augenblick, als Porzia – als Rechtsgelehrter verkleidet – Shylock im Gerichtssaal gegenübersteht, ist all ihr Handeln darauf ausgerichtet, den Juden Shylock durch einen Trick zu vernichten. Porzia tut nichts unüberlegt; mit der ihr eigenen Methode, mit der sie sich einen Mann in ihr Bett holt, betreibt sie auch Shylocks Vernichtung. Spätestens in dieser Szene ist sie für mich alles andere als eine nach edlen Motiven handelnde Frau. Schauspielerinnen, die die Porzia spielen, wollen aber gerade diese Seite an ihr nicht wahrhaben. Sie wollen alle nur die hehre Porzia spielen, nicht jene, die ohne besonderes Motiv auf die Zerstörung eines Menschen hinarbeitet. Porzia gehört derselben Gesellschaft an, die Shylocks Tochter aus dem Hause ihres Vaters gelockt und dazu gebracht hat, sich ihrer jüdischen Herkunft zu schämen.

Den Gnadenakt, den Porzia am Anfang ihrer Gerichtshandlung Shylock abverlangt und zu dem dieser aufgrund seiner Verbissenheit nicht bereit ist, den gewährt sie am Ende selber nicht. Von Shylock wissen wir, daß er ein gedrückter Mensch ist, der ständig einen Überlebenskampf zu führen hat. Ihm Gnade abzuverlangen, das ist ziemlich aussichtslos; denn er kann nicht etwas geben, was er selbst nie erfahren hat. Von Porzia aber, deren Sozialisation ganz anders erfolgt ist, hätte nicht jene Härte kommen müssen. Sie, deren Platz in der Gesellschaft immer unangefochten war, hätte gnädig sein können. Es hätte genügt, Shylock mit seinen eigenen Waffen zu schlagen. Auf seine Verwundbarkeit als Mensch hat Shylock in seiner Verzweiflungsrede nach der Flucht der Tochter ja auch hingewiesen. Er ist dabei das einzige Mal aus sich herausgegangen und hat den Christen ja

Abb. 13: Leon Askin als Kalif von Bagdad in „Son of Sindbad", 1953

gesagt: Ich bin aus Fleisch und Blut wie ihr. Ich bin an denselben Stellen verletzbar, tödlich verletzbar wir ihr. Nehmt darauf Rücksicht! Daß Porzia gegenüber Shylock keine Rücksichtnahme kennt, das läßt sie in meinen Augen fragwürdig erscheinen.

Julius Bab, der bis zur Machtergreifung Hitlers einer der bedeutendsten Theaterkritiker Deutschlands war, verglich meinen Shylock mit den großen Shylock-Darstellern des achtzehnten und neunzehnten Jahrhunderts. Sehr schmeichelhaft, aber nicht verifizierbar. Denn Julius Bab hatte diese großen Mimen vergangener Zeiten nicht spielen sehen. Da ich einen aggressiven, beinahe bösen Shylock darstellte, schien mir die Kritik eines Freundes – „Ich hatte das Gefühl, als ob Goebbels diese Aufführung inszeniert hätte" – angebrachter. Uneingeschränkte Zustimmung für meine Bearbeitung – Interpretation, Darstellung, Inszenierung der Rolle und des Stückes – erhielt ich von afroamerikanischen Kollegen und Zuschauern. Meine Rolle

280

Abb. 14: Leon Askin als Pascha Haman in „The Veils of Bagdad", 1952

als Shylock und die Inszenierung des Gesamtstückes gehören bis
heute zu einem der tiefgreifendsten Erlebnisse in meinem Theaterleben.

1950, ein Jahr nach Shylock, bot mir Jose Ferrer eine Rolle in „Twentieth Century", einem Lustspiel von Ben Hecht und Charles McArthur,
an. Ich sollte einen der Laienschauspieler von den Oberammergauer
Passionsspielen darstellen. Ferrer, der das Stück inszenierte, behielt sich
die männliche Hauptrolle vor. Die Hollywood-Legende Gloria Swanson spielte die weibliche Hauptrolle. Gloria Swanson war nicht nur
eine Legende, sondern auch eine bezaubernde Kollegin. Zu Weihnachten schenkte sie mir eine Magnumflasche Champagner mit einer
Namenskarte von ihr, auf der Miss und Swanson durchgestrichen waren. Das bedeutete, daß ich sie von nun an mit Gloria anreden durfte.
 Jose Ferrer war in der Rolle des herumreisenden Theaterdirektors

wunderbar. Joe, wie ihn seine Freunde nannten, war ein schillernder Komödiant. Als gebürtiger Puertoricaner hatte er wegen seiner Herkunft in den USA viele Schwierigkeiten. Mit Stolz bekannte und betonte er immer wieder seine Zugehörigkeit zu dieser Antilleninsel. Einen Oscar erhielt er für die Darstellung des Cyrano de Bergerac in dem gleichnamigen Film. Eine weitere filmische Glanzleistung war die Darstellung von Toulouse-Lautrec. Sein Jago hatte gegenüber dem gewaltigen Paul Robeson in „Othello" eher die Züge eines Harlekins als eines durch und durch bösen Menschen. Es war ein mutiger Versuch, der gut angenommen wurde.

Weiters spielte er einen trickreichen Volpone, der den mit allen Wassern gewaschenen Mosca austrickste. Ferrer war ein Schauspieler, der beim Spielen seinen ganzen Körper brauchte. Als ich nach der Generalprobe von „The Shrike" zu ihm in die Garderobe gekommen war, spielte er lachend auf sein körperbetontes Spielen an und sagte: „Na, siehst du, ich habe diesmal ganz ohne Hände gespielt!"

Während der McCarthy-Ära mußte er wie die meisten fortschrittlich eingestellten Künstler vor dem berüchtigten „Komitee für antiamerikanische Umtriebe" erscheinen und wurde volle zwei Tage verhört. Obwohl es ihm nicht möglich war, alle gegen ihn vorgebrachten Anschuldigungen zu widerlegen, konnte er, ohne jemanden zu denunzieren, das Gefängnis umgehen; was gar nicht so einfach war.

Ferrer war auch ein strahlender Stern am Broadway, aber als der wahre Künstler, der er war, wurde er nicht genug anerkannt.

„Twentieth Century" lief noch bis Juni 1951. Da es zu spät war, sich um eine Regiestelle an einem Sommertheater zu kümmern, kam mir die rettende Idee, Kurse an der Columbia-University zu besuchen. Durch sieben Wochen hindurch studierte ich bei Professor Dr. Moses Hadas täglich von acht bis neun Uhr Griechische Antike und von neun bis zehn Epos. In den Vorlesungen über das griechische Altertum sprach der Professor über Aeschylos, Sophokles, Euripides und Aristophanes; die Lehrveranstaltungen mit dem epischen Schwerpunkt behandelten Homer, Vergil, Beowulf, Torquato Tasso und noch andere.

Mein unverhofftes Studentendasein genoß ich sehr und lernte viel in diesem Sommer. Im Herbst machte ich wissensdurstig weiter mit Vorlesungen über französische Literatur und Journalismus. In der Li-

Abb. 15: Leon Askin in „Das Gewand", 1953

teraturvorlesung schrieb ich eine Abhandlung über Fernand Crommelyncks Farce „Le Cocu Magnifique" auf französisch.

Nachdem der Professor, der die Vorlesung über Journalismus hielt, seinen Namen – Hanfstaengl – auf die Tafel geschrieben hatte, war ich so verblüfft, daß ich das Ende der Vorlesung gar nicht erwarten konnte. Ich eilte auf ihn zu und sagte, es habe im Dritten Reich einen Mann namens Hanfstaengel gegeben, der Auslandspressechef gewesen sei.

„Ja", sagte der Herr Professor, „das ist mein Vater!"

Professor Egon Hanfstaengl kämpfte in der amerikanischen Armee gegen Hitler, den er als Kind Onkel Adolf genannt hatte. Sein Vater, Dr. Ernst Sedwick Hanfstaengl, der 1931 Auslandspressechef der NSDAP wurde, war ein früher Kampfgefährte Hitlers gewesen. 1937 setzte er sich, nachdem er bei Hitler in Mißkredit geraten war, nach England ab.

Im Februar 1952 kam ich erstmals zu Filmaufnahmen nach Hollywood. Hollywoods bekanntester Besetzungschef, Max Arnow von Columbia Pictures, hatte mich für eine Rolle in dem Film „Assignment Paris" vorgesehen. Mit dem Nachtflugzeug verließ ich New York Richtung Los Angeles, wo mich Jack Weiner, mein neuer Agent, am Flughafen in Empfang nahm. Er brachte mich in ein kleines Hotel am Sunset Boulevard, von dem ich es nicht weit zum Filmstudio von Columbia Pictures hatte.

Am ersten Drehtag meldete ich dem Portier, daß ich ein Schauspieler von „Assignment Paris" sei. Er schien aber davon nicht sehr beeindruckt zu sein und ließ sich, ohne mich anzusehen, telefonisch meine Angaben bestätigen.

Erst danach registrierte er mich und sagte sehr freundlich: „Hallo, Leon!" Er erklärte mir noch beflissen den Weg zur Studiohalle, wo „Assignment Paris" gedreht wurde. Für ihn gehörte ich von nun an dazu.

Am Drehplatz angelangt, kam sofort ein junger Mann auf mich zu, der sich als Inspizient vorstellte und meine Sozialversicherungsnummer verlangte. Nach dieser Formalität stellte er mich dem Oberinspizienten vor, der mich ebenfalls mit „Hallo, Leon!" begrüßte, um gleich darauf wieder wegzulaufen.

Mit Bob Parrish, dem Regisseur, und Jerry Bressler, dem Produzenten, machte ich mich selbst bekannt. Beide stellten mich dann – mit: „Das ist unser Franz!" – George Sanders und Dana Andrews vor. Auf diese Weise erfuhr ich wenigstens, wen ich zu spielen hatte, was ich bis dahin auch nicht gewußt hatte.

Vom Regisseur hoffte ich, einige Informationen über den Film zu bekommen. Der war aber davon ausgegangen, daß ich das Drehbuch bereits gelesen hatte. Nachdem ich das verneinte, schrie er im Studio herum: „Leon braucht ein Drehbuch!" Damit war aber unsere Unterhaltung auch schon zu Ende. So chaotisch begann meine Karriere in Hollywood. Ich hatte noch nie so viele Menschen herumstehen sehen. Sie gaben mir den Eindruck von Müßiggang, doch dieser Eindruck war trügerisch.

Ich bekam mein Drehbuch und versuchte mich darin zu orientieren. Es handelte sich um einen Spionagefilm, in dem Geheiminformationen – als Märchentitel verschlüsselt – weitergegeben wurden.

Während ich dasaß und mich mit dem Drehbuch beschäftigte, hörte ich, wie der Hauptdarsteller sich über „Das Mädchen mit den Schwefelhölzern" von den Gebrüdern Grimm unterhielt. Noch einige Male nannte er die Gebrüder Grimm als Autoren von dem „Mädchen mit den Schwefelhölzern", so daß es offensichtlich war, daß es sich nicht um einen Versprecher, sondern um wirkliches Nichtwissen handelte. Denn dieses Märchen war meines Wissens von Hans Christian Andersen. Ich fühlte mich verpflichtet, diesen Irrtum aufzuklären, und näherte mich zögernd dem Produzenten Herrn Bressler und sagte: „Entschuldigen Sie, aber ‚Das Mädchen mit den Schwefelhölzern' ist nicht von den Gebrüdern Grimm, sondern von dem Dänen Hans Christian Andersen!"

Bressler schaute mich völlig entgeistert an und rief sofort Bob Parrish herüber. Parrish setzte sich über die durch mich verursachte Störung großzügig hinweg und erklärte mir väterlich wohlwollend, daß sowohl Autoren als auch Titel von der eigens dafür vorgesehenen Forschungsabteilung geprüft worden seien und ein Fehler daher ausgeschlossen sei. Ich blieb aber weiterhin „uneinsichtig" und beharrte auf der Richtigkeit meiner Aussage, daß Andersen der Schöpfer von dem besagten Märchen sei. Parrish sah, daß er mit Wohlwollen und Erklärungen nicht weiterkam, und versuchte seine Autorität einzusetzen, indem er mich aufforderte, ich möge mich hinsetzen und die Arbeit nicht weiter behindern. Sein autoritäres Verhalten, mit dem er seine Ignoranz wettzumachen versuchte, wirkte erst recht provozierend auf mich, und ich fragte, ob ich zur Klärung die Stadtbibliothek anrufen dürfe? Parrish erlaubte das aber nicht. Zu meiner Reputation kam gerade Marta Toren, eine gebürtige Schwedin, ins Studio und fragte, worum es in der schon ziemlich heiß geführten Diskussion gehe. Nachdem sie den Grund der Aufregung erfahren hatte, sagte sie klipp und klar, daß „Das Mädchen mit den Schwefelhölzern" von Hans Christian Andersen sei.

Parrish, der etwas kleinlaut geworden war, gab immer noch nicht auf und rief nun von sich aus die Stadtbibliothek an, die ihm aber auch nichts anderes sagen konnte, als daß er unrecht habe. Bressler und Parrish, letzterer eher betreten, bedankten sich daraufhin bei mir. Nach einigen Minuten kam auch der Eigentümer von Columbia Pictures freudestrahlend auf mich zu und schüttelte mir die Hand, weil ich dem Studio durch meine Hartnäckigkeit fast 40 000 Dollar erspart hätte. Wäre dieser Fehler erst später entdeckt worden, dann hätte zur Wiederholung der Drehszene das Bühnenbild neu aufgebaut werden müssen; was erhebliche Unkosten verursacht hätte. Nun gehörte ich zur Hollywood-Familie. Ich war nicht mehr ein kleiner, unbedeutender Schauspieler, der erst kürzlich aus New York gekommen war, ich war ein Hollywood-Schauspieler, und das blieb ich bis August 1993. Ich wurde kein Superstar, aber doch der Star der Fernsehserie „Hogans Heroes", die in vielen Ländern gespielt wurde.

Meine freien Abende in Hollywood verbrachte ich damit, berühmte Freunde und Bekannte von früher aufzusuchen. Meine Besuche während des Krieges waren für sie, die als feindliche Ausländer unter Ausgangssperre gestanden hatten, eine angenehme Abwechslung gewesen. Sie waren auch unter den geänderten Umständen nett zu mir und freuten sich über unser Wiedersehen, doch die Kontakte blieben eher lose.

Dem Zufall verdankte ich meine Bekanntschaft mit Pepi (Josef)

Abb. 16: Leon Askin in „Lachbombe", 1953

Schildkraut. Pepi war der berühmte Sohn des ebenfalls sehr berühmten Reinhardt-Stars Rudolf Schildkraut. Der junge Schildkraut galt auf englischsprachigen Bühnen als bester „Liliom" und bester „Peer Gynt". Er konnte auch beim Film Fuß fassen und bekam einen Oscar für die Darstellung von Dreyfuss in dem Film „Emile Zola".

Auf Frauen hatte er wegen seines unwiderstehlichen Charmes eine große Wirkung. Wenn er jemanden ins Herz geschlossen hatte, erwies er sich als guter Freund. Er konnte aber auch sehr abweisend und arrogant sein.

Von dem Stück „A Remarkable Woman Indeed", das Lies und ich geschrieben haben, war Pepi so begeistert gewesen, daß er es an Jose Ferrer schickte und ihm empfahl, es zu inszenieren. Aus Freundschaft mir gegenüber organisierte er auch eine öffentliche Lesung.

Eines Tages zeigte er mir die als musikalische Komödie bearbeitete Version des erfolgreichen Broadway-Stückes „Café Crown". Ich hielt es für eine schlechte Bearbeitung und sagte ihm das auch. Er stimmte mir zu, meinte aber, es würde ihm Spaß machen, darin zu spielen, was er dann auch machte. Aus dem vermeintlichen Spaß wurde bitterer Ernst. Die Premiere, die ein großer Mißerfolg wurde, war zugleich auch die letzte Vorstellung. Für Pepi war das eine große persönliche Enttäuschung, der er nicht gewachsen war. Er hatte einen Schlaganfall erlitten und starb daran. Die kleine private Synagoge, wo der zu Lebzeiten nicht sehr leutselige Schildkraut aufgebahrt lag, konnte die vielen Menschen nicht fassen, die gekommen waren, um ihm die letzte Ehre zu erweisen.

23

Unerwartetes auf der Hochzeitsreise

Im April 1955 ließen sich Mimi und ich in beiderseitigem Einvernehmen scheiden. Drei Tage später haben Lies und ich im Hause 625 North Rexford Drive in Beverly Hills in Anwesenheit eines Richters und einer Anzahl gemeinsamer Freunde geheiratet. Dieser Akt hatte für uns nur formellen Charakter, denn wir lebten ja schon seit 1952 zusammen. Am 6. Juni sind wir zur Hochzeitsreise nach Europa aufgebrochen; mit von der Partie war Irene, die Tochter von Lies aus der Ehe mit Leonard Janofsky.

Wir fuhren mit dem Auto von Los Angeles nach New York, und diese sechstägige Fahrt ist am Beginn ziemlich abenteuerlich verlaufen. Um der um diese Zeit extremen Hitze nach Möglichkeit auszuweichen, fuhren wir erst in der Nacht los. Das erste Abenteuer erlebten wir frühmorgens bei Albuquerque in New Mexiko, wo wir in einen furchtbaren Sandsturm gerieten, der so arg war, daß wir unsere Fahrt unterbrechen mußten und in einem Motel Zuflucht suchten. Sogar im Zimmer ist der Sand zentimeterhoch gelegen. Die nächste Überraschung wartete auf uns in Oklahoma City in Form eines Kälteschocks. Der Hotelportier sagte uns, daß es der kälteste Tag seit 1896 gewesen sei. Unterwegs nach St. Louis hatten wir gegen einen Wirbelsturm anzukämpfen, der so kräftig war, daß er sogar unser Auto etwas in die Luft gehoben hat. Es handelte sich nur um ein paar Zentimeter; das genügte aber schon, um Angst zu haben. Den Rest der Reise, bis New York waren es immerhin noch an die zweitausend Kilometer, konnten wir dann überraschenderweise ohne größere Schwierigkeiten zurücklegen.

In New York angekommen, begaben wir uns zum Hafen und bestiegen den Ozeandampfer „Le Flandre", der uns nach Le Havre brachte. Dort haben wir das Schiff verlassen und sind mit unserem

Auto, das ebenfalls eingeschifft worden war, gemächlich durch die Normandie und Bretagne nach Paris gefahren. In Paris, wo ich Augenblicke der Verzweiflung und des Glücks durchlebt hatte, warteten an allen Ecken und Enden Erinnerungen auf mich, die ich aber, weil ich durch meine Familie immer wieder abgelenkt wurde, nicht so stark erlebte.

Unser nächstes Reiseziel war Düsseldorf. Dort lebte Anni Helveg mit ihrem Mann Fred Lothringer. Das Zusammentreffen mit Anni ist ziemlich nüchtern verlaufen. Nichts deutete mehr auf unsere einstige Vertrautheit hin. Konnten wir die Gefühle, die wir früher füreinander empfunden hatten, so erfolgreich verdrängen? Hätten wir uns allein mehr zu sagen gehabt? Wir haben uns jedenfalls nie mehr wiedergesehen.

Von Düsseldorf fuhren wir den Rhein entlang nach Frankfurt, ohne das „Lorelei-Lied" gesungen zu haben. Vielleicht hätten wir es doch singen und dabei laut rufen sollen, daß es von dem Juden Heinrich Heine ist. Während der Nazizeit galt die „Lorelei" als ein altes deutsches Volkslied. Sein Urheber wurde dabei großzügig verschwiegen.

Die Stadt Mainz, die auch auf unserem Weg lag, zeigte noch immer starke Spuren der Zerstörung. Bei diesem Anblick kam mir jene Zeile aus Schillers „Glocke" – „Aus den öden Fensterhöhlen schaut das Grauen" – in Erinnerung.

Auf unserer Fahrt sahen wir noch überall zerstörte Städte und Dörfer, manche davon waren mit Ruinenstädten zu vergleichen. Mainz hinterließ aber in meiner Erinnerung den stärksten Eindruck von Zerstörung. An vielen Orten sahen wir Tafeln, worauf geschrieben stand: „Ruine zu verkaufen!" Der Preis dafür war lächerlich niedrig. Wenn wir Sinn fürs Ökonomische gehabt und einige „Ruinen" gekauft hätten, wären wir wahrscheinlich später Multimillionäre geworden.

Ein weiterer Höhepunkt unserer Reise war Salzburg, das nichts von seinem barocken Glanz verloren hatte. Die Stadt wirkte damals so einzigartig auf mich, wie ich sie dann nie wieder erlebt habe. Wahrscheinlich kam dieser starke Eindruck auch von der Freude, das Land und seine Schönheit wiedersehen zu können. Es spielte sicherlich auch ein wenig Siegerverhalten mit, mein amerikanischer Paß schützte mich und gab mir Sicherheit im Umgang mit den Österreichern.

Trotz der Besonderheit von Salzburg zog es mich aber weiter nach Wien. Als wir an der Ennsbrücke die amerikanische Zone verließen, um in die sowjetische zu gelangen, sagte uns ein amerikanischer Militärpolizist: „Die Fahrtdauer beträgt annähernd vier Stunden. Wenn Sie nach vier Stunden nicht in Wien eingetroffen sind, lassen wir Sie von einer Militärstreife suchen. Stehenbleiben dürfen Sie dabei aber nirgends!"

Es war ziemlich bedrückend, durch die sowjetische Zone zu fahren. Man sah niemanden – keine spielenden Kinder, keine Erwachsenen, ja nicht einmal Hunde. Wir begegneten nur sowjetischen Militärfahrzeugen und zwei mit Ochsen bespannten Karren. Wir kamen, da wir ja nicht unterbrechen durften, ziemlich rasch vorwärts und befanden uns kurz vor Wien. Mein Herz begann heftiger zu schlagen. Die Umgebung Wiens war mir durch Wanderungen gut bekannt. Wir näherten uns Hadersdorf-Weidling, wo Onkel Emil gewohnt hatte, bevor er für Kaiser und Vaterland gefallen war. Kurz darauf war ich in Wien-Hütteldorf. Meine Geburtsstadt, der Ort meiner Kindheit und Jugend, wie würde ich sie vorfinden? Ich hörte plötzlich Vaters Worte, der immer wieder gesagt hatte, daß Wien ein hartes Pflaster sei. Er umschrieb damit die Schwierigkeiten, sich in Wien finanziell über Wasser zu halten, ohne seinen Lebensstandard aufgeben zu müssen. Meine Eltern waren leidenschaftliche Sozialisten, die aber auf bürgerlichen Lebensstil großen Wert gelegt hatten.

Meine Reise nach Wien war eine Reise in die Vergangenheit, wie in einem Film liefen Erinnerungen vor mir ab. Hütteldorf konnte ich nicht passieren, ohne an meine Zeit als Verkäufer von Norbin Gummiabsätzen zu denken, denn dort hatte ich meine besten Kunden. Plötzlich war ich auch wieder ein Pfadfinder, der bei einem Preisausschreiben den ersten Preis gewonnen hatte, weil er die Straßen, Gassen und Denkmäler seiner Stadt so gut gekannt hatte. Ortskundig, als ob ich nie weggewesen wäre, lenkte ich unseren Wagen durch die

Wiener Straßen. Tante Käthe, die in der Nähe der Wattgasse wohnte, war das erste Familienmitglied, das ich seit meiner Flucht wieder in die Arme schließen konnte.

Lies, die das andere, das ärmliche Wien, das Wien der Arbeiterbezirke nicht gekannt hatte, war überrascht über das Ausmaß der Proletarisierung. Die Tante wohnte in einem für damalige Verhältnisse typischen Mietshaus in den Außenbezirken mit WC und Wasser auf dem Gang. Meine Frau und Stieftocher versuchten sich das Entsetzen über die ärmlichen Wohnverhältnisse nicht anmerken zu lassen. Daß ich in ähnlicher Umgebung aufgewachsen war, schien vor allem für Irene unvorstellbar gewesen zu sein.

Nachdem die ersten Augenblicke der Rührung über unser Wiedersehen vorübergegangen waren, war Käthe wieder die alte. Das zeigte sich dadurch, daß sie wie in früheren Zeiten alle und alles kritisierte. Weil dieser Krieg die Menschen sowohl auf der einen als auch auf der anderen Seite geprägt und verändert hatte, war man fast froh, wenn man an Menschen vertraute Verhaltensweisen erkennen konnte, auch wenn diese, wie im Falle meiner Tante, nicht immer die positivsten waren.

Tante Käthe hatte sich schriftstellerisch betätigt und war sogar Ehrenmitglied der Concordia gewesen. Ihre Feuilletons, die sie vor allem für die „Neue Freie Presse" geschrieben hatte, waren sehr gefragt. Ich kann mich erinnern, daß sie einmal etwas über die Lage der Fabrikarbeiterinnen schreiben wollte. Um über dieses Thema glaubwürdig und realistisch berichten zu können, ging sie für einige Zeit als Arbeiterin in eine Fabrik. Verheiratet war sie mit dem Komponisten und Ehrenbürger der Stadt Wien, Charles Weinberger, der sein Judentum immer verneint hatte. Oft machten wir uns darüber lustig, daß er wie Jacques Offenbach aussehen wollte. Er ließ sich deswegen sogar einen Bart wachsen.

Ich hatte es nicht beabsichtigt, doch nachdem wir Käthe verlassen hatten, zog es mich zur Kalvarienberggasse, wo meine Schule, das Realgymnasium XVII, lag. Da ich schon einmal auf der Reise in die Vergangenheit war, wollte ich auch das Haus sehen, wo ich mit meinen Eltern gewohnt hatte und von wo sie 1942 nach Theresienstadt deportiert worden waren. Das Haus stand nicht mehr, an dessen

Stelle befand sich nur mehr eine Holzplanke. Eine Bombe hatte das Haus bis auf die Grundmauern zerstört. Ich war darüber nicht einmal traurig. Denn wenn das Haus noch existiert hätte, hätte ich mich mit dem Nachmieter um unsere Möbel und Bibliothek streiten müssen. Die eingeschlagene Bombe hatte mir diese Unannehmlichkeiten erspart und das Kapitel Sechsschimmelgsse 16, vierter Stock, Tür 14, auf endgültige Art und Weise gelöst.

Wir stiegen in einem guten Hotel in der Kärntner Straße ab. Meine noch nicht einmal siebzehnjährige Stieftocher kam aus dem Staunen nicht heraus. Zum ersten Mal in ihrem Leben konnte sie von ihrem Hotelfenster aus beobachten, wie Freudenmädchen und deren Kundschaften – alliierte Soldaten, aber auch Einheimische – „handelseinig" wurden.

Nach dieser ersten Wien- und Österreich-Reise, die privaten Charakter hatte, kam ich dann immer wieder aus beruflichen Gründen nach Wien. Ich hatte aber nie die Absicht gehabt, mich endgültig in Wien niederzulassen. Wenn ich das in meinem hohen Alter dennoch tat oder tun mußte, so wurde diese Rückkehr durch familiäre Gründe bedingt. Obwohl die Ursachen, die mich nach Wien zurückbrachten, tragisch waren und mich mit 87 Jahren zwangen, nochmals von vorn anzufangen, sehe ich sie letztendlich als Gottes Fügung an. Denn ich habe die Trennung von meiner Familie, die mir alles bedeutet hatte, nicht nur überlebt, sondern ich habe wieder zu arbeiten begonnen und sogar eine zweite Karriere gemacht. Meine Arbeit, Freunde und das Gefühl, Menschen noch etwas geben zu können, halten mich am Leben.

Obwohl die Wiener des Jahres 1955 sehr viel jammerten, war Wien – verglichen mit anderen Großstädten – von den ärgsten Kriegsschäden verschont geblieben. Als ich mich zwei Jahre später wieder in Wien aufhielt, erlebte ich diese Stadt wie verzaubert. Es war eine elegante, vor Lebensfreude sprühende Stadt geworden. Die Theater waren ausverkauft. An der Oper arbeiteten wieder Sänger und Dirigenten der absoluten Spitzenklasse. Es gab auch wieder Kleinkunst, herrliche Kabarettisten wie Bronner, Kreisler, Qualtinger bereicherten den kulturellen Horizont des Landes.

Mein Freund Ernst Häusserrmann, dessen Vater selbst an der Burg gespielt hatte, wurde Burgtheater-Direktor. Er widmete mir sein Buch „Die Burg" mit den Worten: „Für meinen Freund Leon Askin. In der Hoffnung, daß mir seine Freundschaft immer erhalten bleiben wird!" Ernst war in die USA emigriert und mit der amerikanischen Armee als Soldat nach Österreich zurückgekommen.

Von dieser lebensfrohen Aufbruchsstimmung spürte ich aber bei meinem Aufenthalt 1962 nichts mehr. Die Spielpläne der Wiener Theater spiegelten die geistige Verfaßtheit des Landes und seiner Bürger wider. Gespielt wurden vor allem Klassiker, moderne Autoren und deren zeitkritische Stücke blieben ausgespart. Den kulturellen Darbietungen haftete etwas Provinzielles an. Erinnert sei an dieser Stelle an den skandalösen Brecht-Boykott. Lange Zeit totgeschwiegen wurde in Österreich auch das literarische Vermächtnis von Jura Soyfer. Von dem reichen kulturellen und geistigen Leben der Zwischenkriegszeit war in der Zweiten Republik nichts zu bemerken. Wien befand sich in einem Dornröschenschlaf. Die unheilvollen Jahre von 1933 bis 1945 schienen vergessen zu sein, die Österreicher waren wieder einmal davongekommen und stürzten sich in den materiellen Wiederaufbau.

Remigranten konnten vereinzelt am Kulturbetrieb teilhaben und diesen mitgestalten – Marcel Prawy brachte das Musical „Porgy und Bess" an die Wiener Volksoper. Georg Kreisler mit seinen bitterbösen Chansons war lange Jahre ein Fixpunkt in der Wiener Kabarettszene. Friedrich Torberg, der großartige Schriftsteller, der sich nach seiner Rückkehr leider in die Kulturkampfstimmung des Kalten Krieges einspannen ließ, hatte maßgebend Anteil daran, daß Brecht in Österreich lange Jahre nicht gespielt werden konnte.

Wien hatte durch die Vertreibung der jüdischen Bevölkerung auch viele Kunstschaffende verloren. Dieser Aderlaß machte sich im Kunst- und Kulturbetrieb der Zweiten Republik bemerkbar. Wien hatte seinen Glanz verloren.

Nach dieser traurigen Bestandsaufnahme verließen wir Wien und verbrachten zehn Tage in Unterach am Attersee. Es war mein Lieblingsplatz im Salzkammergut, und auch dort holten mich die Erinnerungen meiner Kindheit und Jugend ein.

Ein Anruf aus München beendete vorderhand meine nicht immer angenehme Reise in die Vergangenheit. Ich bekam ein Filmangebot und sollte darin einen amerikanischen Offizier spielen, der dem Sinn nach ungefähr folgendes zu sagen hatte: „Meine Eltern wurden von den Nazis umgebracht, aber ich habe trotzdem ein Gefühl der Gemeinsamkeit mit Deutschen und Österreichern!" oder „Der Fragebogen ist aus Washington eingetroffen. Jetzt weiß ich, was ein Mörder ist."

Als Jude und ehemaliger Flüchtling lehnte ich dieses sehr lukrative Filmangebot ab. Ein paar Wochen später las ich in der Zeitung, daß die US-Armee für die Authentizität dieses Films Truppen, Panzer und Flugzeuge zur Verfügung gestellt hatte. Ich war also wiederum päpstlicher als der Papst gewesen. Aus realpolitischen Überlegungen „sah" man den Deutschen den Holocaust „nach" und behandelte Westdeutschland nach gar nicht so langer Zeit als Juniorpartner der westlichen Allianz.

Mit der Zeit hatte ich auch meine psychische Hemmschwelle gegenüber solchen Filmrollen verloren und spielte sieben Jahre lang den „General Burkhalter" in der amerikanischen Fernsehserie „Hogans Heroes". Ich lernte auch „Heil Hitler" zu sagen, ohne daß es mir den Magen umgedreht hatte.

Manchmal denke ich, daß der Schauspielberuf in vieler Hinsicht etwas mit Prostitution zu tun hat. Wenn „ehrenwerte" Bürger glauben, sich über Nacktszenen auf der Bühne empören zu müssen, entlockt mir das nur ein ironisches Lächeln. Diese haben nichts von unserem Beruf verstanden. Nacktsein ist nur eine Äußerlichkeit und steht in keiner Relation zu dem, was Schauspieler wirklich tun müssen, wenn sie ihr innerstes Gefühl auf der Bühne zum Ausdruck bringen.

Hamburg war der Endpunkt unserer Europareise. In der freien Hansestadt Hamburg war Lies aufgewachsen und hatte dort als erstes Mädchen ein Knabengymnasium besucht. Sie zeigte mir den kleinen

Hügel im Park, wo sie als Kind rodeln gegangen war, und führte mich an ihrem früheren Tennisplatz vorbei. Auch bei ihr bekam das Wiedersehen mit der Stadt ihrer Kindheit eine Eigendynamik. Plötzlich wollte sie wissen, ob ihr altes Kanu noch bei derselben Bootsanlegestelle stehen würde, wo sie es im Jahre 1931, als sie mit ihren Eltern nach Amerika ging, zurückgelassen hatte. Zu unserer Überraschung war das Boot noch vorhanden. Der Bootsvermieter war so erstaunt, sie zu sehen, daß er seine Gedanken nicht mehr kontrollieren konnte und freiheraus sagte: „Sie leben noch! Alle anderen Hamburger Juden sind ja vergast worden!"

Wir erstarrten vor Wut und Schmerz und verfluchten unsere Sentimentalität, die uns Plätze aufsuchen ließ, die wir besser nie mehr hätten aufsuchen sollen. Denn sie waren ebenso wie ihre Bewohner nach dem Holocaust nicht mehr dieselben.

Ein anderes Erlebnis hatten wir bei Michaelsen, einem erstklassigen Delikatessengeschäft. Nachdem Lies ihre Bestellung gemacht hatte, sagte sie zu dem Verkäufer: „Bitte, schicken Sie mir die Sachen", weiter kam sie nicht, da fiel ihr der Verkäufer, der sie von früher gekannt hatte, ins Wort und sagte: „In die Sankt-Benedict Straße, gnädige Frau?" Lies zuckte zusammen, versuchte sich zu fassen und erwiderte mit einem gequälten Lächeln: „Nein, ins Hotel Bellevue!" Dort waren wir während unseres Aufenthalts abgestiegen. In Hamburg blieben wir länger, denn ich wurde von der Theaterdirektorin Ida Ehre, der die Kammerspiele gehörten, eingeladen, Bernard Shaws „Frau Warrens Gewerbe" zu inszenieren und darin die Rolle von Sir George Croft zu spielen. „Frau Warrens Gewerbe" gehört zu Shaws unangenehmen Stücken. Die Handlung ist überholt, aber die einzelnen Charaktere haben immer noch eine starke Aussagekraft.

Am Anfang der Proben war ich wegen meiner Sprache etwas verunsichert. Ich befürchtete, die deutsche Sprache nicht mehr gut genug zu beherrschen, um an einem deutschsprachigen Theater zu inszenieren und zu spielen.

Zu Probenbeginn kündigte ich dem Ensemble an, daß wir zehn Tage vor der Premiere die erste Volldurchlaufprobe spielen würden! Frau Ehre, auch Alsterduse genannt, nahm mich beiseite und sagte

Abb. 17: Leon Askin als
Croft in „Frau Warrens
Gewerbe" von Bernard Shaw,
Hamburg 1955

leise zu mir: „Bitte machen Sie sich nicht lächerlich. Wir sind mehr
als froh, wenn es uns gelingt, eine volle Durchlaufprobe zwei Tage
vor der Premiere zu haben."

„Dann werden wir eben eine Doppelpremiere haben", antwortete
ich, „einmal in Form der Durchlaufprobe zehn Tage vor der Premiere
und dann die wirkliche!"

Am Ende der Spielzeit schrieben die Hamburger Zeitungen: „An
Ida Ehres Kammerspielen lieferte Leon Askin die beste Inszenierung
des Jahres!"

Darauf war ich sehr stolz. Als wir Hamburg verließen, kam das gesamte Personal der Kammerspiele – Schauspieler, Bühnenarbeiter,
Garderobiers, Maskenbildner – zum Bahnhof, um sich von mir zu
verabschieden. Zwei Jahre später gab es ein Wiedersehen. Ich spielte
„Othello"; und diese Rolle wurde der schauspielerische Triumph meines Lebens.

24

Und wieder in Europa

Von dem Tag an, als ich Lies kennenlernte, spielten Hunde eine ganz besondere Rolle in meinem Leben. Es war aber nicht mein erster naher Kontakt zu einem treuen Tier. In New York hatte ich einen kastrierten Kater in meiner Wohnung. Krampus, mein geliebter Krampus, so nannte ich dieses kohlrabenschwarze Katerchen, das von seiner Mutter einen Tag nach der Geburt im Nachbarhof in der 73. Straße zurückgelassen worden war. Mit einer Pipette habe ich das noch blinde Tierchen aufgezogen, bis es alleine fressen konnte. Er entwickelte sich zu einem wunderschönen und lieben Kater. Als ausgewachsener Kater hatte er die Angewohnheit, mich morgens im Schlafzimmer aufzusuchen und sich schnurrend auf meine Brust zu legen. Während des Tages lag er meistens auf dem Fensterbrett oder unter dem Sofa; den Sofaplatz bevorzugte er dann, wenn weiblicher Besuch anwesend war. Von seinem Versteck aus waren die Füße der Damen Freiwild. Unzählige von Krampus zerrissene Strümpfe mußte ich immer wieder ersetzen. Wenn er einen Gast nicht mochte, hatte er eine eigene Methode, sein Mißfallen auszudrücken. Er legte sich vor die Badezimmertür und wartete, bis der für ihn unliebsame Mensch das Badezimmer aufsuchte. Wenn der Gast wieder zurück ins Wohnzimmer wollte, legte Krampus sich ins Zeug. Er fauchte, stellte sein Fell auf und ließ das „Objekt" seiner Antipathie nicht heraus. Krampus war auch ein überaus intelligenter Kater. Einmal überraschte ich ihn beim Benutzen der Toilette. Er hatte sich dabei auf das WC gestellt und sein Bedürfnis verrichtet. Bei der Trennung von Mimi blieb Krampus bei ihr. Jahre später teilte sie mir eines Tages mit, daß sein Katzenleben zu Ende gegangen war.

Abb. 18: Leon Askin als Sartorius in „Die Häuser des Herrn Sartorius" von George
Bernard Shaw, Hamburg 1957

Als ich mit Lies zu leben begann, hatte sie noch die alte Chang, eine
schöne beigefarbene Wolfshündin, die von 1939 bis 1945 an der
Front gewesen war. Meine wahre Liebe zu Hunden begann aber mit
Strudl. Strudl war ein waschechter brauner Dackel mit einer großen,

Abb. 20: Leon Askin als Eppelsheimer in „Schinderhannes" von Carl Zuckmayer, Hamburg 1958

etwas gekrümmten Schnauze. Aus diesem Grunde nannte ich ihn auch manchmal Caesar. Verhängnisvoll für ihn, denn Strudl starb – an den Iden des März – am 15. März 1958 auf meinem Schoß. Ich habe Strudl besungen und angesungen:

Du bist der Strudl
Lang wie eine Nudl
Auch bist du kein Pudel
Du bist ein brauner Dachs
Und du heißt nicht Hans Sachs

Strudl führte das Leben eines Boulevardiers, der es liebte, seine Nächte außerhalb des Hauses zu verbringen. Am Morgen fand er sich dann müde und schläfrig wieder ein. Sein erster Weg führte ihn in die Küche, wo er seinen Kaffee mit Schlag zu trinken pflegte. Von diesen Gewohnheiten abgesehen, hatte er sein Hundeherz an unsere alte Chang verloren, die diese Zuneigung auch erwiderte. Nach Strudls Tod war das Haus in Rexford Drive ziemlich leer und „verwaist". Im Filmgeschäft gab es eine Flaute, die sich dadurch bemerkbar gemacht hatte, daß weit weniger Filme als bisher gedreht wurden. Ich hatte also wieder einmal keine Arbeit, und daher beschlossen meine Frau und ich, auf einige Zeit nach Europa zu gehen. Lies meinte, vielleicht könnte ich wieder Theater spielen und meine Karriere, die durch Hitler unterbrochen worden war, fortsetzen. Wir mieteten in München in der Nähe der Alten Pinakothek eine kleine Wohnung, und binnen kurzer Zeit wurde mir eine Filmrolle angeboten. In der Verfilmung von Zuckmayers Theaterstück „Schinderhannes" sollte ich den Eppelsheimer spielen. Maria Schell und Curd Jürgens waren darin die Hauptdarsteller. Die Außenaufnahmen wurden im Hunsrück gedreht. Zum damaligen Zeitpunkt war das noch ein märchenhaft schöner, verwilderter Wald zwischen Saar und Mosel.

Mit „Schinderhannes" beschäftigte ich mich immer wieder in meinem Leben. Einmal in ganz jungen Jahren, als ich noch nicht ernsthaft daran dachte, Schauspieler zu werden, hatte ich an einem Regiebuch für „Schinderhannes" gearbeitet. 1995 hatte ich wieder Gelegenheit, mich mit diesem Stück auseinanderzusetzen. Ich wurde gebeten, für ein Buch über Zuckmayer ein Vorwort zu schreiben. Auf „Schinderhannes" bin ich dabei natürlich besonders eingegangen.

Während der Dreharbeiten bekam ich ein Theaterangebot aus Berlin. An der „Tribüne" sollte ich „Volpone" spielen. Ich war ziemlich aufgeregt, denn ich hatte die Berliner Theaterkultur vor 1933 in Erinnerung. Damals strebten die meisten Schauspieler ein Engagement in Berlin an. In der Weimarer Republik war ich nur einmal für zehn Tage in Berlin gewesen. An die herrlichen und einzigartigen Theatervorstellungen erinnere ich mich aber noch heute: „Aufstieg und Fall der Stadt Mahagonny" im Theater am Kurfürstendamm, „Hoffmanns Erzählungen" in einer Reinhardt-Inszenierung mit dem großartigen Baklanoff, „Rauhnacht" mit Werner Krauss und Maria Schandall. Maria, die mit mir zusammen die Neue Schule besucht hatte, machte am Schiller-Theater Karriere. 1958 haben wir uns dann nach fast dreißig Jahren wiedergesehen.

Volpone war für mich nach Othello wieder eine große tragende Rolle am Theater. Hänschen Putz spielte den Parasiten Mosca und ich den Fuchs Volpone. Auch unsere Körperproportionen stimmten mit den Rollen überein, denn Putz war mager, und ich war dick und wirkte saturiert.

Volpone steht im Banne des Goldes. Dadurch hätte er sich von vielen seiner Zeitgenossen nicht unterschieden. Was ihn aber aus der Masse der Begüterten heraushebt, ist seine Offenheit, mit der er zu diesem Laster steht.

„Sei mir gegrüßt, o Tag, und gleich darauf mein Gold! Öffne den Schrein, auf daß ich meinen Heiligen erblicke! … Heil dir, Seele der Welt und meiner selbst! …"

Obwohl er den materiellen Reichtum über alles stellt, ist er diesem nicht sklavisch verfallen. Er erkennt die Abhängigkeit und die Sensibilität seiner Umgebung gegenüber Geld und macht sich ihre Gier zunutze. Man könnte ihn als eine Art „Homo ludens" betrachten, der sich daran erbaut, wie Menschen in Profitgier ihre menschlichen Züge verlieren. Volpone bedient sich des Parasiten Mosca, doch es gibt immer wieder Phasen, wo Verführer und Verführter austauschbar sind. In solchen Momenten streift Mosca seine devote Haltung ab und übernimmt in dem teuflischen Spiel die Führung. Letztendlich ist auch Mosca an Volpones Untergang mitschuldig.

Stefan Zweigs Fassung, eine Bearbeitung aus dem Jahr 1927, hat Ben Jonsons Stück über den deutschsprachigen Raum hinaus populär gemacht; sie wurde nicht nur ins Französische übersetzt, sondern diente auch der Rückübersetzung ins Englische als Grundlage.

Der Regisseur inszenierte „Volpone" in der „Commedia de ll'arte"-Tradition. Unsere Masken und Kostüme entsprachen ebenfalls dieser Zeit. Wir waren alle rothaarig und spielten unsere Rollen nach „Commedia dell'arte"-Charakteren.

Ich spielte einen Volpone, der die meiste Zeit im Bett anzutreffen war und sich die Zeit entweder mit Frauen oder mit Geldzählen vertrieben hatte. In Frank Lothars Inszenierung war Volpone Protagonist und Antagonist in einer Person. Ebenso war auch Mosca nicht ausschließlich Volpones Werkzeug. Es gelingt ihm, indem er Volpones Schwächen ausnützt, sich von diesem zu emanzipieren und Vol-

Abb. 21: Leon Askin in
„Volpone" von Ben Jonson,
Berlin 1958/59

pone sogar zu übertrumpfen. Beide – Volpone und Mosca – verkörpern zum Bösen tendierende Charaktere, die sich in ihrer Rolle als
Verführer und Verführter abwechseln.

Nach „Volpone", der drei Monate gespielt wurde, blieb ich ein weiteres Quartal in Berlin. Frank Lothar, Direktor der „Tribüne", hatte
mich auch für „Die Herberge" von Fritz Hochwälder unter Vertrag
genommen. Anni Helveg, die Hochwälder in der Schweiz kennengelernt und ihm von mir erzählt hatte, meinte, daß Hochwälder den
Charakter des Schmugglers Berullis aus „Herberge" mir auf den Leib
geschrieben hätte. Ob es sich wirklich so zugetragen hat, kann ich
nicht sagen. Hochwälder kannte ich noch aus dem Café Eiles, wo wir
uns mit anderen jungen Schauspielern und Schriftstellern um den
großartigen Karl Forest geschart haben.

Nach Beendigung meines Berliner Engagements kehrten Lies und ich
wieder nach München zurück. Von dort unternahmen wir immer
wieder Ausflüge und kleinere Reisen. Sehr beeindruckt hat uns der

Besuch von Rothenburg ob der Tauber. Dieses Städtchen war im Mittelalter ein Zentrum für Thora- und Talmudstudien gewesen. Viele Rabbis erlitten dort den Märtyrertod, weil sie sich geweigert hatten, zum Christentum überzutreten. Während der Nazizeit, so wurde mir erzählt, ist ein Großteil der jüdischen Bevölkerung von Rothenburg in der Synagoge eingemauert worden. Nur wenige sollen von mutigen Bürgern gerettet worden sein.

Während wir in München wohnten, verbrachten wir einen Großteil unserer Freizeit auf der Zistelalm, einem Alpenhotel am Gaisberg außerhalb von Salzburg. Mit uns ins Gespräch kam die Ehefrau von einem der Brüder Hauser, denen die Zistelalm gehörte. Auffallend war, daß sie Englisch sehr gut und akzentfrei gesprochen hatte, während aus ihrem Deutsch ein starker Akzent herauszuhören war. Nachdem sie erfahren hatte, daß wir aus Beverly Hills kamen, suchte sie immer wieder unsere Gesellschaft. Ihr noch immer attraktives Gesicht, in dem das Leben Spuren hinterlassen hatte, kam mir irgendwie bekannt vor, ohne daß ich sie hätte einordnen können. Nach einigen Tagen intensiven Nachdenkens fiel mir plötzlich ein, woher ich sie kannte. Im Fernsehen war berichtet worden, daß sie von einem Komitee des US-Senats über die Mafia verhört wurde. Unsere Bekanntschaft war also Virginia Hill, die Freundin von Benji Siegel, der von Gangstern ermordet worden war. Sein Leben und sein gewaltsamer Tod wurden unter dem Titel „Bugsi" verfilmt. Virginia konnte zur Weißglut gebracht werden, wenn jemand Benji Siegel „Bugsi" nannte.

Es blieb nicht nur bei unseren Kontakten auf der Zistelalm. Lies und Virginia freundeten sich an; Virginia besuchte uns auch des öfteren in München, und wir machten Gegenbesuche bei ihr in ihrer Salzburger Wohnung. Virginia hatte damals einen minderjährigen Sohn. Nach dessen Großjährigkeit wollte sie, das erwähnte sie uns gegenüber immer wieder, nach Amerika fahren und „singen". Als wir sie kennenlernten, konnte sie nicht in die USA einreisen. Wegen ihrer Kontakte zu hohen Mafiabossen wie Lucky Luciano und Frank Costello drohten ihr in den Staaten als Mitwisserin Gefängnis. Sie erzählte uns viel über die berüchtigten Methoden der Mafia, manchmal war uns ziemlich unheimlich zumute. Ganz offen und ernst fragte sie mich einmal, ob es unter meinen Kollegen jemand gäbe, den ich beseitigt haben möchte? Erschrocken beeilte ich mich, dieses Angebot dankend abzulehnen. Virginia war aber trotz allem eine gottesfürchtige Frau und gläubige Katholikin. In ihrem Schlafzimmer hing ein Foto von Papst Pius XII., das er ihr persönlich gewidmet hatte. Einige Jahre später erfuhr ich aus der Zeitung über ihren angeblichen Selbstmord in einem Waldstück in der Nähe von Mondsee. Ich glaube nicht an die Selbstmordversion, denn Virginia war lebenslustig und liebte das Leben. Vermutlich wurde sie ihren Gangsterfreunden durch ihre Mitwisserschaft zu gefährlich, und sie entledigten sich ihrer.

Im Juli 1960 wurde mir eine Filmrolle in „Weit ist der Weg" mit dem Schlagersänger Freddy Quinn angeboten. Die Drehorte waren Brasilia, Rio de Janeiro und São Paulo. Allein der Gedanke, nach Südamerika zu fliegen, hatte mir schon Unbehagen bereitet. Die Flugreise, die damals noch mit Propellermaschinen erfolgt war, dauerte ziemlich lange. Rio de Janeiro, das hatte ich gleich nach der Ankunft feststellen können, war äußerst kontrastreich. Reichtum und absolute Armut existierten neben- und hintereinander. Hinter den Wolkenkratzern mit höchstem Komfort und einer Infrastruktur, die den Vergleich mit westlichen Standards nicht zu scheuen brauchte, begannen übergangslos die Armen-Ghettos.

Brasilia, die Hauptstadt des Landes, wurde unter Präsident Kubitschek im Inneren des Landes erbaut. Als wir mit unserer Filmgesellschaft dort eintrafen, war diese „Stadt des 21. Jahrhunderts", die auf dem Reißbrett entworfen worden war, erst im Entstehen. Es gab nur ein Hotel; das Wasser mußte – von Indianern – in riesigen Behältern auf die Stockwerke gebracht werden. An der unvorstellbar breiten Hauptstraße standen die wolkenkratzerähnlichen Regierungsgebäude, die Kathedrale und die beiden Parlamentsgebäude.

Eine eigene Straße war für die ausländischen Botschaften vorgesehen, doch es gab noch keine Gebäude, auf den Arealen standen nur Tafeln mit den Namen der ausländischen Vertretungen.

Einkäufe konnte man nur in Cidade Libre, einer etwa 35 km entfernten Stadt, erledigen. Dort gab es nicht einmal asphaltierte Straßen, doch man konnte an diesem unwirtlichen Ort – vom elegantesten Frack angefangen – alles bekommen, was man wollte. Es gab viele Banken, aber keine Polizei in Cidade Libre, in der Nacht patrouillierte berittenes Militär durch die Straßen. Überall sah man das scheinbar selbstverständliche Ineinandergehen der vielen Kontraste dieses riesigen Landes. Im Bevölkerungswirrwarr sah man Menschen des 20. Jahrhunderts und auch solche wie die Indianer, die sich noch auf einer anderen Entwicklungsstufe befunden hatten. Man begegnete schönen gesunden Menschen, aber auch dahinsiechenden Leprakranken.

Ich sah Menschen, die in Pappebehausungen lebten. Ein Fernsehapparat in so einer Behausung war durchaus kein Widerspruch. Cidade Libre hatte keine Kanalisation und auch vieles andere nicht, was für Bewohner der ersten Welt eine Selbstverständlichkeit war. Doch trotz aller Ärmlichkeit und Widersprüchlichkeit war es ein Platz, der voll von pulsierendem Leben war. Am letzten Drehtag in Brasilia waren wir von Präsidenten Kubitschek zu einem Abendessen in seine Villa eingeladen worden.

Von Brasilia ging es weiter ins Filmstudio nach São Paulo. Die Szene spielte in einer schmutzigen kleinen Bar, wo ich eine Großaufnahme zu drehen hatte.

„Action!" rief Regisseur Schleif; da es eine Großaufnahme war, sollte ich Richtung Kamera gehen und in diese schauen. Den Anordnungen der Regie folgend, schritt ich, ohne auf den Boden zu sehen, voran und bemerkte die vor mir liegende Bananenschale nicht. Ich rutschte aus und fiel hin. Innerhalb von wenigen Sekunden schwoll mein linkes Knie zu einem Ballon an. Nachdem mich ein großer starker Bühnenarbeiter in einen kleinen Volkswagen gehoben hatte, wollte mich Herr Meixner, unser Produzent, ins nächste Krankenhaus oder zumindest zu einem Arzt bringen. Doch als Ausländer mußte ich zuerst zur Gendarmerie dieses Vorortes gebracht werden. Diese brachte mich dann in ihrem Wagen zur Stadtgrenze, wo ein Rettungswagen auf mich wartete. Vom Zeitpunkt des Unfalls, der sich gegen elf Uhr ereignet hatte, bis zur Einlieferung in ein Spital in São Paulo um vierzehn Uhr dreißig waren dreieinhalb Stunden vergangen. Mir kam das alles noch viel länger vor, denn ich hatte furchtbare Schmerzen. Zu den Schmerzen kam auch noch meine Sprachlosigkeit hinzu. Ich konnte kein Wort auf portugiesisch sprechen oder verstehen. Erst im Krankenhaus fand ich drei junge Ärzte, die ein wenig Englisch sprachen. Als dann auch noch unser zweiter Regieassistent eintraf, der neben seiner portugiesischen Muttersprache auch noch des Französischen mächtig war, konnte endlich ein klärendes Gespräch geführt werden. Da ich Ausländer war, wurde mir die Privatklinik von Professor Godoi Moreira empfohlen, wo ich nach bestem medizinischen Wissen behandelt werden könnte. Nachdem der Professor die Untersuchung vorgenommen hatte, teilte er mir mit, daß ich eine zersplitterte Kniescheibe hätte und am folgenden Morgen operiert werden müsse. Die Klinik würde ich erst nach vier Wochen verlassen können. Fünf endlos lange Stunden – von 11 bis 16 Uhr – hat es gedauert, bis ich erfahren konnte, was beim Sturz mit meinem Knie passiert war. Der Unfall geschah am letzten Drehtag, und das Filmteam würde demnächst abfliegen und mich allein zurücklassen, was mich sehr beunruhigte.

Professor Moreira war nicht sicher, ob mein Knie, ohne das Einsetzen einer Metallplatte, überhaupt wieder herzustellen war. Ich antwortete ihm, daß er letztendlich nach ärztlichem Ermessen entscheiden sollte, daß ich aber, wenn es medizinisch vertretbar wäre, mein eigenes Knie behalten wollte. Meine Operation war für den nächsten Tag, das war ein Samstag, um sechs Uhr angesetzt. Noch in der Nacht hatte ich die Narkose bekommen, die so stark war, daß ich davon erst am Sonntag gegen Mittag aufwachte. Professor Moreira machte mir die freudige Mitteilung, daß er meine zersplitterte Kniescheibe ohne Einsetzen einer Metallplatte zusammenflicken konnte.

Am Nachmittag kam das Filmteam zu mir in die Klinik, um sich zu verabschieden und mir alles Gute zu wünschen. Produzent Meixner versicherte mir, daß ich sehr gut aufgehoben sei und daß sich der portugiesische Coproduzent sowohl um die finanzielle Regelung des Spitalsaufenthaltes als auch um meinen Rückflug kümmern würde.

Nachdem alle weggeflogen waren, bekam ich von nun an Besuch von einem indianischen Bühnenarbeiter. Dieser Mann kam und saß täglich ein bis zwei Stunden bei mir am Bett und lächelte. Ich nannte

Abb. 22: Leon Askin mit James Cagney in Billy Wilders Film
„Eins, Zwei, Drei", 1961

ihn „meinen stummen Besucher", denn wir konnten uns nicht verständigen. Trotzdem tat mir seine Anwesenheit gut; sein schönes,
leicht braunes Gesicht sehe ich noch heute vor mir. Besuch bekam ich
auch noch von anderen, mir bis dahin fremden Menschen. Patienten
aus anderen Krankenzimmern und auch deren Besucher kamen zu
mir herein, um nach mir zu sehen. Mit einigen konnte ich mich sogar auf deutsch unterhalten. So fühlte ich mich nicht mehr so einsam,
das warmherzige Wesen der brasilianischen Menschen hat mir sehr
geholfen, diese Zeit zu überstehen. Nach vier Wochen war nach Professor Moreiras Ansicht der Heilungsprozeß so weit fortgeschritten,
daß ich die Klinik verlassen und den Rückflug nach München antreten konnte.

Mit der KLM flog ich nach Amsterdam, wo ich Lies, die mich dort
erwartet hatte, endlich in die Arme schließen konnte. Wir hatten uns
eine Ewigkeit nicht gesehen und nicht geliebt; und so verbrachten
wir trotz meines Gipsverbandes eine leidenschaftliche Liebesnacht im

Hotel des Flughafens. Nächte wie diese, und wir hatten in unserem langen gemeinsamen Leben viele solche, machen mir das traurige Ende unserer Ehe noch unverständlicher.

Am nächsten Morgen ging es mit dem Flugzeug weiter nach München, wo ich mich sofort in ärztliche Behandlung begab. Als mir Monate später von meinem Arzt ein Urlaub in Arosa erlaubt wurde, blieb das Pech nicht aus. Mein Knie gab nach, und die bereits verheilte Operationswunde riß wieder auf. Mit einem Rettungswagen wurde ich schnellstens nach Chur gebracht, wo ich neuerlich operiert werden mußte. Nach vierzehn Tagen konnte ich das Krankenhaus verlassen. Mit einem alten gemieteten Lancia und einem noch älteren Chauffeur machten wir uns auf den Weg nach München in unsere kleine, aber hübsche Wohnung in der Nähe der Alten Pinakothek.

Meine Erholungsphase sollte nicht lange dauern, denn Billy Wilder engagierte mich für seinen erst viel später berühmt gewordenen Film „Eins, Zwei, Drei", in dem ich den sowjetischen Kommissar Peripetschikoff spielte. Im verhängnisvollen Sommer 1961 begannen wir in Berlin die Dreharbeiten zu „Eins, Zwei, Drei". Doch schon nach wenigen Tagen mußten wir wegen der politischen Lage* nach München ausweichen und das Brandenburger Tor in Geiselgasteig nachbauen. Wir waren mit den Dreharbeiten in München schon ziemlich weit fortgeschritten, als Horst Buchholz, unser junger Hauptdarsteller, einen Autounfall hatte, der ihm wahrscheinlich das Leben gekostet hätte, wenn Billy Wilder nicht geistesgegenwärtig reagiert hätte. „Eins, Zwei, Drei" fiel bei der Premiere fast überall durch; heute ist es aber ein Kultfilm.

Mit Billy Wilder zu filmen ist für jeden Schauspieler, der Perfektion anstrebt, eine Freude und ein Erlebnis; denn er ist ein wahrer Meister in seinem Beruf. Einige junge Regisseure und auch Schauspieler halten Wilder zwar für einen guten, aber altmodischen Regisseur. Doch was heißt altmodisch? Was sind die Kriterien der Beurtei-

---

* Um die Massenflucht aus der DDR zu unterbinden, hat die ostdeutsche Regierung eine Mauer zwischen Ost- und West-Berlin errichtet.

lung? Ein Großteil der heutigen Filme weist lebensverachtende Tendenzen auf. Gewalt und Brutalität ersetzen zunehmend die Handlung. Filme, wie sie Wilder gemacht hat, liegen nicht im Trend unserer auf Action ausgerichteten Zeit. Es gibt kaum noch Komödien im Stil von Billy Wilder. Wenn seine Intentionen, eine Rolle vollendet zu charakterisieren, als altmodisch gelten, dann kann ich nur mehr Raimund zitieren und sagen „Wünsch guate Nocht, do wuell i liaba Gärtner bleiben."

Wilders Filme hatten immer eine abgerundete vollendete Handlung. In der Erzielung dieser Effekte liegt für mich das Meisterhafte eines Regisseurs.

25

Pozzo in Wien

Lies und ich waren schon im Begriff, unseren Münchner Haushalt aufzulösen und nach Beverly Hills zurückzukehren, als mir vom Theater in der Josefstadt eine Rolle angeboten wurde. Ich sollte in Becketts Stück „Warten auf Godot" Pozzo spielen. Diesem Angebot konnte ich nicht widerstehen, und so verschoben wir die Rückkehr nach Hollywood und übersiedelten vorübergehend nach Wien.

Als „Warten auf Godot" zum ersten Mal am Broadway mit Bert Lahr, einem der populärsten amerikanischen Komödienschauspieler, aufgeführt wurde, war es alles andere als ein Erfolg. Doch ich glaube, daß diesem Stück nirgendwo ein sofortiger Erfolg beschieden war. Bei einer unserer Aufführungen in der Josefstadt hatten Besucher ebenfalls schimpfend das Theater verlassen. Otto Schenk, der den Landstreicher Wladimir spielte, fühlte sich dadurch derart provoziert, daß er die aus dem Theater Flüchtenden als Dummköpfe be- beschimpfte.

Das Publikum hat das Stück nicht verstanden. Ich hatte anfangs auch meine Probleme damit. Erst während der Proben, als ich mit Schenk, Messner und Hellmich auf der Bühne stand und wir den An- weisungen unseres Regisseurs Zbonek folgten, begann ich das Stück und meine Rolle zu verstehen.*

Meine Rolle, Pozzo, ist verglichen mit den Rollen der beiden Land- streicher – Wladimir und Estragon – geradezu ein Kinderspiel. Pozzo

---

* „Warten auf Godot" wurde 1962 von Edwin Zbonek in der Josefstadt inszeniert – mit Otto Schenk als Wladimir, Franz Messner als Estragon, Karl Hellmich als Lucky, Charles Elin als Junge und Leon Askin als Pozzo.

Abb. 23: Leon Askin als „Pozzo" in „Warten auf Godot" von Samuel Beckett. Wien, Theater in der Josefstadt 1962

agiert in einer für uns verständlichen Weise als Herr. Wladimir und Estragon repräsentieren Charaktere, die aus irgendwelchen Gründen aus der Gesellschaft ausgegrenzt sind. Zeit spielt für sie keine Rolle, sie haben zuviel davon. Sie werden nicht gebraucht, und sie fehlen niemandem. Auf den ersten Blick scheinen Wladimir und Estragon gegenüber dem versklavten Lucky in einer besseren Position zu sein, doch ihre Lebensumstände lassen ein selbstbestimmtes Leben genausowenig zu. Warten scheint ihr einziger Lebenssinn zu sein – und das ohne Hoffnung. Die Gewöhnung an den Dreck ist ihre Überlebensstrategie, denn: „… Im Grunde ändert sich nichts …"

Der internalisierten Ohnmacht der Benachteiligten steht die selbstbewußte Haltung von Pozzo gegenüber. Dieser interpretiert seine Herrenrolle gegenüber Lucky als Laune des Schicksals. „Schließlich hätte ich in seiner Haut stecken können und er in meiner. Wenn der Zufall es nicht anders gewollt hätte. Jedem das Seine." Die gottgewollte Ordnung oder der weltliche Zufall dienen als Erklärung für das Herren- und Knechtdasein in unserer Welt.

Auf die totale Verwertbarkeit des Menschen in unserem Jahrhundert anspielend, erklärt Pozzo Wladimir und Estragon, die selbst kein Bewußtsein über ihre Lage haben, die aber Luckys Schicksal teils mit Mitleid, teils mit Verachtung registrieren: „… Aber anstatt ihn fortzujagen, wie ich es gekonnt hätte, ich meine, anstatt ihn einfach mit Fußtritten vor die Tür zu setzen, bring' ich ihn – so gut bin ich nun mal – zum Salvator-Markt, wo er mir noch etwas einbringen wird. Offen gestanden, solche Wesen fortjagen, das ist unmöglich. Das beste wär', sie einfach zu töten."

Lucky, der Pozzos Äußerungen gehört hatte, beginnt daraufhin zu weinen. Estragon will Luckys Tränen trocknen und bekommt von diesem einen Fußtritt. Lucky, der es nicht wagt, gegen seinen Versklaver aufzutreten, reagiert sich skrupellos an Estragon ab, der ihm vorsichtig und unbeholfen menschliches Mitgefühl entgegenbringen will. Solidarität unter den Entrechteten kommt in den meisten Fällen nicht zustande. Daher können Menschen wie Pozzo andere Menschen gebrauchen und ausbeuten. Unsere Gesellschaft hat Unterdrückung als Machtmechanismus akzeptiert. Pozzo nimmt auf Luckys Aggression gegenüber Estragon Bezug: „Er weint nicht mehr. Sie haben ihn sozusagen abgelöst … Die Tränen der Welt sind unvergänglich. Für jeden, der anfängt zu weinen, hört irgendwo ein anderer auf. Genauso ist es mit dem Lachen …"

An einem Abend, an welchem Wladimir und Estragon wieder einmal vergeblich auf Godot gewartet haben, spricht Estragon die Aussichtslosigkeit ihrer Lage an. Er meint, dieser nur mehr mit einem Strick entkommen zu können: „Hilf mir daran zu denken, daß ich morgen einen Strick mitbringe."

Bei Estragons Versuch, eine Erklärung für seine Situation zu finden, läßt er auch anklingen, daß ihm möglicherweise das mehr als fünfzigjährige Beisammensein mit Wladimir geschadet hätte: „Ich frage mich, ob wir nicht besser allein geblieben wären, jeder für sich … Wir waren nicht für denselben Weg gemacht." Er erkennt nicht, daß Wladimir nur sein Spiegelbild und nicht der Verursacher seiner Misere ist.

Zwischen dem ersten und zweiten Akt scheint etwas Furchtbares passiert zu sein. Der Schluß liegt nahe, daß viel mehr Zeit als nur eine Nacht vergangen sein muß. Das Erinnerungsvermögen von Estragon funktioniert nicht mehr sehr gut. Estragon meint dazu nur lapidar: „Ich bin nun mal so. Entweder vergesse ich sofort oder ich vergesse niemals."

Er versteht gefühlsmäßig, daß das Vergessenkönnen in seinem Fall eine Gnade ist, die ihm das Weiterleben ermöglicht.

Estragon wendet sich wütend an Wladimir: „Wiedererkennen! Was ist da wiederzuerkennen? Ich bin mein Leben lang in der Sandwüste herumgezogen! Und da verlangst du, daß ich Nuancen sehe! … Schau dir doch den Dreck an. Ich bin hier nie herausgekommen."

Pozzo und Lucky kommen wieder ins Spiel, der eine ist blind, der andere stumm geworden. Pozzo, der bessere Zeiten erlebt hat, benötigt Hilfe und läßt sich dabei von Wladimir und Estragon in ein Gespräch verwickeln. Sie können sich seinen körperlichen Verfall nicht erklären und stellen Pozzo Fragen. Wladimir fühlt sich nicht wohl dabei und meint, Estragon solle ihn in Ruhe lassen: „Siehst du nicht, daß er dabei ist, sich an sein Glück zu erinnern? … Memoria praeteritorum bonorum – das muß grauenvoll sein."

Pozzo erträgt seine Blindheit mit ziemlicher Gelassenheit. Nur die wiederholten Fragen von Wladimir und Estragon, wann denn das Furchtbare passiert sei, bringen ihn aus der Fassung:

„Hören Sie endlich auf, mich mit Ihrer verdammten Zeit verrückt zu machen? Es ist unerhört! Wann! Wann! Eines Tages, genügt Ihnen das nicht? Irgendeines Tages ist er stumm geworden, eines Tages bin ich blind geworden, eines Tages werden wir taub, eines Tages wurden wir geboren, eines Tages sterben wir, am selben Tag, im selben Augenblick, genügt Ihnen das nicht? … Sie gebären rittlings über dem Grabe, der Tag erglänzt einen Augenblick und dann von neuem die Nacht."

Auch für Pozzo spielt der herkömmliche Zeitbegriff keine Rolle mehr. Das Wissen um die Begrenztheit des Irdischen genügt ihm. Der Anfang des Lebens ist auch ein untrüglicher Indikator dafür, daß wir ein Ende zu erwarten haben. Alles, was sich zwischen Geburt und Tod abspielt, ist nur Ausdruck unserer Vergänglichkeit. Über unsere Lebensspanne dürfen wir uns aber ebenfalls keine Illusionen machen, denn die Freuden sind, verglichen mit der Dunkelheit, nur kurz.

Auch Wladimir empfindet das Leben als Mühsal. „Man hat Zeit genug, um alt zu werden. Die Luft ist voll von unseren Schreien."

Das Leben – eine Aneinanderreihung von Dialogen und Alpträumen, die sich unausweichlich wiederholen. Die einzige Zuversicht, die Wladimir und Estragon bleibt, ist jene, daß sie ihr Leben selbst beenden können. Am Ende eines Tages, der den vergangenen an Aussichtslosigkeit ähnlich war, haben sie nur einen Trost, daß sie über ihren Abgang frei entscheiden können. „Morgen hängen wir uns auf ... Es sei denn, daß Godot käme." Man weiß nicht, was man ihnen wünschen soll.

„Warten auf Godot" ist ein Meilenstein in der Theatergeschichte dieses Jahrhunderts. Unsere Aufführung im Theater in der Josefstadt im Jahre 1962 war trotz gelegentlicher Unmutsäußerungen im Publikum ein schöner Erfolg. Auch meine Darstellung der Rolle ist gut angekommen. Dadurch verleitet, hoffte ich insgeheim doch noch auf eine Schauspielerkarriere in meiner Geburtsstadt, aber diese Hoffnung erfüllte sich 1962 noch nicht. So kehrte ich nach Amerika zurück. Es sollten noch viele Jahre vergehen, ehe ich in Österreich anerkannt wurde.

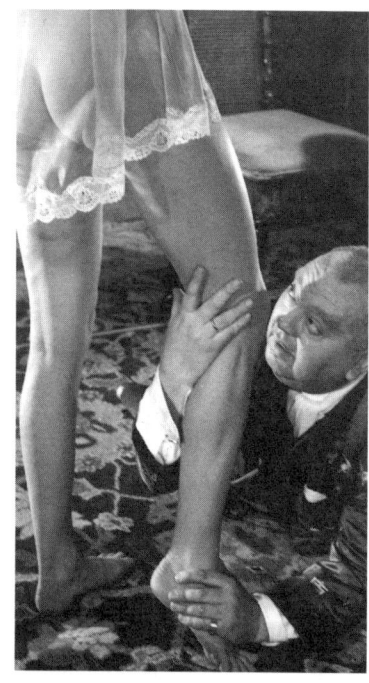

Abb. 24/25: Leon Askin
mit Nadja Tiller in „Lulu" von
Frank Wedekind, Wien 1962

Abb. 26/27: Leon Askin als komischer Bösewicht mit Elke Sommer in „The Pearls of Pauline", 1963

317

– Szenenfotos aus „The Pearls of Pauline"–

318

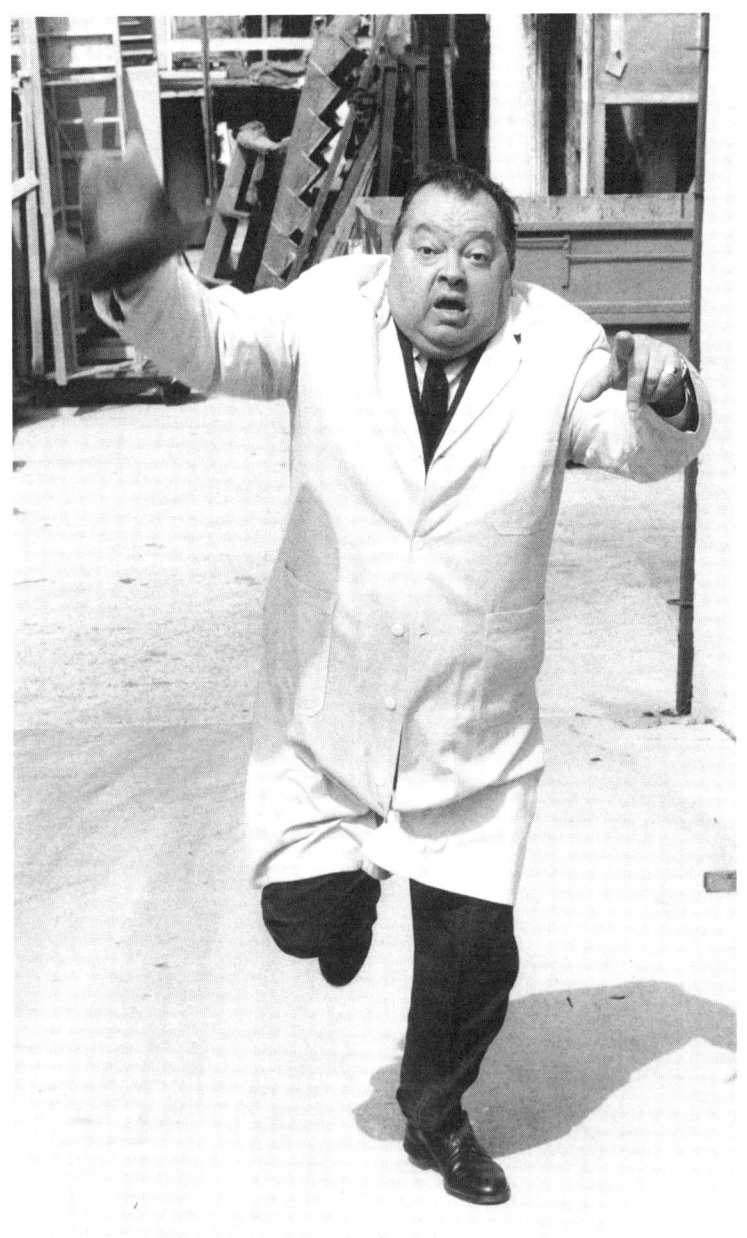

Abb. 34: Leon Askin mit Doris Day in „Bitte nicht stören", 1965

26

Eitelkeit

Lies und ich waren selig, wieder in unserem Haus zu sein. Es war auch ein schönes Gefühl, von jedem Polizisten, Milchmann und Briefträger in Beverly Hills mit „Hello, Leon, glad you 're back" begrüßt zu werden. Der unkonventionelle Umgang der Menschen miteinander war sehr wohltuend.

Ich war in Europa ziemlich erfolgreich, spielte in Wien und Berlin am Theater in Hauptrollen und war unter Vertrag bei Atze Brauner, einer der größten Filmfirmen in Berlin. Für Hollywood war das aber uninteressant. Bei meinem ersten Interview für einen Fernsehfilm wurde ich gefragt, ob ich je eine Bartrolle gespielt habe oder mir vorstellen könne, eine zu spielen? Was für eine alberne Frage für einen Schauspieler, der sein Handwerk gelernt und ausgeübt hatte. Diese kleine Episode endete damit, daß der Produzent, der mich gekannt hatte, dem Regisseur ein Zeichen gab, diese lächerliche Befragung zu beenden. Ich wurde für diese Rolle engagiert und spielte sie natürlich ohne Bart und ungeschminkt.

Selbst als ich glaubte, bereits ein akzentfreies Englisch zu sprechen, hatte mein Englisch immer noch einen leichten Akzent, der vom amerikanischen oder britischen Publikum wahrgenommen werden konnte. So spielte ich immer wieder irgendwelche Exoten: einen arabischen Scheich, einen französischen Hochstapler, einen holländischen Schiffskapitän, einen belgischen Polizeikommissar, einen spanischen Kardinal, einen österreichischen Wollhändler und noch etliche andere Nationalitäten. Ich spielte komische Bösewichte aus allen Ländern und in allen Ländern. Auch das war eine Folge des Exils, denn Schauspieler sind mehr als andere Berufsgruppen von der Sprache abhängig. Meine Karriere wäre im deutschsprachigen Raum ganz anders verlaufen.

Das Jahr seit unserer Rückkehr habe ich als geruhsam und beinahe idyllisch in Erinnerung, bis die Nachricht von der Ermordung John F. Kennedys nicht nur Beverly Hills aus seinem Wohlstandsschlaf riß, sondern die gesamte USA und den Rest der Welt in Trauer und Schock versetzte. Ich befand mich zum Zeitpunkt des Attentats in einem Plattengeschäft am Beverly Drive, als aus dem Radio das Unglaubliche mehr geschrien als gesprochen zu vernehmen war: „Auf Präsident Kennedy wurde geschossen, er lebt noch, er ist nicht tot!" Ich raste aus dem Geschäft und schrie diese Nachricht Lies zu, die in unserem Wagen vor dem Laden gewartet hatte. Wir fuhren nach Hause und verfolgten wie die meisten Amerikaner das traurige Spektakel bis zu Kennedys Begräbnis auf dem Heldenfriedhof in Arlington im Fernsehen.

Im Jahre 1941 inszenierte ich mit halbprofessionellen Schauspielern „Troilus und Cressida" auf beinahe revolutionäre Weise, ohne daß ich mir damals bewußt gewesen war, eines der wichtigsten Stücke von Shakespeare zu bearbeiten. Vielleicht war es der Wagemut eines jungen Mannes, der ein Scheitern nicht einkalkulierte.

„Armer Yorick" heißt es in der Totengräberszene im „Hamlet". Armer Leon Askin, der nicht wußte, was auf ihn zukam, als Robert Vaughn, der Star der erfolgreichen Fernsehserie „The Man From U.N.C.L.E.", den Wunsch äußerte, in meiner Inszenierung den Hamlet zu spielen. Abgesehen davon, daß ich mich dadurch sehr geschmeichelt fühlte, wollte ich diese große Chance ergreifen und verdrängte aufkommende Bedenken. Der Mißerfolg war somit vorprogrammiert. Denn Robert Vaughn war alles andere als ein Hamlet. Eine der vernichtendsten Kritiken über meine „Hamlet"-Inszenierung lautete ungefähr so: „Ohne einen geeigneten Hamlet-Darsteller zu haben, soll man ‚Hamlet' eben nicht spielen!" Aus Eitelkeit tat ich es aber trotzdem.

Vor ein paar Jahren sah ich in Los Angeles eine Shakespeare-Aufführung des „Théâtre du Soleil". Ariane Mnouchkine inszenierte „Was ihr wollt" – sie spielte mit herrlichen komödiantischen Schauspielern auf einer leeren Bühne mit in die Tiefe flutendem Horizont. Großartig, spektakulär und doch ganz im Sinne von Shakespeare.

Abb. 35: Leon Askin und Eleonor Parker in
„The Caper of the Golden Bulls", 1967

Im ausgehenden zwanzigsten Jahrhundert wird viel über Regietheater gesprochen. Diese Form der Bearbeitung bedeutet, daß der Inszenierung einer Aufführung ein größerer Stellenwert beigemessen wird als dem Stück. Das Stück ist aber das Werk des Autors; und wenn eine Inszenierung die Worte – und damit auch das Werk – des Dramatikers „erdrückt", dann ist das weder im Sinne des Stückes noch des Stückeschreibers. Nach meinem Verständnis soll der Regisseur im besten Falle ein Helfer des Autors sein, der die geschriebenen Rollencharaktere durch Schauspieler zum Leben erweckt.

Ein lebender Autor kann sich gegen einen zu freien Umgang mit seinem Werk zur Wehr setzen, ein toter kann das nicht mehr. Zu große Freiheiten des Regisseurs waren den meisten Stücken eher abträglich. Ein Regisseur, der mit einem Stück zu großzügig umgeht, kümmert sich auch wenig um den kulturellen Hintergrund des Publikums.

Seine Intentionen gehen nicht in die Richtung, das Stück in einer Weise auf die Bühne zu bringen, daß es auch jenen etwas zu sagen hat, denen es vorher noch unbekannt war.

Der Regisseur einer „Hamlet"-Aufführung wurde bei seinem Besuch in einer New Yorker Schauspielschule von den Studenten gefragt, warum er in seiner Inszenierung die Totengräberszene weggelassen habe? Seine Anwort – die kenne ohnehin jeder – ist sehr bezeichnend für den willkürlichen Umgang mancher Regisseure mit Shakespeare. Doch nicht nur Regisseure können Shakespeare „entstellen", sondern auch Schauspieler, die sich für Shakespeare-Experten halten. Sie klammern sich zu sehr an Details und verlieren den Sinn für das Ganze. Dem Werk Shakespeares weniger abträglich ist ein Schauspieler, der nie vorher Shakespeare gespielt hat. Ein guter Regisseur kann aus so einem Darsteller viel herausholen.

Der Schauspieler, der Shakespeare spielt, muß immer darauf bedacht sein, sich nie im Vers zu verlieren. Ein Meister, der Shakespeare nicht nur zu spielen, sondern auch zu sprechen wußte, war Sir Laurence Olivier. Deutschsprachige Shakespeare-Darsteller neig(t)en vielfach zum Deklamieren und Rezitieren. Es ist aber nicht leicht, Shakespeares Versmaß einzuhalten und natürlich zu sprechen. Nur wenige deutschsprachige Schauspieler können Shakespeare auf diese Weise dem Publikum vermitteln. Der verstorbene Oscar Werner hatte diese Fähigkeit.

Ich habe in meinem Leben bedeutende Hamlet-Darsteller gesehen, aber Raoul Maria Aslan war für mich in seiner ironisierenden Art, die bisweilen ins Zynische ging, der beste. Sein Hamlet blieb nicht im Selbstmitleid stecken. Hans Jaray war ein schöner junger Hamlet, was Alfred Polgar in seiner Kritik besonders hervorgehoben hatte: „Endlich einmal ein wahrer junger Prinz!" Der für seine bissigen Kommentare bekannte Kortner hätte dem wahrscheinlich hinzugefügt: „Jungsein allein ist nicht abendfüllend!"

Von den drei modernen britischen Hamlet-Darstellern – Laurence Olivier, Leslie Howard, John Gielgud – beeindruckte mich Gielgud am meisten.

Der berühmte Reinhardt-Star Alexander Moissi verzichtete auf die traditionelle elisabethanische Kostümierung. Er trat in Frack und Knickerbockers auf und brachte Hamlet in unsere Zeit.

Je länger ich mich mit dem Stück beschäftigte, desto mehr wurde ich darin bestärkt, daß es sich dabei weniger um ein Theaterstück als vielmehr um eine Aneinanderreihung von Monologen handelt, in denen Hamlet sein Denken und Fühlen darlegt. Das Werk ist aber auch wie kein anderes von Shakespeare auf die Hauptfigur ausgerichtet. Überspitzt könnte man sagen, es ist ein Einpersonenstück mit Partnern, die ihm die passenden Stichworte liefern. Hamlets Rolle macht ungefähr die Hälfte des Gesamttextes aus. Die Länge der Rolle und ihre subtile Gestaltung, die die ungeheuren seelischen Spannungen und Kämpfe des Dänenprinzen vermitteln will, macht sie zu den schwierigsten und interessantesten und verlangt auch vom Darsteller ein Höchstmaß an menschlichem Einfühlungsvermögen. Im Unterschied zu anderen tragischen Shakespeare-Rollen, die alle mehr oder weniger agierende Charaktere waren, erleben wir Hamlet von Anfang an als Reagierenden. Bei Lear erleben wir den Fall eines selbstherrlichen alten Mannes, der sich in seiner Allmacht verkalkuliert hat. Er rührt uns erst in seinem Leid. Hamlet muß nicht erst fallen, er steht rang- und machtmäßig tiefer. Seine Tragik liegt darin, daß er an Umständen zugrunde geht, für die ausschließlich andere verantwortlich sind.* Das macht diese Figur so stark, beeindruckend und echt, denn Menschen geraten oft schuldlos ins Unglück.

Da es in meinem Buch hauptsächlich um Protagonisten und Antagonisten auf der Bühne geht, könnte man Hamlet als passiven Protagonisten und Claudius als aktiven Antagonisten bezeichnen.

König Claudius, der Brudermörder und Gattenschänder, kann sich lange Zeit hindurch als fürsorglicher Stiefvater, liebender Gatte und souveräner Herrscher präsentieren. Den Makel, daß seine neue Rolle auf einem Verbrechen basiert, den will er vergessen und vergessen machen. Anfänglich verläuft alles nach Plan. Nur Hamlet ge-

---

* William Shakespeare: Hamlet. Reclam 1993, S. 128 f.

genüber befindet er sich in Ungewißheit. Als er Hamlet trotz seines verständnisvollen Werbens nicht für sich gewinnen kann, erkennt er die Gefahr, die von Hamlet ausgeht. Der Ausweg in weitere Verbrechen zeichnet sich ab. Denn jemand, der durch Mord zu Weib und Herrschaft kommt, scheut nicht davor zurück, seinen Status und Besitz durch weitere Morde zu verteidigen.

Die Handlung bekommt ihren dramatischen Antrieb durch die Erscheinung des Geistes von Hamlets Vater. Wie bringt man aber einen Geist glaubhaft auf die Bühne? Viele Regisseure versuchten, das Problem dadurch zu lösen, daß sie Hamlet das Phänomen der Geistererscheinung auf der Bühne erzählen ließen. Ein verstört wirkender junger Prinz wiederholte das Unfaßbare, das er vom Geist des Ermordeten vernommen hatte. Meiner Meinung nach schwächt dieses Lösungsmuster den dramatischen Effekt ziemlich ab. Der Geist muß erscheinen, und er muß glaubhaft auf der Bühne erscheinen. In unserem Zeitalter, wo technisch alles machbar zu sein scheint, müßte es doch auch möglich sein, übernatürliche Ereignisse darzustellen. Vorstellbar wäre, eine in Nebel oder Rauch gehüllte menschliche Figur einfließen zu lassen. Die Darstellung des Geistes allein genügt aber nicht, es bedarf dafür auch einer besonderen Bereitschaft und Sensibilität bei Hamlet und seinem Kreis. Das nordische Klima, die langen Nächte und Nebel könnten den Hang zum Übersinnlichen erklären. Hamlet, für den der plötzliche Tod seines Vaters nicht nur schmerzlich, sondern auch zweifelhaft ist, will Klarheit um jeden Preis und ist daher auch bereit, Kontakt mit dem toten Vater aufzunehmen. Nachdem der Geist kurz den Hergang des Verbrechens geschildert hat, fordert er seinen Sohn auf, ihn zu rächen. Der Mutter dürfe Hamlet aber nichts antun, sie solle, von Reue und schlechtem Gewissen gepeinigt, weiterleben und dem göttlichen Gericht Rechenschaft abgeben.

> „Hast du Natur in dir, so leid es nicht;
> Laß Dänemarks königliches Bett kein Lager
> Für Blutschand, und verruchte Wollust sein.
> Doch, wie du immer diese Tat betreibst,

Befleck dein Herz nicht; dein Gemüt ersinne
Nichts gegen deine Mutter; überlaß sie
Dem Himmel und den Dornen, die im Busen
Ihr stechend wohnen ..."

Die Worte bohren sich in Hamlets Herz und Sinn und lassen ihn
nicht mehr los. Er würde den Vatermörder töten, doch er möchte alle
Zweifel ausgeschaltet wissen. Hamlet ist ein vernunftbetonter
Mensch. Die anklagenden Worte des Geistes haben ihn zwar sehr
gerührt, doch im hintersten Winkel seines Verstandes sucht er nach
unwiderlegbaren Beweisen. Zu diesem Zweck läßt er vor dem Kö-
nigspaar und dem gesamten Hof ein Theaterstück aufführen, das den
Mordhergang zum Thema hat. Hamlet erhält durch die Reaktion
von Claudius den letzten Beweis von dessen Schuld. Nicht nur Claudius ist entlarvt, auch Hamlets Absichten sind klar. Der weitere
Handlungsverlauf bekommt dadurch eine besondere Dynamik.

Polonius ist das erste Opfer des zu erwartenden Gemetzels. Hamlet
tötet ihn irrtümlich. Als er zu seiner Mutter geht, um ihr ins Gewissen zu reden, verausgabt er sich dabei emotional so stark, daß der
Geist von Hamlets Vater kurz erscheint, um ihn daran zu erinnern,
der Mutter nichts anzutun. In dieser Szene gelang es mir, die Erscheinung aus dem Jenseits auf sehr glaubhafte Weise auf die Bühne
zu bringen. Der Ruhm gebührte aber nicht mir, der Zufall hatte dabei Regie geführt. Ein kleiner, nicht funktionierender Scheinwerfer
im Souffleurkasten reflektierte Hamlets Schatten in einem Spiegel,
der sich im Zimmer der Königin befunden hatte. Dieser fahrige und
beinahe durchsichtige Schatten einer menschlichen Figur hatte wirklich etwas Gespenstisches an sich.

Die Kinder von Polonius – Laertes und Ophelia – reagieren auf
selbstzerstörerische Weise auf die Ermordung ihres Vaters. Ophelia
wird wahnsinnig und ertränkt sich, und Laertes wird von tödlichen
Racheplänen zerfressen. Claudius versteht auf subtile Weise, Laertes
in seinem Schmerz und seiner Trauer zu benützen. Denn solange
Hamlet am Leben ist, wird sich Claudius seines Lebens nicht mehr

freuen können. Claudius steigert daher Laertes Wunsch nach Rache, seine Worte sind Gift in Laertes gequälter Seele und verfehlen ihre Wirkung nicht.

> „Nicht als ob ich dächte,
> Ihr hättet Euren Vater nicht geliebt.
> Doch weiß ich, durch die Zeit beginnt die Liebe,
> Und seh an Proben der Erfahrung auch,
> Daß Zeit derselben Glut und Funken mäßigt.
> Im Innersten der Liebesflamme lebt
> Eine Art von Docht und Schnuppe, die sie dämpft,
> Und nichts beharrt in gleicher Güte stets:
> Denn Güte, die vollblütig wird, erstirbt
> Im eignen Allzuviel. Was man will tun,
> Das soll man, wenn man will; denn dies ‚will‘ ändert sich.
> … Doch zum Kern der Sache!
> … was wollt Ihr unternehmen,
> Um Euch zu zeigen Eures Vaters Sohn
> In Taten mehr als in Worten?“

Von König Claudius ausgenommen, scheinen die männlichen Hauptfiguren eher im Wort als in der Tat beheimatet zu sein. Anders ist Claudius' Aufforderung zur Rache nicht zu verstehen. Das Wollen in die Tat umzusetzen, das bereitet auch Hamlet Probleme. Der psychische Druck, dem er durch seine Handlungsunfähigkeit ausgesetzt ist, wird noch größer, als er den Truppen des norwegischen Königs begegnet, die auf dem Weg nach Polen durch dänisches Gebiet müssen. Vom Hauptmann des fremden Heeres erfährt Hamlet, daß der immense Einsatz an Menschen und Material nur der Gewinnung eines kleinen Fleckchens gelte,

> „Das keinen Vorteil als den Namen bringt …
> weder den Polen noch den Norwegern …“

Dieses Heer und sein fragwürdiger Marschbefehl mahnen Hamlet um so mehr zur Tat.

Abb. 36/37:
Leon Askin in „La Morte
Bussa due Volta“, 1969

„… Wahrhaft groß sein, heißt,
Nicht ohne großen Gegenstand sich regen;
Doch einen Strohhalm selber groß verfechten,
Wenn Ehre auf dem Spiel steht. Wie steh denn ich,
Den seines Vaters Mord, der Mutter Schande,
Antriebe der Vernunft und des Geblüts,
Den nichts erweckt? Ich seh indes beschämt
Den nahen Tod von zwanzigtausend Mann,
Die für 'ne Grille, ein Phantom des Ruhms,
Zum Grab gehen wie ins Bett: es gilt ein Fleckchen,
Worauf die Zahl den Streit nicht führen kann:
Nicht Gruft genug und Raum, um die Erschlagenen
Nur zu verbergen. O von Stund' an trachtet
Nach Blut, Gedanken, oder seid verachtet!"

In einem seiner großen Monologe nimmt Hamlet in beinahe psychoanalytischer Weise auf Beharrungsvermögen und Passivität der Menschen Bezug:

„… Daß wir die Übel, die wir haben, lieber
Ertragen, als zu unbekannten fliehen.
So macht Gewissen Feige aus uns allen …"

Das Unbekannte und Fremde, das wir zeit unseres Lebens durch Lügen und Selbsttäuschung umgehen wollen, bleibt aber keinem von uns erspart. In seiner extremsten Form ist der Tod und die Frage, was danach kommt, das einzig wirklich Unbekannte für uns Sterbliche:

„… Das unentdeckte Land, von des Bezirk
Kein Wandrer wiederkehrt …"

In diesem Monolog klingt aber auch eine Sehnsucht nach Ruhe heraus, die nur im Tode erreicht werden kann. Wie soll man den Plagen des Lebens begegnen, soll man sie duldend ertragen oder sich gegen sie auflehnen? Hamlets Gedanken verraten uns seine Neigung, wenn er ausschließlich für sich selbst verantwortlich wäre, wenn er nicht für die Seelenruhe seines ermordeten Vaters einstehen müßte:

„… Sterben – schlafen –
Schlafen! Vielleicht auch träumen! – Ja, da liegt's :
Was in dem Schlaf für Träume kommen mögen,
Wenn wir den Drang des Ird'schen abgeschüttelt,
Das zwingt uns stillzustehen. Das ist die Rücksicht,
Die Elend läßt zu hohen Jahren kommen.
Denn wer ertrüg' der Zeiten Spott und Geißel,
Des Mächt'gen Druck, des Stolzen Mißhandlungen,
Verschmähter Liebe Pein, des Rechtes Aufschub,
Den Übermut der Ämter und die Schmach,
Die Unwert schweigendem Verdienst erweist,
Wenn er sich selbst in Ruhstand setzen könnte
Mit einer Nadel bloß? Wer trüge Lasten
Und stöhnt' und schwitzte unter Lebensmüh'? …"

Daß Hamlet an der Verkommenheit der Welt und der Menschen gelitten hat, war schon vor der Erscheinung des Geistes mit seiner
furchtbaren Botschaft erkennbar. Die überstürzte Heirat der Mutter
hatte seine Gefühle und Wertvorstellungen aufs schwerste erschüttert.
Gegenüber Horatio ironisierte er die fragwürdige Schnelligkeit als
ökonomische Vernunft.

„Wirtschaft, Horatio! Wirtschaft! Das Gebackne
Vom Leichenschmaus gab kalte Hochzeitsschüsseln."

Hamlets Frauenbild ist durch das Verhalten der Mutter schon ziemlich negativ besetzt. Als ihn dann auch noch Ophelia im Stich läßt,
indem sie auf Geheiß ihres Vaters die Verbindung zu Hamlet ab-
bricht, empfindet er nicht nur für die Mutter und die Geliebte, sondern für alle Frauen Verachtung. Denn Frauenliebe ist kurz.
    Am Ende gibt es einen Sieg über das Böse. Claudius, der die
Tragödie ausgelöst hat, kommt um, aber auch viele Unschuldige müssen dabei ihr Leben lassen. Hamlet, dessen junges Leben durch Gift
ausgelöscht wird, möchte vor der Nachwelt bestehen und bittet seinen Freund Horatio: „… erkläre mich und meine Sache/ Den Unbe-
friedigten."

Abb. 38: Leon Askin als Gangster in „Perahim", im Gespräch mit dem
Regisseur Geissendorfer, 1973

In Anbetracht der Toten, der schuldigen wie der schuldlosen, könnte
man denken, daß es besser gewesen wäre, wenn Hamlet die Vergangenheit hätte ruhen lassen. Doch welche trügerische Ruhe wäre das
gewesen, weder Hamlet noch Claudius hätten ihr trauen können.
Ruhe konnte es für beide nicht mehr geben – weder für den Thron-
räuber noch für Hamlet, der als zutiefst Betroffener vom vergifteten
Klima der Tat zerstört wird.

Um noch einmal auf meine mißlungene „Hamlet"-Inszenierung am
Pasadena-Schauspielhaus zurückzukommen, würde ich diese am liebsten ungeschehen machen. Ich allein war für deren Mißlingen verantwortlich. Cecil Smith brachte in seiner Theaterkritik die Sache auf
den Punkt:
    „Ohne Hamlet kein Hamlet!"
    Es gab in meiner Inszenierung aber auch einige gelungene Szenen.
Neben der Geistszene im Schlafzimmer der Königin, auf die ich
schon hingewiesen habe, galten die pantomimische Darstellung der

Abb. 39: Leon Askin als Martin Luther in „Meeting of Minds", 1978

Ermordung von Hamlets Vater und die Totengräberszene – dank des großartigen Schauspielers Russel Collins – als Höhepunkte meiner Inszenierung. Die anderen Teile umschreibe ich am besten mit Hamlets letzten Worten: „Der Rest ist Schweigen", denn die Inszenierung steht und fällt mit dem Hamlet-Darsteller.

27

General und im Generalstab

Erfolg und Popularität bedingen einander nicht unbedingt. Mein größter Bühnenerfolg war Othello, Popularität erlangte ich aber durch die Fernsehserie „Hogans Heroes", in der ich einen General der Deutschen Wehrmacht gespielt habe.
Als General Burkhalter war ich bald überall bekannt und wurde als solcher auch von meinen Fans angesprochen. Das passierte mir nicht nur in der Lobby des Wiener Intercontinentals, sondern auch auf den Flughäfen von Hamburg und Heathrow. In Atlanta in Georgia kam mein Burkhalter-Bonus ebenso zur Geltung wie in der Via Veneto in Rom oder in der Reforma in Mexico City. Sogar in einem Lift im damals noch kommunistischen Budapest wurde ich von einem Fan um ein Autogramm gebeten.
Zur Popularität gesellt sich meistens auch eine Art von Berühmtheit. Die Betonung lege ich dabei aber absichtlich auf „eine Art", denn ich bilde mir nicht ein, durch die Darstellung von General Burkhalter berühmt geworden zu sein.

Sieben Spielzeiten stand ich als besagter General vor der Kamera. In den Monaten von Jänner bis Juni, wo nicht gefilmt wurde, hatte ich Zeit, mich meiner großen Liebe, dem Theater, zu widmen. 1968 erfüllte sich mein Kindheitstraum. Ich wurde ans Burgtheater engagiert und sollte Marquis de Sade in „Die Verfolgung und Ermordung Jean Paul Marats dargestellt durch die Schauspielgruppe des Hospizes zu Charenton unter Anleitung des Herrn de Sade" von Peter Weiss spielen. Dieses Stück war eine Sensation. In New York ging das Publikum mit Ferngläsern ins Theater, um den nackten Marat zu sehen, wenn er aus der Badewanne stieg. Von der Sensationslust abgesehen, wurde dieses Stück aber sehr kontroversiell bewertet. Die einen taten es als

Abb. 40: Leon Askin als General Burkhalter in „Hogans Heros",
Hollywood 1970

„poetisches Tohuwabohu" ab, die anderen hoben es als Meisterwerk in den Himmel. Peter Weiss wollte in der Gegenüberstellung von Marat und Sade den Konflikt aufzeigen, „zwischen dem bis zum äußersten geführten Individualismus und dem Gedanken an eine politische und soziale Umwälzung".* In diesem Rahmen würde ich Marat als tragischen Protagonisten sehen. Bei de Sade, der die Geschichte vom Leben und Tod Jean Paul Marats inszeniert, kommen meiner Meinung nach sowohl protagonistische als auch antagonistische Ansätze zum Vorschein. Er stellt der sozialrevolutionären Komponente von Marat immer wieder die individuell menschliche gegenüber.

Sade ist zwar theoretisch von der Notwendigkeit einer revolutionären gesellschaftlichen Umgestaltung überzeugt, er scheut aber die blutige Gewalt, die dieser folgt. Die Ströme von Blut, die noch fließen würden, irritieren auch Marat, der meint:

> „Einmal dachten wir daß ein paar hundert Tote genügten
> dann sahen wir daß Tausende noch zu wenig waren
> und heute sind sie nicht mehr zu zählen
> dort überall überall"

In einem der kontroversiellen Dialoge zwischen Sade und Marat, sagt Sade, daß er mit der Revolution fertig sei, weil sie die individuellen Entwicklungsmöglichkeiten pervertiert und abgetötet habe. Die Masse würde nur mehr im Kreis laufen.

Marat gesteht ein, daß die Ziele noch nicht erreicht seien und sich sogar eine neue Klasse herausgebildet habe. Er kommt aber im Gegensatz zu Sade zu ganz anderen Schlußfolgerungen und fühlt sich in seinen harten Maßnahmen gegen vermeintliche Konterrevolutionäre bestärkt.

---

* Peter Weiss: Die Verfolgung und Ermordung Jean Paul Marats dargestellt durch die Schauspielgruppe des Hospizes zu Charenton unter Anleitung des Herrn de Sade. Edition suhrkamp 68. Frankfurt am Main 1964. S. 135.

„Ich glaube nur an die Sache
die du verrätst
Wir haben ein Gesindel gestürzt das fett über uns
thronte
viele haben wir unschädlich gemacht
viele sind entkommen
doch viele von denen die mit uns begannen
liebäugeln wieder mit dem alten Glanz
und es zeigt sich
daß es in der Revolution
um die Interessen von Händlern und Krämern ging
Die Bourgeoisie
eine neue siegreiche Klasse
und darunter der Vierte Stand
wie immer zu kurz gekommen"

Sade war kein politischer Häftling, das alte Regime hatte ihn wegen
sexueller Ausschweifungen eingesperrt. Durch die Revolution öffne-
ten sich für ihn die Kerkertore, und er arbeitete von 1790 bis 1801 im
Verwaltungsbereich an der revolutionären Umgestaltung Frankreichs
mit. Den gesellschaftspolitischen Ideen Marats begegnete er mit am-
bivalenten Gefühlen. Einerseits erkannte er die Notwendigkeit, die
revolutionären Errungenschaften nicht nur zu schützen, sondern auch
voranzutreiben, andererseits aber fürchtete er nichts mehr als ein to-
talitäres System, das keine individuellen Freiräume gewährte. Sade
war ein Marquis und hatte Besitztümer. Verglichen mit Marat, der aus
ärmlichen Verhältnissen gekommen war, hatte er doch einiges zu verlieren. Jean Paul Marat schloß sich aus politischer Überzeugung der
Revolution an, er hatte dafür sein relativ angenehmes und sicheres
Leben als Arzt in England aufgegeben. Durch ein psychosomatisches
Hautleiden, das sich Marat in Kellerverstecken zugezogen hatte, verbrachte er, um Linderung zu bekommen, in den letzten Lebensjah-
ren viel Zeit in der Badewanne. Seine Mörderin Charlotte Corday
hatte ihn am 13. Juli 1793 dort auch vorgefunden und erstochen.*

---

* Peter Weiss, S. 136 f.

In den Dialogen zwischen Sade und Marat geht es um den Verlauf der Revolution und darum, daß die revolutionäre Wirklichkeit eine Eigendynamik bekommen hat, die mit dem theoretischen Konzept nur wenig in Einklang zu bringen ist. Die Vorstellungen, die Marat von der Welt hat, sind nach de Sade von der politischen Wirklichkeit längst überholt worden. Marat erwidert ihm, daß jede Idee die Mühen der praktischen Umsetzung durchlaufen müsse.

Marat: „Falsch Sade falsch
            mit der Ruhlosigkeit der Gedanken
            läßt sich keine Mauer durchbrechen
            Mit der Schreibfeder kannst du keine Ordnungen
            umwerfen
            Wie wir uns auch abmühen das Neue zu erfassen
            es entsteht doch erst
            zwischen ungeschickten Handlungen …
            Wir sind die Erfinder der Revolution
            doch wir können noch nicht damit umgehn …“

Marat ist sich bewußt, daß viele seiner Parteigänger den geistigen Bruch mit der alten Ordnung noch nicht vollzogen haben, daß sie sich im neuen System Nischen für ihre Relikte geschaffen haben.

Marat: „… Im Konvent sitzen immer noch einzelne
            jeder von seinem Ehrgeiz beseelt
            und jeder will etwas von früher übernehmen
            der eine ein schönes Bild
            der andere seine Mätresse
            der eine seine Mühlen
            der andre seine Werften
            der eine seine Armee
            der andre seinen König
            Und da stehen wir wieder
            und hängen an die verbürgten Menschenrechte
            das heilige Recht der Bereicherung …“

Unter der Peitsche von Charlotte Corday, die sich eingeschlichen hatte, um Marat zu ermorden, monologisiert Sade über den Wankelmut der Masse und das Los der revolutionären Führer.

Sade: „Marat
          Heute brauchen sie dich denn du sollst für sie leiden
          und die Urne mit deiner Asche stellen sie ins Panthéon
          Morgen kommen sie und zerschlagen die Urne zu
          Scherben
          dann wird gefragt
          Marat wer war Marat"

Sade leidet an sich selbst, seine Verworfenheit sieht er als Reaktion auf die politische und moralische Verkommenheit des gestürzten Systems.

          „... In einer Gesellschaft von Verbrechern
          grub ich das Verbrecherische aus mir selbst hervor
          um es zu erforschen und damit die Zeit zu erforschen
          in der ich lebte ..."

341

Marat greift in einem seiner großen Monologe das Gerede vom idealen Staat auf. Klar und einfach legt er die Zusammenhänge zwischen politisch-ökonomischer Macht und ökonomischer Abhängigkeit offen. Er spricht auch die Verschleierungsversuche an, mit denen die besitzende Klasse ihre Herrschaftsinteressen absichert.

„Als wären die Reichen je bereit
freiwillig ihre Besitztümer herauszugeben
Und wenn sie vom Druck der Verhältnisse gezwungen werden
hier und da nachzugeben
so tun sie es nur weil sie wissen
daß sie dabei auch wieder gewinnen können …

… Laßt euch nicht täuschen
wenn unsre Revolution erstickt worden ist
und wenn es heißt
daß die Zustände sich jetzt gebessert haben
Auch wenn ihr die Not nicht mehr seht,
weil die Not übertüncht ist
und wenn ihr Geld verdient
und euch was leisten könnt von dem
was die Industrien euch andrehn
und es euch scheint
euer Wohlstand stände vor der Tür
so ist das nur eine Erfindung von denen
die immer noch viel mehr haben als ihr

Glaubt ihnen nicht
wenn sie euch freundschaftlich auf die Schultern
klopfen
und sagen die Unterschiede wären nicht mehr der
Rede wert
und es bestände kein Anlaß mehr
zu Streitigkeiten
denn dann sind sie ganz auf der Höhe
in ihren neuen Burgen aus Marmor und Stahl

von denen aus sie die Welt ausräubern
unter der Devise
sie verbreiteten Kultur …"

Sade kontert mit der Frage, ob es auf gesellschaftlicher Ebene überhaupt wünschenswert sei, absolute Gleichheit zu erzielen? Die Vorstellung von gesellschaftlicher Harmonie hält er schon aufgrund der Streitigkeiten der Revolutionäre untereinander für illusorisch.

„… Glaubst du du würdest sie glücklich machen
wenn jeder nur halbwegs gehen dürfe
und mit der Nase immer nur an die Gleichheit stieße
Glaubst du es gäbe ein Fortschreiten
wenn jeder nur ein kleines Glied wäre
in einer großen Kette
glaubst du immer noch daß es möglich ist
die Menschen zu einen
da du doch siehst wie schon die wenigen
die um der Eintracht willen begannen
sich in den Haaren liegen und über Bagatellen
zu Todfeinden werden"

Sade setzt Marat auseinander, daß der kleine Mann weniger wegen seines Bewußtseins zur Revolution kommt als wegen seiner Erwartungen, in ihr eine Versorgungs- und Reglementierungsstelle vorzufinden – eine Institution, wo man Querelen, Streitigkeiten und Frustrationen abladen könne. Menschen, die sich aus solchen Erwägungen der revolutionären Bewegung anschließen, stellen einen ziemlich labilen Machtfaktor dar. Ihre Stimmung kann sehr leicht umschlagen, wenn die Erwartungen durch die Revolution nicht erfüllt werden.

„… Sie haben Zahnschmerzen
und sollten sich den Zahn ziehen lassen
Die Suppe ist ihnen angebrannt
aufgeregt fordern sie eine bessere Suppe

Der einen ist ihr Mann zu kurz
sie will einen längeren haben
Einen drücken die Schuh
beim Nachbarn sieht er bequemere
Einem Poeten fallen keine Verse ein
verzweifelt sucht er nach neuen Gedanken
Ein Fischer taucht seit Stunden die Angel ins Wasser
warum beißt kein Fisch an
So kommen sie zur Revolution
und glauben die Revolution gebe ihnen alles
Einen Fisch
einen Schuh
ein Gedicht
einen neuen Mann
eine neue Frau
und sie stürmen alle Befestigungen
und dann stehen sie da
und alles ist wies früher war
die Suppe angebrannt
die Verse verpfuscht
der Partner im Bett
stinkend und verbraucht
und unser ganzes Heldentum
das uns hinab in die Kloaken trieb
können wir uns an den Hut stecken
wenn wir noch einen haben"

Marat hat ein anderes Bild vom Volk, und er beschuldigt die revolutionären Führer eines Lebensstils, der von dem der Masse weit entfernt ist. Für manche Revolutionäre existiert das Volk nur mehr als politische Konfiguration, als amorphe Masse, hinter der sich kultiviert leben läßt.

„Immer werdet ihr vom Volk
als von einer rohen und formlosen Masse sprechen
weil ihr getrennt von ihm lebt

344

Ihr habt euch hinreißen lassen zur Revolution
ohne ihre Grundbegriffe zu kennen
Meint nicht selbst unser geschätzter Danton
daß wir anstatt den Reichtum zu verbieten
uns bemühen sollten
die Armut ehrenhaft zu machen
und sitzt Robespierre
der beim Wort Gewalt erbleicht
nicht an vornehmen Tafeln
und führt gepflegte Gespräche
bei Kerzenschein"

Sade, der die Gefängnisse kennengelernt hat, spricht von seiner Einsamkeit und seinen sexuellen Phantasien während seiner dreizehn-
jährigen Haftzeit. Von den furchtbaren Umständen und den Mitgefangenen, die ihm nur als anonyme Leiber entgegengetreten sind.
Das Verlangen nach sexueller Vereinigung – vielleicht mehr das
Spüren menschlicher Regungen als Lebenszeichen in einem Umfeld,
das alles Lebendige abtötet – wird beinahe zu einem Wahn.

„In diesem Alleinsein
mitten in einem Meer von Mauern
hörte ich ununterbrochen dieses Flüstern von Lippen
spürte ununterbrochen
in den Flächen der Hände und an der Haut des Körpers
diese Berührungen
Eingeschlossen hinter dreizehn Riegeln
den Fuß in der Kette
träumte ich nur
von diesen Körperöffnungen
die dazu da sind
daß man sich in sie verhakt und verschlingt
Ununterbrochen träumte ich von diesem einzigen
Gegenüber
und es war ein Traum von rasender Eifersucht
und gewaltsamen Meditationen

Marat

diese Gefängnisse des Innern
sind schlimmer als die tiefsten steinernen Verliese
und so lange sie nicht geöffnet werden
bleibt all euer Aufruhr
nur eine Gefängnisrevolte die niedergeschlagen wird
von bestochenen Mitgefangenen"

Sade weiß, wovon er spricht, wenn er die seelischen Verkrüppelungen und Zwänge aufzeigt, denen die Menschen unterliegen. Dort, so meint er, müßte man ansetzen, denn solange den seelischen Deformationen keine Beachtung geschenkt wird, sind soziale Experimente zum Scheitern verurteilt. Solange der Mensch sich selbst fremd ist, ist er auch in einer revolutionären Gesellschaft nicht verwurzelt.

Ein Überraschungserfolg ist mir mit Dumptsy, einer kleinen Rolle, in „Idiots Delight" von Robert Sherwood gelungen. Dieses Stück wurde erstmals am Broadway aufgeführt und ist dort über ein Jahr hindurch sehr erfolgreich gelaufen. Das Ahmanson Kellertheater in Los Angeles wagte sich mit dem populären Bühnenautor Garson Kanin als Regisseur an die Wiederaufnahme. Als ich zu ihm in sein Büro kam, sagte er zu mir, daß mein Manager mich für die Rolle empfohlen habe.

Etwas irritiert erwiderte ich, daß ich keinen Manager habe und auch noch nie einen gehabt hätte. Er schien das überhört zu haben und antwortete: „Sie haben sehr wohl einen Manager und einen sehr guten noch dazu, nämlich Billy Wilder!"

„Idiots Delight" aus dem Jahre 1936 ist ein sehr gutes und beispielhaft konstruiertes Stück. Zum damaligen Zeitpunkt hatte es auch eine hochbrisante Aussage, weil der Autor darin den Zweiten Weltkrieg vorwegnimmt. Im letzten Akt sah man Dumptsy in italienischer Uniform für Mussolini und Hitler in den Krieg ziehen. Denn er war in jenem Teil des alten Österreichs beheimatet, der 1919 bei den Friedensverhandlungen von St-Germain Italien zugesprochen wurde.

Als Dumptsy hatte ich in einem Berghotel die unterschiedlichsten Tätigkeiten zu verrichten. Ich war Liftboy, Teppichreiniger, Portier, Registrator, Barkellner und Oberkellner. Ein gängiger Ausspruch lautete: Dumptsy macht alles! Garson Kanin erklärte mir, daß er Dumptsys Rolle ausgebaut und daraus eine bedeutende Figur gemacht habe. Als Vorbild habe ihm ein Zürcher Hotelangestellter gedient, der ihm während seines Aufenthalts in vielerlei Funktionen – als Portier, Kofferträger, Liftboy, Rezeptionist, Zimmerkellner und Oberkellner – begegnet sei.

Nachdem mir Kanin die Entstehungsgeschichte von Dumptsy geschildert hatte, sagte er zu mir:

„Ich will, daß Sie so einen Mann bei der Wiederaufnahme von ‚Idiots Delight' spielen!"

Harry Horner, mein alter Freund aus Wiener Tagen, war für das Bühnenbild zuständig. Er gestaltete eine imposante halbrunde Treppe mit einem funktionierenden Lift daneben, den ich zu bedienen hatte. Abend für Abend schleppte ich das Gepäck die Treppe hoch und rollte Teppiche ein und wieder aus. Im ersten Akt hatte ich einundneunzig Auftritte, die großteils stumm erfolgten. Bei meinem Abgang im letzten Akt als Soldat in italienischer Uniform bekam ich jedesmal Abgangsapplaus. In einer Szene mit Jack Lemmon, der die Hauptrolle spielte, hatte ich ihm von der Bombardierung Wiens durch Gabriele D'Annunzio im Ersten Weltkrieg zu erzählen. Garson Kanin machte ich aber darauf aufmerksam, daß Robert Sherwoods Darstellung nicht stimme. Denn es gab keinen Bombenangriff auf Wien. Ich konnte mir dessen so sicher sein, weil ich diesen Vorfall mit vielen anderen zufällig miterlebt hatte. Gemeinsam mit Hunderten von Menschen befand ich mich als neunjähriger Junge am Franz-Josefs-Kai, um am Begräbnis des Oberrabbiners Güdemann teilzunehmen, als D'Annunzio mit seiner Flugstaffel über Wien flog und gelbe Flugzettel abwarf. Kanin war sehr erstaunt, nachdem ich ihm als Zeitzeuge diese Geschichte erzählt hatte. Auch ich habe an diesem Tag etwas gelernt, daß nämlich die dramatische Version der Wirklichkeit oft einen stärkeren Eindruck hinterläßt als die Wirklichkeit selbst. Die schriftstellerische Freiheit gestattet es, Situationen zu überzeichnen, um sie wirkungsvoller und aussagekräftiger zu machen.

Die Premiere von „Idiots Delight" war für mich eine Sternstunde; bei der Premierenfeier wurde ich gefeiert und beglückwünscht, als ob ich der Star des Abends gewesen wäre.

„You stole the show!" sagte der berühmte Regisseur George Cukor zu mir. Kirk Douglas, Henry Fonda, Gregory Peck, Debbie Reynolds, Edward G. Robinson und andere große Stars standen um mich herum und spendeten mir Beifall. Dank Garson Kanins machte ich durch meine Darstellungsweise aus dem rührigen Dumptsy eine Persönlichkeit. Kanin hatte eine ganz besondere Art, seine Anerkennung auszudrücken. Nachdem sein Buch über Somerset Maugham herausgekommen war, schickte er mir ein Exemplar mit der Widmung – „Meinem ganz persönlichen Leon!"

Die sechziger und siebziger Jahre waren für Lies und mich eine wunderschöne Zeit, die wir, von einem vierjährigen Europa-Aufenthalt abgesehen, in den USA verbrachten. Wir waren damals sehr glücklich, und diesen Zustand vermittelten wir auch anderen Menschen. Ich höre noch heute Irene sagen: „Ihr beide klingt, als wärt ihr auf eurer Hochzeitsreise!" Wir waren damals aber schon fast zwanzig Jahre verheiratet.

Während der Dreharbeiten für einen Film hatten Lies und ich in Wien ein unvergeßliches Erlebnis. Wir wohnten im Großen Musikvereinssaal einem Beethoven-Konzert der Wiener Philharmoniker mit Otto Klemperer als Dirigenten bei. Nicht vorher und auch nicht nachher habe ich Beethoven schöner und ergreifender gehört als an diesem Sonntagvormittag.

Als Otto Klemperer starb, bat mich sein Sohn Werner, ihm zu helfen, den letzten Wunsch seines Vaters zu erfüllen. Werner sollte für seinen toten Vater Kaddisch sprechen. Otto Klemperer hatte sich zwar taufen lassen, kehrte aber am Ende seines Lebens zu seinen jüdischen Wurzeln zurück. Werner war katholisch erzogen worden und hatte von den jüdischen Trauerriten keine Ahnung. Ich begleitete ihn also am folgenden Freitagabend in eine kleine orthodoxe Schule, wo er – gemäß der Tradition – als Angehöriger des Verstorbenen vom Rabbiner und den Vorständen der Synagoge zu seinem Sitz geleitet wurde und die Kaddisch-Worte wiederholte, die ich ihm vorgesprochen hatte.

Im Jahre 1971 bekam ich in der Fernsehserie „Der schwarze Graf"
eine wunderschöne Rolle angeboten. Ich spielte einen alten jüdischen
Händler, der mit einem Handwagen durchs Land fuhr, um seine Waren zu verkaufen. Es war eine Rolle, wie sie Scholem Aleichem nicht
hätte besser schreiben können. Dieses Engagement brachte mich wieder mit Helmut Matiasek, meinem Regisseur von Marat/Sade, zusammen, und es brachte mich zum erstenmal nach Budapest. Budapest lag damals noch hinter dem Eisernen Vorhang, und es hatte für
mich auch einen politischen Erfahrungswert, dorthin zu fahren. Aufgrund unserer Arbeit, unseres westlichen Lebensstils und unserer finanziellen Möglichkeiten waren wir aber von der Mehrheit der un-
garischen Bevölkerung abgeschnitten. In einem eleganten Hotel auf
der Margareteninsel hatten wir unsere Unterkunft. Die Umgebung
war beinahe paradiesisch – Wälder, Wiesen, wunderschöne Blumen-
anlagen und viele farbenprächtige Pfaue. Sowohl in der idyllischen
Abgeschiedenheit der Insel als auch während der früheren Dreharbeiten in Györ hatte ich nicht das Gefühl, hinter dem Eisernen Vorhang zu sein. Bedrückend wurde es für mich erst, als ich meine
„künstliche Welt" verließ und in Lebensbereiche der Durchschnitts-
bürger eintauchte.

Der Film, den wir machten, war eine österreichisch-ungarische Coproduktion. Von parteilicher Kontrolle war aber nichts zu bemerken.
Nur einmal hatte ich Unannehmlichkeiten. Als ich im Hotel frühstücken wollte, wie ich es während der vier Wochen vorher auch getan hatte, antwortete mir der Kellner, daß es für mich kein Frühstück
mehr gebe, weil mein weiterer Aufenthalt nicht mehr bezahlt sei. Ich
habe daraufhin den Produktionsleiter von Magyar-Film angerufen
und ihm von meiner Ausquartierung erzählt. Dieser, Mitglied der
Kommunistischen Partei Ungarns, konnte die Angelegenheit sofort
regeln, und ich war wieder gerngesehener Gast im Hotel. Ein anderes Mal durfte ich aus Sicherheitsgründen nicht in den Speisesaal,
weil sich die sowjetische Kulturministerin dort aufgehalten hatte.
Spätabends saßen wir dann aber in der Hotelhalle zusammen und
tranken Wodka miteinander.

Auf jeder Europareise, die Lies und ich seit 1955 gemacht hatten, bemerkten wir im Verhalten der Deutschen und Österreicher gegenüber Amerikanern gewisse Veränderungen. 1955 erlebten wir – als militärische Sieger – Deutsche und Österreicher noch ziemlich unterwürfig. In den Jahren 1957 und 1958 begegneten sie amerikanischen Staatsbürgern wegen des Dollars mit höflichem Respekt. 1962 wurde man als Amerikaner kaum mehr beachtet und 1967 gerade noch toleriert. 1971 war das amerikanische Ansehen wegen des Dollarverfalls auf dem Tiefpunkt.

1975 wurde mir von ANTA – American National Theatre and Academy – angeboten, „Das Ei" – l'œuf – von Félicien Marceau zu inszenieren. Dieses Stück, das am Broadway durchgefallen war, könnte man als Einpersonenstück mit Ensemble bezeichnen. Es hat eine starke sozialkritische Komponente, die dem Publikum mit Humor und einer Portion Zynismus vermittelt wird. Mit meiner Inszenierung betrat ich ziemliches Neuland. Das Einmalige oder Neue lag darin, daß ich eine Synthese zwischen Piscators epischem Realismus und dem Kabarett herzustellen versuchte. Im Sinne des epischen Realismus demaskierte ich das gesellschaftliche und politische System, kabarettistische Einlagen baute ich dort ein, wo ich Szenen überspitzen oder überzeichnen wollte. Die Hauptgerichtsszene war bestes politisches Kabarett, das sich an den expressionistischen Stil des sowjetrussischen Tairow-Theaters anlehnte. Meine Liebe zum Zirkus konnte ich ebenfalls einbringen, indem ich den Staatsanwalt als Pierrot verkleidet auftreten ließ und einem Clown die Agenden der Verteidigung übertrug.

Es war eine meiner letzten Inszenierungen, und es war auch eine meiner einfallsreichsten. Dieser Ansicht waren auch die Kritiker. Der Erfolg meiner Bearbeitung war so groß, daß „Der Reporter", Fachblatt von Hollywoods Filmindustrie, meine Inszenierung von „Das Ei" als eine der bedeutendsten Aufführungen des Jahres erwähnte. Besonders stolz war ich darauf, daß es eine Inszenierung mit sehr persönlichem Zugang war. Silvia Drake, Kulturkritikerin der Los Angeles Times, schrieb: „Die gesamte Inszenierung ist eine schmückende Feder auf Askins und ANTAs Hut."

Abb. 42: Der Vorstand von ANTA: Loren Green, Leon Askin, Robert Stack,
Donald Seawell, 1979

Dieser Erfolg eröffnete mir auch als Präsident und Vorstandsvorsit-
zender von ANTA WEST neue Aktionsmöglichkeiten. Eine davon
war die Überreichung des „National Artist Award" an die größten
Bühnen- und Filmpersönlichkeiten wie Fred Astaire, Henry Fonda,
Helen Hayes, Alfred Lunt und Lynn Fontanne.

Als 1978 Fred Astaire diese Auszeichnung erhielt, war Betty Ford,
die Gattin des früheren US-Präsidenten Gerald Ford, Ehrenvorsitze-
nede bei dieser großen Soiree. Sie stahl jedem die Schau, weil sie
nach ihrem Face-lifting, aus dem sie kein Geheimnis gemacht hat, so
toll aussah. Sie war eine bezaubernde Gastgeberin. Nie hatte ANTA
so eine große mediale Reichweite gehabt. Schon Tage vorher hatte
ich als Präsident von ANTA WEST mit Spezialisten vom FBI zu tun
gehabt, die für die Sicherheit der Präsidentengattin verantwortlich
waren.

Der feierlichen Preisverleihung folgten ein Bankett und ein Ball, auf
dem Frau Ford, die bei Martha Graham Tanzunterricht gehabt hatte,
bis in den frühen Morgen tanzte. Fred Astaire, der diesen Anstren-

Abb. 43: Leon Askin als komischer Bösewicht in „Funkstreife Gottes", 1967

gungen aufgrund seines Alters nicht mehr gewachsen war, versuchte bald nach Mitternacht das für ihn veranstaltete Fest zu verlassen, was aus protokollarischen Gründen gar nicht so einfach war.

Die nächste Preisverleihung fand in Denver im Bundesstaat Colorado statt. Es war ein historischer Augenblick als Donald Seawell, Präsident von ANTA, Lynn Fontanne die goldene Medaille überreichte, die dem Ehepaar Lunt/Fontanne als Würdigung für ihre großen schauspielerischen Leistungen zuerkannt worden war.

Trotz all der berühmten Persönlichkeiten, die ich über die Preisverleihungen kennengelernt hatte, fand ich die Gala für Jimmy Stewart am ergreifendsten und einfachsten. Dieser große Star hatte eine besondere Ausstrahlung, doch es war nicht einfach, an ihn heranzukommen. Sogar die Gespräche, die ich mit ihm zur Vorbereitung seiner Feier zu führen hatte, liefen schwer an und benötigten sehr viel Fingerspitzengefühl. Immer wieder griff seine Frau vermittelnd ein und ermöglichte dadurch einen konstruktiven Gesprächsverlauf. So humorvoll und umgänglich ich ihn von der Leinwand in Erinnerung hatte, so trocken und zugeknöpft erlebte ich ihn privat.

Als ANTA WEST seine Pforten auch für unbekannte Dramatiker zu öffnen begann, griff ich diese Chance freudig auf. Die Werke unbekannter Dramatiker sollten einem größeren Publikum durch Lesungen mit verteilten Rollen vorgestellt werden. Der erste dramatische Schriftsteller, der in diesem Rahmen vorgestellt wurde, war Marvin Aron mit dem Stück „Fever in the Brain". Aron war ein junger vielversprechender Autor, der die erfolgreiche Lesung seines Dramas leider nicht mehr erleben konnte, weil er unerwartet gestorben ist.

Aron gestaltete sein Drama als Hommage an Theodor Herzl, den Begründer des Zionismus. In seinem Werk „Der Judenstaat" hatte Herzl die theoretischen Grundlagen der Bewegung dargelegt und sich für die Schaffung eines jüdischen Staates in Palästina engagiert. Herzl war ein assimilierter Jude, der aufgrund des erlebten Antisemitismus eine Heimstätte für seine Glaubensgenossen gefordert hatte. Heute ist Herzls Grab in Israel, in meiner Jugend befand es sich auf dem Döblinger Friedhof. Mein Vater erzählte mir, daß die Zionisten immer im Juni zum „Herzl-Gang" aufgebrochen seien. Da mein Vater kein Zionist war, nahm er daran auch nicht teil.

Ich inszenierte die Lesung von „Fever in the Brain" im Stil einer Zeitungsreportage. Zu meiner großen Überraschung waren weder Herzl noch sein Anliegen – die Schaffung eines jüdischen Staates – dem Publikum bekannt. Die Zuschauer reagierten großteils positiv auf das Stück und die Art und Weise, wie ich es vermittelte. Die Meinungen der Besucher reichten von „äußerst informativ" bis „rührend und ergreifend".

Herzl hatte eine Vision gehabt, die fünfzig Jahre später durch die Gründung des Staates Israel Wirklichkeit wurde. In „Fever in the Brain" stand Herzl als einsamer Protagonist einer Reihe von Widersachern gegenüber.

Marvin Arons Lebensgefährtin kam nach der Lesung mit Tränen in den Augen zu mir und sagte: „Marvin hätte sich sehr über Ihre Inszenierung gefreut, weil Ihre Bearbeitung Verständnis und Betroffenheit vermittelt hat."

Dieses aus dem Herzen kommende Lob bedeutete mir mehr als das oberflächliche Wohlwollen von irgendeinem Kulturberichterstatter.

Sehr stolz war ich auch auf ein paar Zeilen, die mir ein Schauspielkollege nach der Aufführung in die Garderobe bringen ließ; „Wenn es in meiner Macht stünde, würde ich Ihnen gerne eine Medaille dafür verleihen, daß Sie uns mit den Mitteln des Theaters Theodor Herzl und seine Idee in Erinnerung gerufen haben!"

Epilog in Japan

In den neunziger Jahren führte ich ein sehr zurückgezogenes und ruhiges Leben. Beruflich hatte ich kaum etwas zu tun. Hin und wieder machte ich noch einige Werbespots, und meine Tätigkeit für ANTA WEST nahm ich auch nur mehr in der Funktion des emeritierten Präsidenten wahr. Ich war aber trotzdem nicht untätig; einen Großteil der Zeit widmete ich der Arbeit an meinem Buch „Quietude and Quest".

Zwei meiner Werbespots, wo ich als General der Roten Armee und als sowjetischer Staats- und Parteichef für Meisterbrau Bier und Midas Ohrenschützer geworben hatte, waren besonders erfolgreich und brachten mir große Publizität ein. Denn sie wurden zu meiner Überraschung in „Newsweek" abgebildet. Seit der Darstellung von General Burkhalter in „Hogans Heroes" schienen mir solche Rollen auf den Leib geschrieben zu sein. Bei einem dieser Werbeauftritte arbeitete ich mit einem Paar zusammen, das mit Ronald Reagan und seiner Frau Nancy große Ähnlichkeit hatte.

Mein beschauliches Dasein wurde 1986 durch ein Filmangebot unterbrochen. In „Deshima"*, einer schweizerisch-japanischen Filmproduktion, war ich für die Hauptrolle vorgesehen. Ich hatte den todkranken Regisseur Frank Nievergelt zu spielen, der mitten in der Nacht fluchtartig eine Schweizer Klinik verläßt, wo er am nächsten Morgen für eine Bypass-Operation vorgesehen ist. Mit ein paar Freunden fliegt er nach Japan, um dort den Film seines Lebens zu machen. Dem kleinen Kreis gehört auch der Schauspieler Patrick an, der kurz vorher einen Selbstmordversuch unternommen hat und sich

---

* Adolf Muschg: Deshima. Filmbuch. Suhrkamp 1382. Frankfurt am Main 1987.

in einem sehr labilen Zustand befindet. Patrick findet die Vorstellung, nach Japan zu kommen, eher beunruhigend.

„Japan? – Da ist alles so kompliziert. Die Leute reden, und du verstehst nichts. Einmal will ich's nicht kompliziert haben, verstehst du? Einmal! Einmal will ich verstehen, was sie meinen, wenn sie reden, verstehst du?" Beide wissen aber nur zu gut, daß Verstehenkönnen oder -wollen nicht unbedingt ein sprachliches Problem ist. Frank weiß, daß er von dieser Reise nicht mehr zurückkehren wird. Diese Endgültigkeit erlaubt ihm auch die Erfüllung eines Wunsches, den er Patrick gegenüber fast unhörbar äußert: „Ich möchte sie noch einmal sehen, Patrick." Die Frau, um die es sich handelt, ist Tae, eine japanische Filmjournalistin, die Frank vor Jahren bei Dreharbeiten kennengelernt hat.

In den Dialogen kommt immer wieder das Exotische, das Andersartige heraus, das Japan für andere Kulturen bedeutet. Einer aus Franks „Stab" hat ein japanisches Mädchen kennengelernt und will es wiedersehen. Tae deutet vorsichtig an, daß in Japan auch das Spiel der Geschlechter nach anderen Spielregeln abläuft: „Auch wenn man eine Adresse hat, weiß man bei uns noch lange nicht, wo jemand wohnt."

Auf Patricks Frage, was Frank in Japan denn wolle, antwortet dieser dem Selbstmordgefährdeten: „Dein Leben."

Hat Frank, der sein Lebensende spürt, den verständlichen Wunsch, dieses hinauszuzögern? Würde er gern mit dem halb so alten Patrick tauschen? Oder fühlt er sich für diesen jungen Menschen, dem sein Leben nichts mehr zu bedeuten scheint, verantwortlich? Will er in der kurzen Zeit, die ihm noch zur Verfügung steht, Patrick überzeugen, das Leben zu leben, weil es am Ende doch zu kurz sein würde? Frank schleppt den psychisch labilen Patrick nach der Devise – alles ist besser als der Tod – mit. Die Mühe hat sich am Ende gelohnt, denn Patrick hat wieder Interesse am Leben gefunden.

Franks Leben ist in einem Love-Hotel zu Ende gegangen. Seine Asche wird in Anwesenheit seiner Freunde ins Meer gestreut. Die unendliche Tiefe des Meeres ist für seinen entgrenzten Geist angebrachter als die enge Fassung einer Urne. Den Film, den Frank nicht mehr machen konnte, wollen die Freunde in seinem Sinne realisieren.

Es ist mir nicht gelungen, zu meinen japanischen Kollegen einen persönlichen Zugang zu finden. Von der sprachlichen Barriere abgesehen, erschienen sie mir teils scheu und teils arrogant. In unserem Team waren sieben Schweizer, ein Deutscher und ich; die Truppe - Schauspielerinnen, Regieassistenten, Bühnenarbeiter, Beleuchter – bestand aus Japanern. Miyoko Akaza hieß die japanische Schauspielerin, die Tae darstellte. Mit ihr arbeitete ich am engsten zusammen. Sie war ein liebenswertes Geschöpf; oft scheu und verlegen, doch manchmal auch sehr selbstbewußt und arrogant. So verlangte sie von uns, daß wir die japanische Teezeremonie fehlerlos beherrschten. Daß Japan in vielen Bereichen – in der Mann-Frau-Beziehung, in der Sexualität, in der Haltung zum Leben und Tod – ein fremdes Land geblieben ist, erfuhr ich durch Miyoko während der Filmarbeiten immer wieder. So sollte ich sie laut Drehbuch umarmen, nicht einmal küssen; doch schon das fand sie anstößig. Als sie mir aber etwas ins Ohr zu flüstern hatte, spürte ich ihre Zunge in meinem Ohr; was mich wiederum irritierte und für sie scheinbar nichts Ungehöriges war. In einer anderen Szene hatte sie mich zu waschen. Die Kamera war dabei nur auf mein Gesicht gerichtet. Miyoko bestand darauf, mir den Rücken einzuseifen. Als der Regisseur aber von ihr verlangte, sie sollte einen Wasserkrug nehmen und mich abspülen, weigerte sie sich, da es sich nicht geziemte. Das alte Sprichwort „Andere Länder, andere Sitten" bewahrheitete sich in Japan mehrmals täglich.

Kurz vor Weihnachten 1986 erhielt ich in Beverly Hills einen Anruf aus der Schweiz. Für „Deshima" mußten noch drei zusätzliche Drehtage angesetzt werden. Lies und Irene wollten mir Mark, Irenes Sohn, der Schulferien hatte, als Begleitung nach Europa mitgeben.

Diese Idee gefiel mir außerordentlich gut, denn es war mir schon lange ein Anliegen, Mark mit seinen europäischen Wurzeln vertraut zu machen. So machten wir uns gemeinsam auf den Weg nach Eu-

Abb. 44: Leon Askin als Regisseur Frank Niervergelt in „Deshima", 1987

ropa. Nach der Landung in Zürich erlebte Mark seinen ersten eisigen Schneesturm, den er, warm gekleidet, sichtlich genossen hat. Wir gingen im Schneesturm durch die Stadt, und ich fühlte mich dabei in meine Wiener Kindheit zurückversetzt, wo ich so manchen Winter an der Hand meines Vaters durch den Schnee gestapft war. Die beißende Kälte ließ uns aber bald in einem winzigen Kaffeehaus Zuflucht suchen. Bei heißem Tee erzählte ich Mark von meinen Kindheitserlebnissen im winterlichen Wien, von den abschüssigen Gassen, die zum Rodeln herrlich geeignet waren. Als wir wieder auf der Straße waren, lieferten wir uns eine wilde Schneeballschlacht. Wir waren plötzlich nicht mehr Mark und Opa, sondern zwei Kerle, die herumtollten und sich den Schnee aus dem Gesicht wischten. Nach unserer Ankunft im Hotel fielen wir ziemlich erschöpft, aber überglücklich auf unsere Betten. Nie zuvor hatte ich Mark soviel kindliche Freude entlocken können wie in den kurzen Momenten, wo ich sein Spielgefährte in der Schneeballschlacht war.

Am folgenden Tag kam die erste große Eisenbahnfahrt für Mark durch die schneebedeckten Schweizer Alpen nach Bellinzona, wo wir zu drehen hatten. Mark lebte sich in dem Gebirgsstädtchen schnell und gut ein. Er spielte einmal sogar als Statist in unserem Film mit. Eines Abends fuhren wir nach Lugano zum Essen. Da es Vorweih-

357

nachtszeit war, erlebten wir die kleinen Städte und Dörfer im originellsten Lichterschmuck.

Nach dem Ende der Drehtage begann für uns beide ein unvergeßlicher Winterurlaub. Mit der kleinen Schmalspureisenbahn fuhren Mark und ich nach Interlaken und von dort hinauf nach Grindelwald, wo uns eine schneebedeckte Märchenlandschaft in Empfang nahm. Von Gebäuden und Bäumen hingen dicke Eiszapfen herunter. Wir stiegen im Hotel „Eigerblick" ab. Von unserem Zimmer hatten wir, wie der Name versprach, einen herrlichen Blick auf die Eigernordwand. Am Tag vor Weihnachten fuhren wir mit der berühmten Zahnradbahn auf die Jungfrau hinauf. Das Naturwunder, das wir durch den technischen Fortschritt erleben konnten, sehe ich noch heute vor mir.

Wir wollten die Schweiz natürlich nicht verlassen, ohne eine richtige Schlittenfahrt gemacht zu haben. Am Morgen vor unserem Abflug nach London bestiegen wir einen großen Schlitten und ließen uns von zwei kräftigen Pferden durch die Gegend ziehen.

London erinnerte mich an meinen Kriegsdienst und an die Sorgen, die ich mir um meine Eltern gemacht habe. Würde ich sie je wiedersehen? Diese Frage hatte ich mir damals immer wieder gestellt? Von dem jungen und unbeschwerten Mark an meiner Seite wurde ich aber schnell aus dem Grübeln herausgerissen und ins Jahr 1986 zurückgeholt. Mark, der sich in London schon aufgrund der Sprache wie zu Hause gefühlt hat, machte sich oft selbständig und wollte die Stadt für sich allein entdecken.

Wir hatten Glück und bekamen Karten für das Sensations-Musical „Starlight Express", das schon deswegen Furore machte, weil sich die Darsteller auf Rollschuhen bewegten. Um Mitternacht war ein Pflichtbesuch in einem „Hard Rock Cafe" angesagt. Die Zeit eilte dahin, und wir mußten den Rückflug in die USA antreten. Dieser verzögerte sich aber wegen eines Maschinenschadens um einige Stunden. Vielleicht aus Übermüdung oder Nervosität verloren wir irgendwo auf dem Flughafen alle Fotos, die wir in der Schweiz gemacht hatten. Von unserer Schweizer Zeit ist im wahrsten Sinne des

Wortes nichts als die Erinnerung im Gedächtnis geblieben. Und diese Erinnerung schnürt mir heute, wo ich allein in meinem kleinen Zimmer im Altersheim bin, oft das Herz zusammen.

Rückkehr nach Wien

Meine Rückkehr nach Wien wurde durch familiäre Gründe bedingt und hatte nichts mit dem Wunsch zu tun, den Lebensabend in meiner Geburtsstadt zu verbringen. 1993 ging meine Ehe auseinander, und ich verlor von einer Sekunde zur anderen mein Zuhause und meine Familie. Im Augenblick meiner größten Verzweiflung erhielt ich im August 1993 ein Rollenangebot für den Film „Occhio Pinocchio". In Brescia, wo gedreht wurde, erreichte mich ein Anruf aus Wien. Ich wurde für Ende Dezember 1993 nach Wien eingeladen, um auf dem Symposium über Emigration die Eröffnungsansprache zu halten. Bei dieser Veranstaltung ist der Regisseur Houchang Allahyari mit der Frage an mich herangetretem, ob ich in seinem Film „Höhenangst" eine Rolle spielen wollte? Und ob ich wollte.

Die Dreharbeiten begannen im Jänner 1994 auf einem Bauernhof in Klausenleopoldsdorf. Ich spielte einen alten Bauern. Es war eine herrliche Rolle, und ich lebte auf, als ich nach sieben Jahren wieder vor der Kamera stehen konnte.

Im Herbst 1994 konnte ich meine späte Karriere fortsetzen. In Petrus Van-der-Lets Film „Hitler – mein Krampf" stellte ich den Rassentheoretiker Lanz von Liebenfels dar, der Hitler ideologisch sehr beeinflußt hatte. Jede Szene wurde zuerst auf deutsch und danach auf englisch gedreht.

Der Schauspieler und Regisseur Paulus Manker engagierte mich 1995 für seine Festwochenproduktion von „Der Vater". Nach dem Buch „Der Vater – Eine Abrechnung" von Niklas Frank entstand in Zusammenarbeit von Niklas Frank und Joshua Sobol „Der Vater" – eine blutige Komödie, die Paulus Manker im Theater an der Wien inszenierte. Dr. Hans Frank, der Vater von Niklas Frank, war als Generalgouverneur von Polen mitverantwortlich für die Massenver-

Abb. 45: Leon Askin im Gespräch mit dem Schauspieler und
Regisseur Paulus Manker, Wien 1995

Abb. 45: Leon Askin als Lanz von Liebenfels, Wien 1994

nichtung der Juden. Nach dem Krieg wurde er deswegen im Nürnberger Hauptkriegsverbrecherprozeß zum Tode verurteilt und am 16. Oktober 1946 hingerichtet. Ich spielte im Stück Sixtus O'Connor, einen katholischen Priester, der Frank in seiner letzten Stunde Beistand leistete.

Diese Rolle war mein wichtigstes Erlebnis als Schauspieler, und ich konnte kein größeres Kompliment bekommen als das von Joshua Sobol. Er kam am zweiten Spieltag in meine Garderobe und sagte mir, daß die Rolle des Priesters erst durch meine Darstellungsweise voll zur Geltung gekommen sei. Er habe vorher nicht verstanden, daß er sie so vielschichtig angelegt habe.

Die Zusammenarbeit mit Paulus Manker setzte sich auch 1996 und 1997 fort – wiederum im Rahmen der Wiener Festwochen. Im Sanatorium Purkersdorf brachte er Joshua Sobols Polydrama „Alma – A Show Biz ans Ende" heraus. Alma Mahler, um die es sich handelte, war mit meiner Frau Lies befreundet, und dadurch lernte ich sie ebenfalls kennen. Unsere persönliche Bekanntschaft war der Grund,

Abb. 46: Leon Askin
mit Altbürgermeister
Dr. Helmut Zilk

daß ich in Mankers Inszenierung als Zeitzeuge aufgetreten bin. 1996
hatte sich meine Gesundheit ziemlich verschlechtert, ich war über
mehrere Wochen im Krankenhaus und wurde direkt vom Spital zur
Vorstellung nach Purkersdorf gebracht.

Seit Ende September 1996 trete ich in der Wiener Volksoper unter
der Regie von Klaus Maria Brandauer in Lehárs Operette „Das Land
des Lächelns" auf. Ich spiele Tschang, den Onkel des Prinzen Sou-
Chong.

Am Ende meines Lebens bin ich in meiner Geburtsstadt zu spätem
Ruhm und Auszeichnungen gekommen. 1988 erhielt ich das Österreichische Ehrenkreuz für Wissenschaft und Kunst, 1994 wurde mir
das Silberne Ehrenzeichen für Verdienste um das Land Wien über-
reicht, und 1996 wurde mir durch Minister Scholten der Berufstitel
Professor verliehen.

Für mich waren die unerwarteten Erfolge und Ehrungen mehr als
eine späte Genugtuung, sie waren lebensverlängernd, weil ich da-

durch wieder Sinn und Halt gefunden habe. Es gab aber immer wieder Momente, wo mir alles zu schwer und mühsam wurde, wo ich mich mehr nach Ruhe als nach Ruhm sehnte. Wo es mir wichtiger gewesen wäre, in der Nacht die Hand nach jemandem ausstrecken zu können.

Wenn ich mein Zurückkommen auch nicht als Heimkehr betrachten will, so weiß ich sehr wohl, wie stark mich die ersten zwanzig Lebensjahre in Wien geprägt haben. Meine große Liebe zur Natur habe ich gleichsam mit der Muttermilch aufgenommen. Denn meine Eltern waren beide Mitglieder der Naturfreunde. Schon von klein auf war ich dabei, wenn sie zu ihren sonntäglichen Wanderungen in den Wienerwald oder in die nähere Umgebung Wiens aufgebrochen sind.

Mein Hang zur Schauspielerei rührte ebenfalls vom elterlichen Einfluß her, denn Theater und Theaterbesuche hatten in unserer Familie einen wichtigen Stellenwert. Meine erste Liebe galt aber trotzdem dem Zirkus mit seinen Artisten, Clowns und Tieren. Das Wort „Showbusineß" kannte ich damals noch nicht; und doch bin ich in dieser besonderen Atmosphäre – von Zirkus, Theater, Oper, Kabarett – von Showbusineß groß geworden.

Im heutigen Computerzeitalter finden immer mehr Dilettanten Eingang ins „Showbusineß", und es besteht die Gefahr, daß sie es in Verruf bringen, wenn ihnen nicht Einhalt geboten wird. „Showbusineß" beansprucht nicht immer, Kunst in höchster Vollendung zu sein; „Showbusineß" erfordert aber sehr viel Kunstfertigkeit, Geschick und Professionalität.

Nicht alles ist im „Showbusineß" mit den Termini Erfolg oder Mißerfolg meßbar. Vieles, was im Kunst- und Unterhaltungsbereich so hochgelobt wird, ist von fragwürdigem Wert. Manche Mißerfolge auf der Bühne werden oft erst später in ihrer zukunftsweisenden Aussage erkannt. Die meisten bahnbrechenden Inszenierungen von Erwin Piscator gingen anfangs als „großartige Mißerfolge" in das Theatergeschehen ein.

Eine Frage, die mich in meinem hohen Alter noch immer beschäftigt, führt ebenfalls in die Kindheit zurück. Bis 1917 wuchs ich in einem agnostizistischen Elternhaus auf. Nachdem mein Vater erfahren hatte, daß seine Kompanie*, die Deutschmeister, im Gefecht vollkommen aufgerieben worden war, wandte er sich dem Glauben zu und wurde bald darauf streng religiös. Diese Hinwendung zur jüdischen Orthodoxie, die eine komplette Lebensänderung für die gesamte Familie bedeutete, ist mir bis heute ein Rätsel geblieben. Ich bedaure es sehr, daß ich mich mit Vater nicht zu dessen Lebzeiten darüber unterhalten habe. Als ich mit zwanzig das Elternhaus verließ, hatte ich andere Dinge im Kopf als die strenge Gläubigkeit meines Vaters, die er mir nie aufgezwungen hatte. Diese Frage und noch andere, die mit dem Judentum und meiner jüdischen Identität zu tun hatten, mußten erst in mir reifen oder bedurften eines Anlasses – eines furchtbaren Anlasses wie des Holocaust. Nachdem die Fragen für mich klare Konturen angenommen hatten, erreichten sie aber meinen Vater nicht mehr. Wie viele österreichische Juden sind auch meine Eltern dem tödlichen Irrtum erlegen, daß ihnen nichts passieren könne.

---

* Mein Vater wurde 1915 einberufen und erlitt während des Exerzierens einen Lungenblutsturz. Daraufhin galt er als kriegsuntauglich.

Leon Askin

Bühnenbiographie

Theaterinszenierungen

– 1926 –
erste Bühnenauftritte:

„Schrei aus der Straße" von Rolf
Lauckner, Pan Spiele, Wien.
„Der holländische Kaufmann" von
Lion Feuchtwanger,
Pan Spiele, Wien.
„Das Apostelspiel von Max Mell,
Pan Spiele, Wien

– 1927/28 –
Eleve im Theater in der Josefstadt,
Wien, unter der Leitung von
Max Reinhardt

– 1928–1997 –
Theaterarbeit in Wien,
Düsseldorf, Berlin, Hamburg,
München, Linz, Paris, New York,
Washington, D.C., und
Los Angeles

– 1935/36 –
„Die erste Legion" von Emmet
Lavery, Linz

– 1933–1938 –
Literarische und
politische Kabarettproduktionen
in Paris und Wien

– 1941 –
„The Gentle People" von
Irwin Shaw, Washington, D.C.
„Der Kaiser von Amerika" von
George B. Shaw, Washington, D. C.
„Menschen in Weiß" von Sidney
Kingsley, Washington, D.C.
„Thunder Rock" von Robert
Ardrey, Washington, D.C.
„The American Way" von
George Kaufman
„Troilus und Cressida" von
William Shakespeare

– 1946 –
„La Locandiera" von
Carlo Goldoni, New York

– 1947 –
„Faust" I von J. W. Goethe,
New York

– 1948 –
„Der Kaufmann von Venedig“,
New York

– 1954 –
„Die heilige Johanna“ von
George Bernard Shaw,
Los Angeles

– 1955 –
„Frau Warrens Gewerbe“ von
George Bernard Shaw,
Hamburg

– 1975 –
„Das Ei“ von Félicien Marceau,
Los Angeles

– 1979 –
„Fever in the Brain“
von Marvin Aron,
Los Angeles

In wichtigen Rollen am professio-
nellen Theater vor 1938

In Düsseldorf:
– 1928 –
Legendre in „Dantons Tod“
von Georg Büchner.
Kammerdiener in
„Kabale und Liebe“ von
Friedrich Schiller

– 1929 –
Lancaster in „Leben Eduards
des Zweiten von England“
von Bertolt Brecht und
Lion Feuchtwanger.
Filch in „Die Dreigroschenoper“
von Bertolt Brecht
(Mitarbeiter E. Hauptmann,
K. Weill)

– 1930 –
Aljosha in „Nachtasyl“
von Maxim Gorki.
Gunner in „Misalliance“ von
George Bernard Shaw.
Dreyfuss in „Affaire Dreyfuss“
von Hans J. Rehfisch

– 1931 –
Pistol in „Heinrich IV.“ II
von William Shakespeare

– 1932 –
Baccalaureus in „Faust“ II von
Johann Wolfgang Goethe.
Borachio in „Viel Lärm um nichts“
von William Shakspeare

Pfeifer in
„Die Weber"
von Gerhart Hauptmann

Leon Askin in wichtigen Rollen
am professionellen Theater nach
dem Krieg

In Linz:
– 1935 –
Benvolio in „Romeo und Julia"
von William Shakespeare.
Gorotschenko in „Towaritsch"
von A. Duval

– 1936 –
Stogumber in
„Die heilige Johanna" von George
Bernard Shaw, Bratislava

In Wien:
– 1937 –
Pater Ahern in
„Die erste Legion" von
Emmet Lavery.
Greene in „Dr. Clitterhouse".
Lui in „Le Tombeau du Soldat
Inconnu" von P. Raynal
(auf französisch)

In New York (Broadway):
– 1947 –
Ringmaster in
„Temporary Island" von
Halston Welles.
Faust in „Faust" I von Goethe
(in deutscher Sprache)

– 1947/48 –
Faust in „Faust" I von Goethe
(in deutscher Sprache).
Präsident in „Die Irre von Chaillot"
von Jean Giraudoux.
Shylock in „Der Kaufmann
von Vendig"
von W. Shakespeare

Gastpiele, Tourneen:
– 1948/49 –
Sandor Turai in „The Play's
the Thing" (Spiel im Schloß) von
Ferenc Molnár.
Uncle Chris in
„I Remember Mama" von
John van Druten

In New York (Braodway):
– 1950/51 –
Judas in „20th Century" von
Ben Hecht und
Charles McArthur

368

In Hamburg:
– 1955 –
Crofts in
„Frau Warrens Gewerbe"
von George Bernard Shaw

– 1957 –
Othello in „Othello" von
William Shakespeare

In Berlin:
– 1958/59 –
Volpone in „Volpone"
von Ben Johnson

– 1960 –
Wirt in „Der grüne Kakadu"
von Arthur Schnitzler

In Wien:
– 1962 –
Pozzo in „Warten auf Godot"
von Samuel Beckett

– 1971 –
Dumptsy in „Idiots Delight"
von Robert Sherwood

In Wien:
– 1995 –
Kabarett –
„Kleinkunst einst und jetzt"

Sixtus O'Connor in
„Der Vater", eine Festwochenproduktion unter der Regie von

Paulus Manker im
Theater an der Wien.
Nach dem Buch
„Der Vater – Eine Abrechnung"
von Niklas Frank entstand
in Zusammenarbeit von
Niklas Frank und Joshua Sobol
„Der Vater" – eine blutige
Komödie

– 1996/97 –
als Zeitzeuge in Joshua Sobols
Polydrama „Alma – A Show Biz
ans Ende". Produktion der Wiener
Festwochen von Paulus Manker
im Sanatorium
Purkersdorf

Tschang in
„Das Land des Lächelns",
Volksoper Wien,
Regie: Klaus Maria Brandauer

Leon Askins Filmarbeiten in den USA und in anderen Ländern

Star, Co-Star und erster Nebenrollendarsteller

– 1952 –
Assignment Paris
Columbia Pictures, Los Angeles

Road to Bali
Paramount, Los Angeles

Desert Legion
Universal, Los Angeles

Veils of Bagdad
Universal, Los Angeles

– 1953 –
South Sea Woman
Warner Bros, Los Angeles

Three Lives
Warner Bros, Los Angeles

Son of Sindbad
RKO, Los Angeles

The Robe (Das Gewand)
20th Century Fox, Los Angeles

Knock on Wood (Die Lachbombe)
Paramount, Los Angeles

– 1954 –
Valley of the Kings
MGM, Los Angeles

Secret of the Incas
Paramount, Los Angeles

China Venture
Columbia, Los Angeles

– 1955 –
Spy Chasers
Allied Artists, Los Angeles

– 1958 –
The Last Blitzkrieg
Columbia, Amsterdam

Schinderhannes
Real Film, Hamburg

– 1959 –
Pension Schoeller
Real Film, Hamburg

Herren der Welt
CCC, Berlin, Neapel

Unter Ausschluß
der Öffentlichkeit
CCC, Berlin

– 1960 –
Bis daß das Geld euch scheidet
CCC, Berlin

Weit ist der Weg
Gloria Film, München;
Brasilia, São Paulo

– 1961 –
One Two Three (Eins Zwei Drei)
Mirisch Film, Berlin,
München

– 1962 –
Dr. Mabuse
CCC, Berlin

My Wife the Call Girl
CCC, Berlin

Sherlock Holmes
CCC, Dublin

Lulu
Wien Film, Wien

– 1963 –
The Pearls of Pauline
Universal, Los Angeles

– 1964 –
John Goldfarb please
come home
20th Century Fox,
Los Angeles

– 1965 –
Do not disturb (Bitte nicht stören)
20th Century Fox

– 1966 –
What did you do in the war, Daddy
United Artists, Los Angeles

– 1967 –
The Caper of the Golden Bulls
Paramount, Los Angeles

Double Trouble
MGM, Los Angeles

The Guns for San Sebastian
MGM, Los Angeles

A Fine Pair
American International Rome,
Kitzbühel

Funkstreife Gottes
Donau Film, Wien

– 1968 –
Lukrezia Borgia
Denver Films, Rom

The Maltese Bippi
MGM, Los Angeles

– 1969 –
La Morte Bussa Due Volta
Norma Films, Terrenia,
Italien

– 1971 –
Der Schwarze Graf
MA Film, Budapest

– 1972 –
Hammersmith is out
Crane Films, Mexico

The greatest Athlete
Disney Films, Los Angeles

Mrs. Widow
Leslie Caron Pr.,
Los Angeles

– 1973 –
Perahim
ZDF, Wien

Die Maghrebinischen Geschichten
ORF, Wien

– 1974 –
Die gelbe Nachtigall
Neubau Film, Sorrent, Wien

Affaire Hofrichter
Schönbrunn Film, Wien

Karl May
Syberberg Film, Wien

Young Frankenstein
20th Century Fox, Los Angeles

Parapsycho
Neue Thalia Film, Wien

– 1975 –
Dr. Death
Allied Films, Los Angeles

– 1976 –
Meeting of Minds (Karl Marx)
Steve Allen Prd., Los Angeles

– 1978 –
Meeting of Minds (Martin Luther)
Steve Allen Prd., Los Angeles

– 1979 –
Meeting of Minds
(Inszenierung von zwei Folgen)
Steve Allen Prd., Los Angeles

Going Ape
Paramount, Los Angeles

– 1981 –
Frightmare
Screenwriter Prod., Los Angeles

– 1982 –
Airplane II
Paramount, Los Angeles

Kottan ermittelt
Satel Film, Wien

– 1983 –
Hotel New Hampshire –
Dialog-Direktor
Tony Richardson Prod.
Los Angeles

– 1984 –
First Strike
Tekstar Prod., Los Angeles

Stroke of Genius
Millennium Prod., New York

Summer Jobs
Disk Management Prd.,
Los Angeles

– 1985 –
Savage Islands
Impire Prod., Los Angeles

Stiffs
Millennium Prod., Miami

– 1987 –
Deshima
Al Castello Pod., Kyoto, Japan;
Bellinzona, Schweiz

– 1993 –
Occhio Pinocchio
Brescia, Italien

– 1994–
Höhenangst
Regie und Drehbuch
Houchang Allahyari, EPO Film
Graz–Wien

Lanz von Liebenfels in
„Adolf Lanz – mein Krampf"
Petrus-Van-der-Let-Produktion

– 1995 –
Steirische Fernsehgeschichte

Tödliche Liebe, Terra Film,
Regie Plecha

– 1997 –
Die Bräute, EPO-Film,
Johannes Fabrick

Leon Askin (Über)Leben
und Schauspiel,
ein Film von
Egon Humer

Würdigungen

– 1988 –
Österreichisches Ehrenkreuz für
Wissenschaft und Kunst

– 1994 –
Silbernes Ehrenzeichen für
Verdienste um das Land Wien

– 1996 –
Verleihung des Berufstitels
„Professor" durch
Minister Scholten

Personenregister

Bildnachweis

Johann Klinger: Abb. 38
Didi Sattmann: Abb. 45
Ernst Hausknost: Abb. 23
Hans Hofmann: Abb. 35
Alle übrigen Fotos stammen aus dem Archiv des Autors